教育人类学

学习与学校教育民族志研究
全球指南

Kathryn M. Anderson-Levitt
〔美〕凯瑟琳·M. 安德森 - 莱维特 编
李虹汛 倪胜利 译

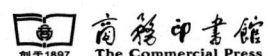

图书在版编目(CIP)数据

教育人类学：学习与学校教育民族志研究全球指南 /（美）凯瑟琳·M.安德森-莱维特编；李虹汛，倪胜利译. —北京：商务印书馆，2024
ISBN 978-7-100-22899-2

Ⅰ.①教… Ⅱ.①凯… ②李… ③倪… Ⅲ.①教育人类学 Ⅳ.① G40-056

中国国家版本馆 CIP 数据核字（2023）第 168520 号

权利保留，侵权必究。

© Kathryn M. Anderson-Levitt (2018) of the Simplified Chinese-language edition The Commercial Press Ltd.
© Kathryn M. Anderson-Levitt (2011) of the English-language edition Berghahn Books, New York/Oxford

Originally published as
Anthropologies of Education, A Global Guide to Ethnographic Studies of Learning and Schooling.

教育人类学
—— 学习与学校教育民族志研究全球指南
〔美〕凯瑟琳·M.安德森-莱维特 编
李虹汛　倪胜利　译

商 务 印 书 馆 出 版
（北京王府井大街36号 邮政编码100710）
商 务 印 书 馆 发 行
北京市白帆印务有限公司印刷
ISBN 978-7-100-22899-2

2024年2月第1版　　开本 710×1000　1/16
2024年2月北京第1次印刷　印张 28¼

定价：128.00元

目 录

致　谢		iii
序　言	全球视野下的教育人类学与教育民族志	1
	凯瑟琳·M. 安德森－莱维特（Kathryn M. Anderson-Levitt）	
第一章	历史文化教育人类学——柏林仪式研究	38
	克里斯托夫·沃尔夫（Christoph Wulf）	
第二章	狭隘的矛盾体——英语语系国家的教育人类学	62
	萨拉·德拉蒙特（Sara Delamont）	
第三章	墨西哥教育过程的人类学研究	91
	艾尔西·洛克威尔（Elsie Rockwell）	
	埃里卡·冈萨雷斯·阿波达卡（Erika González Apodaca）	
第四章	阿根廷环境中的人类学与教育 ——我在布宜诺斯艾利斯的研究经历	119
	玛丽亚·罗莎·诺伊费尔德（María Rosa Neufeld）	
第五章	巴西的人类学与教育——可能的路径	139
	安娜·玛丽亚·拉贝洛·戈麦斯（Ana Maria Rabelo Gomes）	
	尼尔玛·利诺·戈麦斯（Nilma Lino Gomes）	
第六章	法语世界的教育民族志	164
	玛露西娅·哈沃（Maroussia Raveaud）	
	雨果·德雷朗（Hugues Draelants）	

第七章　意大利的教育人类学　　　　　　　　　　　　　188
　　　　　弗朗西斯卡·戈博（Francesca Gobbo）

第八章　中欧国家（保加利亚、捷克共和国、匈牙利、波兰、
　　　　罗马尼亚与斯洛伐克）的教育人类学研究　　　　207
　　　　　加博尔·艾洛斯（Gábor Eröss）

第九章　福利国家视野下的教育人类学——以斯堪的纳维亚地区为例　238
　　　　　萨利·安德森（Sally Anderson）
　　　　　伊娃·格罗夫（Eva Gulløv）
　　　　　凯伦·瓦伦丁（Karen Valentin）

第十章　日本学校教育民族志研究的发展　　　　　　　　261
　　　　　箕浦康子（Yasuko Minoura）

第十一章　雨后春笋——中国的教育人类学与民族志　　287
　　　　　欧阳护华（Huhua Ouyang）

第十二章　以色列的教育民族志研究　　　　　　　　　　309
　　　　　西姆哈·史拉斯基（Simha Shlasky）
　　　　　布拉查·阿尔珀特（Bracha Alpert）
　　　　　纳马·萨巴尔·本–约书亚（Naama Sabar Ben-Yehoshua）

第十三章　撒哈拉以南非洲法语国家的社会学与民族志研究　335
　　　　　布巴卡尔·巴耶罗·迪亚洛（Boubacar Bayero Diallo）

结论　全世界的教育民族志——一千种变化，共同的范式　366
　　　　　阿涅斯·范赞丹（Agnès van Zanten）

各章节作者简介　　　　　　　　　　　　　　　　　　　385
姓名索引　　　　　　　　　　　　　　　　　　　　　　393
主题索引　　　　　　　　　　　　　　　　　　　　　　417

致　谢

本书源于让-路易·德鲁埃（Jean-Louis Derouet）邀请我为学术刊物《教育与社会》（Éducation et Sociétés no. 17, 2006）编辑的一期关于全球视野的人类学研究专题特刊。从那时起，我就开始了与学界同仁们的联系，与他们进行各种形式的对话和电子邮件交流，并在全球范围内寻找教育人类学与教育民族志的研究者进行合作，使本书最终得以完成。如果您在书中发现了释义方面或者事实方面的错误，都应该由我一个人来承担。同时，我也在这里向那些同样有着不俗的教育人类学或教育民族志研究成果却被本书忽略掉的其他国家或地区提前说声抱歉，本书只是一项初步性的成果。特别感谢艾尔西·罗克韦尔（Elsie Rockwell）、布拉德利·莱文森（Bradly Levinson）、大久保祐子（Yuko Okubo）、杰拉尔丁·安德烈（Géraldine André）、欧阳护华、内里科·马莎·德尔（Neriko Musha Doerr）、朱迪斯·格林（Judith Green）、格雷格·普尔（Greg Poole）、德博拉·里德-达纳海（Deborah Reed-Danahay）、弗朗西斯卡·戈博（Francesca Gobbo）、玛格丽特·吉布森（Margaret Gibson）、奥德拉·斯古科斯凯特（Audra Skukauskite）以及来自丹麦教育学院的朋友们。同时还要感谢我的家人里昂（Leon）、诺亚（Noah）与安娜·莱维特（Anna Levitt），感谢他们的帮助与支持，并且愿意陪同我一起完成教育人类学中全新领域的"全球之旅"。

序 言
全球视野下的教育人类学与教育民族志

凯瑟琳·M. 安德森-莱维特（Kathryn M. Anderson-Levitt）

面向全球的研究

20 世纪 50 年代，一门被称为教育人类学（anthropology of education）的教育研究分支出现在美国。到了 20 世纪 70 年代，从事该学科研究的学者们创办了一份名为《人类学与教育季刊》（*Anthropology and Education Quarterly*）的刊物。同样是在 20 世纪 50 年代，教育人类学（pedagogical anthropology）*作为一门新兴学科开始在德国出现，到目前为止，已有十

---

* 英文中的 pedagogical anthropology，在我国学术界通常被译为"教育人类学"。例如蒙台梭利的 *Antropologia Pedagogica*（意大利语）一书的英译本为 *Pedagogical Anthropology*，我国学术界将其翻译为《教育人类学》（参见李复新、瞿葆奎：《教育人类学：理论与问题》《教育研究》2003 年第 10 期；彭亚华、滕星：《美国教育人类学研究主题的重心变化与发展》《民族教育研究》2014 年第 4 期；以及袁同凯、温馨：《现代西方学校教育民族志研究及其新近发展趋势》《民族研究》2014 年第 5 期等。在本书中，pedagogical anthropology 主要出现于两个章节，首先是在《序言》部分，作者安德森-莱维特教授提到了英语语境下 educational anthropology 与德语语境下 pedagogical anthropology 的发展历史。然后是第九章《福利国家视野下的教育人类学》，作者萨利·安德森（Sally Anderson）等人在文章中指出，丹麦语境之下的 pedagogical anthropology 事实上并不等同于 educational anthropology。在丹麦语中，与 education 相对应的 uddannelse 一词事实上并没有包含英语 pedagogy 或者是丹麦语 bildung 等词汇所包含的与哲学相关的含义以及涉及道德教育与社会教育方面的内容。而从范围上来看，pedagogical anthropology 所关注的教育的范围比 educational anthropology 更为广泛。事实上，pedagogical anthropology 一词主要（**转下页**）

余部德语的以教育人类学（*Pëdagogische Anthropologie*）一词作为标题的学术著作出版。英国自 20 世纪 60 年代晚期开始兴起教育人类学的研究，但大部分学者却从来不把自己视为教育人类学者。与此同时，欧洲的一些其他国家以及拉丁美洲、以色列、日本、印度、中国等国家也开始兴起了对教育人类学或教育民族志的研究。

  这究竟是一门什么样的学科？英语语境下的教育人类学（anthropology of education）与德语语境下的教育人类学（pedagogical anthropology），以及其他类似的学科名称在全球不同的地方指的是同一门学科吗？对于不同的国家而言，什么样的学问才能算是教育民族志呢？本书将对全球范围内的教育人类学与教育民族志展开研究，并以此为基础来解答上述问题。同时本书还将对下列问题进行深入的讨论：教育人类学或者教育民族志是如何在实践过程中发展与演变的？哪些因素导致了它们各有类似却又不尽相同？这些跨越了我们自己国界与语言边界的研究为什么值得我们去关注？①

（接上页）来自哲学教育人类学的研究语境，多为德国以及深受德国研究影响的欧洲国家所使用，例如德国教育人类学家博尔诺夫（Otto Friedrich Bollnow）在其 *Die anthropologische Betrachtungsweise in der Pädagogik*（《教育学中的人类学观点》）中就使用了与英语 pedagogy 一词相对应的 Pädagogik。此外，《大英百科全书》（*Encyclopædia Britannica*）对 pedagogy 一词的解释为：Pedagogy, study of teaching methods, including the aims of education and the ways in which such goals may be achieved. The field relies heavily on educational psychology, which encompasses scientific theories of learning, and to some extent on the philosophy of education, which considers the aims and value of education from a philosophical perspective.（https://www.britannica.com/science/pedagogy 最后浏览日期：09/23/2018），该解释强调了教育哲学（philosophy of education）在 pedagogy 中的重要地位，这与萨利·安德森等人在第九章中所提出的观点基本一致。由此我们可以看出，在欧洲大陆的部分国家，pedagogical anthropology 与 educational anthropology 有着不同的话语背景与含义。本书译者在对 pedagogical anthropology 一词进行翻译的过程中，考虑到我国学术界约定俗成的习惯，仍然将其翻译为"教育人类学"，不过在第九章涉及 pedagogical anthropology 与 educational anthropology 二者的比较与区别时，则直接使用英语原词进行区分。特此予以说明并提请读者留意。——译者注

 ① 早期的研究与讨论参见安德森-莱维特（Anderson-Levitt 2006a; 2011）。

为何是一场全球性的研究？

全球一体化并不意味着国际学术界正在融合成为一个单一的、同质化的整体。例如：尽管大多数的教育类学术刊物（大约5000多种）都使用英语作为学术语言来发表论文或者至少使用英语发表论文摘要，[1]但仍然有3000多种其他的教育类学术刊物使用的是英语之外的语言。现实中还有更多类似的情形，而本书正是要对它们进行研究。同时，联合国教科文组织（UNESCO）也正好发布了关于全球社会科学研究状况的年度报告（UNESCO & ISSC 2010），[2]其中指出当前学术界正兴起一股把"其他国家的人类学"研究成果翻译为英语的潮流（Boškovic 2008; Barth et al. 2005; Dracklé, Edgar, and Schippers 2003; Ribeiro and Escobar 2005; Vermuelen and Alvarez Roldán 1995; Yamashita, Bosco and Eades 2004），不管是人类学还是教育类科学都在寻求开展一种多语言的全球性对话，并将其形成一种机制延续下来。2005年，来自巴西、日本以及其他国家的人类学家共同成立了"世界人类学协会理事会"（World Council of Anthropological Associations），[3]与此同时，另外一个学术机构"世界教育研究协会"（World Educational Research Association）也于2009年成立（AERA 2009）。

正如本书将要向您展示的，这场"全球性的研究"值得我们为之努力。站在全球的高度对教育人类学或者教育民族志进行研究能够帮助我们开启常规知识范畴以外的新的研究领域，并理解它们的重要性。如果缺少这种比较研究的宏观视野，我们的研究将会被局限在那些仅与自己的国家

---

[1] 根据《乌利希国际期刊指南2009》（*Ulrich's Periodicals Directory 2009*）进行分析。

[2] 感谢巴耶罗·迪亚洛（Bayero Diallo）告诉我这个重要的报告。

[3] 世界人类学协会理事会（WCAA），http://www.wcaanet.org/.Retrieved 2010年9月2日。需要注意的是，国际人类学与民族学联合会（International Union of Anthropological and Ethnological Sciences，简称IUAES），成立于20世纪30年代，它主要是一个以学者个人名义参与的学术组织，而不是基于国家或地区集体的名义来参与的学术组织。

相关的问题上（Anderson-Levitt 2011），我们也将意识不到"民族志的各种研究范式并非自发形成的，而是有其社会属性。一旦某种研究范式被首次运用之后，它就将在这个社会情境中扎下根来，并且能够反映建构不同类型社会的现实方式"（Rockwell 2002: 3）。从更为务实的角度来看，这样的研究能够开启我们对旧问题的新认识，并也许能够因此找到一种解决问题的新方法。同时，它还提醒我们应该注意学术出版过程中因为自民族中心主义（ethnocentrism）所引起的社会不公平与社会扭曲等问题。

同时，我们还对社会科学受到的来自历史、社会与文化维度的影响进行了研究。本书提出了一种较为谦逊的观点，将教育人类学与教育民族志视为社会科学之下的社会学这一学科领域中的一类研究案例（compare Larsson 2006）。此外，本书所开展的全球性述评为我们提供了一个机会，使我们能够去思考某一学科或具有家族共性的系列学科是如何在全球意义的层面上进行组织与架构。例如：学术观点的全球性"流动"有哪些渠道（Heilbron, Guilhot, Jeanpierre 2008）？谁借用了谁的观点，这种借用的边界又在哪里（Hannerz 1992）？随着时间的推移，我们对学科的认识与思考最终会走向融合还是走向分离？考虑到我们的研究主题总是会受到不同社会环境的限制，社会科学研究的全球一体化还有实现的可能吗？

写作方式与局限性

本书的写作方式非常简单。首先，在序言部分，我将对各种已发表的文献综述、跨国研究论文集（Candela, Rockwell, and Coll 2004; Derouet, Henriot-van Zanten, and Sirota 1990; Gibson 1997; and Souza Lima 1995）以及按照地理位置进行分类的、在接下来的章节里还将会被引用的各种文献资料进行分析与整理，并在此基础上尝试以一种全球化的视角来对教育人类学与教育民族志进行综合性的概述。同时，本书序言部分的写成还充分利用了各种其他信息，包括与来自全球不同地区学者们的电子邮件交流以及公开的网络信息。此外，我还曾是国际性学术刊物的编辑，我的经验也有助于本书主题的研究。

其次，我邀请了来自全球不同国家或地区的学术界同仁来介绍他们自己本土的教育人类学与教育民族志研究现状，每位学者撰写一个章节。本书共有十三章，大部分由资深学者完成，也有少量章节来自一些学术新秀——他们每一位都肩负了一项艰巨而又棘手的任务。我特别要求各位作者不要把文章写成面面俱到的综述，而是针对初学者或即将进入这一研究领域的新手写一篇入门性的读物，以指导并帮助他们快速地进入这个领域。作者们将会在他们的章节里解决诸如以下的一些问题：

• 你与你身边的研究者们怎样定义"教育人类学"或"教育民族志"？你们阅读过哪些相关学术著作？

• 你所阅读过的那些文献在对这门学科进行定义时，它们的主要观点是什么？分歧在哪里？

• 该领域有哪些学者或者学派的思想为你的研究注入了灵感？

此外，我还请各位作者把他们自己的一些个人经历也写入文章，这样能够帮助那些"圈外人"更好地理解文章的历史与社会背景。

这些文章所包含的研究范例相当广泛，涵盖了部分欧洲国家、部分美洲国家、一个非洲地区以及两个来自东亚的重要国家。我特意对颇显"霸权主义的"英语地区与法语地区的文章做了一些篇幅上的限制，以便能够为其他语言区域的研究留下更多的论述空间。令人感到遗憾的是，由于文章的篇幅以及我个人在学术资料获取方面的局限性，本书遗漏了很多重要的国家，例如俄罗斯、印度、西班牙、葡萄牙以及比利时与荷兰，不过这也为我们将来的研究预留了空间。

当然，简单地认为仅仅凭借少数几位学者就能够对全球教育人类学或教育民族志的研究传统进行总结与概述，未免过于理想化。本书也存在许多不足之处，对教育人类学或教育民族志所进行的这种入门性的概述看起来甚至还有些肤浅。然而，将比较的视野尽最大可能地引入研究能够为我们带来某些新的思路与方法——尽管这些研究还算不上特别深入。正如一些文化理论的研究者在对全球不同地方的课程进行研究之后所指出的（Meyer, Kamens, and Benavot 1992）：一种模式只有在被全世界或者至少是经过大规模样本的研究之后才能初步成型，这也是学者们对世界各种不同类型的文本进行了颇有争议却富有成效的"大规模比较"之后得出的结论（Greenberg 1966）。

本书的另外一个问题是缺乏连贯性。在文章内容的组织上，我不可避免地采用了一种较为保守、并且看起来稍显凌乱的方式，而没有严格地按照国家、多民族区域以及语言分区的划分来进行编排。例如：关于法国的那一章同时也涉及比利时、瑞士与加拿大的法语区，原因在于这些国家有着共同的学术圈，也在同样的刊物上发表文章（而我把西非的法语区单独设为一章是因为西非地区事实上并没有真正融入世界的法语体系）。不过，民族身份的认同是非常重要的，因此，尽管本书在序言部分把西班牙语国家与葡萄牙语国家合并到一起论述，但我仍然让墨西哥、阿根廷与巴西独立成章，因为这些国家在民族与政治历史方面有着自己的独立性。最后，从务实的角度，我按照局部分区的方式把一些较小的国家合为一章，尽管这些国家从原则上讲同样拥有自己独特的民族与语言特征，例如：把受德国人类学影响的地区（Eröss, this volume），或受欧洲大陆教育哲学影响的地区放到同一章节（Alexander 2001a）。

本书的第三个问题在于如何判断哪位学者属于哪个语言区域、国家或者地区。出生地显然不能作为一个适当的判断标准。对于教育人类学或者教育民族志的研究者而言，无论是学生还是高级访问学者，他们的研究都有可能跨越国界。他们在学成之后可以选择回国，也可以留在当地继续开展研究，不管是哪一种情况，他们都具有多个地理意义上的身份，而他们本身也成为一种思想交流的渠道（Heilbron, Guilhot, and Jeanpierre 2008）。因此对于学者身份归属的认定，我们在本书中采用了"经常居住地"这一标准，即：不论学者来自哪一国，只要他经常居住于某国并在那里的大学或者研究所从事固定研究,我们则认为他"属于"该国。

英语作为一门语言,也是影响本书的一个因素。本书部分章节的原文是用英语之外的其他语言写成的,我们需要确保这些非英语版本的文章能够在网上找到出处。因此,我鼓励作者们在列举参考文献时使用原来的语言,以确保读者能够从浩如烟海的参考文献中迅速找到这些文章的出处。

最后,本书还有可能会造成某种程度上的误区,即读者可能会把某一民族或某一语言区域与某一特定类型的(甚至是唯一的)教育人类学或教育民族志划上等号。事实上,学术研究从来都不是这样单一而机械的。本书仅仅是对教育人类学与教育民族志研究中的一些比较突出的问题进行阐释,而不是对某一国家或地区范围内所有的问题进行详细分析。同样的道理,本书各章节的内容也并不能代表该章作者所在国家的教育人类学或教育民族志唯一的、典型的发展态势。

人类学、民族志与其他相关学科

部分读者反对我们在本书中把教育人类学与教育民族志合在一起来加以论述,毕竟人类学是把人类作为一个整体的全面研究,而民族志则是被运用于某些学科的研究理论与方法。不过本书仍然吸纳了这部分民族志研究者们的观点。我们这样做的原因部分在于不同国家对学科的定义各不相同——关于这点我们将在后文中予以论述。另外则是因为诸如保罗·威利斯(Paul Willis)、休·米恩(Hugh Mehan)与米歇尔·费恩(Michelle Fine)这些并不从事人类学研究的学者(nonanthropologists)事实上促成了教育人类学这门学科的形成。而最主要的原因还在于很多不从事人类学研究的民族志学者(nonanthropological ethnographers),他们对民族志的定义或多或少地与人类学学者的定义一致。例如:《民族志与教育》(*Ethnography and Education*)的编辑把民族志定义为"为了理解他族文化而开展的长期性研究"(Troman 2010),以区别人类学家哈利·沃尔科特

（Harry Wolcott）对民族志的表述——"民族志研究的目的在于对文化行为进行描述与解释"（1987: 42-43）。

无论如何，"人类学"（anthropology）一词在不同的国家或地区有着不同的含义，并且美国教育人类学研究者所使用的这个名称也不应该是这门学科在全球学术界的唯一称谓。事实上人类学及其相关学科有着多种形式。例如：一门被称为"哲学人类学"（philosophical anthropology）的学科通过研究人类状况的普遍规律来寻求人之所以成为人的意义所在。它与全人类的文化有关，在这里"文化"（Culture）一词首字母要大写，并且使用单数形式。* 与之对应的"哲学教育人类学"（philosophical anthropology of education）则是与人类的学习能力有关的学科——它关乎人类想要在自然界中获得生存并延续下去所必需的能力。

与此同时，美国的"文化人类学"（cultural anthropology）[有时也被称为"民族学"（ethnology）]研究的是生活在各种不同的文化世界中的人——这里的世界是一种人为建构的世界，而非自然世界——它所研究的"文化"则是首字母小写并且使用复数形式。** 文化人类学研究把注意力转向了学习的另外一个方面，即儿童或初学者如何像其他人那样在文化环境中建构他们的认知能力。因此，在教育领域里，文化人类学催生了"学习人类学"（anthropology of learning）。

英语语系国家的"社会人类学"（social anthropology）则聚焦于人与人之间、各个群体之间以及他们相互之间的各种社会关系。它对社会关系的研究（例如社会等级制度是如何维持的、儿童是如何在社会中成长的）让人们开始关注复杂社会里的学校教育，并由此产生了"学校教育人类

---

* 英语原文是 "general human Culture——Culture with a capital C and in the singular"，原文作者强调 "Culture" 使用大写的单数形式意在表明此处的"文化"指的是把人类视为一个整体的全人类共同文化；同时对应后文的 "cultures in the lower case and the plural"。——译者注

** 英语原文是 "cultures in the lower case and the plural"，对应前文，这里的"文化"指的是在不同的民族或语言区域，即"文化世界"中发展起来的不同类型的人类文化。——译者注

学"（anthropology of schooling）。不过文化人类学与社会人类学之间的差异其实微乎其微（Spencer 2000），学校教育人类学同样也会去研究那些发生在教室、学校以及其他学习情境里的有关文化建构方面的问题。

本书还会涉及一些学科，这些学科在欧洲的部分地区、亚洲以及非洲有着不同的名称，例如"民族学"（ethnology）或者"民族志"（ethnography）等，它们通常由民俗研究或者博物馆研究发展而来，其主要研究对象是研究者所在国家的本土文化。同时，本书还将对社会学家与心理学家是如何在实践中运用民族志研究方法的进行特别关注，并且将会在文中引征历史影响理论（the influence of history）、文化历史活动理论（cultural historical activity theory）、种族批判理论（critical race theory）、女权主义理论（feminist theory）等一系列相关的学科理论。此外，本书各章节的作者还将会在文中向我们展示，包括课程与教学、教学法、教师教育以及跨文化教育在内的众多教育科学领域都是教育人类学或者教育民族志研究的重要实践场所。

本书的组织结构

本书的各个单元都是独立成章的，在内容上并没按照某种单一的逻辑体系来编排，因此本书的序言以及书中的每一个章节均有自己独立的主题。我把德语区放在第一章，目的在于"变熟悉为陌生"（make the familiar strange），这一章的文献资料非常丰富，并且对于很多讲英语的读者而言，也许他们对德国的教育人类学与教育民族志并不那么熟悉。第二章是在学术界里颇显"霸权主义"但对于读者来说更为熟悉的英语国家的教育人类学与教育民族志研究。之后是两个大的语言区，西班牙语国家与葡萄牙语国家，再接着是法语区。接下去的内容是欧洲的一些"小语种"国家，它们同样有着精彩的教育人类学与教育民族志的研究传统。亚洲部分我选择了两国国家：一个是有着悠久研究历史以及大量作品的日本，另外一个是快速崛起的研究新秀——中国。然后是来自中东与非洲地区的研究。本书的最后一部分是著名教育社会学家阿涅斯·范赞丹（Agnès van Zanten）的总结与评论，他同时还将对每一个章节的关键内容进行逐一强调。

德国的哲学与历史教育人类学

我们的这场全球性探究首先从德语区开始。尽管从严格意义上讲奥地利、瑞士以及卢森堡都属于德语区，但本章的内容会以德国为主。

作者克里斯托夫·沃尔夫（Christoph Wulf）认为德国的教育人类学研究最早源自哲学人类学。自威廉·冯·洪堡（Wilhelm von Humboldt）开始，哲学人类学家们就一直在讨论一个问题：究竟是什么样的特质一方面让"人类种群"与动物有所不同，另一方面又将他们与机器区分开来。而所有关于教育的讨论最终都会聚焦到作为全人类共同经验的、广义的学习上来（e.g. Bollnow 1987）。

沃尔夫与他的同事反对哲学人类学研究中那些潜在的、抽象的欧洲中心主义与男性中心主义的思想，并以此为基础开创了更为复杂的"历史文化教育人类学"（historical cultural anthropology of education）。他们反对在研究中引入过于抽象的概念，尽管如此，德国的民族志研究还是带有鲜明的哲学学科的特征。正如沃尔夫在文中所述，德国教育研究协会（German Educational Research Association）的人类学分会发起了一项针对学校与家庭日常学习与生活的长达12年的民族志研究，该研究引起了人们对教育过程与社会化过程中的仪式及其展演（performance）的思考。此外，近年来德国还出现了其他一些教育人类学与教育民族志研究成果，它们以一种对美国的读者而言更为熟悉的方式来研究家庭与学校的文化（Breidenstein 2007; Hünersdorf, Maeder, and Müller 2008; Qvarsell and Wulf 2003）。

英语语系国家

我在本书中把发达的英语语系国家教育人类学与教育民族志研究合并在一起加以概述，尽管德拉蒙特（Delamont）在本书中认为读者的流动是单向性的，但其实这些国家的学者相互之间开展交流并没有太多的障碍。更为重要的是，学术界的同行通常把英语语系国家的研究看成一个整体。包括本书部分作者在内的一些学者通常把英国、北美、澳大利亚与新西兰等英语语系国家统称为"盎格鲁－撒克逊"（Anglo-Saxon）世界，这种贴标签的行为让同样来自这些国家并认为自己是"非裔美国人""爱尔兰裔澳大利亚人"或者任何其他非盎格鲁－撒克逊人的学者感到不满。还有的综述性文献资料把所有说英语的国家看成一个整体，而没有做任何地理位置上的区分（Derouet, Henriot-van Zanten and Sirota 1990; Gordon, Holland, and Lahelma 2001; Goodman 2001; Osborne 1996）。另外，这些文献资料并没有包含来自印度的文献，因此我将在亚洲部分对印度进行单独的讨论。

美国与加拿大英语区

美国的教育人类学有两个重要的研究基础，一是文化人类学，二是对文化传递（cultural transmission）所进行的研究，后者尤为重要。在此基础上，玛格丽特·米德（Margaret Mead）于1928年出版的《萨摩亚人的成年》一书被视为学习人类学形成的标志。然而美国早期的研究者们，例如乔治（George）、路易斯·斯宾德勒（Louise Spindler）、莫瑞（Murray）与罗莎莉·瓦克斯（Rosalie Wax）(see Delamont, this volume)等，他们的兴趣从20世纪中期开始不再局限于文化传递方面的研究，同时也开始关注美国不同族群在接受学校教育过程中所面临的不平等的问题。不久之后，一些年轻的学者（他们之中有一部分曾经当过教师）顺着这个研究思路开创了一门新的子学科——学校教育人类学。同样地,早期的加拿大教育人类学特别关注学校教育问题,原先尤为关注本土原住民的在校教育状况(Fisher 1998),而现在则更多地研究移民群体以及少数民族族群的学校教育问题。

如今,无论是在加拿大还是美国,民族志通常被视为一种研究方法,这不仅在人类学研究者之间,同时在社会学家、语言学家以及其他教育研究者之间都非常通行。上述研究者常常在《民族志与教育》(*Ethnography and Education*)、《当代民族志》(*Journal of Contemporary Ethnography*)、《语言学与教育》(*Linguistics and Education*)以及《教育研究者》(*Educational Researcher*)等刊物发表文章,偶尔也会去《教育社会学》(*Sociology of Education*)发表论文。本书第二章的作者——英国学者萨拉·德拉蒙特(Sara Delamont)对英语语系国家的文献与研究所进行的综合概述主要集中于美国与加拿大的教育人类学研究方面,而不是更为广泛的教育民族志研究。在她的笔下,美国的教育人类学研究者们被描述为只关注少数族群学生的学业失败问题,而对教育人类学领域的其他重要问题视而不见。美国的学者们也许会对此进行反驳,认为她淡化了事实上成果丰硕的美国教育人类学研究,特别是他们对性别问题、社会阶层问题、高等教育问题以及学业成功等问题所开展的研究。但是德拉蒙特所列举的例子非常具有说服力,她引用的很多文献资料都支持了她的观点。因此,正如安德森-莱维特在其 2011 年的一篇论文里所言:一项来自瑞士的研究发现,从 1995 年至 2005 年,所有发表于《人类学与教育季刊》的论文 63% 都与学校教育有关,而其中又有 52% 或 39 篇是在研究学业失败问题。而那些关注学校教育之外问题的文章则通常是在研究文化、民族、语言以及身份认同方面的问题(Jacquin 2006; Henriot-van Zanten and Anderson-Levitt 1992)。

英国

在大不列颠及北爱尔兰，尽管传统的人类学研究对文化概念的关注不及美国，不过一些活跃于 20 世纪中期的人类学家，例如雷蒙德·弗斯（Raymond Firth）与奥黛丽·理查德（Audrey Richards）依然对文化传递以及儿童教育表现出了极大的研究兴趣（Mayer 1967; Middleton 1970; Goodman 2001）。然而到了今天，英国的学术界已经渐渐地不再那么重视对学习方面问题的研究了。

取而代之的是"学校教育民族志"（ethnography of schooling）研究的迅速兴起。曼彻斯特大学社会学系与社会人类学系的马克斯·格拉克曼（Max Gluckman）提倡一种"在家的"民族志研究（ethnography at home），在他的影响下，D. H. 哈格里夫斯（D. H. Hargreaves）与柯林·莱西（Collin Lacey）从 20 世纪 70 年代末到 80 年代初一直致力于英国的学校研究（Goodman 2001）。在差不多同样的时间，人类学与社会学学者受象征互动理论（symbolic interactionism）、女权主义理论以及社会人类学的影响，开始运用质性研究的方法来研究课堂互动以及建立在师生关系基础之上的社会结构的意义（Atkinson, Delamont, and Hammersley 1988）。这些最初接受人类学专业训练的学者并没有使用与人类学相关的学科名称来对他们所从事的新的研究方向进行命名（Delamont, this volume），他们的工作在更大的程度上是一种民族志研究而不是教育人类学研究。

在英国，绝大多数的学者都在本土开展研究，不过仍然有少量学者尝试在境外开展研究，其中以英国与法国学校教育的比较研究为主（Sharpe 1992; van Zanten and Ball 2000）。一些从事比较教育研究并且经过专业人类学训练的学者，则会深入更为遥远的地方去开展田野工作，例如古德曼（Goodman 1990）与亚历山大（Alexander 2001b）。

与美国的教育人类学不同，英国的学校教育民族志长期以来致力于社会阶层与性别的研究（Gordon, Holland, and Lahelma 2001）。然而，自从学术界兴起一股文化研究之风以后，英国的民族志研究者们开始把注意力转向对文化过程的研究，其中有部分研究者对种族问题则尤为关注（Gillborn 1997）。英国的学者率先创办了一本名为《民族志与教育》（*Ethnography and Education*）的国际学术刊物，正如前文所提到的，该刊物非常重视文化概念的研究（Troman 2010）。

其他英语语系地区

澳大利亚有同样有着深厚的民族志研究传统。德拉蒙特特别指出，除了人类学家富斯（Forsey 2007）以外，澳大利亚的其他民族志研究者例如康奈尔（Connell 1989）、沃克与亨特（Walker and Hunt 1988）以及任柯安（Kipnis 2001），他们的研究与英国从事质性研究的社会学学者有着类似的研究范式，并且同样关注社会阶层与性别的问题。其他的例如奥斯本（Osborne 1996）这样的研究者则更像美国的教育民族志学者，他们关注的是文化差异以及受文化影响的教育方面的问题。澳大利亚的学者也会到国外去开展民族志研究，例如：杜比（Dolby 2002）研究南非的学校教育问题，冈野（Okano 1997）研究日本的朝鲜裔学生问题。

西班牙语与葡萄牙语国家

我把西班牙语民族与葡萄牙语民族的相关研究合并在一起来介绍，因为来自这两个语言区域、拉丁美洲以及伊比利亚半岛的学者以及他们的作品相互之间看起来是相互融通的（Candela, Rockwell and Coll 2004）。例如，说葡萄牙语的巴西学者认为书写规范的西班牙语也是一种"标准化"的语言。[1]

---

[1] 安娜·戈麦斯（Ana Gomes）电子邮件交流，2009 年 6 月 14 日。

西班牙与葡萄牙

西班牙的教育人类学至少在三个方面特色较为鲜明。首先，哲学教育人类学在西班牙有着较大的影响力（Barrio Maestre 2004）。其次，新维果茨基（neo-Vygotskian）与文化心理学的研究在西班牙呈现出一派欣欣向荣的景象（del Río and Álvarez 1995）——关于这一点通过对创刊于1990年的《文化与教育》（Cultura y educación）所发表的论文进行统计分析可以看得出来。[①] 最后，对学校教育人类学的研究在西班牙看起来也非常流行。1993年，一部重要的西班牙语论文集被翻译成英语出版（Velasco Maillo, arcía Castaño, and Díaz de Rada 1993）。2007年，《社会人类学研究》（Revista de Antropología Social）发表了一篇关于西班牙人类学研究的文献综述（Franzé Mudanó 2007）。朱塞雷斯（Jociles 2007）在《社会人类学研究》一书中指出，西班牙教育人类学的主要研究对象是少数民族以及这些少数民族的多样性问题。例如：西尔维娅·卡拉斯科·庞斯（Silvia Carrasco Pons）研究移民群体与少数民族的儿童（2003），民族志学者戴维·帕韦达（David Poveda 2001）——他本人是研究心理学出身——与同事一起致力于教室里的师生互动与少数民族方面的研究。帕韦达同时还是一份电子刊物《教育与人类发展》（Education and Human Development）旗下《文化工作日志》（Working Papers on Culture）的主编。[②] 从发表在学术刊物《教育、社会与文化研究》（Educação, Sociedade e Culturas）[③] 的文章中以及从泰尔莫·卡里亚（Telmo Caria 2003）这样的社会学学者的著作中可看出，葡萄牙的学者同样对教育民族志有着强烈的研究兴趣。

---

① 参见 http://www.ingentaconnect.com/content/fias/cye，2010 年 9 月 22 日浏览。
② 《文化工作日志》《教育与人类发展》，http://www.uam.es/otros/ptcedh/default.htm，2010 年 9 月 8 日浏览。
③ http://www.fpce.up.pt/ciie/revistaesc/，2010 年 8 月 18 日浏览。

拉丁美洲

拉丁美洲民族志研究的文献综述主要包含了安德森与蒙特罗－塞巴斯（Anderson, Montero-Sieburth 1998）、莱文森（Levinson 2002）、洛克威尔（Rockwell 1998）以及洛克威尔与戈麦斯（Rockwell and Gomes 2009）等学者的作品。本书选取了拉丁美洲三个最大的区域，它们分别是墨西哥、阿根廷与巴西。

在墨西哥，艾尔西·洛克威尔（Elsie Rockwell）与她在教育研究所（Departamento de Investigaciones Educativas）的同事一起针对课堂与学校、教育中的仪式以及本土原住民学生开展了一系列的研究。在研究过程中，她的团队主要运用了被美国同行广为使用的民族志的研究方法。不过由于受到法国学者的影响，他们对于研究的社会历史背景有着极高的敏感度，并且格外重视由社会语言学所塑造出来的话语概念。他们还从这种混合型的研究范式中发展出了"教学工作"（西班牙语 el trabajo docente）这样的一些新概念。在本书中，洛克威尔与冈萨雷斯（González）还将对来自墨西哥教育研究所以及墨西哥民族志研究者们的学术作品进行述评。

在加拿大政府以及墨西哥民族志研究者们的帮助之下，拉丁美洲的阿根廷与智利也分别成立了相关的研究组织。在本书中，玛丽亚·罗莎·诺伊费尔德（María Rosa Neufeld）将向我们展示教育人类学，尤其是布宜诺斯艾利斯大学人类学研究所的人类学与教育系是如何在阿根廷逐渐发展壮大的——这同时被视为阿根廷后军政府时代社会科学复兴的一部分。该系主办了第十一届美洲国家教育民族志研究研讨会（Simposio Interamericano de Investigación Ethnográfica en Educación），这也是这个会议第一次在南美洲国家举行。从诺伊费尔德的文章中我们可以得知，同墨西哥一样，阿根廷的教育人类学深深扎根于人类学学科，并且与历史研究有着紧密的联系。

根据本书中安娜·戈麦斯与尼尔玛·戈麦斯（Nilma Gomes）的文章，

巴西的教育人类学研究发轫于20世纪50年代，但是早期的研究在"种族民主神话"（myth of racial democracy）以及军政府统治的时代渐渐消失，直到20世纪80年代，后来的学者们才再度掀起对民族、种群以及学校教育的研究。与此同时，巴西还掀起了一股新维果茨基的研究潮流（Souza Lima 2005），并且涌现出了许多深受弗莱雷（Freire）与教育行动工程（pedagogical action projects）影响的相关研究（Oliviera Gonçalves and Gonçalves e Silva 1998）。

法语世界

哈沃（Raveaud）与德雷朗（Draelants）在本书中简要地概述了欧洲法语区与加拿大法语区的教育民族志研究状况。他们在文章中表示，由于操同一门语言以及通过"国际法语社会学家协会"（International Association of French-speaking Sociologists, AISLF）所建立起的内部学术联系，上述两个语言区事实上一直都被视为一个整体。在法国，民族志的研究方法通常为教育社会学的研究者们所采用，以此来回应在法国学术界中占主导地位的量化研究。同时，法国的民族志研究者逐渐把他们的研究重点拓展到了社会阶层的维度，并在此基础上研究并理解外来移民儿童的民族特性。与之对应的则是比利时、瑞士以及魁北克的民族志研究者们对语言的多样性表现出了浓厚的研究兴趣——这并不奇怪，因为这些国家和地区大多是多语言国家。

正如本书第六章所述，法国的教育社会学几乎只关注学校教育方面的问题（Duru-Bellat and van Zanten 2006）。尽管来自法语世界的人类学家无论对于学校教育还是与学习相关的问题都不太重视，不过法国的民族学研究者以及那些从早期的民俗研究转化过来的学者偶尔也会关注一下文化习得（acquisition of culture）方面的问题（e.g. Delbos and Jorion 1984）。此外，学术刊物《法国民族学》（*Ethnologie Française*）近年来也发表了一些与学校教育有关的人类学研究成果（Filliod 2007; Garcion-Vautour 2003），同时也特别关注欧洲教育民族志研究者学会（European Society of Ethnographers of Education）的成立这一学术界的新动向（Boumard and Bouvet 2007）。

欧洲其他语言区

来自英语、德语、法语这三大语言区域以外的欧洲其他地方的学者对民族志研究也变得越来越有兴趣。

在意大利，正如弗朗西斯卡·戈博（Francesca Gobbo）在本书第七章所言，传统的人类学研究者已经注意到了学校教育在如何批量地"制造文盲"（create illiteracy）这一问题，并撰写了大量教育人类学方面的论著，同时这些论著也颇具哲学人类学的内涵。此外，作为高校教育学院系的一名民族志研究者，戈博与她的学生还开展了大量的田野工作，并对意大利当前的学校文化以及少数民族儿童文化提出了质疑。

加博尔·艾洛斯（Gábor Erőss）在本书第八章指出，民俗意义上的"民族志"研究与罗姆人（Roma）研究对中欧国家的教育民族志发展起到了极大的推动作用。在这些国家，除了波兰，对罗姆人以及其他少数民族的研究是一个永恒的主题。波兰则以德国哲学教育人类学的研究范式为主。艾洛斯同时也指出，受法国社会学的影响，中欧国家已经开始出现包括"政治教育人类学"（political anthropology of education）在内的一些新的研究动向。

斯堪的纳维亚地区的教育人类学研究成果非常丰硕，来自这个地区的丹麦、挪威与瑞典学者发现他们相互之间能够非常轻易地理解对方的语言。在本书中，安德森（Anderson）、格罗夫（Gulløv）与瓦伦丁（Valentin）对斯堪的纳维亚地区悠久的民族志研究历史以及最新的人类学研究作品进行了描述，这些作品主要聚焦于儿童与青少年方面的问题研究（Larsson

2006）。同比利时与荷兰说佛兰芒语（Flemish）的学者一样（Eldering 1996; Timmerman 2000），斯堪的纳维亚的民族志研究者通常会同时用英语与他们自己的本国语言来从事学术研究。

在本书中，除了一条来自立陶宛的参考文献之外［该文献主要涉及量化研究与行动研究（action research），并运用了诠释学（hermeneutics）与现象学（phenomenology）的理论］①，我没有看到其他来自波罗的海诸国、希腊、土耳其以及俄罗斯的民族志研究文献。不过值得注意的是在俄罗斯，列夫·维果茨基（Lev Vygotsky）的思想自20世纪60年代开始复兴（Shepel 1995）。他的观点在美国通常被称为"文化心理学"或者"文化历史活动理论"（cultural historical activity theory），并且极大地促进了美国以及本书上述提到的巴西与西班牙等国家的学习人类学的发展。

亚洲国家

日本的教育人类学有着悠久的历史，对它的研究最初始于那些从美国访学回国的教育民族志研究者（Minoura, this volume）。部分日本民族志研究者使用英语作为他们的学术语言，并且在我的印象中日裔会员的数量在美国人类学协会（American Anthropological Association）下属的人类学与教育委员会（Council on Anthropology and Education）中已经占据了所有会员数量的第二位。不过箕浦（Minoura）在本书中仅仅是对过去20年间已发表的日语文献进行了回顾，虽然其中有少部分文献聚焦于少数民族学生，但大部分都是研究社会主流学校里的教育实践与日常生活，这与美国学术界只重视研究学业失败的现象非常类似。箕浦博士同时也注意到日本的教育心理学家们已经对教育民族志表现出了强烈的研究兴趣。

在中国，尽管教育人类学学科的发展规划早就已经被制订出来

---

① 奥德拉·斯古卡乌斯凯（Audra Skukauskite），电子邮件交流，2009年6月16日。

了,但是教育民族志的研究才刚刚开始起步(Ouyang, this volume)。根据我对全球人类学家电子邮件通讯录(Worldwide Email Directory of Anthropologist)(Jarvis n. d.;也可搜索 http://www.academia.edu)进行的搜索,在亚洲的其他国家例如马来西亚、越南、菲律宾、印度与巴基斯坦,仍然有部分人类学家在关注教育问题,尤其是有着厚重的应用人类学与教育社会学研究传统的印度。克里希纳·库玛(Krishna Kumar)的文章显示,印度的研究者曾发表过大量有关教育民族志的研究作品,这推翻了我之前对印度错误的印象(Anderson-Levitt 2006a)。1991 年,人类学家与社会学家米纳克希·塔潘(Meenakshi Thapan)在一所颇具创新意识的私立学校开展了一项民族志案例研究。到目前为止,印度的学者们已经发表了很多以公立学校教师与校园文化为主题的民族志研究(Clarke 2001; Sarangapani 2003)。

中东与非洲

以色列有着非常活跃的教育民族志研究群体(Shalsky, Alpert, and Sabar-Ben Yehoshua, this volume)。他们中很多人都以英语作为学术语言,不过本书对以色列文献的讨论则以希伯来语文献为主。这一章对移民群体与西班牙裔犹太人(Sephardic)表现出了强烈的研究兴趣,同时也会有限地涉及一些诸如阿拉伯学生与正统派犹太学校等与政治相关的话题。

在阿拉伯语世界,民族志研究似乎比较少见,最典型的作品则通常以一种"局内人-局外人"的视角来开展研究,例如克里斯蒂娜(Christina)于 2006 年出版的一部作品(Christina 2006)。埃雷拉(Herrera)在 2006 年对埃及的多个批判民族志作品进行了整合性研究(Herrera and Torres 2006),并同步出版了该书的英语版与阿拉伯语版。行动研究与民族志同样吸引着来自巴勒斯坦的学者。纳赫伦(Nakhlen)曾经对来自 3 所巴勒斯坦高校从 1997 年至 2004 年的 432 篇硕士学位论文进行分析(Nakhlen and Wahbeh 2005），并特别留意了其中一些关于田野工作以及教师作为研究者共同参与其中的特殊案例（Khaldi and Wahbeh 2000），作为对比，以色列贝特伯尔学院（Beit Berl College）的阿拉伯教师学术研究中心（the Academic Institute for Arab Teachers）则主要开展质性方面的研究[①]。

迪亚洛（Diallo）在本书中指出，想要在撒哈拉以南的非洲地区开展学术研究其实并不容易，而且研究题目也不能完全由研究者们自己来决定。他在本书第十三章对麦克卢尔（Maclure）654项关于非洲的研究进行了分析，同时还附上了他最近针对各位学者所开展的一项调查研究，这些研究表明，无论是质性研究方法还是量化研究方法，都在该地区的各项研究中占据着同等重要的地位。如同在巴勒斯坦，这里的研究者对应用型研究、实践者研究与行动研究（applied, practitioner, and action research）都有着强烈的兴趣。很多非洲的人类学家发现与教育有关的问题在所有的人类学研究中常常会被优先考虑。例如我曾经报道过的喀麦隆雅温得第一大学人类学研究生协会（the Association of Research Students in Anthropology at the University of Yaoundé I）的成员恩贡戈·曼畅（Nkongho Manchang），他最近完成了一项关于教育改革及其对族群影响的研究，另外一位成员阿班巴·罗伯特（Abamboh Robert）则正在撰写一篇关于文盲群体对一个族群的社会经济所产生的长远影响的论文[②]。

在欧洲、加拿大、美国从事博士、博士后以及教职工作的非洲学者同样也发表了很多重要的民族志研究。例如埃格博（Egbo）关于尼日利亚妇女读写能力的研究（Egbo 2004）以及迪亚洛对几内亚女学生学业成功问题所开展的研究（Diallo 2004）。

[①] 阿卜杜勒·玛拉（Abdel Mana）博士，个人交流，2011年8月18日。
[②] 恩贡戈·曼畅，电子邮件交流，2005年5月25日。

结论

这是一个浩瀚的世界。在本书所涉及的每一个国家里，即便不能说是成千上万但是也至少有着大量的教育研究者正在进行着民族志的研究，或者把人类学的思想运用到他们的研究中去。尽管本书快速的"全球性探究"会导致我们错过某些重要的学术观点，甚至对其产生误解，但它同样可以帮助我们从中吸取教训，并回答我们在前文中提出的三个问题：教育人类学与教育民族志是如何在实践过程中发展变化的（如果它们真的是在变化的话）？它们为什么在变化，抑或它们为什么没有变化？为什么从超越国界与语言边界的维度来开展研究如此重要？

共性与差别

本书所涉及的所有文献资料都表现出了某种程度上的共性特征。从定义上来看，他们的研究方法都很相似。无论在什么地方，教育民族志研究者都会通过参与式观察、开放式访谈的方式，站在"局内人"的立场去理解他们的研究场景。正如我（Anderson-Levitt 2011: 16）曾经说过的："时间的不足、资源的匮乏将会导致田野工作的'缩水'，尤其是在一些发展中国家（Crossley and Vulliamy 1997）。尽管如此，参与式观察通常依旧是一个长期的过程。"不过一些特定的辅助型研究技巧却在发生改变。例如西非地区的学者通常对民族志方法与量化研究进行结合的混合型研究方法持开放的态度（Diallo, this volume），而以色列与中国的学者则更倾向于采用叙事研究（narrative inquiry）的方法（Shlasky et al. this volume; Ouyang this volume）。实践者研究、行动研究以及为了某项政策的制定而专门开展的研究则在某些特定的情形之下受到来自巴勒斯坦、西非以及中国的民族志研究者们的青睐（Nakhlen and Wabeh 2005; Diallo this volume; and Ouyang this volume, respectively）。

另外一个共同点是本书中每一位学者，无论他们来自哪个国家，都在各自的研究中引入了文化的概念，法国的学者也不例外，尽管他们对此持怀疑的态度（Raveaud and Draelants this volume）。事实上，教师群体与社会大众"挪用"了文化差异这个专业概念，以至于美国与阿根廷的人类学家担心这个概念的滥用会导致文化差异在现实社会里真的被扩大，并且被学校用来作为搪塞为何会对不同学生进行差别对待的借口（González 1999; Neufeld this volume）。

令人感到惊讶的是，尽管早期的教育人类学起源于研究者们对学习的研究（这样的学习可以发生于任意的场景之中而不仅仅是局限于学校这样的正规教育场所），但是在大部分地区，教育人类学或者教育民族志很大程度上依旧被定义为一门专门研究学校教育的学科。斯堪的纳维亚国家则是一个例外，该地区的研究者同时关注儿童与青少年在学校以及在社会场景中的学习与成长。不过即使是在斯堪的纳维亚地区，大部分的研究仍然是在机构化的学习场景中进行的。另外一个例外是德国，德国的学术界非常重视对学习进行持续性的研究，不过这些研究的起始点仍然是学校。

还有一个共同点是教育民族志的研究者们更倾向于从事"在家"（at home）的研究，而不是"去国外"（abroad）。即便是在有的国家，大部分人类学研究都是在远离家乡社会的场景中完成的，但是这些国家的教育民族志研究同样以"在家"的研究为主。去国外开展研究在那些过去曾经有过殖民主义历史的发达国家中显得更为普遍（这些国家现在看起来则是具有更多的国际"门路"），尤其是美国、斯堪的纳维亚国家与日本，正如前文所提到的，也包括英国、澳大利亚、法国（Filiod 2007）与德国（Qvarsell and Wulf 2003）。不过，离开家乡社会去开展教育人类学研究看起来似乎不再是学术界的主流了。

尽管各国的学者对学校教育，尤其是对他们自己所在社会的学校教育，都表现出了共同的研究兴趣，但是本书还是发现了在这些共性之外的巨大差别。在全球范围内，确实存在着许多不同类型的教育人类学与教育民族志。

  首先，从研究传统上来看有着新旧之分。教育人类学最早可以追溯到20世纪50年代甚至更早的德国、美国、日本、巴西与墨西哥，而针对学习或者学校教育开展的民族志研究直到20世纪70年代甚至更晚才在法国、以色列、匈牙利、中国与几内亚等国家出现。

  其次，教育人类学与教育民族志的研究者不会局限于仅用英语来发表作品，学术界有着大量的日语、法语、西班牙语、葡萄牙语与汉语的著作。即使是在那些通常把英语作为学术语言的例如荷兰、斯堪的纳维亚国家、以色列和德国等国家，很多教育人类学与教育民族志作品也是以英语之外的其他语言加以呈现的。

  此外，教育人类学与教育民族志都起源于不同的学科土壤，并表现出了不同的地理位置分布。哲学教育人类学是德国与波兰的重要研究传统，在西班牙与意大利也能发现它的痕迹。学习人类学兴起于墨西哥、西班牙以及学者普遍重视文化历史活动理论的那些国家。学校教育人类学在美国形成了一套完整的研究机制，而根植于社会学与社会人类学的学校教育民族志则构成了英国与法国的主要研究领域。与此同时，着眼于本土研究的民族学是中国以及中欧国家教育民族志产生的学科来源，对法国教育民族志的发展也有着推动的作用。

  于是，教育民族志作为一种研究哲学，在不同的国家往往被运用到不同的学科体系之中。在法国它主要为社会学家们所运用，在日本则是被社会学家与教育心理学家运用。在中欧，教育民族志被用来研究罗姆人，在荷兰与意大利则被用来研究国际教育。在墨西哥与阿根廷，很多社会学科对广义上的人类学有着强烈的学科依赖，并且在这两个国家以及德国，教育人类学家常常也会运用历史的方法来开展研究。

  最后，各种常见的研究主题也因为地域上的差异而有所不同。例如，斯堪的纳维亚国家的教育民族志研究者特别重视儿童与青少年人类学，也许是因为这些国家的社会福利政策强调"美好的童年"。德国与以色列的研究者关注学校教育中的仪式：在德国这也许是因为研究者们对仪式的模仿过程感兴趣，但是在以色列，仪式则被用来建构民族的身份认同。而在美国，种族与少数民族问题、家庭与学校的文化代沟以及正如德拉蒙特在本书中所指出的学业失败问题，这三者永远是研究的主题。

全球流动与本土创新

首先，我们不禁要问，为什么全球不同地方的教育人类学与教育民族志都表现出了如此之多的共性特征？学术知识的全球性流动是其中的一个原因。"书籍与论文的传播突破了国家的边界，网络与电子邮件让各种文本资料的获取更加容易，研究者们也在更加积极地参加各种国际会议。"（Anderson-Levitt 2011: 13）另外一个原因是学生与博士后研究人员的国际流动，他们到英国、法国、德国、魁北克以及其他国家或地区学习或开展研究。本书部分章节的作者，例如戈博、箕浦还有范赞丹都曾经在美国开展过研究。还有一种流动是学者向国外的流动——他们离开出生国到国外的机构开展研究。访问学者常常会成为思想交流的桥梁，例如美国学者对日本研究的影响——日本早期的教育民族志研究很多是由来自美国的学者所完成的。最后，一些国家间的联合研究项目为学术的国际交流提供了机会，例如艾洛斯（Eröss）在本书中曾提及的那些欧洲合作项目。

本书各章节的作者都曾在他们的文章中非常明确地提到过，正是这种全球性的"流动"让学术观点被借用成为可能。如同芝加哥社会学派一样，美国教育人类学、英国教育民族志以及维果茨基的思想在全球范围内有着广泛的影响力，不过本书的各章节向读者展示的绝不仅限于这些观点的借用。

各种学术思想及观点在全球范围内传播并被广为借用的同时，一些案例表明各国的学者们也同样有着自己的独立创新。这在某些情形之下就导致了差异性的产生，正如不同的学科传统（如德国的哲学人类学与美国的文化人类学）看起来已经对不同地区的教育人类学产生了影响一样。

与此同时，全球至少有 90% 的儿童都在接受西方模式的学校教育（EFA 2011），基于这样的一种普遍状况，学术界看起来又多了一个共性特征，即全球不同地区的人类学家与民族志研究者都共识性地把重心放在了对学校教育的研究之上[①]。从更为世俗的层面来看，那些在高校教育院系与教育研究机构工作的学者，他们同样更为倾向于研究与学校有关的问题。就如同学者们都普遍重视学校研究一样，在家乡社会开展研究也成为学术界的一种趋势，并且它更为强调教育人类学与教育民族志的应用学科属性。此外，全世界的社会科学研究者与政策制定者对于平等地获得高质量的教育这一共同的目标有着一致的认同（Mayer 2001），而民族志研究者们每天的工作都与家庭、学生、教师有着密切的联系，他们是真切地感受到了这个目标的紧迫性。

尽管思想的跨国流动已经变得非常普遍，并且学校教育在全世界范围内也形成了一种共同的基本框架，但是知识分子之间的交流却仍然障碍重重。教育人类学或者教育民族志在不同的国家或地区发展成为明显不一样的学科，其原因在于学者们相互之间可能在政治上或者经济上被隔离开来，或是他们相互之间接触不到对方的研究成果，又或是即便他们能够接触到对方的研究成果，却不能够真正地理解与领会其中的意义。

当某种政治制度阻碍了教育民族志研究的发展，政治上的隔离便产生了。"巴塔兰（Batallán 1998）注意到在智利与阿根廷的独裁政权下，教育民族志的研究没有得到任何的发展"（Anderson-Levitt 2011: 16），正如诺伊费尔德与欧阳在本书中评论的：民族志的研究可能给那些当权者带来某种意义上的威胁。而经济上的隔离则表现为并非每一位学者都拥有足够的经济资源去参与国际学术会议或者去订阅国际刊物。

更为普遍也更为复杂的情况是，思想的流动其实并不自由，因为教育人类学与教育民族志的研究成果最终需要通过不同的语言呈现出来。语言

[①] 感谢弗朗西斯卡·戈博提供该信息。

的障碍甚至限制着相邻两个国家或地区之间的学术流动。我们通过对各种论文以及著作的参考文献进行研究，发现以法语为母语的作者更愿意去阅读英语文献而非德语文献，而以英语为母语的作者则很少阅读英语之外的其他文献。加拿大被分成了两个区域，一个区域的学者主要阅读英国与美国的文献，另外一个区域的学者主要阅读法国与比利时法语区的文献。比利时与瑞士同样也有两个不同的语言区域。对日本而言，尽管它的研究非常丰富，但是日本之外的学者却很难阅读到这些文献资料（Anderson-Levitt 2011）。当然，部分文献有翻译版本，但是翻译作品的流动也表现得明显的不对等。在过去的75年间，有超过100万部作品从英语被翻译为其他语言，但是只有大约10万部作品从其他语言被翻译为英语（UNESCO 2010）。其结果就是只掌握了英语的学者在学术上将会有更多的"盲点"，因为他们错过了英语语言区域之外的大部分文献。

但是翻译本身还不能确保学术思想与观点的全球性流动，因为翻译也许并不能真正还原作者所想要表达的意思。原因之一在于读者其实并不熟悉原文的写作手法（conventions of writing），这导致他们往往不能很好地理解文章的精髓。因此，对欧洲与拉丁美洲的读者而言，美国的教育人类学著作缺乏足够的理论基础，而在美国的读者看来，欧洲与拉丁美洲的著作则缺少实证依据以及对研究方法的讨论（compare the introductory comments in Levinson et al. 2002）。实际情况是双方都没有认真地去理解对方的作品。

另外，由于不熟悉文中的一些隐喻、术语、地方法规以及原文所涉及的话语背景，读者很可能会错误地认为某部译作并不重要从而导致这部优秀的作品被忽略。因此，上述学科发展上的种种差异连同语言上的障碍，让来自不同国家或地区的学者在理解对方著作的核心含义时变得更加困难。如果读者没能够"跟得上"德国哲学人类学或者匈牙利民族研究的相关文献（原因不仅仅在于这不属于他们的学科范围，还在于他们不会德语或者匈牙利语），他们能够正确地理解这些领域的研究作品吗？如果读者对本书所引用的马克斯·舍勒（Max Scheler）、玛丽安·居勒斯塔（Marianne Gullestad）或者江渊一公（Kazuhiro Ebuchi）等颇具影响力的学者不甚了解，他们会不会错过隐藏在这些学者著作里的重要背景信息呢？

如果读者看不到那些隐藏在研究主题背后的相关信息，他们同样也就不能真正领悟那些"国外"研究的精髓。正如前文曾指出的，不同的国家与地区有着不同的研究主题，人类学家或民族志研究者的研究兴趣往往与他们国家某段特定的历史有关。例如在加拿大与美国，或者墨西哥与智利这些通过武力征战而建立的国家里，本土原住民的教育问题一直都是学者们的研究重点（Anderson-Levitt 2001）。同样，考虑到美国与巴西那段特殊的奴隶制历史，学者们对种族主义与种族问题的研究尤为关注也就不足为奇了。① 而法国、荷兰、意大利与中欧国家的教育民族志研究者对移民问题表现出了极大的研究热情也绝非偶然，因为欧洲的移民数量正在与日俱增。国家在世界经济中的地位也影响着研究者的选题。正如迪亚洛（Diallo）在本书中所说的，那些国际项目的资助者总是希望能完全掌控贫困国家的研究项目，因为他们为几乎所有的研究（除了硕士研究生的毕业论文）提供了资金，这就是西非的研究如此关注性别平等方面的原因，那是因为这些项目受到了来自西方国家资助者的影响。国家在世界经济中的地位还会影响研究者对学校教育的态度，因为在那些连基本的学校教育都得不到保证的地方，学校教育是消除社会阶层化（social stratification）的有力武器（而不是造成社会分层的原因）。因此，正如安德森-莱维特（Anderson-Levitt 2011: 18）所言："在美国与欧洲，有些文献把学校描述成工厂或者监狱"，但是墨西哥的洛克威尔（Rockwell 1998）则指出"公立学校常常被视为能够为这个国家的儿童带来相对平等的生活体验的一股解

---

① 历史同样也能够解释某些研究主题缺乏的原因。Beach and Lunneblad（2011）就解释了为什么在斯堪的纳维亚地区的民族志研究中没有关于"种族"与"肤色"的主题。

放性力量"。

因此，有很多原因可以解释为什么某个研究对你的国家很有意义，而在我的国家却无人问津。我们国家的人民也许不懂你的语言，也就没有必要去翻译你的著作。我们也许理解不了你们学术界的那些争论与议题，因为我们甚至连其中的关键词都不理解，或者我们也许对你们的研究主题毫无兴趣，因为我们国家的历史与社会结构决定了我们有其他更为重要的研究方向。甚至当你用英语在"国际"刊物发表论文时，你也许会为了迎合评审人的标准或者为了让文章能够与美国或英国的某些问题扯上关系而故意对你的论述进行重构，但事实上这样一来读者将不能够从你这篇英语论文里领会到你的国家或者你的语言区那些最具典型性或者最有意义的学术思想与观点。

经验教训与下一步计划

上述研究表明，教育人类学与教育民族志，尽管在不同的国家与地区有着不同的定义，出现的时间有先有后，甚至有时产生自不同的学科土壤，但其作为一门新兴的学科已经在全球范围内崭露头角。随着学术界的研究兴趣或者对历史与社会的关注点日趋不同，一些传统的思想与观念也在此基础之上得以革新。它们中有的来自对他国到访学者思想与观点的借用，有的则是由在外深造的本国学者学成之后引入国内。

然而，无论是哪种形式的借用，我们可以发现它们都是经过精挑细选的，并且会被重新设计以适应本土研究的需要（Steiner-Khamsi 2004; Anderson-Levitt and Alimasi 2001）。此外，即使借用的源头来自那些全球普遍的、共有性的问题，它们也可能随着时间的推移而发生变化，因为学者们在引入某种思想或者观点的时候总是会改变它的形式，将其"克里奥尔化"（creolize）①，使之能够真正融入本土的研究范式（Hannerz 1987，1992）。例如，我曾提及（Anderson-Levitt 2011）来自中国的欧阳是如何将具有中国特色的转型社会学（Sociology of societal transformation）、心理学、政治学以及教育改革历史等方面的因素融入他对美式社会语言学与教育人类学的研究之中去的（Ouyang 2006）。"运用同样的方式，来自墨西哥、巴西与荷兰的学者向他们的美国与英国同行进行学习，把它们借用来的思想克里奥尔化并创造了一套新的研究范式。而美国与英国的学者同样也会把他们从他国学者那里借用得来的观念克里奥尔化，例如法国布迪厄（Bourdieu）的思想，巴西弗莱雷（Freire）的思想以及俄罗斯维果茨基的思想"（Anderson-Levitt 2011: 21）。克里奥尔化是一个充满了创造力的过程，它意味着某种思想或观念一旦被借用，就必然会发生改变，既有可能是在民族性特征方面，也有可能是在区域性特征方面或在语言性特征方面。

　　研究传统的发展是对本土热点问题研究的一种回应（正如其应该与某一应用领域相适应一样，甚至就像艾洛斯在本书中所展示的那样，研究传统必须与本土的热点问题互动才能得到发展），因此我们有必要努力地去破除语言方面的障碍，并对我们不熟悉的经典作品进行解读。从更为务实的层面来看，对来自其他民族的文献资料进行解读是一项有助于在"国际"刊物上发表论文的实用性技能，同时也是一项越来越需要全世界的学者共同参与进来的工作。更为重要的是，对社会科学而言，对那些不熟悉的文献进行探究是一种对固有思维方式的挑战。正如我刚才提到的，在与墨西哥学者的互动中，我认识到学校教育并不一定是会令人感到压抑的或是感到不愉快的。不过对法国、美国或者中国的学者而言，去思考学校教育的解放性功能还有意义吗？而与此同时，西非的教育工作者就理所应当

---

　　① 克里奥尔（Creol）在当今的西印度群岛，其语言起源于殖民化初期。它的词汇主要是法语，但是用的却是非洲语言的句法。经过几个世纪的演变，克里奥尔语变成了一种完全独立的语言。

去关注学校教育令人感到压抑的那一面吗？我从本书德拉蒙特那一章了解到：美国的研究者过于关注学校教育中的学业失败问题，尽管这是由于他们热心于挽救那些学业失败的儿童，但这也同样使他们对于其他方面的问题缺乏深入研究，包括对学业成功条件的认识不足。那么，去重视那些在他国学者眼中看起来更为"正常"的研究，像日本或英国对学校教育的研究，就能给美国教育工作者提供一种新的教学模式并促进美国教育的整体发展吗？而与此同时，难道对德国学者而言，最好是让他们去关注族群或者"种族"问题？抑或让美国学者去认真阅读来自英国、澳大利亚、西非的关于性别研究的论著就能促进他们的本土研究？最后，如果那些过分局限于学校教育研究的学者能够像德国或丹麦的学者那样对（除了学校场景之外的）其他场景中的学习予以更多的关注，他们又将会从中有些什么样的收获呢？

拉尔森（Larsson）曾指出，正如我们所期望的那样，教育人类学与教育民族志同时也为社会科学在社会学意义上的实践提供了场所（Larsson 2006）。本书可以帮助我们理解为什么近几个世纪以来的民族传统能够如此深刻地影响着社会科学的发展（Heilbron, Guilhot, and Jeanpierre 2008），同时也为我们指明了教育人类学与教育民族志在全球范围内的发展前景（正如范赞丹在本书的后记里所总结的那样）。无论本书对社会问题的分析是否会受到时间与空间的限制，或者本书所提出的全球范围内的教育人类学研究是否可行，我都希望本书能够给予读者更多的启示。

同时，本书各章节的作者以及为本书的完成做出了大量贡献的其他学者都将让我们的这个讨论延续下去。我们建立了一个网站，并将在上面分享部分章节的原语种文章或是更为详尽的版本，以及书中所涉及的参考文献。我们希望书中的案例能够扩展到全球更多的国家，并且对于本书的批判与反驳我们也心存包容。本书将仅仅是教育人类学与教育民族志全球性探究的开始。

参考文献

AERA (American Educational Research Association). 2009. "Singapore Meeting of Education Research Associations Sets the Stage for Establishing a World Education Research Association." *Educational Researcher* 38: 70–72.

Alexander, R. J. 2001a. "Border Crossings: Towards a Comparative Pedagogy." *Comparative Education* 37: 507–23.

Alexander, R. J. 2001b. *Culture and Pedagogy: International Comparisons in Primary Education*. Malden, MA: Blackwell.

Anderson, Gary L., and Martha Montero-Sieburth. 1998. *Educational Qualitative Research in Latin America: The Struggle for a New Paradigm*. New York: Garland.

Anderson-Levitt, Kathryn M., 2006a. "Les divers courants en anthropologie de l'éducation." *Éducation et Sociétés* 17: 7–27.

———. 2006b. "Ethnography." In *Handbook of Complementary Methods in Educational Research,* 3rd ed., eds. Gregory Camilli, Patricia B. Elmore, and Judith Green. Washington, DC: American Educational Research Association.

———. 2011. "World Anthropologies of Education." In *A Companion to the Anthropology of Education,* ed. Bradley A. U. Levinson and Mica Pollack. New York: Wiley-Blackwell.

Anderson-Levitt, Kathryn M., and Ntal-I'Mbirwa Alimasi. 2001. "Are Pedagogical Ideals Embraced or Imposed? The Case of Reading Instruction in the Republic of Guinea." In *Policy as Practice: Toward a Comparative Sociocultural Analysis of Educational Policy,* ed. Margaret Sutton and Bradley A. U. Levinson. Norwood, NJ: Ablex Publishing.

Atkinson, Paul, Sara Delamont, and Martyn Hammersley. 1988. "Qualitative Research Traditions: A British Response to Jacob." *Review of Educational Research* 58, no. 2: 231–50.

Barrio Maestre, José María. 2004. *Elementos de Antropología Pedagógica*. Madrid: Ediciones Rialp.

Barth, Fredrik, Andre Gingrich, Robert Parkin, and Sydel Silverman. 2005. *One Discipline, Four Ways: British, German, French and American Anthropology*. Chicago: University of Chicago Press.

Batallán, Graciela. 1998. "Appropriating Ethnography for Research in Education: Reflections on Recent Efforts in Argentina and Chile." In *Educational Qualitative Research in Latin America: The Struggle for A New Paradigm,* ed. Gary Anderson and Martha Montero-Sieburth. New York: Garland.

Beach, Dennis, and Johannes Lunneblad. 2011. "Ethnographic Investigations of Issues of Race in Scandinavian Education Research." *Ethnography and Education* 6, no. 1: 29-43.

Bollnow, Otto Friedrich. 1987. *Crisis and New Beginning: Contributions to Peda-*

gogical Anthropology. Pittsburgh: Duquesne University Press.

Boškovic, Aleksandar. 2008. *Other People's Anthropologies: Ethnographic Practice on the Margins.* New York: Berghahn Books.

Boumard, Patrick, and Rose-Marie Bouvet. 2007. "La Société européenne d'ethnographie de l'éducation." *Ethnologie française* 4: 689–97.

Breidenstein, Georg. 2007. "The Meaning of Boredom in School Lessons. Participant Observation in the Seventh and Eighth Form." *Ethnography and Education* 2: 93–108.

Candela, Antonia, Elsie Rockwell, and César Coll. 2004. "What in the World Happens in Classrooms? Qualitative Classroom Research." *European Educational Research Journal* 3, no. 3: 692–713.

Caria, Telmo H. 2003. *Experiência etnográfica e teoria social.* Porto, Portugal: Afrontamento.

Carrasco Pons, Sílvia. 2003. "La escolarización de los hijos e hijas de inmigrantes y de minorías étnico-culturales." *Revista de educación,* no. 330: 99–136.

Christina, Rachel. 2006. *Tend the Olive, Water the Vine: Globalization and the Negotiation of Early Childhood in Palestine.* Greenwich, CT: Information Age.

Clarke, Prema. 2001. *Teaching and Learning: The Culture of Pedagogy.* New Delhi: Sage.

Connell, R. W. 1989. "Cool Guys, Swots and Wimps: The Interplay of Masculinity and Education." *Oxford Review of Education* 15, no. 3: 291–303.

Crossley, Michael, and Graham Vulliamy. 1997. "Qualitative Research in Developing Countries: Issues and Experience." In *Qualitative Educational Research in Developing Countries,* ed. Michael Crossley and Graham Vulliamy. New York: Garland.

del Río, Pablo, and Amelia Álvarez. 1995. "Directivity: The Cultural and Educational Construction of Morality and Agency. Some Questions Arising from the Legacy of Vygotsky." *Anthropology and Education Quarterly* 26: 384–409.

Delbos, Geneviève, and Paul Jorion. 1984. *La transmission des savoirs.* Paris: Maison des Sciences de l'Homme.

Derouet, Jean-Louis, Agnès Henriot-van Zanten, and Régine Sirota. 1990. "Approches ethnographiques en sociologie de l'éducation: L'école et la communauté, l'établissement scolaire, la classe." In *Sociologie de l'Éducation: Dix ans de recherche. Recueil de notes de synthèse publiées par la Revue Française de Pédagogie,* ed. Jean Hassenforder. Paris: Institut National de Recherche Pédagogique and l'Harmattan.

Diallo, Boubacar Bayero. 2004. *Parcours scolaires des filles en Afrique: le cas de la Guinée.* Unpublished doctoral dissertation, Université de Québec à Montréal, Montréal, Canada.

Dolby, Nadine. 2002. "Making White: Constructing Race in a South African High School." *Curriculum Inquiry* 32, no. 1: 7–29.

Dracklé, Dorle, Iain R. Edgar, and Thomas K. Schippers. 2003. *Educational Histories of European Social Anthropology.* New York: Berghahn Books.

Duru-Bellat, Marie, and Agnès van Zanten. 2006. *Sociologie de l'école*, 3rd ed. Paris: Armand Colin.

EFA Global Monitoring Report Team. 2011. Education for All 2011. The Hidden Crisis: Armed Conflict and Education *EFA Global Monitoring Report.* Paris: UNESCO.

Egbo, Benedicta. 2000. *Gender, Literacy and Life Chances in Sub-Saharan Africa.* Clevedon, UK/Buffalo, NY: Multilingual Matters.

Eldering, Lotty. 1996. "Multiculturalism and Multicultural Education in an International Perspective." *Anthropology and Education Quarterly* 27, no. 3: 315–30.

Filiod, Jean-Paul. 2007. "Anthropologie de l'école. Perspectives." *Ethnologie française* no. 37: 581–95.

Fisher, A. D. 1988. "Anthropology and Education in Canada, the Early Years 1850–1970." *Anthropology and Education Quarterly* 29, no. 1: 89–102.

Forsey, Martin. 2007. *Challenging the System?: A Dramatic Tale of Neoliberal Reform in an Australian High School.* Greenwich, CT: IAP.

Franzé Mudanó, Adela, ed. 2007. "Antropología de la educación y la escuela" (theme issue). *Revista de Antropología Social,* no. 16. Available at http://dialnet.unirioja.es/servlet/revista?codigo=1517.

Garcion-Vautour, Laurence. 2003. "L'entrée dans l'étude à l'école maternelle. Le rôle des rituels du matin." *Ethnologie Française,* no. 33: 141–47.

Gibson, Margaret A. 1997. "Complicating the Immigrant/Involuntary Minority Typology." *Anthropology and Education Quarterly* 28, no. 3: 431–454.

Gillborn, David. 1997. "Ethnicity and Educational Performance in the United Kingdom: Racism, Ethnicity, and Variability in Achievement." *Anthropology and Education Quarterly* 28, no. 3: 375–393.

González, Norma. 1999. "What Will We Do When Culture Does Not Exist Anymore?" *Anthropology and Education Quarterly* 30: 431–35.

Goodman, Roger. 1990. *Japan's International Youth: The Emergence of a New Class of Schoolchildren.* Oxford: Clarendon Press.

———. "Education: Anthropological Aspects." In *International Encyclopedia of Social and Behavioral Sciences.* Oxford: Elsevier Science Ltd.

Gordon, Tuula, Janet Holland, and Elina Lahelma. 2001. "Ethnographic Research in Educational Settings." In *Handbook of Ethnography,* ed. Paul A. Atkinson, Amanda Coffey, Sara Delamont, John Lofland, and Lyn H. Lofland. London: Sage.

Greenberg, Joseph. 1966. *Languages of Africa.* The Hague: Mouton.

Hannerz, Ulf. 1987. "The World in Creolisation." *Africa* 57: 546–59.

———. 1992. *Cultural Complexity: Studies in the Social Organization of Meaning.* New York: Columbia.

Heilbron, Johan L., Nicolas Guilhot, and Laurent Jeanpierre. 2008. "Toward a Transnational History of the Social Sciences." *Journal of the History of the Behavioral Sciences* 44: 146–60.

Henriot-van Zanten, Agnès, and Kathryn M. Anderson-Levitt. 1992. "L'Anthropologie de l'éducation aux États-Unis: méthodes, théories et applications d'une discipline en évolution." *Revue Française de Pédagogie*, no. 101: 79–104.

Herrera, Linda, and Carlos Alberto Torres, eds. 2006. *Cultures of Arab Schooling: Critical Ethnographies from Egypt*. Albany: SUNY Press.

Hünersdorf, Bettina, Christoph Maeder, and Burkhard Müller, eds. 2008. *Ethnographie und Erziehungswissenschaft: Methodologische Reflexionen und empirische Annäherungen*. Weinheim/München: Juventa Verlag.

Ingold, Tim. 1994. "General Introduction." In *Companion Encyclopedia of Anthropology: Humanity, Culture, and Social Life*, ed. Tim Ingold. London: Routledge.

Jacquin, Marianne. 2006. "La revue *Anthropology and Education Quarterly*. Analyse des dix dernières années." *Éducation et Sociétés*, no. 17: 89–104.

Jarvis, Hugh W. *Worldwide Email Directory of Anthropologists*. http://anthropology.buffalo.edu/WEDA/.Retrieved 2 September 2010.

Jociles, María Isabel. 2007. Panorámica de la antropología de la educación en España: estado de la cuestión y recursos bibliográficos. *Revista de Antropología Social*, no. 16: 67–116.

Khaldi, M., and Nader Wahbeh. 2000. "Teacher Education in Palestine: Understanding Teachers' Realities and Development through Action Research." In *Teacher Education in the Euro-Mediterranean Region*, ed. R. G. Sultana. New York: Peter Lang.

Kipnis, Andrew. 2001. "Articulating School Countercultures." *Anthropology and Education Quarterly* 32: 472–92.

Larsson, Staffan. 2006. "Ethnography in Action. How Ethnography Was Established in Swedish Educational Research." *Ethnography and Education* 1: 177–95.

Levinson, Bradley A. U., Sandra L. Cade, Ana Padawer, and Ana Patricia Elvir, eds. 2002. *Ethnography and Educational Policy across the Americas*. Westport, CT: Praeger/Greenwood.

Maclure, Richard, Ed. 1997. *Overlooked and Undervalued: A Synthesis of ERNWACA Reviews on the State of Education Research in West and Central Africa*. Washington, DC: USAID Bureau for Africa/Office of Sustainable Development.

Mayer, Phillip, ed. 1967. *Socialization: The Approach from Social Anthropology*. London: Association of Social Anthropologists of the Commonwealth.

Meyer, John W. 2001. "Reflections: The Worldwide Commitment to Educational Equality." *Sociology of Education* 74: 154–58.

Meyer, John W., David Kamens, and Aaron Benavot. 1992. *School Knowledge for the Masses: World Models and National Primary Curricular Categories in the Twentieth Century*. Washington, DC: Falmer.

Middleton, John. 1970. *From Child to Adult: Studies in the Anthropology of Education*. Garden City, NY: Natural History Press for the American Museum of Natural History.

Nakhlen, Khalil, and Nader Wahbeh. 2005. "Doing Research on Improving the Quality of Basic Education in Palestine." Paper presented at the Global Conference on Education Research in Developing Countries sponsored by Global Development Network. Prague, Czech Republic.

Ogbu, John U., ed. 2008. *Minority Status, Oppositional Culture and Schooling.* New York: Routledge.

Okano, Kaori. 1997. "Third-generation Koreans' Entry into the Workforce in Japan." *Anthropology and Education Quarterly* 28: 524–49.

Oliviera Gonçalves, Luis Alberto, and Petronilha Beatriz Gonçalves e Silva. 1998. *Jogo das Diferenças: o Multiculturalismo e Seus Contexto.* Belo Horizonte: Autêntica.

Osborne, A. Barry. 1996. "Practice into Theory into Practice: Culturally Relevant Pedagogy for Students We Have Marginalized and Normalized." *Anthropology and Education Quarterly* 27, no. 3: 285–314.

Ouyang, Huhua. 2006. Author's note preceding "Un aller simple. Parcours d'une enseignante novatrice en Chine continentale." *Éducation et Sociétés*, no. 17: 49–72.

Poveda, David. 2001. "La Ronda in a Spanish Kindergarten Classroom with a Cross-Cultural Comparison to Sharing Time in the U.S.A." *Anthropology and Education Quarterly* 32, no. 3: 301–25.

Qvarsell, Birgitta, and Christoph Wulf, eds. 2003. *Culture and Education.* Munich: Waxmann Münster.

Ribeiro, Gustavo Lins, and Arturo Escobar. 2006. *World Anthropologies: Disciplinary Transformations within Systems of Power.* New York: Berg.

Rockwell, Elsie. 1998. "Ethnography and the Commitment to Public Schooling: A Review of Research at the DIE." In *Educational Qualitative Research in Latin America*, ed. Gary Anderson and Martha Montero-Sieburth. New York: Garland.

———. 2002. "Constructing Diversity and Civility in the United States and Latin America." In *Ethnography and Educational Policy Across the Americas*, ed. Bradley A. U. Levinson, Sandra L. Cade, Ana Padawer, and Ana Patricia Elvir. Westport, CT: Praeger/Greenwood.

Rockwell, Elsie, and Ana Maria R. Gomes. 2009. "Introduction to the Special Issue: Rethinking Indigenous Education from a Latin American Perspective." *Anthropology and Education Quarterly* 40, no. 2: 97–109.

Rogoff, Barbara. 2003. *The Cultural Nature of Human Development.* Oxford: Oxford University Press.

Sarangapani, Padma. 2003. *Constructing School Knowledge: An Ethnography of Learning in an Indian Village.* New Delhi: Sage.

Sharpe, Keith. 1992. "Educational Homogeneity in French Primary Education: A Double Case Study." *British Journal of Sociology of Education* 13: 216–37.

Shepel, Elina N. Lempert. 1995. "Teacher Self-Identification in Culture from Vygotsky's Developmental Perspective." *Anthropology and Education Quarterly* 26, no. 4: 425–42.

Souza Lima, Elvira. 1995. "Vygotsky in the International Scene: A Brief Overview." *Anthropology and Education Quarterly* 26: 490–99.

Spencer, Jonathan. 2000. "British Social Anthropology: A Retrospective." *Annual Review of Anthropology* 29: 1–23.

Steiner-Khamsi, Gita, ed. 2004. *The Global Politics of Educational Borrowing and Lending.* New York: Teachers College Press.

Thapan, Meenakshi. 1991. *Life at School: An Ethnographic Study.* Oxford: Oxford University Press.

Timmerman, Christiane. 2000. "Secular and Religious Nationalism among Young Turkish Women in Belgium: Education May Make the Difference." *Anthropology and Education Quarterly* 31, no. 3: 333–54.

Troman, Geoff. 2010. "Ethnography and Education. Aims and Scope." Retrieved August 30, 2010, from http://www.tandf.co.uk/journals/titles/17457823.asp

UNESCO. 2010. Index Translationum—World Bibliography of Translation. http://portal.unesco.org/culture/en/ev.php-URL_ID=7810andURL_DO=DO_TOPICandURL_SECTION=201.html. Retrieved 16 May 2010.

UNESCO & ISSC (International Social Science Council). 2010. *World Social Science Report: Knowledge Divides.* Paris: UNESCO Publishing & ISSC.

van Zanten, Agnès, and Stephen Ball. 2000. "Comparer pour comprendre: Globalisation, réinterprétations nationales et recontextualisations locales des politiques éducatives néolibérales." *Revue de l'Institut de Sociologie* 14: 113–31.

Velasco Maillo, Honorio M., F. Javier García Castaño, and Ángel Díaz de Rada. 1993. "Lecturas de antropología para educadores. El ámbito de la antropología de la educación y de la etnografía escolar." In *Colección Estructuras y Poresos. Serie Ciencias Sociales.* Madrid: Trotta Editorial.

Vermuelen, Hans F., and Arturo Alvarez Roldán. 1995. *Fieldwork and Footnotes: Studies in the History of European Anthropology.* London: Routledge.

Walker, James C., and Christine Hunt. 1988. *Louts and Legends: Male Youth Culture in an Inner-City School.* Sydney: Allen and Unwin.

Wolcott, Harry F. 1987. On Ethnographic Intent. In *Interpretive Ethnography of Education: At Home and Abroad,* ed. George Dearborn Spindler and Louise Spindler. Hillsdale, NJ: Lawrence Erlbaum Associates.

Wulf, Christoph. 2003. *Anthropology of Education,* Lit Verlag. (*Anthropologie de l'éducation.* Paris: L'Harmattan, 1999; *Anthropologie der Erziehung.* Weinheim: Beltz. 2001).

Yamashita, Shinji, Joseph Bosco, and J. S. Eades. 2004. *The Making of Anthropology in East and Southeast Asia.* New York: Berghahn Books.

第一章　历史文化教育人类学
——柏林仪式研究

克里斯托夫·沃尔夫（Christoph Wulf）

序言

  自西方思想萌芽初始，人类学与教育学就有了联系。尽管"人类学"作为一个专业术语直到16世纪才被创造出来，但教育学与人类学早在柏拉图的《理想国》以及奥古斯丁与托马斯·阿奎那的著作里就已经相互产生了共鸣。同样，在17世纪夸美纽斯的著作里，在18世纪卢梭与裴斯泰洛齐的著作里，在19世纪康德、赫尔巴特、洪堡以及施奈尔马赫的著作里，都能发现教育学与人类学的紧密联系。到了20世纪，人类学对其他学科尤其是哲学的影响不断加深。马克斯·舍勒这样解释道：在大约一万年的历史进程中，人类当前正处于一个前所未有的时代，在这个时代里，人类自身第一次成了所有"问题"的根源所在。在这个时代里，人类第一次对自己究竟是谁产生了疑问，但同时也意识到了"自己其实并不知道自己究竟是谁"这一事实（Scheler 2009）。教育人类学正是以对人的研究作为出发点，并且在20世纪的下半叶发展成了一门非常重要的与教育相关的学科。

  在康德看来，人类的发展取决于他们的本能与潜力。人类是渺小的，也意识到了自我的渺小，只有通过不断地认识自我、改进自我，人类才能突破并超越自身的局限性。康德认为，研究上述问题的相互关系构成了实用人类学的"职责"（cf. Kant 1982: 699），它主要针对人类的行为与人类的自由这一领域开展深入研究。

如果我们希望真正地履行这个"职责"，首先就必须解决我们今天如何通过人类学来认识自我这个问题。作为一个专业术语的"人类学"对人类而言究竟有什么意义呢？我认为，只有在历史的、民族学的、哲学的框架之下对人类进行研究，人类学才能真正得以发展。那也就意味着，人类学事实上应该是历史文化人类学（historical cultural anthropology）。

人类学的范式

如果我们希望能够对教育人类学的认识论有着更为深刻的理解与思考，那么我们有必要首先从批判性与建设性的角度对人类学的范式（anthropological paradigms）进行研究——这在国际学术界有着重大的意义。我指的是以下这些角度：

* 进化（evolution）与人化（hominization）；
* 在德国发展起来的哲学人类学；
* 由法国历史学家发起，并从年鉴学派（Annales-School）中获得启示的历史人类学（historical anthropology）与心态史（history of mentalities）；
* 文化人类学的美国传统；以及
* 历史文化人类学。

我认为应该以历史文化人类学的范式作为开展进一步研究的基础，并以此来为教育人类学的研究提供理论框架（Wulf 2002, 2004）。这种研究范式整合了另外四种主流人类学范式的观点，为充分理解全球一体化之下的教育现象、教育过程、教育制度打下了良好的基础。在本章里，我将重点从历时与共时（diachronic and synchronic）两个视角、历史研究与文化研究两个纬度对教育人类学开展论述。此外，我还选取了德国历史文化人类学研究领域中的一个重大项目，将其作为教育民族志研究的范例呈现给读者。同历史的研究方法与哲学的研究方法一样，民族志的研究方法是教育人类学主要的研究方法之一，而教育人类学也常常被理解为一种历史文化人类学。

进化与人化

在人类学的发展过程中，人们尝试着把人类的自然历史纳入人类学的视野，以便更好地理解那些"逝去的范式"（lost paradigm）——这就是研究人化过程的人类学分支最早的起源（Morin 1973）。不过只有把人类进化的自然历史看作社会与文化历史的一部分，我们才能够从真正意义上对其进行理解。与人类的历史发展一样，它的不可逆转性在今天被理解为一种物质自组织的结果（Eigen and Winkler-Oswatitsch 1992）。

人化是人类从南方古猿进化为原始人的一个漫长历程，可以被理解为建立在生态、基因、大脑、社会与文化等多方面因素相互作用基础之上的一种多维形态的形成过程。这一过程包含了三种类型的改变：首先是地球生态环境的改变，这让非洲大草原的面积得以扩张，南方古猿群落也因此有了更为开放的生存环境。其次是已经能够直立行走、并且高度进化的灵长类动物的基因发生了改变。最后则是由于一些新的猿人群落从旧的部落里分裂出来，他们不断地开辟并利用新的土地，从而导致了社会再生产发生变化。在非洲大草原的漫长进化过程中，古猿人的脚、手、大脑相互之间变得更加协调，这是他们能够进化的根本原因所在。另外，古猿人刚出生时大脑发育尚不完全。随着不断的进化，他们的婴儿期与幼儿期变得更长，这让古猿人的代际交流变得越来越紧密，也开发了他们的学习潜能，而这一系列行为又反过来促进了人化的过程。大脑的进化、幼年期的延长以及不断发展的社会文化复杂性，都是相互作用、互为依靠的。社会文化变得错综复杂是人的大脑思维同样变得复杂的前提，只有与社会文化环境的发展同步，大脑潜在的创造力才有可能得以进化。这些辩证统一的关系意味着人类从一开始就是一种文化意义上的存在，也就是说人类"自然"进化的过程其实就是一种"文化"进化的过程。

事实上，现在看起来，人化过程的最后阶段只不过是人类整个进化历程的开端而已。人类这个种群哪怕是已经进化到了智人的阶段，仍然是一个非常年轻而又很不成熟的物种。如果没有相应的文化机制，我们的大脑也只不过是一个弱小的器官，我们的一切潜能都还需要精心培育、慢慢进化。人化就在这些尽管尚不成熟却不断向前发展并且不可逆转的人类进化过程中逐渐完成。人化的过程同样也向我们清楚地展示了理智与疯狂总是同时存在于人性之中，人类所有取得的伟大成就也总有其相反的一面：人类历史上所有的恐怖与暴行其实都是人类自己所犯下的（Wulf 2004）。

哲学人类学

把进化的过程纳入人类学的范畴有利于凸显所有生命形式共有血缘关系、较长时间跨度的人化过程以及人类进化一般性规律的重要性。以此为基础，哲学人类学开始了其对人性的独特研究。

马克斯·舍勒、赫尔穆特·普莱斯纳（Helmuth Plessner）与阿诺德·盖伦（Arnold Gehlen）的人类学著作是哲学人类学中的经典之作。1927年，马克斯·舍勒在达姆施塔特（Darmstadt）做了一场名为"人类的特殊地位"（Die Sonderstellung des Menschen）的演讲，并在1928年以《人类在宇宙中的地位》（*Die Stellung des Menschen im Kosmos*）为题发表，这被视为哲学人类学最早的研究。舍勒原本打算在1929年出版一本哲学人类学的专著，但他却于当年离世，并且没有留下任何具体的文稿资料。哲学家兼生物学家赫尔穆特·普莱斯纳在1928年发表了他的人类学专著《有机生命与人类的层次》（*Die Stufen des Organischen und der Mensch*）。尽管两人很多观点并不一致，但他们在各自的著作里都提出了一个相同的假设，即有机生命体的构成是分层次的。1988年，阿诺德·盖伦出版的一本人类学专著则采用了不同的研究进路，将人类视为一种能动性的存在。

这一流派的人类学思想专注于研究人类的本质问题。在这一框架之下，人类学着眼于从比较的视角来研究人与动物的共有特征与不同之处（Gehlen 1988; Plessner 170）。为了理解人之所以成其为人的原因，生物学的视点被引入了有关人类学的哲学思考之中——人类学家认为能够从生物学以及形态学之中找到人类这一物种得以形成所需要的条件。这种观点产生了两种结果：一种强调对人类的身体开展人类学意义上的思考与研究；另外一种则聚焦于对各自独具特征的、单一的人进行一般性的论述。

以上即哲学人类的研究视角，它把人类视为一个整体进行研究，却没有能够解决处于不同文化世界里的人的历史与文化多样性问题。因此，对人类生活的多样性开展研究成为以人类学议题为主要研究对象的一门历史分支学科的主要目标。

年鉴学派（The Annales School）与心态史（History of Mentalities）

人类学在朝着历史研究转向的过程中获得了新的发展，关于这一点可以从它在历史地对待那些涉及年鉴学派与心态史的研究中看得出来，而这些研究其实都来源于人类学本身（Burke 1991; Ariès and Duby 1987—1991）。与那些主张社会结构与社会个体的主观经验应该来源于整个人类的共性特征的研究者不同，历史人类学家重点关注的是这些现象中的历史文化特征，他们的代表作有费尔南·布罗代尔（Fernand Braudel）关于地中海的研究（Braudel 1949）、伊曼纽尔·勒鲁瓦·拉杜里（Emmanuel Leroy Ladurie）关于蒙泰卢村（Montaillou）的研究（LeRoy Ladurie 1978）以及卡洛·金兹伯格（Carlo Ginzburg）关于16世纪一位磨坊主宇宙观的研究（Ginzburg 1980）。

历史人类学研究的是人类的基本状况与经历。它研究人类思想、情感与行为的基本模式（Dinzelbacher 1993），把人当作一种现象来研究，研究人的基本行为、经历与境况（Medick 1989）。当它在对人类进行描述时并不是把人类看成一个整体，而是尽量从多元化的维度去理解人类的生活以及不同历史背景之下社会个体的真实经历。历史人类学研究对象的多样性正好与人类学研究范式以及人类学本身定义的多维性与开放性相契合。从历史科学的观点来看，人类的一切情感、行为与事件都必须与它们独特的历史背景相结合才能够真正被理解。正是由于这个原因，人类所有的情感、行为与事件都被赋予了动态的特征并会随着历史的改变而发生改变。

文化人类学或是民族学

人类学是哲学演进与科学发展过程的产物，我们不能明知某种观点是不正确的却还要假装继续对它进行支持，例如：当世界末日来临之时，欧洲人将会是这个世界上唯一存在的人类，或者把欧洲人的标准当作全世界唯一可行的标准。即使我们当前所处的这个全球化时代无论是内容还是形式都被深深地打上了西方文化的烙印，但显而易见的是受不同文化影响的各种各样的人类生活方式依旧多元化地存在于这个世界上。英美传统的文化与社会人类学已经注意到了这样的情况，并将其研究重心放在人类社会与文化生活的多样性方面。它的研究阐明了人类文化在多大程度上会朝着异质性的方向发展以及人类生活的多样性在多大程度上依旧不为外界所知，这些分析与研究让我们意识到自己对外国文化的认识与理解是多么有限，并且问题不断。这种对异质文化的表现形式所进行的分析与探究为人类学的发展及其学科成果的丰富做出了重要贡献，同时其民族志的研究方法也要求从事这一学科研究的学者必须从历史中寻找线索。这种研究方式不仅让研究者更加善于发现他族文化中的陌生领域，也让研究者对本族文化中的陌生部分变得更加具有敏锐度。文化人类学对欧洲文化所持的这种自反性（self-reflexive）的立场极大地丰富了人类学的内涵，并推动了人类学学科的进步与发展（Geertz 1973, 1993; Sahlins 1976; Harris 2001; Evans-Pritchard 1965; Malinowski 1922; Mead 1950; Lévi-Strauss 1992）。

历史文化人类学

人类学与哲学的"相遇"也推动了对人类学这一学科的批判性反思。人存在于这个世界的具体状态、人类与动物以及机器的比较不再是人类学的主要研究兴趣所在。从历史与文化的角度对社会生活的文化多样性进行解读成为了人类学新的研究重点，人类学开始对当前的社会文化现象表现出浓厚兴趣。建立在历史人类学基础之上的历史文化人类学涉及文化的历史文化决定论及其具体表现形式，它要求对上述问题的研究与反思要充分考虑到民族学与哲学的维度以及与之相关的问题。历史文化人类学以上述目标为己任，为当今文化与社会的自我理解与自我诠释做出了重大贡献。在这一文化理解的过程中，人类学家付出了大量的努力，但是他们对文化的理解往往超越不了自身的认知水平。为了克服这样的局限性，历史文化人类学家需要反思这门学科同权力与知识之间的关系，并且努力去揭示研究过程中那些无意识的或是通常不会被注意到的规范性含义。

在这样的研究框架之下，"自反的（reflexive）历史文化人类学"确立了一套跨学科、跨国界的多元研究范式，试图在抽象的人类学规范中找到一种普适性的标准，并对纷繁复杂的社会现象开展深入的研究。历史文化人类学是历史学科与人文学科跨界交流的产物，但它并不局限于仅仅研究人类学的历史，也不局限于从人类学的角度来研究历史。它试图将历史文化人类学学科视野之下的历史文化决定论与运用这套理论开展研究的方法统一起来，并且把人文学科的各种理论运用到基于哲学史的人类学批判之中，以便能够通过这种方法论上的创新去探寻新的研究视野、开辟新的研究领域。历史文化人类学既不局限于一定的空间架构，也不是某一时代的产物。通过对其自身的历史真实性与文化状况进行反思，它成功地去除了人文学科研究中的欧洲中心主义，并将重心从对历史性问题的研究转移到了对当前发生以及将来可能发生的问题的关注之上（Wulf 1997, 2002, 2004; Wulf and Kamper 2002）。

建立在上述四种研究范式基础上的历史文化教育人类学（historical cultural educational anthropology）在过去的 20 年得到了快速的发展，其研究协会也已经正式成为德国教育研究协会（Germen Educational Research Association）之下的一个子机构。它的研究范畴包括理论研究、历史研究以及实证研究，其中最为突出的一项成果是"柏林仪式研究"（the Berlin Study on Rituals）。柏林仪式研究运用了民族志的方法对柏林某学校有关仪式的动态性与展演性（performativity）概念以及可能由它们引起的发生在教育与族群/社区生活中的社会关系进行了研究。在接下来的章节中，我将向读者展示针对某一具体仪式而开展的民族志研究是如何推动着历史文化教育人类学向前发展的。

柏林仪式研究

仪式在当今社会人与人之间各种社会向度的交往过程中扮演着一个什么样的角色？这正是柏林仪式研究（Berliner Ritualstudie）在过去的 12 年一直在寻找的答案（Wulf et al. 2001, 2004, 2007, 2010a, 2010b）。柏林仪式研究通过对家庭、学校、儿童与青少年文化以及媒体这 4 个不同社会化领域的仪式进行观察，研究仪式在儿童与青少年学习与教育过程中的意义与重要性。这是一项实证性的研究，其研究对象是柏林市中心一所小学里的儿童与他们的家庭。这所学校与柏林市中心其他所有类似的学校有着同样的特征：300 多名学生来自 20 多个不同的民族社区。该学校是一所敢于创新并且被联合国教科文组织认可的样板学校，校长非常优秀，教师团队也非常活跃，同时很有竞争力。

这项民族志研究的成果非常丰硕，而本文仅仅摘选了其中部分内容，我将从下列 5 个方面对该研究进行简要的概述。

第一，仪式与仪式化在教育方法、教育过程以及小学生的社会适应过程中扮演着重要的角色。它们建构了儿童的生活、帮助他们适应社会秩序并融入社会生活。仪式在各种社会化领域之间以及各种机构之间起着过渡的作用，同时也让社会学习（social learning）变得更为容易——这一点对于课堂教学来说非常重要。

第二，教育仪式与仪式化发生于所有的社会化领域。对于儿童而言，无论是个人单独行为还是与成人互动，他们的行为都会在这一过程中表现出明显的展演性。教育与社会实践的展演性特征表明了他们所具有的物质性或实体性特征。

第三，儿童文化生活的重要部分是通过模仿过程来实现的。在这个过程中，各种图像、图表、人物形象、社会情境、事件、行为被整合在一起并在儿童的大脑里形成画面。儿童能够通过模仿获得实践性知识，并由此学会如何学习、如何表现、如何生活以及如何与他人共处。

第四，在全球化与欧洲化的背景之下，欧洲的教育学与教育承担着跨文化交流的任务，而仪式与仪式化的活动、教育与社会的姿态、社会实践的展演性以及学习的模仿形式在其中扮演了重要的角色。

第五，民族志与质性研究的方法非常适合被用来研究仪式与仪式化、教育实践的实操以及教育的模仿与跨文化过程。参与式观察、基于视频的观察、视频录制、照片分析、访谈与小组讨论是几种最为重要的研究方法，它们在研究过程中互为补充。研究者们使用这些多样化的方法来开展研究，并获得复杂却条理清晰的研究结果。

接下来的部分将会对柏林仪式研究的几个特定方面进行概述，并针对仪式的作用展开讨论。

家庭

我们说服了该校很多家庭参加我们的研究项目，并对发生在这些家庭以及学校里的仪式进行研究。每日的早餐是一项重要的家庭仪式，在这一过程中，家庭成员相互之间表达爱意并建立起对家庭的归属感。另外一项重要的家庭仪式是孩子的生日庆典，它的重心落在家庭里的孩子身上，而不是夫妻之间。与此同时，孩子与他们同龄的小伙伴通过聚会共同庆祝生日，这样的场合对于孩子的社交非常重要。不过最为重要的家庭仪式是圣诞节。在这样一个每个家庭每年都会庆祝的节日里，家庭作为一个整体概念被搬上台面，全家人在庆祝耶稣诞辰的同时也凸显了"家庭神圣"（holy-family）的凝聚力。家庭度假也是一种仪式，在这个过程中家庭的日常琐事与不愉快被抛在一旁，度假愉快的经历与对往事美好的回忆让家庭再次充满活力。

学校

事实上，上学本身也是一项大的仪式活动，对学校开展研究有助于从更为基础的层面去理解社会机构与仪式之间以及等级制度与权力之间的关系。学校的入学仪式与毕业典礼是最好的研究对象。在入学仪式上，我们所研究的这所小学会告诉学生，他们是一个"学校大家庭"，这样做的目的在于帮助新入学的孩子迅速完成从家庭生活或者幼儿园生活到小学生活的转变。学校还通过其他各种各样丰富多彩的仪式来帮助孩子们快速适应学校的生活。每当夏至节、基督降临节与嘉年华的时候，每个班级以及学校都会举行相应的仪式活动，具体内容包括讨论、工作、玩耍以及一些特殊事件，这些都是学习活动以及校园生活的重要组成部分。例如每个班级在周一的早上都会举行"早晨圆圈仪式"（morning circle），孩子们会彼此分享他们周末的经历以及所做过的事情。通过这个仪式，孩子们完成了从周末的家庭世界过渡到学校的学习与社交生活这一过程。还有一项仪式，教师们以鸣锣为号，让学生们练习静默沉思，孩子们非常喜欢这项活动，可教师们也发现这项仪式要真正地执行起来并没有那么容易。在学校里，教师与学生通过各种仪式以及仪式化的活动共同经历学习与信息获取的过程，这些活动与仪式让教师、学生以及作为教育机构的学校相互之间得以和睦相处。

儿童与青少年文化

儿童与青少年文化作为社会的一个维度也是在仪式中形成并得到发展的。例如，儿童在课间休息玩游戏的时候，相互之间总会由于关系的亲疏程度而分成不同的小团体，划分的标准通常是游戏的类型、儿童的性别与民族特性。这种在学校课间游戏的基础上产生的社会分群将会比较稳定地延续很长一段时间，同时这些小团体也会或多或少地对一些新成员开放。青少年的霹雳舞或街舞团体通常会在比较开放的社交场所举行，这些团体以及他们的活动在青少年之间非常流行。局域网聚会——一种年轻人聚集在一起玩电脑游戏的聚会方式——在我们的研究中，也是一种仪式化的游戏，并且同样表现出了一种群体性的结构特征。

媒体

在关于媒体的仪式研究中，我们从各种被仪式化的媒体形式与媒体场景着手，试图弄明白广告、新闻、脱口秀以及犯罪电影等被仪式化了的媒体表现形式是如何影响儿童的精神世界的。为了找出这些被仪式化的电视节目对儿童的行为与表现到底会产生什么样的影响，我们邀请孩子们自己来拍摄视频，借助摄像机镜头，他们可以自己导、自己演、自己拍。通过这些拍摄过程来观察德国电视节目仪式化的结构如何跨越民族的界线去影响孩子们的集体意识，是一件很有意义事情。目前，我们正在研究电脑作为一种新的媒体在学校的官方课程以及非官方课程里是如何影响学生的学习过程的。

方法

我们采用了质性研究方法对上述领域开展研究，这让我们能够在与研究对象保持紧密接触的同时也能够及时地解决研究过程中出现的种种问题。此外，我们还计划把这些研究方法运用到对实证数据进行分析与重构的过程中去。我们的部分灵感来源于扎根理论（Grounded Theory）（Glaser and Strauss 1969; Strauss and Corbin 1994）。由于基于仪式的学习与教育过程的表演特点（performative character）是我们的研究重点，我们在选择研究方法时一方面要求它能够清楚地描述各种仪式行为的场景与过程，另一方面要求能够通过研究方法的运用获得以下信息：仪式的参与者赋予仪式的意义以及他们如何理解并解释仪式中所体现的学习与教育过程。为了达到前一个目标，我们采用了参与式观察与视频观察相结合的方法；为了达到后一个目标，我们采取了大规模分组讨论与访谈的方法。每一种方法都能获得不同的信息，也需要相应地对这些信息进行不同的编码与解释。考虑到每一种研究方法都有一定的局限性，我们在很多案例中尝试对同一仪式行为同时使用多种方法论工具来研究（Flick, von Kardorff, and Teinke 2004; Flick 2007; Bohnsack 2003）。在研究的各个部分，我们会根据特定研究领域的结构以及我们针对这些领域所设计问题的性质对研究方法进行整合或者增加某种研究方法的权重。

仪式的核心功能

在接下来的部分中，我们将对一些涉及教育仪式中的表演方式（performative approach）的重要研究成果进行详细的介绍，并且将会把重点放在仪式与仪式化教育活动的表演编排（performative arrangement）与亲身实践的层面。这些研究成果还涉及各种形式的理论研究与实证研究，并展示了仪式结构与仪式活动本身的复杂性以及它们在历史文化教育人类学中所扮演的重要角色。

第一，教育过程中的社会关系经由仪式而产生，离开了仪式的社会关系与社会群体是难以想象的。仪式活动的象征意义与表演内容能够让社会群体的成员产生一种身份认同，并将这种认同感维系下去。仪式创造了社群的秩序结构，在仪式的参与过程中，社群的每一位成员都能或多或少地影响这种结构的形成与其将要采取的具体形式。这些结构既是一种真实的客观存在，也是根植于所有仪式参与者脑海里的一种想象图景，它们给参与者带来了安全感，因为在这种秩序结构之中，其他所有仪式参与者的行为都是可预测的。仪式的这种组织结构让社群成员之间的日常关系变得更加紧密（van Gennep 1960; Tambiah 1979; Grimes 1995）。在一个社群里，很少有超越这种组织结构的行为发生，一旦真的发生，就要对越界的行为进行关注并认真分析，否则将会对社群的组织结构产生冲击。仪式的组织结构借由这种方式把社群成员的行为与其他成员联系起来，在这样的情形之下每一位成员都要向他人负责，新的行为模式也因此而得以建立。社群在仪式活动中形成，这样的社群也可以被称为"表演社群"（performative communities）（Wulf et al. 2001, 2004, 2007, 2010a, 2010b）。

第二，在仪式的表演编排过程中，一种新的社会与教育现实得以被创造。这其实并非一种完全意义上的创新——在此之前，它还以另外的一种模式存在着，但是在仪式的举行这一特定时间以前，它从来都没有以这种特定的形式、在特定的场所被呈现过。以之前的仪式为基础，教育中的每一种表演编排都能够创造出一种新的仪式现实（ritual reality）与一个新的仪式社群（ritual community）。这个新的社群通常形成于初次参与仪式实践的儿童或参与者之间，不过也有可能需要经过多次参与之后才会形成，于是社群的地位在这样的过程中得以确立。仪式表演（也可称为仪式的实践）本身对于社会与教育社群的形成至关重要，同时社群也在有着自身特色的表演过程中完成了对自己的表达，并且这种表达是难以通过除了仪式之外的其他方式完成的。因此，仪式的举行可以被看作是一扇"窗户"，通过这扇窗户，我们就可以透知一个社群的基本结构以及由其创造出来的文化——不通过仪式，它们是很难被察觉到的。

教育中仪式的举行常常会沿用其之前仪式的表演情境，但也有可能会发生变化。在某些情况下，新旧仪式的表演之间的联系可能会非常紧密，而在另外一些情况下，它们之间的联系则会比较松散。但无论是哪种情况，仪式的表演与仪式化的实践都会让仪式整体显得更加连贯，这对于仪式的效果来说是非常重要的。这种连贯性可以给人留下一种印象，那就是仪式所创造出来的社会或者教育情境就应该是这个样子的，也因此而显得十分"自然"。仪式的这种特性通常被用来确保社会内部当前权力分配的连续性，并维持社会的等级差异——后者需要从思想意识方面对其进行批判式的分析。

第三，在教育过程中，仪式的表演特征要通过仪式的举行与仪式的表演编排才能将其效果完全地发挥出来，也就是说仪式的举行与表演编排非常重要（Goffman 1959, 1986; Schechner 1977; Turner 1982, 1969; Bell 1992; Wulf, Göhlich and Zirfas 2001; Wulf and Zirfas 2007）。在这里术语"举行"（staging）一词与仪式现场的布置方式有关。仪式在正式表演之前都会进行预先的演练，在实践中，强制性地要求仪式在表演过程中不出任何偏差是不可能的，这只会出现在一些非理性的情况下。仪式的举行则可以有很多种形式。以美国总统的就职典礼为例，它采用了一种延续多年的固定的举行方式，并且对于如何布置仪式的现场规划得非常详细，也同样会反复地进行排练。在其他的情况之下，仪式的举行则更加具有自发性，并且很难将其与仪式的表演区分开来。在后者的情况之下，之前的仪式作为一个"模板"可供借鉴，但仪式真正的表演仅仅取决于人们将以何种方式来运用这一模板。自发性地展现（demonstration）是教育仪式的特点，在这里仪式的举行与仪式的表演在很大程度上重合了。尤其是在这种情况下，人们不禁会提问：是谁在举行教育仪式——谁是教育仪式表演的原动力（agent），谁又是它的推动力（agency）？我们可以通过仪式获得些什么——一种传统？一个群体？一个个体？抑或一种同时具备集体虚构性与实践性的知识？

第四，教育仪式的举行与表演会含蓄地涉及很多有关仪式参与者身体方面的信息。例如：他们的身体在仪式中将以什么样的方式呈现？在仪式的现场他们该如何确定自己的位置？从他们的位置安排中，我们能够了解到哪些与他们的社群、个人以及文化有关的信息？仪式过程中身体的运动同样值得我们去关注。仪式空间与身体之间有着什么样的关系？身体在空间中的运动又该遵循什么样的节奏？身体之间以及行为举止需要保持的距离也非常重要，以避免在仪式过程中触碰对方。他们应该怎么站位，是站着还是坐着？当他们参加学校的舞台表演或同龄人之间的活动时会有哪些姿势动作？身体的形态在仪式里被赋予了一定的象征意义，被用来传递仪式本身所想要表达的某种信息。身体的"逻辑"、它的呈现与表达在教育仪式的表演过程中扮演了重要的角色。对于身体表达的前意识感知（preconscious perception）来说尤为如此，以之作为基础，我们就能够感受到仪式编排所要营造出的那种氛围。在仪式的过程中，他人的身体在我们有意识地感知到它们之前，就已经"发现"了我们，它们正是利用这种方式决定了我们对他人身体的理解与认知。仪式的目标之一在于促进社群的形成，为了达成这一目标，孩子们需要在仪式中去感受一种特殊的力量是如何在人与人之间流动的——这是发生在我们意识空间之外的一种物理与精神的过程（Wulf and Zirfas 2004, 2005, 2007）。

第五，社会的等级制度与权力结构常常在仪式表演的情境中得以体现，美国总统的就职典礼就是一个很好的例子。这一仪式的举行向外界传递了一个信息——美国只有一个总统。仪式的编排清楚地表明了谁才是权力的持有者。不过仪式的权力结构并非总是能够被如此轻易地识别出来。朱迪斯·巴特勒（Judith Butler）（Butler 1997）就在其多部作品中提到，在教育中，仪式的重复是建立并巩固权力结构最为有效的社会策略之一。甚至连性别归属的问题也与此有关，人们对性别建立起最初的认同即源自仪式的重复。在每日的家庭早餐会上，我们都会去处理一些涉及各个家庭成员性别之间以及代际的权力问题。家庭早餐这一仪式看起来比较随意，但获得的效果却远胜于其看似轻松的表象。教育中出现的很多问题都能够在仪式的举行与展演中同步得到解决。此外，教育场景与社群是否具有凝聚力取决于如何对权力进行分配，因此对权力分配的控制是仪式的中心任务之一。不管仪式中的权力问题将会如何得到解决，是直接解决还是在仪式中顺带处理，抑或通过仪式对其进行认真地研究与分析，仪式总是会维持权力的平衡与稳定。

第六，教育与社会化过程中的仪式还会涉及很多空间方面的因素，它们的文化与历史背景需要在一定的空间环境中去体验。不同的空间对仪式的结构、质量以及风格都会产生不同的效果。仪式空间不同于物理空间。一方面，仪式空间使得仪式的举行与展演成为可能；另一方面，仪式通过身体的运动、仪式的情节以及具有象征意义与指引意义的参照框架创造了仪式空间。教育仪式与空间二者之间是一种相互作用的关系。在教育与社会化过程中，仪式与空间都是可表演的。经过装饰的体育馆为学校舞会提供了空间，就正如教堂为坚信礼提供空间一样。但是，学校舞会同样也将体育馆变成了一个活动庆祝的空间，而坚信礼则将教堂变成了一个从事神圣活动的空间。在仪式中，各种真实的、虚拟的、具有象征意义的以及想象中的空间相互交织在一起，并与发生在这些空间里的身体运动一起，共同推动着仪式活动进程的不断向前发展。

这些真实的、虚拟的、具有象征意义的以及想象中的空间与身体运动的相互作用发生在特定的历史文化背景之下，于是这便营造出了一种氛围，让仪式参与者的情绪深受影响。仪式中的某些动作还会被多次重复，以帮助参与者更好地理解仪式的氛围、结构以及空间功能的内涵。这些动作在同样的空间里被多次执行过，因此这样的空间被证明是适合该动作表演的。通过对围绕在他们身体周围的空间环境进行模拟性重构，仪式参与者自身也有了变化。不同的仪式空间，例如教堂、家庭卧室以及电子媒体的虚拟空间,有着不同的表演效果,也有着不同的社会化效果。

第七,除了空间因素以外,时间因素也是教育与社会化过程中各种仪式活动的构成条件之一。在人们应该如何对待时间这一问题上,有两种互为补充的观点非常重要。首先,仪式有助于引导儿童去接受社会普遍的时间规则,并且在其中发挥着至关重要的作用。父母总是会努力地让他们的孩子去适应成年人生活的时间节奏,因此,甚至连婴儿都会慢慢地习惯社会处理时间的规范化方式。与此相对应的仪式能够确保孩子们在童年时代就建立起一种强力的时间规则意识。其次,仪式本身包含了时间的概念,它使得我们能够有充足的时间去获取那些对于仪式的举行或表演来说非常重要的实践性知识。仪式的重复举行或表演将时间的规则意识铭刻到我们的身体里,并随着时间的流逝变成了我们身体结构的一部分。

定期举行仪式有助于社群获得存在感。同时,借助仪式的重复可强调社群的秩序与规则,社群的结构发生变革的实现潜在可能性得以提升。仪式还展示了社群与其个体的连续性、永恒性与不会轻易改变的内在本质,以及它们的过程性与投射性特征。仪式中的时间规则将会延续到我们的社会生活中,它对时间安排的方式影响了我们当今社会生活的方方面面。

第八,教育中的仪式从一开始到全部结束,中间会有很多不同的环节,并且每个环节都有着不同的仪式活动。这些环节对仪式规则的遵守与仪式环节的次序性特征有着紧密的联系。仪式活动的举行会遵循一个次序,即时间次序(chronological order)。仪式的过程是一段特殊的时间周期,它不同于我们千篇一律的生活日常,而是我们生活中非常重要的一刻。仪式这种高于普通生活的内涵是通过仪式中各种密集的事件,以及这些事件本身的特异性与事件次序的快速迭代性展现出来的。在很多仪式中,时间总是与宗教中的神圣性联系在一起。对过去的缅怀与追忆是所有宗教都具有的基本要素,借助仪式的帮助,它将宗教内容从沟通记忆(communicative memory)转化成为文化记忆(cultural memory),并因此将这些宗教内容融入其成员的骨髓,让他们坚信宗教可以塑造未来。

第九，仪式在对待与处理教育的差异性与他异性（alterity）的过程中扮演着重要的角色（Wulf 2002, 2006a; Dieckmann, Wulf and Wimmer 1997）。它有利于促进城市学校多元文化环境之下不同种族儿童之间的交流与互动，帮助这些具有不同文化背景的儿童跨越文化的障碍，相互了解、和谐共处。学校在这方面既有成功的案例，也有失败的案例。仪式中的各种想象的、象征性的以及表演性的因素在这一过程中都具有同等重要的地位（Hüppauf and Wulf 2009）。

第十，模仿过程的共时性（synchronous）与历时性（diachronic）两个层面对于教育仪式而言非常重要。在仪式的表演与仪式活动的实践中，参与者将会实时地、直接地去感受并认同其他参与者的行为。这发生在运用感官并通过身体运动对他人的行为方式进行大量模仿的过程中，并且涉及对仪式中声音、语言、音乐等元素的共同理解。只有当所有的仪式行为与动作都做到准确无误、整齐划一，仪式的编排以及仪式本身才算完整。仪式能够得以举行固然是仪式完整的前提条件之一，但仪式的表演才是决定性的因素，因为仪式要求所有参与者的行为与动作都必须完全一致，否则看起来会非常滑稽，并且会被认为是一个失败的仪式。因此，想要在教育中建立起一种和谐的互动关系则需要参与者在教育仪式中通过相互模仿来达到相互理解与认同，并真正地融入这个群体（Gebauer and Wulf 1995）。如果能够做到这一点，就会有一股能量在仪式参与者之间"流动"，这是一股密集的、愉快的、能够团结所有人的力量。此外，在仪式中，对行为的控制往往不能过于理性，就好比一个人在跳舞或在求婚的时候一样。人们通过仪式中的模仿建立起相互之间的和谐，而只有当这些和谐超越了理性的范畴，并且发生在身体、运动以及各种动作姿态上时，人们才会感觉到——这是一个成功的仪式。因此，仪式中的模仿是社群成员体验仪式神圣的基础，也是社群以及社群归属感得以建立的基础。

仪式模仿过程的共时维度涉及模仿过程本身在教育仪式实际执行过程中的重要性，而它的历时维度则与仪式历史方面的因素有关。教育中的仪式总是会涉及一些其他的已经举行过的仪式，参与者要么曾经参加过，要么曾经听说过。这便让历史维度（historical dimension）成为了仪式的一个基本要件。对那些曾经举行过的仪式进行模仿性地参考并不意味着对它们进行完全一样的复制。模仿性参考指的是"取其相似之处"，也就是说，如果之前的仪式活动没有发生，则不可能有类似的行为的重复。在某些情况下，当前的仪式与被参考的旧的仪式之间会产生巨大的差异，这种差异是对旧的仪式进行模仿之后的"升级"，并赋予了旧的仪式新的目标与新的表现形式（Wulf 2004, 2005）。

第十一，模仿的过程同样也是非常的重要，因为它促使人们去学习那些对仪式的实践来说不可或缺的实践性知识（Wulf 2006b; Wulf et al. 2007; Gebauer and Wulf 1995, 1998, 2003; Boëtsch and Wulf 2005）。仪式的知识是人们在真实或想象中参与仪式活动的过程中逐渐形成的，它能够帮助儿童掌握仪式所必需的技能。儿童通过模仿的过程参与仪式的实践之中，这种模仿过程是一种身体性的过程，并且是一种独立的行为以及一种与其他的仪式庆典或仪式编排有关的行为。这一过程还整合了仪式的布局、场景、结果、意象与行为模式，它们是仪式得以顺利举行的有机组成部分。

仪式连接过去、现在与未来。它们创造了连续性，也让历史与文化上的改变成为可能。它们不仅仅是社会与文化的守护者，也是导致社会与文化发生改变的动因。除非仪式发生改变，否则社会与文化的改革与创新是不可能的。教育中的仪式不是静止的，而是一个动态的过程。实践性知识是在模仿的过程中获取的，它离不开教育仪式的表演，这意味着教育仪式就像一场场社会戏剧，它们的表演性特征改变了社会的秩序。仪式还有助于疏解普遍存在于社会中的暴力问题。这是一个有关权力及其可能推动或阻碍社会与文化变革的话题。

第十二，有很多气势宏大的仪式，它们出现在生活的各个领域，但是对儿童而言看起来正变得不再那么重要——它们正在被一些小型的仪式所取代。这些小型的仪式通常与生活中某个特定的领域有关，并且会随着外部制度与环境的变化而发生改变。随着仪式变得越来越专注于某一特定的领域，仪式的参与者也会变得更少，因为儿童与成人有着不同的社会生活层次，他们参加的仪式也各不相同。比如一些休闲娱乐的仪式，它们要求参与者必须具备一定的技能来完成仪式过程，然后才能被吸纳为相应组织的一员。不过，仪式活动的多样化并不必然意味着仪式基本内涵的丢失。对儿童与成人来说，为了能够身体力行地融入一个小范围的社交圈子，他们比以往任何时候都更需要仪式与仪式活动。而很多仪式（尽管只会发生在某些特定的环境里，但也有其存在的意义）它们也在不断地自我发展与自我演变。

总结

历史文化教育人类学是人类学的一门分支学科，它有着丰富的潜能，并且即将迎来其发展的黄金时期。它在研究的过程中同时兼顾了问题的史实性与文化性，注重其自身的研究方法与研究视角，因此对教育以及教育研究有着十分重大的意义。至于它的研究内容，则完全没有任何的限制，我在本文中提到的柏林仪式研究就是众多历史文化人类学研究中的一个非常典型的例子。社会是仪式的产物。仪式塑造了教育的领域与社群，而人类正是在这样的框架之下得到了发展。仪式在家庭、学校、儿童与青少年文化以及各种媒体环境里是不可或缺的，对各种机构与组织而言其重要性更是不言而喻。仪式维护着教育的稳定，同时也推动了教育的发展与创新。长期以来人们忽视了仪式的这种社会动态性特征，直到现在才开始对仪式有了新的认识。

参考文献

Ariès, Philippe, and Georges Duby, eds. 1987–1991. *A History of Private Life*, 5 vols. Cambridge, MA: Belknap Press of Harvard University Press.

Bell, Catherine. 1992. *Ritual Theory, Ritual Practice*. New York: Oxford University Press.

Boëtsch, Gilles, and Christoph Wulf, eds. 2005. "Rituels" (theme issue), *Hermès* 43.

Bohnsack, Ralf. 2003. *Rekonstruktive Sozialforschung. Einführung in qualitative Methoden*. Opladen: Leske und Budrich.

Braudel, Fernand. 1949. *La Méditerranée et le monde méditerranéen à l'époque de Philippe II*. Paris: A. Colin.

Burke, Peter. 1991. *The French Historical Revolution: The Annales School, 1929–89*. Stanford: Stanford University Press.

Butler, Judith. 1997. *The Psychic Life of Power. Theories in Subjection*. Stanford: Stanford University Press.

Dieckmann, Bernhard, Christoph Wulf, and Michael Wimmer, eds. 1997. *Violence. Nationalism, Racism, Xenophobia*. Munich: Waxmann.

Dinzelbacher, Peter, ed. 1993. *Europäische Mentalitätsgeschichte. Hauptthemen in Einzeldarstellungen*. Stuttgart: Kroener.

Eigen, Manfred, and Ruthild Winkler-Oswatitsch. 1992. *Steps towards Life. A Perspective on Evolution*. New York: Oxford University Press.

Evans-Pritchard, Edward Evan. 1965. *Theories of Primitive Religion*. Oxford: Oxford University Press.

Flick, Uwe. 2007. *Designing Qualitative Research*. Thousand Oaks, CA: Sage Publications.

Flick, Uwe, Ernst von Kardorff, and Ines Teinke, eds. 2004. *A Companion to Qualitative Research*. Thousand Oaks, CA: Sage Publications.

Gebauer, Gunter, and Christoph Wulf.1995. *Mimesis: Culture, Art, Society*. Berkeley: California University Press.

———. 1998. *Spiel, Ritual, Geste. Mimetisches Handeln in der sozialen Welt*. Reinbek: Rowohlt. (Danish edition 2001; French edition 2004)

———. 2003. *Mimetische Weltzugänge. Soziales Handeln, Rituale und Spiele—ästhetische Produktionen*. Stuttgart: Kohlhammer. (Brazilian edition 2005)

Geertz, Clifford. 1973. *The Interpretation of Cultures*. New York: Basic Books.

———. 1993. *Local Knowledge. Further Essays in Interpretative Anthropology*. London: Fontana.

Gehlen, Arnold. 1988. *Man: His Nature and Place in the World*. New York: Columbia University Press.

Gennep, Arnold van. 1960. *The Rites of Passage*. Chicago: The University of Chicago Press.

Ginzburg, Carlo. 1980. *The Cheese and the Worms: The Cosmos of a Sixteenth-Century Miller.* Baltimore: Johns Hopkins University Press.

Glaser, Barney, and Anselm Strauss. 1969. *The Discovery of Grounded Theory.* Chicago: Chicago University Press.

Goffman, Erving. 1959. *The Presentation of Self in Every Day Life.* New York: Doubleday Anchor.

——. 1986. *Frame Analysis: An Essay of the Organization of Experience.* Boston: Northeastern University Press.

Grimes, Ronald. 1995. *Beginnings in Ritual Studies.* Columbia: University of South Carolina Press.

Harris, Marvin. 2001. *The Rise of Anthropological Theory: A History of Theories of Cultures.* Walnut Creek, CA: Altamira Press.

Hüppauf, Bernd, and Christoph Wulf, eds. 2009. *Dynamics and Performativity of Imagination: The Image between the Visible and the Invisible.* New York: Routledge.

Kant, Immanuel. 1982. *Schriften zur Anthropologie, Geschichtsphilosophie, Politik und Pädagogik 2.* Frankfurt/M.: Suhrkamp.

LeRoy Ladurie, Emmanuel.1978. *Montaillou: Cathars and Catholics in a French Village, 1294–1324.* London: Scholar Press.

Lévi-Strauss, Claude. 1992. *Tristes tropiques.* New York: Atheneum.

Malinowski, Bronislaw. 1922. *Argonauts of the Western Pacific.* London: G. Routledge & Sons.

Mead, Margaret. 1950. *Sex and Temperament in Three Primitive Societies.* New York: New American Library.

Medick, Hans. 1989. "'Missionare im Ruderboot.' Ethnologische Erkenntnisweisen als Herausforderung an die Sozialgeschichte." In *Alltagsgeschichte. Zur Rekonstruktion historischer Erfahrungen und Lebensweisen,* ed. Alf Luedtke. Frankfurt/M. and New York: Lang.

Morin, Edgar. 1973. *Le paradigme perdu.* Paris: Seuil.

Plessner, Helmuth. 1928. *Die Stufen des Organischen und der Mensch* [Levels of Organic Being and Man]. Berlin: W. de Gruyter.

——. 1970. *Laughing and Crying: A Study of the Limits of Human Behavior.* Evanston, IL: Northwestern University Press.

Sahlins, Marshall. 1976. *Culture and Practical Reason.* Chicago: Chicago University Press, 1976.

Schechner, Richard. 1977. *Essays on Performance Theory 1970–1976.* New York: Drama Book Specialists.

Scheler, Max. 2009. *The Human Place in the Cosmos.* Evanston, IL: Northwestern University Press.

Strauss, Anselm, and Juliet Corbin. 1994. "Grounded Theory: An Overview." In *Handbook of Qualitative Research,* ed. Norman K. Denzin and Yvonne S. Lincoln. Thousand Oaks, CA: Sage.

Tambiah, Stanley. 1979. "A Performative Approach to Ritual." *Proceedings of the British Academy* 65: 113–63.

Turner, Victor. 1969. *The Ritual Process: Structure and Anti-Structure.* Chicago: Aldine.

———. 1982. *From Ritual to Theatre: The Human Seriousness of Play.* New York: PAJ Publications.

Wulf, Christoph, ed. 1997. *Vom Menschen. Handbuch Historische Anthropologie.* Weinheim and Basel: Beltz. (French and Italian edition 2002; Japanese edition 2008; Chinese edition in preparation)

———. 2002. *Anthropology of Education.* Münster and New York: Lit. (French edition 1999; German edition 2001; Spanish edition 2002; Brazilian edition 2005; Romanian edition 2007)

———. 2004. *Anthropologie. Geschichte, Kultur, Philosophie.* Reinbek: Rowohlt. (second edition Köln 2009; Russian, Spanish and Hungarian edition 2008; Arabic and Turkish edition 2009; American, French, Japanese and Chinese editions in preparation)

———. 2005. *Zur Genese des Sozialen: Mimesis, Performativität, Ritual.* Bielefeld: transcript. (French edition 2007; Russian edition 2009; Chinese edition forthcoming)

———. 2006a. *Anthropologie kultureller Vielfalt. Interkulturelle Bildung in Zeiten der Globalisierung.* Bielefeld: transcript.

———. 2006b. "Praxis." In *Theorizing Rituals. Issues, Topics, Approaches, Concepts,* ed. Jens Kreinath, Jan Snoek, and Michael Stausberg. Leiden and Boston: Brill.

Wulf, Christoph, Birgit Althans, Kathrin Audehm, Constanze Bausch, Michael Göhlich, Stephan Sting, Anja Tervooren, Monika Wagner-Willi, and Jörg Zirfas. 2001. *Das Soziale als Ritual. Zur performativen Bildung von Gemeinschaften.* Opladen: Leske und Budrich. (French edition 2004)

———. 2010a. *Ritual and Identity. The Staging and Performing of Rituals in the Lives of Young People.* London: The Tufnell Press.

Wulf, Christoph, Birgit Althans, Kathrin Audehm, Constanze Bausch, Benjamin Jörissen, Michael Göhlich, Ruprecht Mattig, Anja Tervooren, Monika Wagner-Willi, and Jörg Zirfas. 2004. *Bildung im Ritual. Schule, Familie, Jugend, Medien.* Wiesbaden: VS Verlag für Sozialwissenschaften.

Wulf, Christoph, Birgit Althans, Kathrin Audehm, Gerald Blaschke, Nino Ferrin, Michael Göhlich, Benjamin Jörissen, Ruprecht Mattig, Iris Nentwig-Gesemann, Sebastian Schinkel, and Jörg Zirfas. 2007. *Lernkulturen im Umbruch.* Wiesbaden: VS Verlag für Sozialwissenschaften.

Wulf, Christoph, Birgit Althans, Kathrin Audehm, Gerald Blaschke, Nino Ferrin, Ingrid Kellermann, Ruprecht Mattig, and Sebastian Schinkel. 2010b. *Die Geste in Erziehung, Bildung und Sozialisation. Ethnografische Fallstudien.* Wiesbaden: VS Verlag für Sozialwissenschaften.

Wulf, Christoph, Michael Göhlich, and Jörg Zirfas, eds. 2001. *Grundlagen des Performativen. Eine Einführung in die Zusammenhänge von Sprache, Macht und Handeln.* Weinheim and Munich: Juventa.

Wulf, Christoph, and Dietmar Kamper, eds. 2002. *Logik und Leidenschaft*. Berlin: Reimer.
Wulf, Christoph, and Jörg Zirfas, eds. 2004. *Die Kultur des Rituals*. Munich: Wilhelm Fink.
——, eds. 2005. *Ikonologie des Performativen*. Munich: Wilhelm Fink.
——, eds. 2007. *Die Pädagogik des Performativen*. Weinheim and Basel: Beltz.

第二章 狭隘的矛盾体
——英语语系国家的教育人类学

萨拉·德拉蒙特（Sara Delamont）

前言

  我曾经在剑桥大学学习人类学，在国外开展过田野工作并随后在人类学系从事教学研究，但我并没有因此而成为一名人类学家。我曾在女子学校从事田野工作，并因此成了一名研究教育民族志的学者。完成这一章的写作对我来说有一定难度：首先，我并非教育人类学的"圈内人"；其次，主编决定在本书中去除教育人类学研究领域中的美国中心主义，因此将本章的写作任务交给我这个"圈外人"，并且要求把美国的教育人类学研究纳入英语语系国家的整体研究体系之中。长期以来，我一直批评美国的教育人类学学者们总是忽略或者故意忽略其他英语语系国家同行们的研究，这让我有点不受他们的欢迎。也许这还算不上是什么大的问题。真正有争议的地方在于某位学者或者他的某本学术著作到底是否属于"人类学研究的范畴"？我是一个人类学家还是"仅仅"是一个民族志研究者？我有资格在这里对教育人类学高谈阔论吗？其实我认为我自己还算得上大半个人类学家，因此本书的主编决定让我在这里谈谈自己的观点。在本文中，我将对美国的教育人类学研究进行批判，并会预留更多的篇幅来介绍美国之外的其他英语语系国家的教育人类学研究状况——这必然会导致介绍美国教育人类学研究篇幅的减少。从这个意义上来讲，我想我写了一篇"不那么受欢迎"的文章。

简介

本章主要探究教育人类学在英语语系国家的研究状况。文章对教育人类学与广义上的教育民族志进行了区分，列举了相关文献的来源与出处，并对题目所述的"狭隘的矛盾体"进行了重点论述，在此基础上总结出北美教育人类学学术研究的七个主要特征。

"范围"的定义

本文聚焦英语语系国家的教育人类学。文章仅仅针对广义上的教育民族志开展研究，以此来与教育人类学进行对比，并对其下定义。事实上，人类学与教育民族志之间并没有严格的边界，二者既相互融合、也相互排斥，其类型与过程非常复杂，并且本身也充满了争议。无论是社会学家、地理学家、心理学家还是教育研究者，他们都会运用民族志的方法来开展研究。因此，民族志与教育（ethnography and education）的领域非常宽泛并且多元化。相比之下，教育人类学则是教育民族志之下的一个学科体系，它通常是内向发展型的，范围更窄，并且有着严格的学科边界。五十年前，只有人类学家在从事教育民族志研究（Spindler 1955）。尽管他们的研究范围随着时间推移在不断拓展，但他们仍然独树一帜。英语语系国家产出了丰富的以教育场景为研究场所的民族志研究成果，这些学术成果不仅有来自美国、加拿大、英国、澳大利亚与新西兰的，也有来自马耳他（Darmanin 1990, 2003; Sultana 1991）与塞浦路斯（Phitiaka 1997）的。

在美国与加拿大之外的其他国家，人类学家的学术团体并没有下设与教育相关的分支组织，他们没有专门的教育人类学学术刊物，教育方面的研究也不会发表在人类学刊物上。无论是在人类学领域还是教育领域，一位研究者以人类学家的身份去研究教育并希望获得同行的认可将会是一件非常困难的事情。对于美国以外的学者而言，即使是加入了人类学与教育委员会（Council on Anthropology and Education）这样的学术组织，或是其研究成果发表在《人类学与教育季刊》（Anthropology and Education Quarterly）这样的顶级刊物之上，这些对他们的学术生涯仍然是毫无意义。莱特（Wright 2004）是英国一位非常优秀的从事教育研究的人类学家。然而，当她在向英国皇家人类学会解释"为什么教育研究对于人类学而言如此重要"的时候，她并没有把教育人类学在北美的研究传统与她的演讲联系起来，就好像从来没有这样一门学科存在似的。米尔斯（Mills 2004）、辛克莱（Sinclair 1997）、斯特里特（Street 1995）是仅有的几位在他们的著作中明确地涉及教育人类学，并依然保持了他们人类学家身份的英国学者。在早期的英国，人类学专业的毕业生如果从事教育民族志的研究，将不能够成为一名人类学家（包括本文作者在内），因为英国大学的人类学系不会聘用任何专门从事教育研究的人。"真正的"人类学家从不研究教育似乎已经成为了一个行业规则，但是澳大利亚的富斯（Forsey 2007a, 2007b, 2010）却是一个例外。

通过一种看起来比较粗糙但还算可行的分类方式，我把那些经常在《人类学与教育季刊》上发表论文或者被该刊的审稿人以及编审委员会认定为"圈内人士"的学者定义为教育人类学家。而在美国还有更多的教育民族志研究者或者是在教育领域中从事质性研究的学者，他们很少向《人类学与教育季刊》投稿，其研究进入不了美国人类学与教育委员会（CAE）的"核心群"（core set）（这是一个非常有用的社会科学概念，参见 Collins 1985）的话语体系，而后者也几乎从来不会引用前者的学术观点。不用说，这样的分类看起来的确有些武断，或者至少有些不精确，别的评论家或许会采用不同的标准并提出略微不同的分类方式。但总的来说，通过这种方式所划分出的不同学者群体还是相当稳定的，因为美国人类学家"核心群"的成员长期以来都较为固定，并且他们之间也一直遵循着一种相互引用的学术研究"模式"。在作出上述论述之后我们可以知道，教育人类学（anthropology of education）完完全全是一种美国式的说法，而英语世界的其他国家或地区则通常将这一学科称为教育民族志（ethnography of education）。

在开展文章的主体部分的论述之前，我将在下一小节中对教育人类学的学科渊源进行简要的概述。

学科渊源

《人类学与教育季刊》是北美教育人类学研究的一本重要刊物，由美国人类学协会主办，并定期以书与论文的形式出版或发行。该刊物到目前为止已经出版了 40 卷，一直以来都是教育人类学研究领域的主要学术刊物。另外一些其他的学术刊物也以专栏的形式推出过教育人类学的专题研究，例如：《人类组织》（Human Organization）1968 年第 27 卷第 1 期，《师范学院学报》（Teachers College Record）2007 年第 109 卷第 1 期，以及《教学与教师教育》（Teaching and Teacher Education）2010 年第 26 卷第 1 期。自斯宾德勒的《教育与人类学》（Spindler 1955）与奈勒的《教育人类学》（Kneller 1965）发表后，学术界开始出现了越来越多的关于教育人类学的教科书与论文集，包括：《人类学与教育》（Gruber 1961）、《教育的政策与学校的使命》（Holmes 1967）、《教育的社会文化基础解读》（Chilcott, Greenberg and Wilson 1968）、《社会科学以及教育系统的比较研究》（Fischer 1979）、《人类学与教育的世界参考文献》（Lindquist 1971）、《教育的人类学分析》（Wax, Diamond and Gearing 1971）、《认识我们自己》（Weaver 1973）、《文化相关性与教育问题》（Ianni and Storey）、《教育与文化过程》（Spindler 1974）、《从儿童到成人》（Middleton 1976）、《教育模式与文化结构》（Roberts and Akinsanya 1976）、《论教育的一般文化理论》（Gearing and Sangrea 1979）、《如何开展教育民族志研究》（Spindler 1982）、《教育民族志的诠释》（Spindler and Spindler 1987）、《少数民族教育》(Jacob and Jordan 1996)、《受教育者的文化塑造》(Levinson, Foley and Holland 1996)、《教育人类学的五十年》(Spindler 2000)、《民族志与学校》(Zou Yali and Trueba 2002)与《教育人类学指南》(Levinson and Pollack 2011)。

本文的撰写参考了上述著作以及下列有关教育人类学的文献：《人类学与教育》(Brameld and Sullivan 1961)、《人类学与教育》(Shunk and Goldstein 1964)、《教育研究的人类学方法》(Sindell 1969)、《教育研究的人类学框架》(LaBelle 1972)、《论人类学方法在比较教育中的运用》(Masemann 1976)、《发展中国家学校教育的人类学研究》(Foley 1977)与《人类学与教育研究》(Vierra, Boehm and Neely 1982)。另外还有两本论著列举了大量关于教育人类学的参考文献，一本是《人类学与教育》(Burnett 1974)，该书包含了157页经过详细注释的参考文献；不过它与另外一本比较起来却仍然是相形见绌——《教育与人类学》(Rosentiel 1977)一书的参考文献共有646页、3425条之巨。此外还有《作为方法论的民族志及其在学校教育中的应用》(Wilcox 1982)、《殖民背景下学校民族志的反思》(Foley 1991)、《文明人的文化创生》(Levinson and Holland 1996)、《教育人类学的五十年》(Spindler 2000)、《教育民族志历史概览与综述》(Yon 2003)以及《北美原住民的新近民族志研究》(Strong 2005)。另外，针对《人类学与教育季刊》创刊至今发表的所有论文进行的内容分析也是本文的参考依据。

学科分析

本文将分七个部分对这门学科的主要特征进行探究。第一部分是对广义上的民族志的文献资料的论述，剩余的六个部分则是关于狭义上的北美教育人类学的研究状况，七个部分分别是：

1. 狭隘的矛盾体

2. 族群研究

3. 关注的层面

4. 分析型概念

5. 理论框架

6. 研究方法以及方法论

7. 修辞策略

狭隘的矛盾体

英语语系国家教育人类学的矛盾之处在于这些大部分出自北美学者之手的教育人类学研究通常带有狭隘的地方主义与自民族中心主义色彩。一方面，北美的学者会到全球不同的地方去开展田野工作，并且他们所持的基本立场也是反种族主义与多元化主义；而另一方面，他们发表的作品却大多只局限于某几个特定的领域。关于这一点完全毋庸置疑，支持该观点的证据也很多（Delamont and Atkinson 1995; Delamont 2002; Delamont, Atkinson and Pugsley 2010），由于文章篇幅的原因，这里就不作赘述。研究美国与加拿大的学校教育被认为是理所当然的，而北美之外其他学者的研究则常常被选择性地忽略。在这里我将对后者进行简要的论述，而关于前者，我将放在本文的第三部分来讲。

如果把戈登、霍兰德与拉赫玛的文献综述《教育场景中的民族志研究》（Gordon, Holland, and Lahelma 2001）与约恩的文献综述《教育民族志历史概览与综述》（Yon 2003）进行比较，我们会发现来自美国以外其他国家的民族志相关研究通常不太容易得到认可。前者主要基于芬兰与英国的教育人类学研究来完成，其内容涉及多个国家的文献资源。后者发表于《人类学年度评论》（*Annual Review of Anthropology*），它的编辑与审稿人确保了在该刊物上发表的文章具有较高的学科代表性，能比较真实地反映该学科当前的研究状态。约恩在这篇文章里讨论并大胆地提出了一个新的研究领域——"教育民族志历史"。他的研究常常带有一种狭隘的自民族中心主义观，这也成为了"教育民族志历史"这门子学科40多年来的重要特征并让他因此饱受批评。类似的情况我们还可以从希斯与斯特里特撰写的《民族志》（Heath and Street 2008）一书中看到，尽管斯特里特是一个英国人。北美教育人类学的这种自民族中心主义偏见代表了北美大部分教育民族志研究者与质性研究者的观点，不过令人感到惊讶的是他们的人类学家竟然也是如此。

这种自民族中心主义的偏见不仅是教育人类学的典型特征，同样也是那些在北美开展教育民族志研究的学者们的特征。邓津、林肯与史密斯所著的新版《批判方法论与本土方法论研究指南》（Denzin, Lincoln and Smith 2008）一书事实上仅仅是一本关于北美原住居民、毛利人与太平洋岛屿族裔（Pasifika）的著作，而缺少萨米人（Sami）、巴斯克人（Basque）、爱尔兰人、布列塔尼人（Breton）、萨德人（Sard）、瓦拉几人（Vlach）等欧洲本土原住居民的章节，也没有亚洲与印度次大陆或者中美洲与拉丁美洲的相关论述。这只不过是最近众多已经出版的学术著作中的一个例子而已。当年，针对教育开展民族志研究刚刚变得流行的时候，学术界就出现了大量的研究论文集，例如斯宾德勒的《如何开展教育民族志的研究》（Spindler 1982）以及博普科维茨与塔巴赫尼克的《学校教育研究》（Popkewitz and Tabachnick 1981）。其后的10年见证了针对美国教育所开展的质性研究从产生到发展的连续性过程。不过有一点不同寻常的是，由斯宾得勒任主编的一共19章的《教育民族志的诠释》（Spindler and Spindler 1987）一书中，有两章来自英国学者保罗·耶茨（Paul Yates 1987a; 1987b）。

更有代表性的一个例子是雅各布于1987年在美国教育研究协会（American Education Research Association，简称AERA）的会刊上发表了一篇关于"质性研究传统"的文章。其实这篇文章讨论的仅仅是美国的研究传统，也因此激起了来自英国学术界的回应（Atkinson, Delamont, and Hammersley 1988）。尽管后来美国教育研究协会又刊文进行修正，并对美国与加拿大之外其他国家的教育民族志研究进行了补充介绍，但是除了莱文森与霍兰德（Levinson and Holland 1996）之外的其他美国教育人类学家在参考学科历史文献时仍然不重视来自其他国家的文献资料，从来不引用外国作者的文献，也没有改变他们的自民族中心主义立场。拉鲁与舒尔茨所著的《民族志探究》（Lareau and Shultz 1990）一书包含了总共有4页、208条"精挑细选"的参考文献，引用了5本小说著作、16位北美之外其他国家学者的作品，然而唯一被引用的北美之外的民族志研究却只有威利斯的那本"无所不在"的《学做工：工人阶级子弟为何继承父业》（Willis 1977）。一些关于质性研究的论文集，例如《教育中的质性研究》（Eisner and Peshkin 1990）与《民族志与学校》（Zou and Trueba 2002）都像《圈内故事》（deMarrais 1998a）一样以美国作为研究对象。因此对于很多教育人类学的研究生或者研究新手而言，他们很难从这些作品中了解到北美之外的其他研究传统。

族群研究

莫瑞（Murray）、罗莎莉·瓦克斯（Rosalie Wax）、乔治（George）以及路易斯·斯宾德勒（Louise Spindler）等北美教育人类学的先行者们在研究美国本土的原住居民或者第一批美国人的时候，就已经确定了这门学科的研究模式。斯宾德勒最早研究北美印第安部落的"嗜血印第安人"（Blood Indians）与"梅诺米尼人"（Menominee），后来研究二战之后由美国资助恢复重建的西德学校教育。莫瑞与罗莎莉·沃克斯最早是在北美印第安切罗基部落（Cherokee）从事民族志研究。沃尔科特的第一个田野工作项目是在加拿大不列颠哥伦比亚省的一个夸扣特尔人（Kwakiutl）村庄从事教学工作（Wolcott 1967）。伯内特所著的《人类学与教育》（Burnett 1974）一书的参考文献中，有89条是关于北美原住居民的研究、23条关于非裔美国人的研究、23条关于美国或墨西哥的墨西哥人的研究、14条关于波多黎各人或美国波多黎各人的研究、6条关于美国或加拿大的因纽特人的研究、6条关于贫困族群的研究以及5条关于亚裔美国人的研究。这些就是赫克托在其《内部殖民主义》(Hechter 1975)一书中所描述的"内部殖民族群"(internal colonies),并且我们很容易发现这些族群在美国的国家教育体系中都很"失败",他们的学生高中毕业率都不高,大学入学率甚至更低。

伯内特之后有学者对发表于《人类学与教育季刊》上的有关族群研究的论文进行了研究与分析,其结果表明上述教育人类学的研究模式在美国继续存在着,但与此同时研究者们将更多的注意力转移到了移民子女的学校教育问题上,例如:越南人、赫蒙族人、柬埔寨人、越战之后的老挝人、海地人、古巴人、中美洲人以及1989年苏联解体之后获得自由移民权利的俄罗斯人、拉脱维亚人与乌克兰人。在过去的40年间,学术界对某些特殊族群的关注重点也在变化。非裔美国人(Fordham 1996, 2008)、拉丁美洲人(Pugach 1998)、美国与加拿大第一批居民(deMarrais 1998b; Strong 2005)的研究一直都是学术界的热点,但是对其他一些族群的研究则是昙花一现。无论是哪个族群,只有当他们的子女学业测试出现问题的时候教育人类学家才会去重视他们,而一旦这个族群的子女学业测试回归"正常"水平则将不再会受到教育人类学家的关注——如今学者们已经不再发表有关拉丁裔美国人或者拉丁裔加拿大人学校教育方面的研究。因此,发表于《人类学与教育季刊》的相关族群研究论文成为了美国或加拿大原住居民、非裔美国或加拿大人、西班牙裔美国或加拿大人这些移民群体后代在学校学业测评中"表现不佳"、"失败"、"辍学"、"处境危险"等状况的晴雨表。

尽管学者们同样也会针对北美大陆之外的其他地区开展研究,但那些受美国政治影响力比较大的地区才是他们的关注重点。伯内特在《人类学与教育》(Burnett 1974)一书中曾列出了28项关于澳大利亚与太平洋诸岛的田野工作项目,但如果深入阅读就会发现这些项目其实主要集中在夏威夷、关岛以及菲律宾等美国的影响力范围之内,而不是塔希提、新西兰或者瓦努阿图。如果再进一步对基于关岛与基于巴西以及阿根廷所开展的研究进行比较，则会更加印证前文中关于美国政治影响力的说法。相对而言，北美的教育人类学家对一些发达工业化国家原住民族群的民族语言教育问题（例如：芬兰的萨米人、英国的威尔士人以及日本的阿依努人）与部分国家少数族裔移民子女的教育问题（例如：澳大利亚的希腊人、荷兰的非裔加勒比人、丹麦的克罗地亚人以及德国的土耳其人）更是缺乏相应的研究。安德森-莱维特基于法国的研究《一年级教师的文化知识》与《法国城市地区教师与家长差异化程度研究》则是例外（Anderson-Levitt 1987, 1989）。

关注的层面

与教育民族志一样，教育人类学关注的焦点常常局限于学校场景，也正是因为如此其学术深度受到了一定程度的影响。当然，《人类学与教育季刊》也确实登载过有关学生在校外学习的文章，例如《皇后与青少年杂志：青春少女通往成年的青春杂志阅读研究》（Finders 1996）、《电视文化背景之下青少年关于其身份认同的每日学习研究》（Fisherkeller 1997）与《文化实践的转变：儿童游戏中的插画》（Guberman, Rahm, and Menk 1998），以及对正规学校教育之外的其他教育途径进行研究的文章，例如：《悦其容而非辨其音：美国南部非裔美国人美容学校语言社会化研究》（Jacob-Huey 2003）、《如何成为一名巫术治疗师：关于西肯尼亚卢奥族一名巫术治疗师与她孙辈的案例研究》（Prince and Geissler 2001）、《"吾手可知"：触觉诊断技巧的发展研究——物理疗法中的教、学以及情境认知》（Rose 1999）与《边缘性参与和夸扣特尔人的炫富节研究》（Wolcott 1990）。但是，当研究者们在学校之外的其他环境开展关于学习、知识传授以及濡化（enculturation）过程的研究时却并没有把民族志研究视为一种标准的教育研究方法。这一点在《大传统、小传统与正规教育》（Wax and Wax 1971）、《教师对阵技术官僚》（Wolcott 1977）、《一位"训练有素"的观察者的告白》(Wolcott 1981)与《紧扣教育人类学：如何更好地提问》(Hess 1999)等著作里得到了反映，并且辛格尔顿在其《对反思的反思》一文中写道："学校教育是整个教育系统里最让人感到困惑的一部分，它就像梦魇一样一直困扰着我们"(Singleton 1999: 457)。瓦雷讷在《人类学：教育研究的另一种视角》中曾反复地提及："从事社会科学研究的学者来研究教育，最大的问题在于他们大多只关注学校内的教育"(Varenne 2007: 1539)。安德森-莱维特在《人类学与教育季刊》的编辑评论中对教育人类学过分强调研究正规学校教育问题这一研究现状也提出过类似观点(Anderson-Levitt 2007)。莱芙与温格在其《情境学习》(Lave and Wenger 1991)一书中曾号召学者们应该跳出学校来研究教育。尽管他的这个观点在学术界颇受好评，但是北美的教育人类学研究却仍然在继续强调对学校教育的研究，这让人感到颇为不解。他们在文章中认为：在我们的文化脉络里，教育与学校的关系实在是太根深蒂固了，因此无论是做什么样的教育研究，只要一提到教育就会联想到学校(Lave and Wenger 1991: 39—40)。

学校固然是人类学研究的一个重要田野点(field site)，这一点毋庸置疑，不过针对其他学习场所开展的研究同样丰富，例如《学在民间：日本学徒制度的多样性》(Singleton 1998)，它们给予了研究者以灵感去探索更多的学校以外的教育研究场景。针对高等教育开展的人类学研究比较稀缺，而那些其他环境中的教学研究，例如《解放之环》(Lewis 1992)对巴西战舞(capoeira)学院的研究、《心灵话语》(Trix 1993)对贝克塔西贤者(Bektasi Sage)的研究以及《职业美感》(Fine 1985)对餐饮学校的研究都没有得到教育人类学家们的重视。尽管一些高等教育领域的人类学研究可谓是经典，例如：《走向成熟》(Moffatt 1989)、《浪漫中的教育》(Holland and Eisenhart 1990)、《造就博士》(Sinclair 1997)与《销售学院》(Shumar 1997)，但它们都没有能够成为教育人类学研究的主流。

不仅仅是学校成为了研究者们关注的焦点，在学校场景中，更受关注的往往是学生与教师,而不是教学秘书、学校护士、学习顾问、实验技师以及校园保安等其他校园群体。其实对学校教师之外的其他成人群体进行观察与研究同样可以加深对教育的认知与理解。从人类学的角度来研究教育,常常会把焦点放在作为一个教学机构的学校以及其与周边的邻里或社区产生的各种复杂关系的比较研究之上。在这样的情形下,学生家长与一些其他的社区成员经常会被纳入研究之中与教师进行比较。此外,研究者们还常常会对各种社会场景以及社区成员核心的价值观进行研究(King 1967; Kleinfeld 1979; Grobsmith 1981; Phillips 1983)。我们可以在很多关于纳瓦霍(Navajo)人学校的教育,尤其是对纳瓦霍部落拉夫洛克(Rough Rock)高中开展的研究中看到上述这种研究模式,其中最为有名的要数麦卡蒂的《纳瓦霍人的学校》(McCarty 2002)一书。从埃里克森与施瓦茨针对纳瓦霍人1968年的教育状况开展的评估(Erickson and Schwartz 1969),到科利尔对纳瓦霍人教育提出的质疑(Collier 1988)[其中还包括《学校评论》的一期专题特刊(see Szasz 1999)],再到麦卡蒂的《拉夫洛克地区示范高中》与《作为社区的学校》(McCarty 1987, 1989)、戴勒的《成功与失败》与《应用人类学家的角色:介于学校与纳瓦霍民族之间》(Deyhle 1986, 1998),尤其是麦卡蒂等人所著的《课堂探究与纳瓦霍式的学习风格》(McCarty et al. 1991)以及洛玛威玛、麦卡蒂合著的《继续保持印第安身份》(Lomawaima and McCarty 2006),读者从这一系列的研究中并没有获得太多关于纳瓦霍学校师生课堂互动的情况,反而倒是对非纳瓦霍族教师、政府官员以及教育评估专家在纳瓦霍地区的文化冲突以及纳瓦霍人本身的核心价值观有了较为深入的了解。尽管针对拉夫洛克高中以及其他纳瓦霍学校的相关研究已经进行了四十年,但是对于纳瓦霍族不同学生个体的学习风格、学生在科学理论课堂与实践应用课堂上所表现出的不同语言特征、在餐厅用餐时与在体育馆锻炼时的不同自我表现方式以及教师们上课之余在休息场所的互动情况等一系列问题的研究依然不足。如果某位学者对上述情况想要有进一步的了解,他会发现其实看完上列书籍自己将会一无所获。

鉴于北美学术界很多学者其实都在研究课堂对话与多元对话模式方面的问题，以上的概括看起来似乎有些奇怪。学者们研究发现，北美学校里师生之间正常的课堂互动模式其实并不适合那些非裔美国儿童（Labov 1969; Heath 1982, 1983），或是那些从夏威夷到阿拉斯加的第一代美国或加拿大移民（Wax, Wax and Dumont 1964; Au and Jordan 1981; Erickson and Mohatt 1982; Philips 1972, 1983; Wolcott 1967）。他们对课堂语言进行过大量的研究，并且还开展了很多培训项目，旨在训练教师能够针对不同的学生开展不同类型的课堂互动，以帮助他们克服文化上的障碍并投入到课堂交流之中，从而提升他们的学习参与度与学业水平。这些研究与项目都取得了极大的成功，不过弗利在其《沉默的印第安人》（Foley 1996）一文中认为这方面的研究实在是"太成功"了，以至于在学术界形成了一套较为僵化的研究模式，反而阻碍了对第一代美国移民辍学问题与学业失败问题开展的更深层次、更全面的研究。在我看来，上述研究同样是在关注文化冲突。这一冲突围绕课堂对话与师生互动展开，并且以牺牲对学校其他方面教学活动的研究为代价，尤其是在少数族群文化以及这种文化与教育的关联程度方面。

分析型概念（Analytic Concepts）

这里有两点需要说明。第一，总的来说，教育人类学并没有对那些社会人类学与文化人类学前沿理论中的分析型概念善加利用；第二，教育人类学并没有因为其对学生学业失败问题的重视而在其研究过程中运用人类学的方法来使得教育这一"熟悉"的问题变得"陌生"（Delamont, Atkinson, and Pugsley 2010）。上述两点都是对教育人类学做出的严厉批评。

关于第一点，我们能够从许多主流的人类学作品之中找到依据。这些作品往往涉及教育场景中的民族志研究，并且明确提出了很多具有前瞻性的分析型理论，但是它们却并没有被运用到教育人类学研究之中去。我们在这里将以三部作品为例予以说明。赫兹菲尔德（Herzfeld）在其《男子气概的诗意研究》（Herzfeld 1985）一书中使用了"诗意"（poetics）这样的分析型概念来促进对"男子气概"与"阳刚之气"的人类学意义上的理解，其后与之相关的很多人类学研究都运用过这一概念，但是教育人类学却没有引用过赫兹菲尔德的相关作品或运用他的那些颇具深度的理论或概念来开展研究。这导致了所有关于男性问题的教育人类学研究缺乏理论基础，并逐渐与人类学研究的核心脱节。

第二个例子则是关于记忆与遗忘的人类学研究。康纳顿（Connerton）在其《社会如何记忆》（Connerton 1989）一书中对记忆与遗忘从人类学的维度进行了阐述，并在学术界引发了一股研究热潮（e.g. Littlewood 2009）。佩什金（Peshkin）在其《记忆所在之处》（Peshkin 1997）一书的后记中对康纳顿予以了极高的评价，但是学术界还没有出现过对教育环境中的记忆问题进行研究的分析型作品。然而记忆与遗忘的问题事实上在教育研究中无所不在，因此相较于人类学的其他分支学科而言，教育人类学更是应该沿着康纳顿的这个理论深入下去开展研究。同样的，卢茨（Lutz）20年前所著的《不自然的情感》（Lutz 1988）一书吸引了学者们对情感与情绪分析型能力的重视，学术界随后出现了大量关于情感研究的人类学作品。无论是从阐明其社会过程的角度还是从加强子学科（教育人类学）与母学科（人类学）学术关联度的角度，这一主题对教育人类学而言都是一个非常具有发展潜力的领域，但是教育人类学却并没有涉足该领域的研究。

分析型研究视角在主流的人类学研究中已有着20年的历史，但它们却并没有被运用于教育人类学，这使得后者的许多概念都没有能够跟上更为广义上的人类学其他子学科的发展，而上述作品仅仅是其中的几个例子而已。事实上，对教育人类学而言，运用得最多的是文化冲突理论，其大量的研究都聚焦于学校教育与少数民族或其语言之间的文化冲突现象以及在这些冲突之下产生的辍学、学业低成就、关系疏远以及学生对学习的抗拒等问题。

在这样的话语体系之下，奥格布却是一个例外。他在自己的多部作品（Ogbu 1974, 1978, 1981, 1982, 1987, 1988）里指出诸如奴隶制与殖民主义这样的重大历史因素与北美社会的当代结构性特征应该是学校教育研究的重点。他对"自愿移民"（voluntary migrants）与被征服或者被奴役的"非自愿移民"两个群体的不同命运所开展的比较研究对于理解教育的最终结果尤其重要。

教育人类学并不擅长于近距离观察（close observation），在这方面的研究甚至可以说是完全失败的，这也许部分地解释了威利斯《学做工：工人阶级子弟为何继承父业》（Willis 1977）一书中的 12 个"家伙"以及他们对主流文化的"反抗"为什么对美国的学术界有着一股奇特的吸引力。尽管该书因为其本身所带有的性别歧视主义而饱受批评，并且它在理论与数据之间缺乏有效的整合，对研究对象的描述也显得颇为幼稚，但北美教育人类学的研究者却忽视了上述种种缺点而对其大为称赞。作为唯一一部被北美教育人类学多次引用的非美国作品，《学做工》看起来迎合了北美学者们的某些需求，并契合他们的主流话语体系。一般来说，美国学术界对《学做工》一书的态度是不做批判的，不过莱文森与霍兰德却是少数几位敢于对威利斯进行批判的美国人类学家（Levinson and Holland 1996）。在美国之外，许多学者都对威利斯展开了极为严厉的批判，沃尔福德（Walford）则是其中最近的一位（Walford 2007）。但总的来说美国学术界对这本书称赞的热情依旧不减（e.g. Dolby and Dimitriadis 2004）。

威利斯主要关注与社会阶级以及性别有关的特定文化冲突。他的研究之所以"魅力无穷"或许是因为这些类型的文化冲突不太经常在教育人类学领域中出现。在《学做工》一书中，"家伙"们不爱学习、无视学校权威是因为他们认为学校是中产阶级、软弱与娘娘腔的代名词，他们想要从学校逃离到工厂或工地这种做重体力活儿的、充满男性气概的工作场所中去。在教育人类学的研究领域中，针对社会阶级的冲突以及对盎格鲁男性学生与他们的男性教师之间的冲突所开展的研究几乎是一片空白。美国的学校教育社会学倒是有不少类似的研究作品（Weis 1990; Fine and Weis 1998）问世，但是在人类学领域就只有奥特纳的那本历时性的、基于访谈而写成的研究成果（Ortner 2003）。一些针对非裔美国人以及拉丁美洲裔美国人退学现象所开展的研究确实有在关注性别问题，但是这些研究都是与民族环境中的男性问题有关而没有涉及他们所处的阶级环境。美国学者在研究上述问题时，总是会把种族因素置于阶级因素之前优先考虑。

如果说教育人类学这门学科的目的是旨在增进对教育的理解，那么放弃对学业失败案例的研究，转而去关注其他文化背景之下学业成功的学生，则其研究成果将会更加丰富。研究教育成功的案例，尤其是对那些不属于中上阶层的盎格鲁裔美国学生进行研究，去理解他们为何以及如何能够在学业上获得成功其实是一种更富有成效的研究策略。学者们对成功的标准以及想要获得成功所采取的策略进行探索，这一过程正是学校教育在人类学意义上的从熟悉到陌生的过程。学生在学业上所取得的成就需要以学术的目光来认真审视，以使之成为一个真正有研究价值的问题。辛格尔顿在就其对一所日本学校进行研究的资料（Singleton 1971）里提出了许多有价值的问题。另外，早在30年前就有两项分别来自美国与澳大利亚的民族志研究对文化冲突与学生智力以及学业成绩的关系进行了有意义的探索。在这两个案例中，文化冲突并没有导致学生学业上的失败。霍斯泰特勒与亨廷顿在其所著的《阿米什社区的儿童》（*Children in Amish Society*, Hostetler and Huntingdon 1971）一书中对美国阿米什族群的儿童进行了研究。与美国其他本土少数族群不同的是，阿什米的孩子们在学业上非常成功，不过他们接受的是与标准美国式学校教育截然不同的一种教育模式。类似的，在布里万特所著的《传统之路》（*The Way of Tradition*, Bullivant 1978）一书中，澳大利亚的正统犹太教仪式派信徒（Lubavitcher Jew），亦即哈西德派犹太人（Chassidic Jew）在学业上同样获得了很大的成功，但他们拒绝学习教学大纲里的澳大利亚知识，而是坚持他们自己的哈西德宗教信仰与传统做法。这两部著作向人们展示了两所"少数民族"学校的教育情况，并与其他的学校形成了鲜明的对比。这两所学校都以自己的本族文化来作为衡量学生学业上成功与否的标准，在它们的本族文化结构里，知识的标准、师生互动、学生行为模式都与包围在它们之外的主流文化完全不一样。如果把两本书进行对比的话，会发现其实它们分别对新教徒与犹太教徒、农村地区与城市地区、农业与工业、美国人与澳大利亚人、男女混合学校与单一性别学校等几个方面的问题进行了比较研究。这两本书并不是以那些离经叛道或是桀骜不驯的学生作为研究对象，这些学生不过是与大多民族志学者所知道的不同，与主流文化不同罢了。

另外一项为数不多的关注少数民族学生学业成就的研究来自吉布森（Gibson 1987a, 1987b, 1988），他对加利福尼亚州一所高中的旁遮普裔学生（Punjabi pupils）开展了民族志研究。这些旁遮普的学生学习非常努力，并且不像其他美国白人学生那样喜欢搞派对，却因此被学校的教师视为异类。在非美国本地族群的人看来，学校教师排斥那些旁遮普的学生是因为他们只会学习而不参加社交活动，这一现象提供了审视美国教育的另外一个独特视角，这是吉布森在开展研究时没有想到的。只有美国的教师才会认为初中阶段教育的主要目的应该是学会玩游戏、自编学生年鉴、组建啦啦队、外出野餐以及组织舞会，而不是翻译《荷马史诗》、用拉丁语写散文、读莎士比亚的剧本或者学习一些高级的数学运算与分析。

美国的教育人类学家们总爱把目光聚焦在少数族裔的学业"失败"问题上，并理所当然地认为这就应该是美国教育研究的核心。德国、法国与北欧国家的学校非常重视学生的学术能力，对这些国家的学校教育进行适当的关注也许能够让美国的教育人类学家们更加重视学校教育的细微过程，以帮助他们在学生学业"失败"的问题上开展更为深入、更为准确的研究。开展这样的民族志研究其目的非常明确，就是要把美国主流学校的教育与其他同类国家主流学校的教育进行对比并从中有所收获，但是这也意味着我们长期所深信不疑的"学校教育的真正目的"这一理念将会受到挑战。马里恩·麦克唐纳关于布列塔尼人的研究（McDonald 1989）与德博拉·里德-达纳海关于法国农村地区教育的研究（Reed-Danahay 1987, 1996）对上述目标的达成有着重要的参考意义。

理论框架

教育人类学的论文并不一定总是会将其研究建立在人类学的理论基础之上。如果将过去几十年里发表在《人类学与教育季刊》里的论文与发表在诸如《皇家人类学学院学报》（Journal of the Royal Anthropological Institute）或者《当代人类学》（Current Anthropology）等其他人类学刊物里面的论文进行比较，你会发现它们在主流的人类学理论方面没有太大的分歧，但是一些人类学重大理论概念的发展与兴衰却并没有在《人类学与教育季刊》的论文或者其他教育人类学的学术论著里得以体现。我们在教育人类学的著作里很难看到结构主义、马克思主义、符号学、后结构主义、后现代主义、女权主义以及修辞学转向等理论。不过里德-达纳海对布迪厄（Bourdieu）理论的运用在这一缺乏理论基础的研究领域里则是一个例外，并且给人留下了深刻的印象（Reed-Danahay 1996）。斯宾德勒所著的书（Spindler 2000）的参考文献作者名单中并没有布迪厄、道格拉斯（Douglas）、格尔茨（Geertz）、赫兹菲尔德（Herzfeld）、列维-斯特劳斯（Lévi-Strauss）与斯佩贝尔（Sperber）等著名学者的名字，也没有任何关于结构主义、符号学、后结构主义、后现代主义、修辞学、马克思主义或者女权主义的相关索引条目。新一代的人类学家通常不太喜欢将他们的研究建立在传统的人类学理论之上，因此我们可以看到佩什金针对尼日利亚人、美国乡下人、学校合并、持分裂倾向的重生基督徒、美国原住民以及美国盎格鲁-撒克逊裔白人新教徒（WASPS）所开展的系列民族志研究完全地偏离了传统的人类学理论（Peshkin 1972, 1982, 1986, 1991, 1994, 1997, 2001）。

研究方法及方法论

尽管社会科学领域在过去的三十年里出现了大量关于研究方法的书籍，但教育人类学的研究方法仍然主要以对基于事实的一手资料与信息的收集为特征，很少甚至没有关于研究方法与方法论层面的讨论，而且对于不同类型数据的收集、分析、写作与展示等研究方法缺乏必要的反思。这些研究方法自 1986 年开始就已经在社会科学的各个领域普及并被社会学与教育学的研究者们所广泛采用（e.g. Coffey 1999）。《人类学与教育季刊》所登载的文章从来没有引用过与研究方法相关的文献资料，即便是对那些来自人类学家的方法论著作也不例外，例如，桑耶克关于田野考察笔记的论著（Sanjek 1990）与沃尔科特关于如何选择观察与记录内容的文章（Wolcott 1981）。另外，大多数教育民族志的研究者们对来自社会学家的涉及研究方法与方法论的民族志作品缺乏足够的重视。因此，我们可以看到费恩的那篇具有重要学术地位的关于"群体民族志"（peopled ethnography）的文章（Fine 2003）没有并被任何一篇发表于《人类学与教育季刊》的论文所引用，也没有相关论文采纳过其中的某些观点或是对其开展批判性研究。尽管有一些由人类学家编撰的文章包含了对研究方法的反思以及对研究项目的自传性描述，例如拉鲁与舒尔茨的《民族探究》（Lareau and Shultz 1990）、德玛雷斯的《内部故事》（deMarrais 1998a）、简内特与杰弗里斯的《田野工作中的黑人妇女》（Generett and Jeffries 2003）以及麦卡莱恩与莱宾的《田野工作的另一面》（McLean and Leibing），但是这些作品更多地是聚焦于作者的自白性叙事与个人自传，而不是在关注方法论层面的问题。并且这些作品的研究方法与方法论通常是以一种共有文化的方式呈现出来的，具有含蓄的、未经检验的以及被认为是理所当然的等特征，它没有考虑到那些处于"核心"圈子以外的读者的利益，为他们呈现出一种明确的、经过仔细检验的并且以问题为导向的题目。

修辞策略

自从克利福德与马库斯在《写作文化》(Writing Culture, Clifford and Marcus 1986)一书中再一次强调人类学的"自反性"(reflexivity)对文章的写作、阅读与分析的重要性，迄今已经25年了，但是从发表在《人类学与教育季刊》的论文以及众多的学术专著来看，这个理论并没有对教育人类学家产生太大的影响。正如阿特金森与德拉蒙特所言(Atkinson and Delamont 2008)，尽管在克利福德与马库斯之前很早就已经有学者对社会科学的修辞技巧从学术的层面进行过研究与分析，但是《写作文化》一书的出版才真正代表了人类学研究写作范式的重大转变，并开启了三个全新的研究领域。学术界出现了很多对田野笔记与田野研究成果的写作手法进行思考与探索的文章，它们被发表在人类学刊物上或者被各种论文集所收录。这些文章分析了大量标准型文本的修辞手法，并尝试对修辞标准进行适当的修改以适应人类学研究的需要。这些最新的修辞方式包括作者在表达自己观点的时候应该避免过于专断或者命令式的口吻、尝试一些新的文本体裁以及在作品里尽可能地保留那些来自被研究者不同的声音。以布朗对伏都教女祭司的研究(Brown 1991)为例，他把传统民族志文本、虚构情节、自传式民族志以及人物自传融为一体。这种新的写作趋势常见于各种人类学的学术刊物与论文集之中，但却鲜见于《人类学与教育季刊》。《人类学与教育季刊》所登载的文章长期以来在文本体裁(例如诗歌、戏剧、散文等)方面没有创新，缺乏对不同声音的深刻反思。它从来不刊登那些可能会让人感到尴尬的自传式民族志，也没有像《教育质性研究》(Qualitative Studies in Education)与《质性研究》(Qualitative Inquiry)等刊物那样对"9·11事件"以及"卡特里娜飓风事件"从学术研究的角度开展的包容并蓄的探索与思考。《人类学与教育季刊》的"9·11事件专题"在学术方面所表现出来的包容性与《质性研究》同样的专题比较起来相距甚远。教育人类学没有能够跟得上克利福德与马库斯之后人类学研究修辞策略上的最新趋势（参见 Behar and Gordon 1995）这再一次表明英语语系国家的教育人类学已经偏离了其母学科的发展方向。

结论

本文认为，基于深度描述并以参与式观察为主要研究方法的教育人类学在研究学业失败的问题方面有着无与伦比的优势，但同时也存在很多不足，这在过去的 40 年里同时也被教育人类学的很多专家学者们所反复提及。教育人类学关注的人群过于狭窄，研究范围通常局限于学校教育，对其研究方法与方法论缺乏必要的反思，不重视人类学的基本理论框架与学术界热点话题，并且对人类学研究中的"修辞手法回归"这一趋势无动于衷。这些严厉的批评对任何一位英语语系国家的教育人类学学者都适用。不过在北美之外的学者看来，与北美研究者们在这个领域所表现出的那种狭隘的自民族中心主义比较起来，上述批评已是相形见绌了。

教育人类学就如同黄石国家公园一样，都被打上了典型的美国标签。对美国以外其他国家的学者而言，研究《人类学与教育季刊》的过往刊物尽管并不令人感到愉快，但也不无益处。全球学术界对美国教育人类学的这套研究范式（它被美国的研究者与读者所熟知）未能形成有效的挑战，这一状况长期以来都没能得到改变，就如同美国教育人类学学术界在文献引用过程中的自民族中心主义没有改变一样。在美国同行的眼中，我们以及我们的国家都是不存在的。从这个角度来看，教育人类学彻底成为了美国人的教育人类学。而美国研究者与刊物编辑们的那种习惯性的、随意的、不加以考虑的自民族中心主义思想让"我们"沦为了"他们"全球殖民主义中的二等公民。

参考文献

Anderson-Levitt, Kathryn M. 1987. "Cultural Knowledge for Teaching First Grade." In *Interpretive Ethnography of Education at Home and Abroad*, ed. George D. Spindler and Louise Spindler. Hillsdale, NJ: Laurence Erlbaum.

———. 1989. "Degrees of Distance between Teachers and Parents in Urban France." *Anthropology and Education Quarterly* 20, no. 2: 97–117.

———. 2007. Editorial. *Anthropology and Education Quarterly* 38, no. 4: 317–22.

Atkinson, Paul A., and Sara Delamont. 2008. "Ethnographic Representation and Rhetoric." In *Representing Ethnography*, ed. P. Atkinson and Sara Delamont. London: Sage.

Atkinson, Paul A., Sara Delamont, and Martyn Hammersley. 1988. "Qualitative Research Traditions: A British Response." *Review of Educational Research* 58, no. 2: 231–50.

Au, Kathryn H., and Jordan, Cathie. 1981. "Teaching Reading to Hawaiian Children." In *Culture in the Bilingual Classroom*, ed. Enrique. T. Trueba, Grace Pung Guthrie, and Kathryn H. Au. Rowley, MA: Newbury House.

Behar, Ruth, and Deborah A. Gordon, eds. 1995. *Women Writing Culture*. Berkeley: University of California Press.

Brameld, Theodore, and Edward B. Sullivan. 1961. "Anthropology and Education." *Review of Educational Research* 31, no. 1: 70–79.

Brown, Karen M. 1991. *Mama Lola*. Berkeley: University of California Press.

Bullivant, Brian M. 1978. *The Way of Tradition*. Victoria: ACER.

Burnett, Jacquetta Hill. 1974. *Anthropology and Education*. The Hague: Mouton.

Chilcott, John H., Norman C. Greenberg, and Herbert B. Wilson, eds. 1968. *Readings in the Socio-Cultural Foundations of Education*. Belmont, CA: Wadsworth.

Clifford, James, and George E. Marcus, eds. 1986. *Writing Culture*. Berkeley: University of California Press.

Coffey, Amanda. 1999. *The Ethnographic Self*. London: Sage.

Collier, John, Jr. 1988. "Survival at Rough Rock: A Historical Overview of Rough Rock Demonstration School." *Anthropology and Education Quarterly* 19, no. 3: 253–69.

Collins, Harry M. 1985. *Changing Order*. London: Sage.

Connerton, Paul. 1989. *How Societies Remember*. Cambridge: Cambridge University Press.

Darmanin, Mary. 1990. "Sociological Perspectives on Schooling in Malta." PhD thesis, University of Wales College of Cardiff.

———. 2003. "When Students Are Failed." *International Studies in Sociology of Education* 13, no. 2: 141–70.

Delamont, Sara. 2002. *Fieldwork in Educational Settings*. London: Routledge.

Delamont, Sara, and Paul A. Atkinson. 1990. "Writing about Teachers." *Teaching*

and *Teacher Education* 6, no. 2: 111–25.
Delamont, Sara, and Paul A. Atkinson. 1995. *Fighting Familiarity*. Cresskill, NJ: Hampton Press.
Delamont, Sara, Paul A. Atkinson, and Lesley Pugsley. 2010. "The Concept Smacks of Magic." *Teacher and Teacher Education* 26, no. 1: 3–10.
deMarrais, Kathleen Bennett, ed. 1998a. *Inside Stories*. Mahwah, NJ: Erlbaum.
———. 1998b. "Mucking around in the Mud: Doing Ethnography with Yup'ik Eskimo Girls." In *Inside Stories*, ed. Kathleen Bennett deMarrais, 87–96. Mahwah, NJ: Erlbaum.
Denzin, Norman K., Yvonna S. Lincoln, and Linda T. Smith, eds. 2008. *Handbook of Critical and Indigenous Methodologies*. London: Sage.
Deyhle, Donna. 1986. "Success and Failure." *Curriculum Inquiry* 16, no. 4: 365–89.
———. 1998. "The Role of the Applied Anthropologist: Between Schools and the Navajo Nation." In *Inside Schools*, ed. Kathleen Bennett deMarrais, 35–48. Mahwah, NJ: Erlbaum.
Dolby, Nadine, and Greg Dimitriadis, eds. 2004. *Learning to Labor in New Times*. New York: Routledge Falmer.
Eisner, Elliot, and Alan Peshkin, eds. 1990. *Qualitative Inquiry in Education*. New York: Teachers College Press.
Erickson, Donald, and Henrietta Schwartz. 1969. *Community School at Rough Rock: A Report Submitted to the Office of Economic Opportunity*. Washington, DC.
Erickson, Frederick, and Gerald Mohatt. 1982. "Cultural Organization of Participation Structures in Two Classrooms of Indian Students." In *Doing the Ethnography of Schooling*, ed. George D. Spindler, 132–75. New York: Holt, Rinehart and Winston.
Finders, Margaret. 1996. "Queens and Teen Zines: Early Adolescent Females Reading Their Way Toward Adulthood." *Anthropology and Education Quarterly* 27, no. 1: 71–89.
Fine, Gary Alan. 1985. "Occupational Aesthetics." *Urban Life* 14 (1): 3–32.
———. 2003. "Towards a Peopled Ethnography." *Ethnography* 4, no. 1: 41–60.
Fine, Michelle, and Lois Weis. 1998. *The Unknown City*. Boston: Beacon Press.
Fischer, Joseph, ed. 1970. *The Social Sciences and the Comparative Study of Educational Systems*. Scranton, NJ: International Textbook Company.
Fisherkeller, Joellen. 1997. "Everyday Learning about Identities among Young Adolescents in Television Culture." *Anthropology and Education Quarterly* 28, no. 4: 467–92.
Foley, Douglas E. 1977. "Anthropological Studies of Schooling in Developing Countries." *Comparative Education Review* 21, no. 3: 311–28.
———. 1991. "Rethinking School Ethnographies of Colonial Settings." *Comparative Education Review* 35, no. 3: 532–51.
———. 1996. "The Silent Indian as a Cultural Production." In *The Cultural Production of the Educated Person*, ed. Bradley A. Levinson, Douglas E. Foley, and Dorothy C. Holland. Albany: SUNY Press.

Fordham, Signithia. 1996. *Blacked Out*. Chicago: The University of Chicago Press.
———. 2008. "Beyond Capitol High." *Anthropology and Education Quarterly* 39, no. 3: 227–46.
Forsey, Martin G. 2007a. "The Strange Case of the Disappearing Teachers." In *Methodological Developments in Ethnography*, ed. Geoffrey Walford. Oxford: JAI, Elsevier.
———. 2007b. "Challenging the System." In *Policy as Practice*, eds. Margaret Sutton and Bradley A. Levinson. Westport, CT: Ablex Publishing.
———. 2010. "Publicly Minded, Privately Focused." *Teaching and Teacher Education* 26, no. 1: 53–60.
Gearing, Frederick O., and Lucinda Sangrea, eds. 1979. *Towards a General Cultural Theory of Education*. The Hague: Mouton.
Generett, Gretchen Givens, and Rhonda Baynes Jeffries, eds. 2003. *Black Women in the Field*. Cresskill, NJ: Hampton Press.
Gibson, Margaret. 1987a. "Punjabi Immigrants in an American High School." In *Interpretive Ethnography of Education*, ed. George D. Spindler and Louise Spindler. Hillsdale, NJ: Laurence Erlbaum.
———. 1987b. "The School Performance of Immigrant Minorities." *Anthropology and Education Quarterly* 18, no. 4: 262–75.
———. 1988. *Accommodation without Assimilation*. Ithaca, NY: Cornell University Press.
Gordon, Tuula, Janet Holland, and Elina Lahelma. 2001. "Ethnographic Research in Educational Settings." In *Handbook of Ethnography*, ed. Paul A. Atkinson, Amanda Coffey, Sara Delamont, John Lofland, and Lyn Lofland, 188–203. London: Sage.
Grobsmith, Elizabeth S. 1981. *Lakota of the Rosebud*. Philadelphia: University of Pennsylvania Press.
Gruber, Frederick C., ed. 1961. *Anthropology and Education*. Philadelphia: University of Pennsylvania Press.
Guberman, Steven R., Irene Rahm, and Debra W. Menk. 1998. "Transforming Cultural Practices: Illustrations from Children's Game Play." *Anthropology and Education Quarterly*. 29, no. 4: 419–45.
Heath, Shirley Brice. 1982. "Questioning at Home and at School." In *Doing the Ethnography of Schooling*, ed. George D. Spindler, 96–101. New York: Holt, Rinehart and Winston.
———. 1983. *Ways with Words*. Cambridge. Cambridge University Press.
Heath, Shirley Brice, and Brian Street. 2008. *Ethnography*. New York: Teachers College Press.
Hechter, Michael. 1975. *Internal Colonialism*. London: Routledge and Kegan Paul.
Herzfeld, Michael. 1985. *The Poetics of Manhood*. Princeton, NJ: Princeton University Press
Hess, G. Alfred, Jr. 1999. "Keeping Educational Anthropology Relevant." *An-

thropology and Education Quarterly 30, no. 4: 404–12.

Holland, Dorothy C., and Margaret A. Eisenhart. 1990. *Educated in Romance.* Chicago: University of Chicago Press.

Holmes, Brian, ed. 1967. *Education Policy and Mission Schools.* New York: Humanities Press.

Hostetler, John A., and Gertrude Enders Huntingdon. 1971. *Children in Amish Society.* New York: Holt, Rinehart and Winston.

Ianni, Francis A. J., and Edward Storey, eds. 1973. *Cultural Relevance and Educational Issues.* Boston: Little, Brown.

Jacob, Evelyn. 1987. "Qualitative Research Traditions." *Review of Educational Research* 57, no. 1: 1–50.

Jacob, Evelyn, and Cathie Jordan, eds. 1996. *Minority Education.* Norwood, NJ: Ablex.

Jacobs-Huey, Lanita. 2003. "Ladies Are Seen, Not Heard: Language Socialization in a Southern, African American Cosmetology School." *Anthropology and Education Quarterly* 34, no. 3: 277–99.

King, A. Richard. 1967. *The School at Mopass.* New York: Holt, Rinehart and Winston.

Kleinfeld, J. S. 1979. *Eskimo School on the Adreafsky.* New York: Praeger.

Kneller, George F. 1965. *Educational Anthropology.* Malabar, FL: Krieger

LaBelle, Thomas J. 1972. "An Anthropological Framework for Studying Education." *Teachers College Record* 73, no. 4: 519–38.

Labov, William. 1969. "The Logic of Non-Standard English." In *Linguistics and the Teaching of English,* ed. J. E. Alatis. Washington, DC: Georgetown University Press.

Lareau, Annette, and Jeffrey Shultz, eds. 1990. *Journeys through Ethnography.* Boulder, CO: Westview.

Lave, Jean, and Etienne Wenger. 1991. *Situated Learning.* Cambridge: Cambridge University Press

Levinson, Bradley A., Douglas E. Foley, and Dorothy C. Holland, eds. 1996. *The Cultural Production of the Educated Person.* Albany: SUNY Press

Levinson, Bradley A., and Dorothy C. Holland. 1996. "The Cultural Production of the Educated Person." In *The Cultural Production of the Educated Person,* ed. Bradley A. Levinson, Douglas E. Foley, and Dorothy C. Holland, 1–54. Albany: SUNY Press.

Levinson, Bradley A., and Mica Pollack, eds. 2011. *A Companion to the Anthropology of Education.* New York: Wiley-Blackwell.

Lewis, J. Lowell. 1992. *Ring of Liberation.* Princeton, NJ: Princeton University Press.

Lindquist, Harry M. 1971. "A World Bibliography of Anthropology and Education." In *Anthropological Perspectives on Education,* ed. Murray Wax, Stanley Diamond, and Frederick O. Gearing. New York: Basic Books.

Littlewood, Roland. 2009. "Neglect as Project." *Journal of the Royal Anthropological Institute* 15, no. 1: 113–30.

Lomawaima, K. Tsianina, and Teresa L. McCarty. 2006. *To Remain an Indian.* New York: Teachers College Press.

Lutz, Catherine A. 1988. *Unnatural Emotions.* Chicago: University of Chicago Press.

Masemann, Vandra. 1976. "Anthropological Approaches to Comparative Education." *Comparative Education Review* 20, no. 4: 368–80.

McCarty, Teresa L. 1987. "The Rough Rock Demonstration School." *Human Organization* 46: 103–12.

———. 1989. "School as Community." *Harvard Education Review* 59: 484–503.

———. 2002. *A Place to be Navajo.* Mahwah, NJ: Erlbaum.

McCarty, Teresa L., Stephen Wallace, Regina Hadley Lynch, and Ancita Benally. 1991. "Classroom Inquiry and Navajo Learning Styles." *Anthropology and Education Quarterly* 22, no. 1: 42–59.

McDonald, Maryon. 1989. *We Are Not French!* London: Routledge.

McLean, Athena, and Annette Leibing, eds. 2007. *The Shadow Side of Fieldwork.* Oxford: Blackwell.

Middleton, John, ed. 1976. *From Child to Adult.* Austin: University of Texas Press.

Mills, David. 2004. "Disciplinarity and the Teaching Vocation." In *Teaching Rites and Wrongs,* ed. David Mills and Mark Harris, 20–39. Birmingham, UK: C-SAP.

Moffatt, Michael. 1989. *Coming of Age in New Jersey.* New Brunswick, NJ: Rutgers University Press

Ogbu, John U. 1974. *The Next Generation.* New York: Academic Press.

———. 1978. *Minority Education and Caste.* New York: Academic Press.

———. 1981. "School Ethnography." *Anthropology and Education Quarterly* 12, no. 1: 3–29.

———. 1982. "Cultural Discontinuities and Schooling." *Anthropology and Education Quarterly* 13, no. 4: 290–307.

———. 1987. "Variability in Minority Responses to Schooling: Nonimmigrants vs. Immigrants." In *Interpretive Ethnography of Schooling,* ed. George D. Spindler and Louise Spindler, 255–280. Hillsdale, NJ: Erlbaum.

———. 1988. "Understanding Cultural Diversity and Learning." *Educational Researcher* 21, no. 8: 5–14.

Ortner, Sherry B. 2003. *New Jersey Dreaming.* Durham, NC: Duke University Press.

Peshkin, Alan. 1972. *Kanuri Schoolchildren.* New York: Holt, Rinehart and Winston.

———. 1982. *The Imperfect Union.* Chicago: University of Chicago Press.

———. 1986. *God's Choice.* Chicago: University of Chicago Press.

———. 1991. *The Color of Strangers, the Color of Friends.* Chicago: University of Chicago Press.

———. 1994. *Growing up American: Schooling and the Survival of Community.* Prospect Heights, IL: Waveland Press.

———. 1997. *Places of Memory.* Mahwah, NJ: Erlbaum.

———. 2001. *Permissible Advantage?* New York: Routledge.

Philips, Susan U. 1972. "Participant Structure and Communicative Competence." In *Functions of Language in the Classroom,* ed. Courtney Cazden, Vera John, and Dell Hymes. New York: Teachers College Press.

———. 1982. *The Invisible Culture.* New York: Longman.

Phitiaka, Helen. 1997. *Special Kids for Special Schools.* London: Falmer.

Popkewitz, Thomas S., and B. Robert Tabachnick, eds. 1981. *The Study of Schooling.* New York: Praeger.

Prince, Ruth, and P. Wenzel Geissler. 2001. "Becoming 'One Who Treats': A Case Study of a Luo Healer and Her Grandson in Western Kenya." *Anthropology and Education Quarterly* 32, no. 4: 447–71.

Pugach, Marlene C. 1998. *On the Border of Opportunity.* Mahwah, NJ: Erlbaum.

Reed-Danahay, Deborah. 1987. "Farm Children at School." *Anthropological Quarterly* 60, no. 2: 83–89.

———. 1996. *Education and Identity in Rural France.* Cambridge: Cambridge University Press.

Roberts, Joan I., and Sherrie K. Akinsanya, eds. 1976. *Educational Patterns and Cultural Configurations.* New York: McKay.

Rose, Mike. 1999. "'Our Hands Will Know': The Development of Tactile Diagnostic Skill—Teaching, Learning, and Situated Cognition in a Physical Therapy Program." *Anthropology and Education Quarterly* 32, no. 2: 133–60.

Rosentiel, Annette. 1977. *Education and Anthropology.* New York: Garland.

Sanjek, Roger, ed. 1990. *Fieldnotes: The Making of Anthropology.* Ithaca, NY: Cornell University Press.

Shumar, Wes. 1997. *College for Sale.* London: Falmer.

Shunk, William R., and Bernice Z. Goldstein. 1964. "Anthropology and Education." *Review of Educational Research* 34, no. 1: 71–84.

Sinclair, Simon. 1997. *Making Doctors.* Oxford: Berg

Sindell, Peter S. 1969. "Anthropological Approaches to the Study of Education." *Review of Educational Research* 39, no. 4: 593–605.

Singleton, John C. 1971. *Nichū: A Japanese School.* New York: Holt, Rinehart and Winston.

———, ed. 1998. *Learning in Likely Places.* Cambridge: Cambridge University Press.

———. 1999. "Reflecting on the Reflections." *Anthropology and Education Quarterly* 30, no. 4: 455–59.

Spindler, George D., ed. 1955. *Education and Anthropology.* Stanford, CA: Stanford University Press.

———, ed. 1974. *Education and Cultural Process.* New York: Holt, Rinehart and Winston.

———, ed. 1982. *Doing the Ethnography of Education.* New York: Holt, Rinehart and Winston.

Spindler, George D. ed. 2000. *Fifty Years of Anthropology and Education: A Spindler*

Anthology/ George and Louise Spindler. Mahwah, NJ: Erlbaum.

Spindler, George D., and Louise Spindler, eds. 1987. *Interpretive Ethnography of Education.* Hillside, NJ: Erlbaum.

Street, Brian. 1995. *Social Literacies.* London: Longman.

Strong, Pauline Turner. 2005. "Recent Ethnographic Research on North American Indigenous People." *Annual Review of Anthropology* 34: 253–68.

Sultana, Ronald. 1991. *Themes in Education.* Msida, Malta: Mireva Publications.

Szasz, Margaret C. 1999. *Education and the American Indian,* 3rd ed. (Albuquerque: University of New Mexico Press).

Trix, Frances. 1993. *Spiritual Discourse.* Philadelphia: University of Pennsylvania Press

Varenne, Hervé. 2007a. "Alternative Anthropological Perspectives on Education." *Teachers College Record.* 109, no. 7: 1539–1544.

Varenne, Hervé. 2007b. "Difficult Collective Deliberations." *Teachers College Record* 109, no. 7: 1559–88.

Vierra, Andrea, Christopher Boehm, and Sharlotte Neely. 1982. "Anthropology and Educational Studies." In *The Social Sciences in Educational Studies,* ed. Anthony Hartnett. London: Heinemann.

Walford, Geoffrey. 2007. "Everyone Generalizes." In *Methodological Developments in Ethnography,* ed. Geoffrey Walford, 155–68. Oxford: JAI Elsevier.

Wax, Murray, and Rosalie Wax. 1971. "Great Tradition, Little Tradition and Formal Education." In *Anthropological Perspectives on Education,* ed. Murray Wax, Stanley Diamond, and Frederick O. Gearing. New York: Basic Books.

Wax, Murray, Rosalie H. Wax, and R. V. Dumont. 1964. "Formal Education in an American Indian Community." *Social Problems* 11, no. 4: 1–25.

Wax, Murray, Stanley Diamond, and Frederick O. Gearing, eds. 1971. *Anthropological Perspectives on Education.* New York: Basic Books.

Weaver, Thomas. 1973. *To See Ourselves.* Glenview, IL: Scott, Foresman.

Weis, Lois. 1990. *Working Class without Work.* New York: Routledge

Wilcox, Kathleen. 1982. "Ethnography as a Methodology and Its Applications to the Study of Schooling." In *Doing the Ethnography of Schooling,* ed. George D. Spindler. New York: Holt, Rinehart and Winston.

Willis, Paul. 1977. *Learning to Labour.* Farnborough, UK: Saxon House.

Wolcott, Harry F. 1967. *A Kwakuitl Village and School.* New York: Holt, Rinehart and Winston.

———. 1977. *Teachers versus Technocrats.* Eugene, OR: Center for Educational Policy and Management, University of Oregon (Reprinted in 2005 by Alta Mira Press).

———. 1981. "Confessions of a 'Trained' Observer." In *The Study of Schooling,* ed. Thomas S. Popkewitz and B. Robert Tabachnick. New York: Praeger.

———. 1990. "Peripheral Participation and the Kwakiutl Potlatch." *Anthropology and Education Quarterly* 27, no. 4: 467–92.

Wright, Susan. 2004. "Why Education Matters to Anthropology." *Anthropology Today* 20, no. 6: 16–18.

Yates, Paul. 1987a. "A Case of Mistaken Identity." In *Interpretive Ethnography of Education,* ed. George D. Spindler and Louise Spindler. Hillsdale, NJ: Laurence Erlbaum.

———. 1987b. "Figure and Section." In *Interpretive Ethnography of Education,* ed. George D. Spindler and Louise Spindler. Hillsdale, NJ: Laurence Erlbaum.

Yon, Daniel A. 2003. "Highlights and Overview of the History of Educational Ethnography." *Annual Review of Anthropology* 32: 411–29.

Zou, Yali, and Enrique T. Trueba, eds. 2002. *Ethnography and Schools.* Lanham, MD: Rowman and Littlefield.

第三章　墨西哥教育过程的人类学研究

艾尔西·洛克威尔（Elsie Rockwell）

埃里卡·冈萨雷斯·阿波达卡（Erika González Apodaca）

过去的二十年间，墨西哥有关教育问题的人类学研究发展迅速，并呈现出一种多元化的发展趋势。[1] 在本文中，我们将从人类学的角度，重点对涉及文化、语言、民族与权力等概念的学术研究进行述评。不过，本文的内容同时也将涉及其他学科领域之下的教育民族志研究，因为它们为研究教育过程的人类学家提供了重要的学术参考。事实上，各学科领域之间通常并没有一条严格的分界线。此外，本文的遗憾之处在于我们仅仅列举了墨西哥学者在本国境内开展的研究，而忽略了他们在国外的研究[2]以及他国学者在墨西哥境内开展的研究。

人类学对教育问题的关注始于20世纪30年代，并与墨西哥政府当时

---

[1] 本文的西班牙语版发表于《人类学目录》（*Inventario Antropológico*）2010年第10期，并且与本文略有不同。与本文类似的研究述评还包括伯特利与科雷斯坦（Bertely and Corenstein 1998）、洛克威尔（Rockwell 1998）、伯特利与冈萨雷斯·A（Bertely and González A. 2003）、波德斯塔（Podestá）与马丁内斯·B（Martínez B.）（Podestá and Martínez 2003）、罗伯斯（Robles）与恰尔尼（Czarny）（Roble and Czarny 2003）以及鲁埃达（Rueda）（Rueda 2007）等研究者的作品。

[2] 例如，有墨西哥的学者与学生在美国研究墨西哥移民问题、在巴西研究当地的原住民学校、在西班牙与法国研究学校中的移民问题。在墨西哥研究机构工作或学习的拉丁美洲学者研究他们本国的问题（包括秘鲁、危地马拉、阿根廷、巴西与哥伦比亚）。还有不计其数的来自美国与欧盟的人类学家以及在国外完成学位论文的墨西哥学生，他们都对墨西哥的教育过程开展了大量的研究。

为实现本土原住居民的融合而制定的"土著"（indigenista）政策以及该政策的具体实施有关。20世纪70年代，人类学家开始向这些政策发起挑战。吉列尔莫·本菲尔（Guillermo Bonfil）于1987年出版了一本颇具争议的著作——《墨西哥深度研究》（México Profundo），该书反对西班牙人与本土印第安人种族混血（mestizaje）的观点，并宣称中美洲的文化传统才是构成这个国家民族性的根基。在那个年代，学者们主要聚集于墨西哥城，并以社会人类学高级研究中心的国家人类学与历史研究所（CISINAH/CIESAS）以及国立理工学院高等研究中心的教育研究所（DIE/Cinvestav）为阵地，启动了大量与教育有关的人类学研究项目。也正是从那个时候开始，越来越多的其他研究机构开始与墨西哥主流的人类学研究开展对话与交流，并相继加入到对该领域的研究之中。然而，在墨西哥的制度人类学（institutional anthropology）内部（包括相关协会、研究生课程与出版物等），相较于对民族、移民、巫术或是宗教等主题的研究，对教育问题的研究还有待加强，而有关教育问题的人类学研究反而与其他教育科学的联系更为紧密。在这样的背景之下，于1989年举行的美洲国家教育民族志研讨会（the Inter-American Symposium on Ethnographic Research in Education）成为了一个重要的跨学科交流场所。该研讨会已经在墨西哥举办过五次，并且出版了大量具有重要意义的学术作品（e.g. Calvo Delgado, and Rueda 1998）。

有关教育的人类学研究与其不断变化的研究背景

20世纪六七十年代的拉丁美洲社会运动对80年代墨西哥的教育研究产生了深远的影响。学生与教师也积极地投入到了这场社会运动之中，他们主张学校应该是一个为民主辩护的场所，提供免费的、全民普及性的公共教育应是国家的义务。当时的墨西哥教育界，族群排斥与教育不公平现象非常严重，原住民文化与大众通俗文化也为教育界的主流所不屑。民族志研究揭示了官方话语体系与这些教育现实之间的深刻矛盾，研究主要对拉丁美洲文化结构的特异性与"第一世界"之间的冲突，以及它们复杂的、充满争议的社会过程，包括在正规学校教育体制之下产生的再生产（reproduction）与反抗——进行了反思。

也是从那个时候开始，墨西哥的政治环境发生了明显的变化。无论是20世纪90年代保守的革命制度党（PRI）政权，还是自2000年起广受选民支持的右翼政党——国家行动党（PAN），二者都确保了对国际新自由主义政策的严格遵循。国家经济状况的不稳定使得墨西哥承受了日益严重的贫困、移民与有组织犯罪以及"低强度"战争等问题带来的困扰，不过很多新型的社会运动也正是在这样的环境中得以涌现。其中最为活跃的是包括萨帕塔民族解放运动（Ejército Zapatista de Liberación Nacional）在内的原住民运动，而新的政治认同也在社会行动者（包括青年团体、城市与女权主义运动以及农民工群体）对某些特定权利进行诉求的过程中被建立起来。作为新兴群体的本土知识分子开始越来越多地发出自己的声音——这对墨西哥的政治话语体系产生了一定的影响。同时，他们认为文化生存（cultural survival）是一项集体性的权利，应该得到社会的广泛尊重与认可。鉴于社会各界对传统单一型教育政策的一致反对，政府一方面跟随国际趋势，开始推广包括双语以及跨文化教学在内的多元化课程教学模式；另一方面也同时维持着严格的政治管控，并继续实施过去那种削弱国家经济发展的经济运作模式。

极度的经济不平等、非对称的权力关系、富有争议的选举，这些因素与跨国性、全球化问题以及社会暴力交织在一起共同构成了当时墨西哥社会的缩影。而这样的社会背景又反过来促进了新的研究课题的产生，这些课题旨在理解、并且从民族志的角度来描述在城市与乡村的社会、文化以及民族多样性的背景之下，学校教育、国家与多元化社会角色之间的关系。通过对发生在上述领域中的各种霸权主义与反霸权主义的斗争（包括围绕一些新的政治话题开展的权力斗争）进行关注，这些研究展示了隐藏在各种不同教育目的背后的永恒的妥协、斗争与操纵。墨西哥的人类学家围绕那些导致并加深了学校体系与社会结构不平等的教育政策开展了持续的公开讨论，通过这种方式，他们赋予文化、权力、身份认同以及民族权利等概念新的意义。在他们看来，教育（education）作为一种文化过程，其内涵远远超越了学校教育（schooling）的意义。

方法论路径

如其他国家一样，墨西哥有关教育的人类学研究常常是方法与理论的结合，这导致想要在人类学研究与其他质性研究之间划出一条清晰的分界线显得比较困难。本文提到的各项研究所采用的基本研究方法是民族志的方法，它被理解为在某一场所开展的、涉及长时间田野工作的、并且与地方性知识与意义（local knowledge and meaning）紧密结合的一种研究，其理论是建立在对社会文化过程进行描述的基础之上的。例如，玛丽亚·伯特利（Maria Bertely 2000）与艾尔西·洛克威尔（Elsie Rockwell 2009）基于民族志的视角出版了两部教育方面的论著，还有很多其他学者也发表了大量与之相关的论文。同时需要我们注意的是，本文还运用了话语分析、深度访谈、公共政策研究、档案整理与口述历史等手段与方法作为民族志研究的补充——它们在本文中同样有着非常重要的地位。此外，墨西哥当前出现了一种强调合作研究（collaborative research）、本土化创作或是联合创作的研究趋势，它们在本文中也有所体现。在这样的背景之下，我们注意到本土学者撰写了大量的学位论文，并且其数量在不断地增长。这些学者包括：雷富希奥·纳瓦（Refugio Nava）、费尔南多·加西亚（Fernando García）、胡安·朱利安（Juan Julian）、卢卡斯·拉米雷斯（Lucas Ramírez）与拉斐尔·卡多索（Rafeal Cardoso）。

研究进路（Thematic Lines）

本文在涉及教育的人类学研究领域选取了超过 100 本著作、160 篇相关论文与章节以及约 50 篇博士论文与 70 篇硕士论文[①]进行述评，共包含 9 种研究进路，我们将在下文中进行逐一总结。[②]

学校教育的结构与文化研究

在该研究领域，学校教育作为一种社会建构的产物，其概念远远超过了它本身的一般性含义，这便激起了研究者对日常社会关系中的学校文化与治理结构的再生产、协商、反抗与再阐释等过程的研究兴趣。相关的研究对教师、学校领导、父母、教育管理部门以及学生如何对学校教育的外延与内涵进行质疑并提出建议展开了分析。同时，他们还探究了应该如何对空间、时间与物质资源进行合理的利用。尽管上述研究还存在着局限性，但是它们展示了各种规则与政策的解释策略是如何造就多元化的学校现实的，而这些现实往往与官方的政策规定以及人们的常识性假设有着一定的差距。另外，作为对社会再生产与文化生产研究的补充，挪用的研究（studies of appropriation）强调社会制度的能动性变革（active transformation）与文化资源的策略性利用，因为上述所有因素都与学校的日常表象与实践（无论是在学校内部的还是在学校周边的）有着紧密的联系。

在国立学校系统内部开展情境化研究是墨西哥学校民族志的共有特征。从人类学的视角来看，学校有着浓厚的文化传统。伊娃·塔沃阿达

---

① 我们把那些基于田野研究完成的硕士论文也列入其中。
② 尽管我们在文章中列举出了一些研究生的名字（他们同样做了很多重要的研究，但却并未发表论文），但本文的参考文献仅仅包含了我们从过去 15 年间精选出的部分发表或未发表的博士论文。我们将会在本书的网站上把这份完整的名单列出来，同时非常感谢玛丽亚·埃琳娜·马鲁力（María Elena Maruri）以及我们的研究生帮助我们查找并整理资料。

（Eva Taboada 1998）与格洛里亚·奥内拉斯（Gloria Ornelas 2007）就曾分别对民间仪式与仪式的实践进行过研究。此外，民族志研究还揭示了国家与地方性政策作为基本的结构型因素在教育实践中的重要性。对于中学阶段的教育，拉斐尔·基罗斯（Rafael Quiroz 2000, 2003）与他的学生（Díaz 1998; Gutiérrez and Quiróz 2007）在研究中强调了学校的课程、资源与评价对教学实践以及学生策略所造成的影响。埃特维娜·桑多瓦尔（Etelvina Sandoval 2000）则对市区学校内部基于校长、教师与学生之间的各种关系而产生的各种结果进行了对比性研究。正如我们在一些质性研究的作品中所看到的那样（Ezpeleta and Weiss 2000; López and Weiss 2007; Díaz Tepepa 2001），乡村学校与技术学校一直以来都是该领域的研究"沃土"。而在"政策实践"（policy in practice）这一新兴的研究领域，贝亚特里斯·卡尔沃与其同事（Beatriz Calvo 2002）、胡斯塔·埃兹佩莱塔（Justa Ezpeleta 2004）与她的学生以及塞西莉亚·菲耶罗（Cecillia Fierro 2005）等学者的研究揭示了一个涉及学校的管理与监督、并且与行政系统以及工会组织相结合的复杂网络。

艾尔西·洛克威尔对日常教育最初的研究兴趣已经逐渐发展成为了一项系列研究，这些研究关注的是那些处于教育与社会环境"边界交汇处"的社会过程与文化内涵，以及它们相互之间对立而又多变的互动过程。她的学生在最近的研究成果中对不同社会背景之下教育的方方面面进行了论述，包括例如吉尔伯托·佩雷斯（Gilberto Pérez 2005）关于儿童养育实践的非正规课程（non-formal course）合作性建构的详细论述以及弗洛伦西亚·奥尔特加（Florencia Ortega 2006）关于公共图书馆儿童策略的研究。针对青少年方面的研究，克劳迪娅·绍塞多（Claudia Saucedo 2003）通过对辍学者开展叙事研究来进行文化模式的鉴别；莱昂内尔·佩雷斯（Leonel Pérez 2010）跟踪研究了文化对青少年未来职业生涯的影响；奥克塔维奥·法尔科尼（Octavio Falconi 2003）对某次学生罢课事件中的写作实践与公共领域等问题开展了详细的研究；艾丽西亚·维斯特雷（Alicia

Vistrain 2009）对小学课堂中的儿童流行文化进行了研究；瓦莱西亚·雷沃列多（Valeria Rebolledo）与特里西塔·佩雷斯（Teresita Pérez）则把他们硕士论文的研究重心聚焦于那些具有语言优势的原住民家庭与本地教师。上述研究对文化、语言、读写能力与学习等概念进行了重新定义，并把它们运用到了人类学与社会文化传统之中。

有关大学的研究构成了一个特殊的类别，在此类研究中，质性研究与民族志研究之间的区别已经变得越来越模糊。拉丽莎·阿德勒-罗姆立兹（Larisa Adler-Lomnitz）与她的学生在其早期的研究中运用人类学的理论对科学理念如何在周边国家传播进行了论述，而马里奥·鲁埃达（Mario Rueda）后来关于高等教育的质性研究（Rueda 2007）（这些研究主要聚焦于教学方法与学生的人生发展轨迹）则主要受到社会学与课程理论的影响。爱德华多·雷梅迪（Eduardo Remedi）与他学生的研究（Remedi 2008）具有特别的重大意义，尽管他特别指明这是一项关于社会心理学与分析心理学（analytical psychology）以及制度分析的研究。在这股社会学研究的浪潮中，路易斯·阿图罗·阿维拉·梅伦德斯（Luis Arturo Ávila Meléndez）的人类学学位论文（Meléndez 2011）则是一个特殊的例外，它基于区域价值的文化选择理论对两所私立学院进行了对比研究。

教学工作研究

在西班牙语中，"教学工作"（英语 the work of teaching，西班牙语 trabajo docente）一词取代了诸如"指导"（instruction）与"实践"（practice）等更为中性的术语，统一了该领域中所有研究的相关概念表达。它强调教学工作的集体性、可协商性与历史建构性，并且相对于预定模式与评价模式的角度，它更倾向于让人们从这一术语本身的角度来对这项工作进行理解。露丝·梅尔卡多（Ruth Mercado）在其新近的作品中（Mercado 2002）对那些具有自反性的、形式多样的教学知识（西班牙语 saberes docentes）以及教育资源的利用情况进行了深入的分析，她还与她的学生一起对教育改革中的教师应对策略进行了研究（Espinosa and Mercado 2007; Estrada and Mercado 2008）。教师培训为近期兴起的另外一个研究主题，例如梅尔卡多（Mercado 1997）与帕特丽夏·梅迪纳（Patricia Medina 2000）关于师范院校与教师培训项目的研究。

有关教师的多重身份认同与教师的组织文化长期以来都有着重要的研究地位。苏珊·斯特里特（Susan Street 1996, 2000, 2001）与她的学生（Jiménez L 2003; Flor Bermúdez）对教师工会运动以及教师不断变化的政治地位与意识形态进行了研究，这些研究包含了教师如何对其自身的工会会员身份进行认同以及教师如何将政治文化范畴纳入教学工作等内容。斯特里特（Street 2008）从性别的角度开展研究；欧内斯塔·洛佩兹（Oresta López 1997）对教师队伍中的女性化问题进行了大量的研究。此外，在墨西哥还有一类研究主题特别突出，它涉及教师队伍内部以及围绕教师队伍产生的矛盾、紧张与冲突等关系，这类研究解释了墨西哥教育体系的再生产与变革过程。

课堂民族志研究

在墨西哥，那些从事课堂互动研究的学者们认识到在民族志研究中融入话语分析是非常有必要的，于是这就产生了民族志小说研究（novel study）。在该类型的研究中，研究者往往会把学生与教师的能动作用置之于某个特殊的文化情境之中进行分析，并且这种关于课堂内部的研究有着鲜明的历史建构主义教学传统。这样的情形之下，正规课程内容的知识与课堂中所呈现的知识以及通过师生互动而合作建构的知识是不同的。安东尼娅·坎德拉（Antonia Candela）是这一研究趋势的引领者，她在其关于科学课堂的研究中强调了儿童影响课堂话语的能力（Candela 1999, 2005）。目前，她与她的学生（Naranjo and Candela 2006; de la Riva and Candela 2010）正在运用行动者网络理论（actor network theory）与多模态分析法来探究小学与大学环境中的科学课堂（Candela 2010）。西尔维亚·罗哈斯

（Silvia Rojas 2000）及其同事从社会文化心理学的角度出发，对课堂中的探究性对话与其他话语策略进行了研究。洛克威尔运用巴赫金（Bakhtin）的理论来研究在乡村课堂中的口语教学（Rockwell 2000）与读写实践（Rockwell 2006）。这个领域最近的研究对把课堂看作是"封闭空间"这一概念提出了质疑，并展示了文化、社会、政治与历史参照的多样性是如何影响日常的教学对话。

语言与读写能力研究

波德斯塔（Podestá）与马丁内斯（Martínez）的社会语言学研究（Podestá and Martínez 2003）与课堂民族志在研究范围上有着重叠之处，考虑到这一研究领域的重要性，我们在这里对其进行单独的论述。穆诺斯（Muñoz）与勒温（Lewin）（Muñoz and Lewin 1996）以及恩里克·哈梅尔（Enrique Hamel 2008）所开展的长期研究促进了我们对双语社区与双语学校里的语言思维与双语现象的理解。埃克托·穆诺斯（Héctor Muñoz）与帕特丽夏·梅纳（Patricia Mena, Muñoz, and Ruiz 1999）、哈梅尔（Hamel 2002）以及罗萨纳·波德斯塔（Rossana Podestá 2000）与她的学生艾丽西亚·格雷罗（Alicia Guerrero）关于课堂口头语言与书面语言的研究揭示了原住民学生与教师之间的紧张关系以及地方语言教学过程中文化内容的缺失——它们表明了墨西哥的双语教育政策还存在有矛盾之处。

不过在墨西哥，关于语言与读写能力的研究，其研究情境远远超越了学校课堂的范围。约瑟·安东尼奥·弗洛雷斯·法尔凡（José Antonio Flores Farfán 2001, 2005）是非学校情境语言复兴过程的有力倡导者。语言与读写能力在非学校情境中的研究加深了人们对这一研究领域的理解。例如，弗洛雷斯的学生雷富希奥·纳瓦（Refugio Nava）[他后来又师从罗德丝·德莱昂（Lourdes de León）]，他对纳瓦特尔语-西班牙语（Nahuatl-Spanish）双语社区中语言地位的保留与丧失进行了研究。在这项研究中，他把语言的社会化视为一种用来确定语言使用者多元社会地位的融合系统。成年人如何在非学校情境中挪用并运用书面西班牙语也被纳入了研究的范畴。通过对正规学校教育以外的叙事内容与文化实践进行分析，洛克威尔（Rockwell 2001, 2010）的研究向人们展示了成年原住民如何掌握语言读写的技巧并将其运用于公共目的。朱迪斯·卡尔曼（Judith Kalman 1999, 2004）致力于某些情境中成年西班牙语使用者的社会文化素养研究，这些情境包括商业记账员之间的互动、家庭劳作、扫盲课程班与民间宗教活动。当前，她与她的一些学生正在从事课堂内外数字读写能力的研究（Guerrero and Kalman 2010）。

文化学习与未成年人社会化研究

这一研究主要在墨西哥的原住民群体中展开，它把学习视为受到社会因素与文化因素干预的一个过程，而不是某种正规教学方法或者教学模式的直接结果。该研究进路从文化人类学与人类语言学的角度出发进行诠释，阐述了学校、家庭与社区情境中与学习有关的社会文化方面的问题。

露丝·帕拉戴丝（Ruth Paradise）是墨西哥该类型研究的发起者，她运用日常生活中有关非语言交流与实践的文化概念来研究原住民儿童学习的社会文化特征。她的作品涉及自主性、默契合作（Paradise 1996）、互惠互利（Paradise and de Haan 2009; Paradise and Rogoff 2009）等原住民儿童学习的诸多方面。帕拉戴丝的学生对原住民的教育与学校经历进行了研究，例如费尔南多·加西亚（García 2007）对其所属的盖丘亚人（Quechua）族群的"尊重"观念的研究；拉斐尔·卡多索（Rafeal Cardoso）对其所属米塞人（Mixe）族群的"学习"概念的研究；罗绍拉·加利纳（Rosaura Galeana 1997）研究街头儿童的流浪经历，随后又关注米塞族流动人口儿童的跨文化学习情况；加夫列拉·恰尔尼（Gabriela Czarny 2008）与三位居住在城镇的特利奇人（Triqui）首领一起对学校教育的经历进行了研究，并赋予了其新的意义。还有一些其他的学生则对故事讲述（Paloma Ramírez）与时间观念（Adriana Robles）的本土运用进行了研究。通过对学校内外的学习方式进行比较与对照（Paradise 1998，2002），帕拉戴丝在这一研究进路中重塑了家庭、社区与学校三个不同情境之间有关连续性与非连续性的研究议题。

罗德丝·德莱昂是一位著名的语言学家，她最近的研究（León 2005）涉及未成年人的社会化问题，并将其定义为文化人类学、社会语言学与发展心理学之间的跨学科对话。她所开展的纵向研究分析了语言习得过程的文化维度以及它们在索西人（Tzotzil）原住民儿童社会化过程中所扮演的角色。莱昂从婴儿与父母之间的互动入手进行分析，将互动的视觉、身体与情绪维度描述为"理解形成"（arrival of understanding）与"精神"的指标，随后她又对索西语的基本词汇与它们的语义场（semantic field）进行了研究，整理并分析了索西语的语言结构——这样的语言结构已经与墨西哥新纳堪特市（Zinacantec）社会化过程的文化脉络融为了一体。

综合而言，这一研究进路还缺乏以儿童的心声为主题的研究。南茜·维拉努埃瓦（Nancy Villanueva 2000）与拉莫斯（Ramos）、马丁内斯（Martínez）与其他合作者（Ramos and Martínez 2000）的研究对儿童的游戏活动进行了分析。值得我们关注的还有帕洛玛·埃斯卡兰特（Paloma Escalante）对危地马拉难民儿童身份认同过程的研究（她在该研究中使用了一种创新性、合作性与诠释性的研究方法），以及罗萨纳·波德斯塔（Podestá 2006）作为共同执笔人参与的一项关于儿童的合作研究。这样的研究方法将会越来越多地出现在往后的研究之中。

青少年文化研究

墨西哥公共领域丰富多元的青少年文化促成了大量人类学研究的产出。罗萨纳·雷吉略（Rossana Reguillo 2000）运用了很多不同的方法来分析辍学青少年如何建构他们的身份认同以及如何开展交际与组织活动，并详细记录了他们反主流文化的潜在特质以及他们作为暴力活动与青少年的连接中介所具有的社会文化与思想意识状态。戴安娜·萨格斯特吉

（Diana Sagástegui 2006）对涉及数字技术的学习、新技术的认知中介以及新技术在结构化社会情境中的运用情况等方面的内容从社会文化的角度进行了研究。格拉迪斯·奥尔蒂斯（Gladys Ortiz）以大学生使用互联网的日常状况为研究对象撰写了一篇论文。玛丽妠·乌特亚（Maritza Urteaga 2000）对包括性别与民族议题在内的青少年文化进行了多维度的研究。还有一些其他的研究以城市与乡村的非学校情境中的原住民青少年为研究对象，并着重研究了这些青少年价值观的动态性与多样性特征——它们构成了这一群体的民族性（Urteaga 2008; Pérez Ruiz 2008a, 2008b）。此外，由研究生开展的关于青少年文化的研究近来有着激增的态势，这极大地丰富了这一领域的研究。

相较于民族志与社会文化理论，爱德华多·魏斯（Eduardo Weiss）与他的学生运用阐释社会学（hermeneutic sociology）的理论来开展研究。他一直在关注诸如知识的碎片化与学校的日常经历这些结构化元素，并把高中视为最重要的"青少年空间"（youth space）。学生构成了这一研究的中心话题，但他们同时也被视为"青少年"（youths）、有着特殊的身份认同，也因此赋予了他们的学校经历新的意义。这不仅仅是一个关于学术研究的过程，更是学生与他们的同龄人以及其他的重要"他者"一起主体化的过程（Weiss et al. 2008）。艾琳·格拉（Irene Guerra）与埃尔莎·格雷罗（Elsa Guerra and Guerrero 2004）在论文中从性别的角度入手，陈述了年轻人进入劳动力市场的意义以及他们如何赋予那些记录了他们学校生活与劳动轨迹的结构化情境以新的意义。魏斯的学生则关注象征性资源以及与成熟、责任及自由相关的道德话语体系的自反性建构（Hernández G. 2006; Job Avalos），并积极地到涂鸦艺术家的"形意世界"（figured world）之中去寻找灵感（Valle and Weiss 2010），他们以此为基础对学生的身份认同进行了深入的研究。

社会学家以高中生与大学生为研究对象开展的解释性研究（interpretive research）是这一研究进路的重要补充，这其中包括胡安·曼努埃尔·皮纳（Juan Manuel Piña 2003）与他在墨西哥国立自治大学（UNAM）的同事共同开展的研究。他们通过对行动者的主观能动性进行分析来研究学生生活的隐性含义——这些主观能动性通常表现在知识、想象与社会表象之中，也表现在学校教育的情感、价值观与价值判断之中。与之类似的，艾德里安·德加拉伊（Adrian de Garay 2004）将社会身份认同与学生的经历视为一种复杂的、动态的并且内部多元的社会建构物，并对其进行了研究；卡洛塔·古斯曼（Carlota Guzman 2007）通过开展叙事研究来理解大学生的工作生涯。这一研究进路还有许多重要的作品，比如古斯曼与绍塞多（Guzmán and Saucedo 2007）以及皮纳与庞顿（Piña and Pontón 2002）的相关研究。

民族性、原住民教育计划与新的身份认同研究

在墨西哥的人类学研究领域，一般而言学者们将民族性（ethnicity）视为一种政治上的建构物，对其研究的兴趣也在逐渐增加，这就为该研究进路提供了理论上的支撑。本文所提到的各项研究均把民族的形成与发展过程纳入了其研究范畴，在这一过程中，原住民与主流社会进行协商或反抗，并努力维护其对教育资源的正当诉求。上述研究展示了这些原住民如何改造他们的传统习俗以及如何重塑他们的民族精神，以便于当他们面对由于现代化、民族主义、工业化与移民等全球性因素引起的生活方式改变的时候，能够重新认识自我并从中获益。他们在权力的不平等之中挣扎求存，并策略性地通过具有象征意义的身份认同来界定其民族界线以及与政府就文化政策与资源进行协商。从这个意义上讲，在争取其自身民族权利得到认可的过程中，民族性让民族语言文化差异成为了原住民群体开展政治行动的参照物（de la Peña 2002, 2006）。

墨西哥的许多人类学家还对涉及民族性、印第安土著政策与印第安教育的研究生学位论文从理论与方法的层面进行了指导，并提出了诸多建议。玛丽亚·尤金尼亚·瓦尔加斯（Maria Eugenia Vargas 1994）在其关于塔拉斯科人/普列佩贾人（Tarasco / P'urhépecha）的研究案例中记录了该族双语教师培训项目的矛盾性后果以及双语教师在民族意识的培养与作为双语知识分子在民族身份认同的形成等方面所作出的贡献。玛丽亚·伯特利（Bertely 2005, 2006a）与吉列尔莫·德拉·佩纳（Guillermo de la Peña）一起围绕瓦哈卡州（Oaxaca）雅拉拉哥市（Yalalag）的萨巴特克人（Zapotec）以及他们在墨西哥城的后代的学校教育社会史（social history of schooling）来分析其民族起源过程，并记录了来自不同社会地位的萨巴特克人如何在他们的民族生活中使用西班牙语以及运用他们在学校所习得的知识。甘瑟·迪茨（Gunther Dietz 1999）将普列佩贾人的社会运动概念化，并赋予其新兴的"社会行动者"这一人格特征。这些普列佩贾人通过将本民族的神话故事世俗化来实现对其自身的重构，并且他们还运用象征性的资源来与现代文明国家以及现代教育政策进行抗衡。

还有一些学位论文以及近期的出版物对民族性在教育空间与政策的内部与外围的各种表述形式进行了研究。本杰明·马尔多纳多（Benjamín Maldonado 2002, 2011）关注瓦哈卡州的民族政治组织发起的民族抵抗运动与教育发展项目。埃里卡·冈萨雷斯·A（Erika González A 2008）将瓦哈卡州米塞人聚居区视为民族政治发生的场所，对其中的跨文化教育进行了分析，同时描述了米塞族的专业人士如何说服本族人民挪用跨文化的高等教育模式，并从中起到政治媒介的作用。以下作品对双语教师、专业人士以及本土知识分子——他们通常游走于国家与原住民学校、社会以及组织之间——的工作实践与媒介作用有着更为深入的描述。例如，关于五月五节日（Mayo）（P. Medina 2008）、米斯特克人（Mixtec）（Ramos 1996）、索西人（Pérez P. 2003）与萨巴特克人族群（Jiménez N 2009）研究的书籍，以及关于关乔雷斯人（Choles）（Rosalba Pérez）、马萨瓦人（Mazahuas）（Sergio Pérez S.）、米斯特克人与奥托米人（Otomí）（Mutsuo Nakamura）、纳瓦人（Nahuas）（Stefano Sartorello, Nelson Antequera）、塔拉斯科人（B. Elizabeth Martínez B., Jerny González, Jaime González）、索西人（Gloria Benavides）与亚基人（Yaquis）（Enriqueta Lerma）的人类学硕士论文。

那些由原住民知识分子"自下而上"地发起、并且自发性参与其中的教育经历也成为了学者们的研究对象，以作为对官方教育政策的补充。包括安杰丽卡·罗哈斯（Angèlica Rojas）对惠考尔人（Huichole）、冈萨雷斯·A对米塞人（Apodaca 2004）以及诺尔玛·安杰丽卡·洛佩兹（Norma Angèlica López）在格雷罗州（Guerrero）的多民族山区中所进行的研究。卡西亚·努内斯（Kathia Núñez）、劳尔·古铁雷斯（Raul Gutiérrez）与艾丽西亚·格雷罗的硕士论文，以及布鲁诺·巴罗内特（Bruno Baronnet 2008）的博士论文均以在萨帕塔自治区以及恰帕斯学校实施的田野工作为基础，对发生于家庭与学校社会化之间的连续性问题、原住民语言的融合性问题以及本土教师的教育实践替代性问题进行了论述。

部分研究者将"共同学习"（communal learning）这一概念视为建构新的身份认同的一种教育经历，并从一种新的视角来诠释其在社会文化方面的应用。玛丽亚·安娜·波特尔（María Ana Portal 1997）以墨西哥城里某西班牙裔贫民窟不同的非学校教育与社会化情境为对象，对存在于其中的流行宗教与城市身份认同展开了研究。她的学生罗萨纳·波德斯塔（Podestá 2007）运用唤醒法（evocative method）来研究纳瓦儿童地缘意识的社会表象以及他们如何在其社区之中（或是如何与城市中的其他纳瓦后裔一起）通过与他们父母的祖籍所在地建立起紧密的联系来建构其地缘身份认同、共同情感与民族意识。研究表明，尽管这些群体所表现出来的地缘意识及其社会表象各不相同，但是他们却有着共同感兴趣的话题以及相同的民族身份认同。伯特利与她的学生同样也对城市环境之下"公共民族的形成"（communal ethnogenesis）进行了研究。例如：克劳迪娅·戈麦斯（Claudia Gómez）对被视为一种教学资源的家庭历史的论述；莉莉安娜·阿马罗（Liliana Amaro）将儿童游戏视为一种教育过程的研究。利奥诺·帕斯特拉纳（Leonor Pastrana）（Pastrana 2007）则对墨西哥城内西班牙裔贫民窟中流行的天主教与守护神节日，以及这类"城市人群"如何通过宗教活动来强化其身份认同进行了研究。

最后，在跨文化教育与原住民权利的跨学科研究领域，人类学也开始逐渐展现出其巨大的影响力。有的研究偏离了本质主义（essentialism）的立场，提出公立学校应该是横向地、"跨越不同文化"地发展（Dietz 2003）；有的研究则在面对权力关系时坚持一种策略性的本质主义（strategic essentialism），并指出了利用"独特的文化形态"来促进原住民教育的发展在政治与道德维度上的重要性（Bertely 2008a）。针对上述两种立场，学术界掀起了一场政治与学术的争鸣。在这样的形势之下，伯特利对恰帕斯州玛雅教师的教学经历进行了系统化的研究（Bertely 2007, 2008b）。该研究对隐藏在公共实践中的社会文化知识进行了探索，并从学校知识与原住民权利的维度对其进行论述，使得该项研究更具说服力（Bertely and UNEM 2007）。

原住民人口流动与城市学校研究

这一新的进路主要研究在极为不对称的情境之中，国内与跨国层面上民族边界的去地域化（deterritorialization）问题、想象共同体的重塑问题以及居民与其祖籍所在地进行再连接的问题。"社群"是一个动态的概念，它解释了发生在教育空间内部的文化变迁、文化挪用（cultural appropriation）、文化协商与文化再定义。吉列尔莫·德拉·佩纳（Guillermo de la Peña）与雷吉娜·马丁内斯·卡萨斯（Regina Martínez Casas）是该研究进路最大的支持者。

马丁内斯·卡萨斯（Casas 2007）运用诠释人类学（interpretative anthropology）、符号学与社会语言学对瓜达拉哈拉城（Guadalajara City）奥托米流动人群的文化机制与策略（它们被奥托米人用来赋予其民族文化新的意义）进行了建模分析，他发现这些奥托米流动人群的整体性模型（holistic model）与城市文化中占主导地位的、具有鲜明特色的个体性模型（individualized model）存在着明显的差异。她的学生对同样的情境开展了研究，例如，安杰丽卡·罗哈斯（Angèlica Rojas）（Rojas 2010）对奥托米流动人群儿童在家里、学校以及从事买卖活动时会用到的空间与数学知识进行了研究；伊维特·弗洛雷斯（Ivette Flores）将具有原住民民族背景的儿童与非原住民儿童进行比较，发现他们在对知识学习的期待上有着显著的差异。尼卡诺尔·雷沃列多（Nicanor Rebolledo 2007a, 2007b）与加夫列拉·恰尔尼研究城市学校原住民儿童的入学率，并指出了墨西哥城内原住民儿童存在的相对"隐性"（invisibility）的问题。还有一些论文对社群中的"流动人口知识"与"农民工知识"（M. Angel Escalante）、城市学校中的跨民族关系（Elizabeth Martínez B., Adriana Robles）以及跨国人口流动背景下的学校的社群关系进行了研究（Alfonso Cruz）。我们从中可以看出研究者对原住民人口流动问题研究兴趣的日益增长。

教育过程的历史维度研究

尽管时间维度方面的研究并不是墨西哥有关教育的人类学研究的主要进路，但我们仍然把它作为一个重要方面加以关注，它反映了人类学与历史学在学术上的紧密联系。[①]洛克威尔（Rockwell 1999, 2009, 2011）曾强烈呼吁将教育人类学与历史研究结合起来。事实上，对过去学校教育的社会建构以及断断续续的社会改革进行深入的研究能够让我们更好地理解当前教育政策与学校现实之间产生冲突的原因所在。

很多关于原住民教育（Bertely 2006b）与女性教师研究（Galván and López 2008）的重要作品集都同时包含了民族志与历史研究的章节。此外，我们在前文中所提到的众多作品都涉及历史维度的研究。例如，伯特利

[①] 在墨西哥，人类学作为一门学科与历史研究有着非常紧密的联系，这主要归功于两个研究机构，分别是国家人类学与历史研究院（the National Institute of Anthropology and History）以及它旗下的高等教育研究机构国家人类学与历史研究所（the National School of Anthropology and History）。

（Bertely 2005, 2006a）通过对文件与书信档案以及家庭历史的整理，对雅拉拉哥（Yalalag）近一个世纪（从1885年到1950年）的学校教育进行了跟踪式研究，并将其作为研究墨西哥城本土派系及其后代的文化发展过程可遵循的先例。斯特里特（Street 2008）在过去的三十多年间对教师工会领导人的话语体系与工会运动实践进行了研究，她的研究再现了这些话语体系与实践的历史变迁，见证了教师工会的领导人从"教育者"到"评价者"的角色转变。奥内斯塔·洛佩兹（López 2010）在其关于女性与原住民教师的研究中融合了口述历史与民族志的方法，并在这一方向上指导了大量的论文创作。

学者们普遍认为，历史的维度对于理解当前的状况有着十分重大的意义。洛克威尔（Rockwell 1996）关于特拉斯卡拉人（Tlaxcala）的研究向人们展示了原住民群体如何利用他们自己的历史来改变或是抵制政府的教育政策。她的另外一项研究（Rockwell 2000, 2007）则展示了当代学校教育的文化是如何反映与折射教育改革与教育实践的。与其他的研究者一样，洛克威尔提醒我们在研究正规学校教育时，应该把教育现象与历史的方法结合起来，尤其是当我们将其与原住民儿童的学习方式进行比较研究时更应该如此（Rockwell and Gomez 2009）。最后是关于权力与民族的人类学理论。来自米却肯州立学院（El Colegio de Michoacán）的安德鲁·罗斯（Andrew Roth）的著作（Roth, Martínez Buenabad, and Sosa Lázaro 2004）对很多人类学家的历史性研究产生了很大的影响。其中包括他的学生阿维拉·梅伦德斯（Ávila Meléndez 2011）针对两所私立大学开展的民族志研究以及他的同事马尔科·卡尔德隆（Marco Calderón 2002）开展的后革命（postrevoluntionary）情境之下的原住民教育研究。与本文所提到的其他研究一样，上述这些研究能够帮助我们去理解国家形成的未完成过程（the unfinished process of state formation）与新自由主义政策的后果，以及它们与墨西哥教育的关系。

研究中的理论争鸣与紧张关系

在这里，我们通过四个相互之间有着内在关联性的概念来对本文进行总结。这四个概念分别为文化、权力、身份认同与原住民权利，它们共同揭示了存在于墨西哥有关教育的人类学研究这一领域的某些紧张关系，但同时也能让外界了解该领域的研究焦点。

首先，我们认为，围绕着文化过程及其相关概念，学术界形成了一种新的共识，它被认为是存在于历史发展过程中的一种复杂的社会形态。这样的一种构想产生于（有时候仅仅是很含蓄地出现在）教育工作者对其自身的教学实践活动进行研究与分析的过程之中。这些教育工作者力图对呈现于教室与学校以及家庭、贫民窟、社区以及流动人口环境中的多元文化形态进行解释，在这一过程中，他们的社会实践、话语体系、社会表象、生活经验与主体性都成为了与研究相关的并且极具启发意义的研究类别。

第二个理论焦点产生于研究者对文化与权力（它们常常被用来规范社会行为）的关系进行研究并理解的过程。权力的行使常常被认为是对物质与符号资源的控制，墨西哥的研究者通过观察本地教育工作者与教育行政当局之间的互动来研究权力的行使问题。正如部分研究所显示的那样，文化资源的挪用同时产生于两个方面之中，并且具有两个特征：一是全体社会行动者（collective social actors）共同拥有挪用他族文化资源的主观能动性，二是文化资源的挪用在束缚了本族文化内涵的同时也能促进其发展（Rockwell 1996）。文化受权力的影响，而权力又是建构国家强权统治的关键，研究者以此为基础对墨西哥的教育现实进行分析，并将其视为充满冲突的社会秩序的协商过程。于是这又产生了两个新的问题：如何对上述情形中的社会互动开展有效的描述，以及如何解释那些对教育现实产生影响的结构性与宏观社会性问题。

对地方文化（local culture）所开展的人类学研究（包括学校、青少年、口语与书面语、流动人口、民族以及公共事务等方面）揭示了本地、区域性、国家以及跨国层面上的多元化、复杂并且非对称的社会形态（Dietz 2003）。在这一系列的研究中，墨西哥的研究者将文化多样性视为对文化与身份认同这两个领域进行跨界研究的产物，而普遍不赞同本质主义者（essentialist）关于文化多样性的身份认同理论。然而，通过对非对称的社会关系进行分析，研究者能将某些特定的社会过程区分开来。例如，在有关民族性的研究方面，伯特利（Bertely 2005）对不同民族的形成与发展过程进行了甄别。这样的过程历史性地反映了原住民群体与公共教育之间的策略性关系，并将其与为争取原住居民权利而进行的长期性的政治斗争以及建立在（发生于学校内外的）文化资源的挪用基础上的、新出现的、涉及政治因素的身份认同（包括青少年文化、城市文化、女权主义或是流动人口的身份认同）联系了起来。

最近一段时间以来，墨西哥有关教育的人类学研究强调对文化、权力、身份认同以及原住民权利的分析，这刚好与墨西哥过去20年的政治、经济与教育变革相呼应，同时也与国际环境中公共教育的多元化、碎片化以及私有化趋势所带来的挑战相呼应。在这样的情况之下，墨西哥社会对于维持全民性的、高质量的公共教育表现出了强烈的需求，而这样的需求也再一次成为了墨西哥学者们的关注对象——它来自墨西哥国内的社会行动者，也来自墨西哥多元化的社会场景与社会现实。在对这一需求平等地、有针对性地进行回应的过程中，墨西哥国内响起了解决公共教育历史遗留问题的呼声。我们在本文中对墨西哥涉及教育的人类学研究及其当前的主要议题与研究动向进行了述评，希望以此能够为上述挑战与需求作出一定的贡献。

参考文献

Ávila Meléndez, Luis Arturo. 2011. *Educación superior privada durante la reforma neoliberal en dos regiones de Michoacán*. Mexico City: Instituto Politécnico Nacional.
Baronnet, Bruno. 2008. "Rebel Youth and Zapatista Autonomous Education." In *Latin American Perspectives* 35, no. 4: 112–124.
Bertely, María. 2000. *Conociendo nuestras escuelas*. Mexico: Paidós.
———. 2005. "¿Apropiación escolar o etnogénesis?" In *Memoria, conocimiento y utopía*, ed. Oresta López. Mexico: Pomares.
———. 2006a. "Configuraciones y reconfiguraciones étnicas en Zapotecos migrantes." In *Historia, saberes indígenas y nuevas etnicidades en la escuela*, ed. María Bertely. Mexico City: Centro de Investigaciones y Estudios Superiores en Antropología Social (CIESAS).
———, ed. 2006b. *Historia, saberes indígenas y nuevas etnicidades en la escuela*. Mexico City: CIESAS.
———. 2007. *Conflicto intercultural, educación y democracia activa en México*. Mexico City: CIESAS.
———. 2008a. "Educación intercultural para la ciudadanía y la democracia activa y solidaria." In *Multiculturalismo, educación intercultural y derechos indígenas en las Américas*, ed. Gunther Dietz, Rosa Guadalupe Mendoza Zuany, and Sergio Téllez Galván. Quito: Abya-Yala.
———. 2008b. "Droits indigènes et citoyenneté interculturelle. Résultats d'un projet réalisé avec des éducateurs tsotsiles, tseltales y ch'oles du Chiapas, Mexique." In *Égalités/inégalité(s) dans les Amériques,* ed. Christine Zumello and Polymnia Zagefta. Paris: Institut des hautes études de l'Amérique latine.
Bertely, María, and Marta Corenstein. 1998. "An Overview of Ethnographic Research in Mexico." In *Educational Qualitative Research in Latin America,* ed. Gary L. Anderson and Martha Montero-Sieburth. New York: Garland.
Bertely, María, and Erika González. 2003. "Etnicidad y escuela." In *Educación, derechos sociales y equidad,* vol. 1, ed. María Bertely. Mexico City: Consejo Mexicano de Investigación Educativa (COMIE).
Bertely, María, and UNEM. 2007. *Los hombres y las mujeres del maíz*. Mexico City: CIESAS.
Calderón, Marco Antonio. 2002. "Ciudadanos e indígenas en el Estado populista." In *Ciudadanía, cultura política y reforma del Estado en América Latina,* eds. Marco Antonio Calderón Mólgora, Willem Assies, Ton Salman. Zamora: El Colegio de Michoacán.
Calvo, Beatriz, Margarita Zorrilla, Guillermo Tapia, and Silvia Conde. 2002. *La supervisión escolar de la educación primaria en México: prácticas, desafíos y reformas*. Paris: UNESCO.

Calvo, Beatriz, Gabriela Delgado, and Mario Rueda, eds. 1998. *Nuevos paradigmas, compromisos renovados.* Ciudad Juárez: Universidad Autónoma de Ciudad Juárez (UACJ).

Candela, Antonia. 1999. *La ciencia en el aula.* Mexico City: Paidós.

———. 2005. "Local Power Construction in a School of Socially Disadvantaged Students." In *Language, Literacy and Power in Schooling,* ed. Teresa McCarty. Mahwah, NJ: Lawrence Erlbaum.

———. 2010. "Time and Space: Undergraduate Mexican Physics in Motion." *Cultural Studies of Science Education* 5, no. 3: 701–27.

Czarny, Gabriela. 2008. *Pasar por la escuela.* Mexico City: Universidad Pedagógica Nacional (UPN).

de Garay, Adrian. 2004. *Integración de los jóvenes en el sistema universitario.* Mexico City: Pomares.

de la Peña, Guillermo. 2002. "Social Citizenship, Ethnic Minority Demands, Human Rights and Neoliberal Paradoxes: A Case Study in Western Mexico." In *Multiculturalism in Latin America,* ed. Rachel Sieder. New York: Palgrave.

———. 2006. "Contesting Citizenship in Latin America: The Rise of Indigenous Movements and the Postliberal Challenge." *Nations and Nationalism* 12, no. 3: 542–44.

de la Riva, María and Antonia Candela. 2010. "El tiempo en clases de ciencias: Tránsito de primaria a secundaria." *CPU-e. Revista de Investigación Educativa* 11.

de León Pasquel, Lourdes. 2005. *La llegada del alma. Lenguaje, infancia y socialización entre los Mayas de Zinacantán.* Mexico City: Instituto Nacional de Antropología e Historia (INAH), CIESAS.

Díaz Pontones, Mónica. 1998. "Estrategias de enseñanza en la escuela secundaria." In *Nuevos paradigmas, compromisos renovados,* ed. Beatriz Calvo P., Gabriela Delgado Ballesteros, and Mario Rueda Beltrán. Ciudad Juárez: UACJ.

Díaz Tepepa, María Guadalupe. 2001. *Técnica y tradición.* Mexico City: Plaza y Valdés.

Dietz, Gunther. 1999. *La comunidad P'urhépecha es nuestra fuerza.* Quito: Abya-Yala.

———. 2003. *Multiculturalismo, interculturalidad y educación.* Mexico City: CIESAS.

Escalante, Paloma. 2006. "Fantasía, realidad y color. Construcción de la identidad entre los niños del sur del Estado de Quintana Roo." In *Itinerarios: cultura, memoria e identidades,* ed. José Luis González and Franco Savarino. Mexico City: INAH.

Espinosa, Epifanio, and Ruth Mercado. 2007. "Mediación social y apropiación de nuevas propuestas pedagógicas." *Revista Latinoamericana de Estudios Educativos* 37, no. 3–4.

Estrada, Pedro, and Ruth Mercado. 2008. "Procesos de negociación de significado en una escuela normal mexicana." *Psicología & Sociedade* 20, no. 3: 391–401.

Ezpeleta, Justa. 2004. "Innovaciones educativas. Reflexiones sobre los contextos en su implementación." *Revista Mexicana de Investigación Educativa* 9, no. 21: 403–24.

Ezpeleta, Justa, and Eduardo Weiss. 2000. *Cambiar la Escuela Rural*. Mexico City: Departamento de Investigación Educativa (DIE-Cinvestav).

Falconi, Octavio. 2003. "La construcción de un espacio público entre estudiantes del CCH-Sur." *Nueva Antropología* 62: 55–75.

Fierro Evans, Cecilia. 2005. "El problema de la indisciplina desde la perspectiva de la gestión directiva en escuelas públicas del nivel básico." *Revista Mexicana de Investigación Educativa* 10, no. 27: 1133–48.

Flores Farfán, José Antonio. 2001. "Culture and Language Revitalization, Maintenance and Development in Mexico." *International Journal of the Sociology of Language* 152: 185–97.

———. 2005. "Towards an Intercultural Dialogue In and Around the School in Mexico." In *Dialogues In and Around Multicultural Schools*, ed. Wolfgang Herrlitz and Robert Maier. Tübingen: Max Niemeyer Verlag.

Galeana Cisneros, Rosaura. 1997. *La infancia desertora*. Mexico City: Fundación SNTE para la Cultura del Maestro Mexicano.

Galván, Luz Elena, and Oresta López, eds. 2008. *Entre imaginarios y utopías*. Mexico City: CIESAS.

García Rivera, Fernando. 2007. "Coexistencia de prácticas socio-culturales en una localidad andina del Perú." *Signos lingüísticos* 5: 119–37.

González Apodaca, Erica. 2004. *Significados escolares en un bachillerato Mixe*. Mexico City: Coordinación General de Educación Intercultural Bilingüe, Secretaría de Educación Pública (CGEIB, SEP).

———. 2008. *Los profesionistas indios en la educación intercultural. Etnicidad, intermediación y escuela en territorio Mixe*. Mexico City: Juan Pablos.

Guerra, Irene, and Elsa Guerrero. 2004. *¿Qué sentido tiene el bachillerato? Una visión desde los jóvenes*. Mexico City: UPN.

Guerrero, Irán, and Judith Kalman. 2010. "La inserción de la tecnología en el aula: estabilidad y procesos instituyentes en la práctica docente." *Revista Brasileira de Educação* 15, no. 44: 213–229.

Gutiérrez Narváez, Raúl. Forthcoming. "Dos proyectos de sociedad en Los Altos de Chiapas: escuelas secundarias oficial y autónoma entre los tsotsiles de San Andrés." In *Luchas 'muy otras', zapatismo y autonomía en la comunidades indígenas de Chiapas*, ed. Bruno Baronnet, Mariana Mora, and Richard Stahler-Sholk. México City: CIESAS.

Gutiérrez, Edgar, and Rafael Quiróz. 2007. "Usos y formas de apropiación del video en la secundaria." *Revista Mexicana de Investigación Educativa* 12, no. 32: 338–57.

Guzmán, Carlota. 2007. "Experiencia e identidad de los estudiantes de nivel superior que trabajan." In *La voz de los estudiantes*, ed. Carlos Guzmán Gómez and Claudia Saucedo Ramos. Mexico: Pomares.

Guzmán, Carlota, and Claudia Saucedo, eds. 2007. *La voz de los estudiantes*. Mexico City: Pomares.

Hamel, Enrique. 2002. "Indigenous Literacy Teaching in Public Primary Schools." In *One Voice, Many Voices: Recreating Indigenous Language Communities*, ed. Teresa L. McCarty, Ofelia Zepeda, and Victor H. Begay. Tucson: Arizona Press.

———. 2008. "Bilingual Education for Indigenous Communities in Mexico." In *Encyclopedia of Language and Education*, vol. 5, ed. James Cummins and Nancy Hornberger. New York: Springer.

Hernández González, Joaquín. 2006. "Construir una identidad: vida juvenil y estudio en el CCH Sur." *Revista Mexicana de Investigación Educativa* 11 no. 29: 459–481.

Jiménez Lozano, Luz. 2003. "La reestructuración de la escuela y las nuevas regulaciones del trabajo docente." *Revista Mexicana de Investigación Educativa*. 8. no. 19: 603–30.

Jiménez Naranjo, Yolanda. 2009. *Cultura comunitaria y escuela intercultural*. Mexico City: CGEIB-SEP.

Kalman, Judith. 1999. *Writing on the Plaza*. Cresskill, NJ: Hampton Press.

———. 2004. *Saber lo que es la letra*. Mexico City: UNESCO, Secretaría de Educación Pública (SEP).

López, Oresta. 1997. "Las mujeres y la conquista de espacios en el sistema educativo." *Revista Latinoamericana de Estudios Educativos* 27, no. 3: 73–93.

———. 2010. *Que nuestras vidas hablen: historias de vida de maestras y maestros indígenas tenek y nahuas de San Luis Potosí*. San Luis Potosí: El Colegio de San Luis.

López Espinoza, Susana, and Eduardo Weiss. 2007. "Una mirada diferente a las prácticas: un taller de electrónica en el Conalep." *Revista Mexicana de Investigación Educativa* 12, no. 35: 1329–56.

Maldonado, Benjamín. 2002. *Los indios en las aulas*. Mexico City: INAH.

———. 2011. *Comunidad, Comunalidad y Colonialismo en Oaxaca*. Oaxaca: Colegio Superior para la Educación Indígena Intercultural de Oaxaca.

Martínez Casas, Regina. 2007. *Vivir invisibles*. Mexico City: CIESAS.

Medina Melgarejo, Patricia. 2000. *¿Eres maestro normalista y/o profesor universitario?* Mexico City: Plaza y Valdés.

———. 2008. *Identidad y conocimiento*. Mexico City: Plaza y Valdés.

Mena, Patricia, Héctor Muñoz, and Arturo Ruiz. 1999. *Identidad, lenguaje y enseñanza en escuelas indígenas bilingües de Oaxaca*. Oaxaca: UPN Oaxaca.

Mercado, Ruth. 1997. *Formar para la docencia en la educación normal*. Mexico City: SEP.

———. 2002. *Los saberes docentes como construcción social*. Mexico City: Fondo de Cultura Económica.

Muñoz, Héctor, and Pedro Lewin, eds. 1996. *Significados de la diversidad lingüística y cultural*. Mexico City: Universidad Autónoma Metropolitana Iztapalapa (UAMI), INAH Oaxaca.

Naranjo, Gabriela, and Antonia Candela. 2006. "Ciencias naturales en un grupo con un alumno ciego: los saberes docentes en acción." *Revista Mexicana de*

Investigación Educativa 11, no. 30: 821–45.
Nava, Refugio. 2008. "Amo polihuiz in totlahtol, No se perderá nuestra lengua: Ideologías, prácticas y retención del náhuatl en San Isidro Buensuceso, Tlaxcala." PhD diss., CIESAS.
Núñez Patiño, Kathia. Forthcoming. "De la casa a la escuela zapatista: prácticas de aprendizaje en la región ch'ol." In *Luchas 'muy otras', zapatismo y autonomía en la comunidades indígenas de Chiapas*, ed. Bruno Baronnet, Mariana Mora, and Richard Stahler-Sholk. México City: CIESAS.
Ornelas Tavares, Gloria. 2007. *Narraciones míticas y procesos rituales en la escuela y su entorno.* Mexico City: UPN.
Ortega, Florencia. 2006. "Comunidades y trayectorias de lectura en la biblioteca pública." *Revista Mexicana de Investigación Educativa* 11, no. 28: 293–315.
Paradise, Ruth. 1996. "Passivity or Tacit Collaboration: Mazahua Interaction in Cultural Context." *Learning and Instruction* 6, no. 4: 379–89.
———. 1998. "What's Different About Learning in School as Compared to Family and Community Settings?" *Human Development* 41: 270–78.
———. 2002. "Finding Ways to Study Culture in Context." *Human Development* 45: 229–36.
Paradise, Ruth, and Mariette de Haan. 2009. "Responsibility and Reciprocity." *Anthropology and Education Quarterly* 42, no. 2: 187–204.
Paradise, Ruth, and Barbara Rogoff. 2009. "Side by Side: Learning by Observing and Pitching *Ethos* 37, no. 1: 102–38.
Pastrana, Leonor. 2007. "Hacer pueblo en el contexto industrial metropolitano: 1938–2006. Un estudio en Santa Clara Coatitlan, Ecatepec de Morelos en el Estado de México." PhD diss., CIESAS.
Pérez Campos, Gilberto. 2005. "La complejidad de los marcos de interacción en 'educación de padres.'" *Avances en Psicología Latinoamericana* 23, no. 1: 177–92.
Pérez Pérez, Elías. 2003. *La crisis de la educación indígena en el área tzotzil.* Mexico City: UPN.
Pérez Expósito, Leonel. 2010. "¿Estudiar para emigrar o estudiar para transformar?" *Argumentos* 62, 131–156.
Pérez Ruiz, Maya Lorena, ed. 2008a. *Jóvenes indígenas y globalización en América Latina.* Mexico City: INAH.
———. 2008b. "Diversidad, identidad y globalización. Los jóvenes indígenas en la Ciudad de México." In *Jóvenes indígenas y globalización en América Latina*, ed. Maya Lorena Pérez Ruiz. Mexico City: INAH.
Piña, Juan Manuel. 2003. *Representaciones, imaginarios e identidad.* Mexico City: Plaza y Valdés.
Piña, Juan Manuel, and Beatriz Pontón. 2002. *Cultura y procesos educativos.* Mexico City: Plaza y Valdés.
Podestá, Rossana. 2000. *Funciones de la escuela en la cultura oral Nahuatlaca.* Mexico City: SEP.
———. 2006. "La Escuela y sus mundos interculturales. Hacia una propuesta metodológica de autoría infantil." In *Historias, saberes indígenas y nuevas etni-*

cidades en la escuela, ed. María Bertely. Mexico City: CIESAS.

———. 2007. *Encuentro de miradas. El territorio visto por diversos autores.* Mexico City: CGEIB, SEP.

Podestá, Rossana, and Elizabeth Martínez Buenabad. 2003. "Sociolingüística educativa." In *Educación, derechos sociales y equidad,* ed. María Bertely. Mexico City: COMIE.

Portal, María Ana. 1997. *Ciudadanos desde el pueblo. Identidad urbana y religiosidad popular en San Andrés Totoltepec, Tlalpan.* Mexico City: UAMI.

Quiroz, Rafael. 2000. "Las prácticas de enseñanza como condición de posibilidad del aprendizaje de los estudiantes de secundaria." In *La Investigación Educativa y el Conocimiento sobre los Alumnos,* ed. Juan Eliézer de los Santos. Mexico City: COMIE.

———. 2003. "Telesecundaria: los estudiantes y los sentidos que atribuyen a algunos elementos del modelo pedagógico." *Revista Mexicana de Investigación Educativa* 8, no. 17: 221–43.

Ramos Ramírez, José Luis. 1996. *Educación y etnicidad.* Mexico City: Escuela Nacional de Antropología e Historia (ENAH).

Ramos Ramírez, José Luis, and Janeth Martínez, eds. 2000. *Diversas miradas sobre el juego.* Mexico City: ENAH.

Rebolledo, Nicanor. 2007a. *Escolarización interrumpida.* Mexico City: UPN.

———. 2007b. "Learning with Differences." In *Can School Be Agents for Indigenous Languages Revitalization? Policy and Practice,* ed. Nancy Hornberger. London: Palgrave.

Reguillo, Rossana. 2000. *Emergencia de culturas juveniles.* Buenos Aires: Norma.

Remedi, Eduardo. 2008. *Detrás del murmullo.* Mexico City: Juan Pablos.

Robles, Adriana, and Gabriela Czarny. 2003. "Procesos socioculturales en interacciones educativas." In *Educación, derechos sociales y equidad,* vol. 1, ed. María Bertely. Mexico City: COMIE.

Rockwell, Elsie. 1996. "Keys to Appropriation: Rural Schooling in Mexico." In *The Cultural Production of the Educated Person,* ed. Bradley Levinson, Douglas Foley, and Dorothy Holland. Albany: SUNY Press.

———. 1998. "Ethnography and the Commitment to Public Schooling: A Review of Research at DIE." In *Educational Qualitative Research in Latin America,* ed. Gary L. Anderson and Martha Montero-Sieburth. New York: Garland Press.

———. 1999. "Recovering History in the Study of Schooling." *Human Development* 42, no. 3: 113–28.

———. 2000. "Teaching Genres: A Bakhtinian Approach." *Anthropology and Education Quarterly* 31, no. 3: 260–82.

———. 2001. "The Uses of Orality and Literacy in Rural Mexico." In *The Making of Literate Societies,* ed. David R. Olson and Nancy Torrance. Oxford: Blackwell.

———. 2006. "La lecture en tant que pratique culturelle: concepts pour l'étude des livres scolaires." *Education et Sociétés* 17: 29–48.

———. 2007. "Huellas del pasado en las culturas escolares." *Revista de Antrop-*

ología Social 16: 175–212.

———. 2009. *La experiencia etnográfica.* Buenos Aires: Paidós.

———. 2010. "L'appropriation de l'écriture dans deux villages Nahua du centre du Mexique." *Langage et Société* 134: 83-99.

———. 2011. "Recovering History in the Anthropology of Schooling." In *A Companion to the Anthropology of Education*, ed. Bradley Levinson and Mica Pollock. New York: Wiley-Blackwell.

Rockwell, Elsie, and Ana Gomes. 2009. "Rethinking Indigenous Education from a Latin American Perspective." *Anthropology and Education Quarterly* 42, no. 2: 97–109.

Rojas, Angélica. 2010. "Diferentes significados del trabajo de los niños otomíes en Guadalajara." In *Etnicidades urbanas en las Américas. Procesos de inserción, discriminación y políticas multiculturalistas,* ed. Séverine Durín. Mexico: CIESAS.

Rojas Drummond, Sylvia. 2000. "Guided Participation, Discourse and the Construction of Knowledge in Mexican Classrooms." In *Social Interaction in Learning and Instruction,* ed. Helen Cowie and Geerdina Van der Aalsvoort. Exeter: Pergamon Press.

Roth Seneff, Andrew, Elizabeth Martínez Buenabad, and Manuel Sosa Lázaro. 2004. "A nombre de la comunidad: política étnica y reforma neoliberal en la Meseta P'urhépecha." In *Recursos contenciosos,* ed. Andrew Roth Seneff. Zamora: El Colegio de Michoacán.

Rueda, Mario. 2007. "La Investigación etnográfica y/o cualitativa y la enseñanza en la universidad." *Revista Mexicana de Investigación Educativa* 12, no. 34: 1021–41.

Sagástegui, Diana. 2006. "Tecnologías del conocimiento y educación en las sociedades contemporáneas." In *Tendencias de la educación superior en México,* ed. María Alicia Peredo Merlo, Lucía Mantilla, and Patricia García Guevara. Guadalajara: Universidad de Guadalajara.

Sandoval, Etelvina. 2000. *La trama de la escuela secundaria.* Mexico City: Plaza y Valdés.

Saucedo, Claudia Lucy. 2003. "Family Support for Individual Effort." *Ethos* 31, no. 2: 307–27.

Street, Susan. 1996. "Democratization 'From Below' and Popular Culture." *Studies in Latin American Popular Culture* 15: 261–78.

———. 2000. "Trabajo docente y poder de base en el sindicalismo democrático magisterial en México." In *A ciudadania negada: políticas de exclusão na educação e no trabalho,* ed. Pablo Gentili and Gaudêncio Frigotto. Buenos Aires: CLACSO.

———. 2001. "When Politics Becomes Pedagogy: Oppositional Discourse as Policy in Mexican Teachers' Struggles for Union Democracy." In *Policy as Practice,* ed. Margaret Sutton and Bradley Levinson. Westport, CT: Ablex.

———. 2008. "El género como categoría para repensar al sujeto popular: dos generaciones en el activismo femenino del magisterio democrático mexicano." In *Entre imaginarios y utopías*, ed. Luz Elena Galván and Oresta López. Mexico City: CIESAS.

Taboada, Eva. 1998. "Construcciones imaginarias: ritual cívico e identidad nacional." In *Identidad en el imaginario nacional*, ed. Javier Pérez Siller and Verena Radkau. Puebla: Benemérita Universidad Autónoma de Puebla (BUAP).

Urteaga, Maritza. 2000. "Formas de agregación juvenil." In *Jóvenes: una evaluación del conocimiento*, ed. J. A. Pérez Islas. México City, Instituto Mexicano de la Juventud.

———. 2008. "Jóvenes e indios en el México contemporáneo." *Revista Latinoamericana de Ciencias Sociales, Niñez y Juventud* 6, no. 2: 667–708.

Valle, Imuris, and Eduardo Weiss. 2010. "Participation in the Figured World of Graffiti." *Teaching and Teacher Education* 26, no. 1: 128–35.

Vargas, María Eugenia. 1994. *Educación e ideología. Constitución de una categoría de intermediarios en la comunicación interétnica*. Mexico City: CIESAS.

Villanueva, Nancy. 2000. "Cultura, identidad de género y procesos de simbolización en los juegos infantiles." *Temas Antropológicos* 22, no. 1: 25–53.

Vistrain, Alicia. 2009. "Apertura del tercer espacio en las situaciones de enseñanza dentro del salón de clases." *CPU-e Revista de Investigación Educativa* 8.

Weiss, Eduardo, Irene Guerra Ramírez, Elsa Guerrero Salinas, Joaquín González Hernández, Olga Grijalva Martínez, and Job Ávalos Romero. 2008. "Young People and High School in Mexico: Subjectivisation, Others and Reflexivity." *Ethnography and Education* 3, no. 1: 17–31.

第四章　阿根廷环境中的人类学与教育
——我在布宜诺斯艾利斯的研究经历

玛丽亚·罗莎·诺伊费尔德（María Rosa Neufeld）

序言

在学术圈中，人们常常尖锐地指出人类学家总是在社区或村庄做田野研究，却习惯于对国家、文化之类的大事高谈阔论。因此，在文章的一开始我就要特别说明，本文并不打算将那些运用民族志的方法在阿根廷从事教育问题研究的学者囊括进来。

我将试图从一种更为谨慎的角度，并以本书的成书目的作为出发点来认真思考人类学与教育是如何通过我们的"人类学与教育计划"（Programa de Antropología y Educación）[①] 这一项目得以发展的。

本文同样为我们提供了一个机会来讨论有关人类学与教育（作为一个研究领域）方面的研究是如何在阿根廷迎来曙光，以及学者们是如何组织

[①] 2005 年，凯瑟琳·安德森-莱文特（Kathryn Anderson-Levitt）邀请我去芝加哥参加一场名为"教育人类学与教育民族志全球年会"（Anthropologies and Ethnographies of Education Worldwide）的专题研讨会（AERA; 2006），我在会议中提交了本文的第一个版本。西班牙语使用者在西班牙语地区与全球的大学系统内有着我们自己的学术交流网络，但正如凯瑟琳·安德森-莱文特指出的那样，我们在英语世界里却"几乎是隐形的"。因此，我对于能够有机会成为这项集体工作的一分子而心怀感激。无论如何，这项工作能够缩短教育人类学或是教育民族志在西班牙语世界与英语世界的距离。

并开展这些研究的,并让我有机会对我最亲密的研究伙伴们所关注的主要问题进行系统的述评,也让我能够对过去 25 年来发生在阿根廷不断变化的政治环境中的、关于社会研究（social research）的发展环境与可能出现的议题有所思考。我们将以阿根廷人类学为背景对这些问题展开研究。

25 年前,阿根廷仅有为数不多的研究者（其中包括人类学学家与教育专家,他们或单独进行研究,或组成小型的研究团队）从我们所谓"民族志"的视角来对教育问题进行研究。20 世纪 80 年代初,阿根廷的军政府（1976—1983）面临倒台,这对阿根廷社会的各行各业造成了严重的影响,这些因素导致了我们在教育的各级层面上都遇到了许多问题亟待解决。格拉谢拉·巴塔兰（Graciela Batallán）与我 20 年前在布宜诺斯艾利斯大学哲学与文学学院（Facultad de Filosofía y Letras de la Universidad de Buenos Aires）发起了一个研究项目,这一项目在后来逐渐发展成为了阿根廷的"人类学与教育计划",很多来自不同学科（例如人类学、心理学、教育科学以及社会学）的研究者都加入了这一项目。我在本论文中将主要对这项跨学科的集体研究进行反思。同时,在文章的一开始我就指出,事实上阿根廷有许多研究者都对教育问题感兴趣。因此,尽管我们在文章中可能会涉及一些其他的研究者,但是由于我们的知识有限、并且囿于文章的篇幅,本文主要关注的是我们最为直接的经历。

阿根廷的人类学与人类学家历史简介

随着欧洲与北美等主要文化中心的学者不断加强人类学的教学工作,人类学这一学科在阿根廷也获得了发展。阿根廷早期的人类学研究与教学活动来源于拉普拉塔博物馆（La Plata Museum）以及成立于 1904 年的布宜诺斯艾利斯大学民族志博物馆（Ethnographic Museum of the University of Buenos Aires）,在那里工作的人类学家很大一部分来自例如法国、意大利与德国等海外国家。1958 年,第一个与人类学学科有关的学位——人类学科学学士（Licenciatura en Ciencias Antropológicas）——终于在布宜诺斯艾利斯大学得以设立。在过去，阿根廷本土的人类学研究并没有跟随该学科的主流趋势，那些最具影响力的教师与研究者们让人颇感意外地将他们自己定义为历史-文化学派（historical-cultural school）或是维也纳学派（Vienna School）。在这些研究者看来，"社会人类学"或者"文化人类学"是盎格鲁-撒克逊国家的产物，因此他们毫无兴趣——尽管两者事实上是大部分西方国家人类学研究的主流派别。

不过我们却可以很轻易地获取西方国家相同院系的社会学课程及其内容，并通过这样的方式来与占主导地位的盎格鲁-撒克逊流派以及法国的人类学流派保持一种学术上的接触。此外，我们还成立了一些非正式的研究团队，并且运用马克思（Marx）与葛兰西（Gramsci）的理论来完善我们的研究——后者的著作于20世纪60年代末被翻译为西班牙语在阿根廷发行。我们通过上述种种方式来了解世界主流的人类学理论，这种多元化的路径这使得我们对所谓的经典人类学（classical anthropology）[①]逐渐形成了一种极具批判性的态度。

你也许会认为我们的出发点太过于政治化，但我们并不认为在研究过程中必须遵循人类学的传统。我们习惯称之为"经典人类学"的那门学科是伴随着欧洲殖民扩张的过程而来的。然而，拒绝遵循传统并不意味着我们忘记了我们仍然是国际学术界中的一员的事实。下文中对阿根廷历史某些方面所展开的述评也许将会有助于对我们的观点进行解释。

1955年，庇隆（Perón）政府被推翻，之后数次短暂的民选政府［总统为弗隆迪西（Frondizi）与伊利亚（Illia）］又多次被军政府的统治所中断。在这种政治氛围之下，阿根廷整个社会科学的发展形势变得极不稳定。尽管如此，社会科学在那几年还是取得了长远的进步，并且正是在那

[①] 当谈到"经典人类学"，我们指的是那些写于1922年至1950年间的相关理论作品。1922年，马林诺夫斯基出版了《西太平洋上的航海者》一书，而自1950年之后，结构-功能主义的研究范式开始引起了学术界的严肃讨论。

段时期，几所国立大学设立了阿根廷首批人类学课程。

1966年发生了令我们印象深刻的"长警棍之夜"（Noche de los Bastones Largos）。在这一事件中，军队控制了大学，他们任命军方人士担任大学校长，并且禁止研究人员从事研究工作以及禁止人们自由阅读。在军政府的最后时期（1976—1983），有3万多人（他们在西班牙语中被称为desaparecidos，即"失踪者"的意思）被绑架或是被杀害，他们中很大一部分为教师或学生。军政府认为人类学家是一个非常危险的群体，基于这样一种思想，阿根廷的很多人类学研究重镇（例如位于布宜诺斯艾利斯大学、拉普拉塔大学（La Plata）、马德普拉塔大学（Mar del Plata）、罗萨里奥大学（Rosario）与萨尔塔大学（Salta）的人类学研究中心）都被关闭，教学活动被终止，研究团队被解散。直到1984年，布宜诺斯艾利斯大学社会文化人类学的科研与教学工作才得以恢复重建（我也是这项工作的主要参与人）。正是由于上述原因，阿根廷的人类学研究的基础有着一些新的特点（Neufeld and Wallace 1998; Neufeld 2006; Morey, Perazzi, and Varela 2008）。

包括我在内的布宜诺斯艾利斯大学从事人类学与教育研究的学者以及来自其他研究机构的同事都普遍认为，大学应该关注那些在我们看来需要优先考虑的社会问题（Batallán and Neufeld 2004）——这从我们的研究选题上可以非常明显地看出来。这些选题中的一些涉及先前的独裁政府对学校教育的影响，还有一些则与过去数十年间数量庞大的贫困人口有关，尤其是那些因为政策而导致的贫困——20世纪90年代，卡洛斯·梅内姆（Carlos Menem）政府接受国际货币基金组织与世界银行的建议制定了大量失败的经济政策（Grassi 2003）。我们的研究选题主要包括：权力关系、由不公平与反抗引起的冲突、社会变革运动、与艾滋病有关的性别问题、新自由主义背景下的教育问题与大众课堂的需求问题、原住民为争取土地与社会认可而进行的斗争以及所谓的"好战的政治态度"（trigger-happy police attitude）。

我们这群来自布宜诺斯艾利斯大学的人类学家有着共同的行动准则：我们中的大多数都遵循人类学研究所提倡的"长期田野工作"的传统，亲身融入到地方情境（local context）之中去开展研究——在那里研究者所固有的知识将会受到一些新知识的挑战，这些新的知识来自与他们共同参与研究过程的研究主体（而非客体）。此外，在我们的研究之中（包括人类学与教育这一研究领域）还出现了一些比较特殊的情况，例如，研究者必须同那些已经与他们建立了关系的"主体或客体"重新建立新的关系，因为阿根廷的人类学家总是活在他们自己的小社会里（Neufeld and Thisted 2005; Achilli 2005）。还有一点我必须提及：长期的财政困难严重影响着我们的研究，经费的短缺最终会导致我们田野工作周期的缩短。

阿根廷的人类学与教育

阿根廷的最后一届独裁政府倒台以后，罗萨里奥大学（Achilli 1987）、布宜诺斯艾利斯大学与拉普拉塔大学（García and Alaniz 2000）纷纷开始了人类学与教育这门学科的建设。不过，事实上该学科在军政府统治的末期就已经有了一定的发展。当时，阿根廷人类学家埃琳娜·阿基利（Elena Achilli）与格拉谢拉·巴塔兰（Graciela Batallán）加入了由墨西哥国立理工学院高等研究中心教育研究所（DIE-DINVESTAV, Mexico）的艾尔西·洛克威尔（Elsie Rockwell）与罗德里戈·维拉（Rodrigo Vera）组织的、并由加拿大国际发展研究中心（the Canadian International Development Research Centre）资助的"学校质性研究网络组织"（RINCUARE 西班牙语：Red de Investigaciones Cualitativas en Education，英语：Network of Qualitative Research on Schools）（Batallán and Neufeld 2004）。尽管阿基利与巴塔兰并没有任何本地高校的工作或是研究经历，但是他们仍然加入了这个研究组织。该组织发行了一本名为《对话》（Dialogando）的影印版杂志，将当时国际上一些著名的民族志研究文本或是有关质性研究的作品翻译为西班牙语并出版。另外，当我们还在大学里学习人类学的时候，就通过拉丁美洲社会科学学院（FLACSO: Facultad Latinoamericana de Ciencias Sociales）的硕士研究生课程接触到了一些全新的有关社会教育方面的研究，拉丁美洲社会科学学院在军政府独裁统治的最后那几年为我们开设了有关教育与社会方面的课程。

正如我在上文中提到的，作为一个全新的开始，1984年以后我开始在布宜诺斯艾利斯大学哲学与文学学院的人类学研究所担任社会人类学专业教授与研究员。我的第一项研究是在巴拉那河（Paraná River）的三角洲进行的。那是一个非常特别的地区，有很多来自不同民族的家庭，有意大利人、波兰人、西班牙人、法国人以及在阿根廷出生的西班牙人与拉丁美洲人的混血人种（criollos）（Neufeld 1988, 1992）。他们都是农夫与水果采摘者，他们的孩子所就读的学校散落在三角洲的各个小岛之上。在那里，我们第一次有机会深入到学校与家庭中去开展真正的民族志田野工作。在那段时间里，约翰·奥格布（John Ogbu 1981）与威利斯（Willis 1983）的作品是我们开展田野工作最为重要的参考。

这项长期的民族志田野工作让我们受益匪浅，它给予了我们敢于对当时的某些权威表述进行质疑的底气。例如，当时有的学者假定教师与学生之间存在着"文化的差距"，并以此来解释学生的学业失败问题——我们对这样的假设提出了质疑。另外还有的学者根据布迪厄的理论，认为教师属于中产阶级的一部分，因此对于传授什么样的知识拥有自由选择的权利，而学校也因此可以传授那些具有普世性的文化（universal culture）——而事实上，他们只是在讨某些特权集团的欢心而已。

后来我们结束了在巴拉那河三角洲学校的研究工作，从1994年至今，组建了一支由毕业生与在读学生共同组成的研究团队。我们还邀请了心理学家延斯·阿列尔·齐斯泰兹（Jens Ariel Thisted）、社会学家萨拉·帕莱马（Sara Pallma）以及两名教育科学的毕业生加入了这个团队（Montesinos, Pallma, and Sinisi 1998, 1999），并以此作为依托，直接进入到布宜诺斯艾利斯及其郊区的许多学校去开展了大量的研究工作。与此同时，在 20 世纪 90 年代初，格拉谢拉·巴塔兰带着她自己的研究项目加入布宜诺斯艾利斯大学，开始了我们长期并卓有成效的合作关系。她的加入直接推动了"人类学与教育计划"这一项目的建立。

从那个时候开始，围绕着"人类学与教育计划"，人类学与教育学的跨学科研究领域得以初步形成，并在该计划的支撑下我们完成了 3 个大的研究项目。它们分别是由加夫列拉·诺瓦罗（Gabriela Novaro）与安娜·帕德维尔（Ana Padawer）主导的《原住民儿童与外来移民：身份的认同过程与形成的经历》(Indigenous Children and Migrants: Identification Processes and Formative Experiences)，由玛丽亚·罗莎·诺伊费尔德、莉莉安娜·西尼西（Liliana Sinisi）与阿列尔·齐斯泰兹（Ariel Thisted）主导的《学校内外的学科、制度与政策：社会不公平环境之下有关教育与日常生活的历史-民族志研究》(Subjects, Institutions and Policies inside and outside School: A Historical-Ethnographic Study on Education and Everyday Life in Social Inequity Contexts) 以及由格拉谢拉·巴塔兰与西尔瓦娜·坎帕尼尼（Silvana Campanini）主导的《儿童、青少年与公共空间：能动作用、族群归属感与制度民主化的争议》(Children, Youngsters and Public Space: Agency and Belonging to Communities and the Controversy about the Democratization of Institutions)。

学术界开始定期地召开一些全国性的学术会议，例如：阿根廷社会人类学代表大会（the Argentine Congress on Social Anthropology）、国立罗萨里奥大学人类学与艺术学院发起的罗萨里奥社会文化人类学研讨会（the Jornadas Rosarinas de Antropologia Sociocultural）以及布宜诺斯艾利斯大学哲学与文学学院发起的"社会人类学研究研讨会"（the Jornadas de Investigación en Antropologia Social）。与会者们主要来自拉普拉塔大学、科尔多瓦大学、罗萨里奥大学等国立大学，这些大学是阿根廷从事该类研究的主要机构。其他还有一些拉丁美洲的学术会议，例如："南方共同市场人类学会议"（RAM：Reunión de Antropología del Mercosur）与"拉丁美洲人类学协会会议"（ALA：Asociación Latinoamericana de Antropología），通过这些学术会议的交流，我们能够将自己的研究扩展到整个拉丁美洲的场景中去。2006年，布宜诺斯艾利斯大学主办了"第十一届美洲国家教育民族志研究专题研讨会"（the 11th Inter-American Symposium on Ethnographic Educational Research），这是该研讨会第一次在中美洲与北美洲之外的南美洲举行。

我们的理论-方法论视角、田野工作与理论：20世纪90年代"多样性"在研究中的运用

20世纪90年代，我们定期到小学去开展社会研究，并且开始追踪那些涉及我们自身的社会发展问题，因为尽管这些问题的根源在校外，但却在学校内部引起巨大反响。例如，有一天，当人们醒来时发现布宜诺斯艾利斯城市的墙壁上到处贴满了海报，指责外来移民抢走了本该属于阿根廷工人的工作机会，而刚好那个时期阿根廷的就业形势相当严峻。原本这样的排外情绪在阿根廷并不常见，不过在"梅内姆主义"政府官员［卡洛斯·梅内姆（Carlos Menem）总统，1989—1999］与大众媒体的影响下，阿根廷的民众对"他者"（others）有了一些新的看法，朝鲜、中国、玻利维亚与秘鲁移民的存在被视为一种威胁。民众在大街小巷谈论着"他族入侵"的话题，外来者、非法移民、抢他们工作的人统统被他们定义为"他者"（Montesinos, Pallma, and Sinisi 1998, 1999; Neufeld and Thisted 1999）。

在那个时候，我们意识到了那些在中小学校里被看作"异类"的学生，他们的实际行为与所代表文化表象之间往往与大众想象存在差异，并且那样的行为与文化差异在日常生活中相当的常见，它们普遍存在于政治家、媒体或是普通大众的言辞与态度之中（Sinisi 1999）。于是，我们开

始对这些问题（例如多样性、民族特征、多元文化主义、族群歧视、外来移民、民族融合与跨文化交流等）的范畴与概念进行思考。这同时意味着我们将对这些问题本身，以及它们得以产生的历史与民族背景开展深入的研究。

"多样性"（diversity）一直以来都是人类学的研究传统。然而直到20世纪90年代，多样性才作为一项真正的"议题"在那些深受新自由主义思想（neoliberal ideology）影响的社会里被提出来。因此，当我们在谈到学校的多样性时，应该考虑将"多样化的"（diverse）与"外来的"（exotic）区分开来。如果我们将"多样化的"等同于"文化上不同的"（culturally different）或是"外来的"，那么我们将无法对那些占据了"他者"绝大部分生活空间的臣属性（subalternity）关系有更为深刻的理解，而这些"他者"与众不同地、多样化地存在于我们的社会之中。

可以这么说，在大多数的情况下，这些情境都会涉及不平等的关系：例如外来移民的境况，或是某些关于原居住地与特殊族群习俗的内涵语境都会造就这种多元的、不平等的、从属性的（subordinated）关系。

我们需要一些更具理论深度的概念，以超越那种仅仅依靠"文化差异"来解释一切的简单层次。我们也得承认，那些侮辱性语言与行为的受害者，同样能够在他们所处的环境里重新建构自己的身份认同，他们努力与外界的主流抗争，并且在这些侮辱性语言与行为的基础之上建立起了自信（Thisted 2006）。例如，"paraguas"与"bolita"[①]分别是对巴拉圭人与玻利维亚人的蔑称，我们经常可以在校园里听到这两个词语。但是玻利维亚与巴拉圭的移民却通过自己的努力赋予了那些原本具有侮辱性质的词汇以新的意义，并在这样的过程中建构了他们自己新移民群体的身份认同。事实上，集体认同感正是在这样的过程中产生并得到强化的。同时，这些

[①] 在阿根廷，"paraguas"一词带有侮辱性的意思，用来指"巴拉圭人"（paraguayos），但事实上"paraguas"是"雨伞"的意思。同样的，"bolita"被用来指出生于玻利维亚的人，而"bolita"的意思则是"小球"。

认同感并非是一成不变的，它们也经历着持续不断的变化过程。

我们研究的出发点在于从理论与方法论的视角来审视社会人类学，而不是仅仅将其看作是一种"研究工具"（Rockwell 2009）。这就是为什么我要在这里指出，我们在研究过程中对大量的专业术语从理论与方法论的维度进行的解释推动了我们的研究不断向前发展。

这些解释产生于我们研究团队的成员以及"人类学与教育计划"其他参与者相互交流的过程之中。尽管存在着资金短缺的困难，但是否开展长期的田野工作（在阿根廷的案例实践中，主要是在学校里或者社区邻里之间开展）及其在研究过程中能否被严格地执行是界定一项研究是否属于社会人类学研究的标准之一。在阿根廷，一群年轻的人类学家[1]开展了一系列的民族志研究，他们在研究中对该领域中现有的一些知识体系提出了质疑。

我们在前文中曾提到了专业术语的解释维度，而其中之一则与研究的角度有关。研究者们承认，有必要从不同的角度来对那些涉及社会文化多样性或是不公平的学校议题进行研究与分析。我在这里举一些例子。当我们在学校开展人类学研究时，教师是我们优先考虑的主体之一。他们具备专业的知识[2]，这些知识不仅包括那些传统意义上的、固有的教学方法——例如如何解决历史学方面的问题以及如何进行数学教学等等，还包括许多在学校的日常生活中能够用得上的知识，即所谓的"使用概念"（concept-

---

[1] 加夫列拉·诺瓦罗（Gabriela Novaro）、安娜·帕德维尔（Ana Padawer）、玛丽亚·保拉·蒙特西诺斯（María Paula Montesinos）、莉莉安娜·西尼西（Liliana Sinisi）、劳拉·桑迪兰（Laura Santillán）、露西娅·佩里（Lucía Petrelli）、默西迪斯·赫希（Mercedes Hirsch）、维多利亚·格萨莉（Victoria Gessaghi）、塞西莉亚·迪兹（Cecilia Diez）、马克西米利亚诺·鲁阿（Maximiliano Rúa）、哈维尔·加西亚（Javier García）以及其他一些青年学者在他们的论文中曾经运用或是正在运用社会人类学的方法来解决教育问题。

[2] 我们在这里所说的知识涉及洛克威尔有关社会范畴与分析范畴的区分理论（Rockwell 1987）。同时，针对爱德华多·梅内德斯（Eduardo Menéndez）与蕾妮·迪·帕尔多（Renée Di Pardo）（Menéndez and Di Pardo 1996）关于表征与实践的重要性的论述，我们在文章中也陈述了自己的观点。洛克威尔在她的作品里对医疗从业者的表征、知识与实践进行了区分；而我们也在思考，是否有可能从这一视角来看待教师的知识问题。

in-use）。它们中的一部分，尤其是其中文化的概念非常关键，属于人类学的核心概念，而作为"技术专家"的教师则将这些概念内化为他们知识的一部分，运用于学校的教学与日常生活之中。"文化"一词在学校的日常生活中常常会被反复地提及，并且被用来对多样性进行解释（Neufeld 2005; Achilli 2006）。在学校里，文化这一概念有着其人类学的渊源，指的是"一个民族的全部生活方式"，它的另外一个重要意义在于其否定了人类行为的生物学基础。因此，对学校而言，声称其内部所有的文化都具有正当性与合理性是非常重要的："也许我们来自不同的文化，但我们都是平等的……我们都生活在同一个国度。"

当谈到文化的概念时，人们普遍认为，每个民族的生活方式可能不尽相同，但各自的生活方式却会代代相传（Neufeld 1986）。而当我们把文化的概念挪用到学校情境时，我们会发现，"文化"这个词常常被用来解释那些发生在学校里的"异类"儿童身上的事情。这些儿童，无论是因为他们是外来移民，还是因为他们来自极度贫困的家庭，他们在学校里总被看作是"异类"。

在阿根廷的学校里，这种从"多样性"的角度来看待问题的方式（Geertz 1996）早在19世纪末期阿根廷的教育体系建立之初就已经存在了。那时候随着大量欧洲移民的涌入，"正向的差别对待"（positive discrimination）在阿根廷变得十分普遍。当时的人们通常认为，皮肤白皙、金发碧眼的儿童比那些来自原住民家庭的儿童更加聪明。

然而，1990年至2000年的十年间，阿根廷受新自由主义思潮以及当时社会高失业率的影响，发生了很多历史性事件。这些事件表明，试图将文化"多样性"同对整个社会造成巨大影响的文化排斥过程以及社会不公平现象进行割裂是不可能的。于是我们开始研究"建构"的问题，它们大量地存在于学校以及我们的日常生活之中，而人们正是通过建构的方式来简化并归纳社会文化的差异。建构是一个给"他者"贴上标签的过程，它是人们在试图将"他者"置于一种更为低下的工作或是生活环境时"人为制造的不平等"。我在本文中所指的那些针对国内流动人口与外来移民，或是针对穷人的侮辱性称谓包括：cabecitas negras（有深色肌肤的人）、tanos（意大利移民）、paraguas（巴拉圭移民）、bolitas（玻利维亚移民）、negras villeros（有着深色肌肤的贫民窟居民）以及 cartoneros（靠捡拾垃圾为生的人）。

同样地，文化的含义也时常会发生一些微妙的变化。在这一过程中，用一些刚性的概念来代替柔性的概念，表明那些不断变化的价值、规则或是生活方式将稳定下来，并为人们所接受。因此，文化还有一些其他的特质，相同的文化能够得以不断的再生产（reproduction），而不同的文化之间则"井水不犯河水"。例如，我们的田野工作记录引用了一些来自学校医生的表述。他们表示，那些贫民窟长大的孩子，在拥挤不堪的家里能够感受到"愉悦"，那么，即使在将来他们拥有更好的居住条件时，他们还是会"再生产"这种拥挤的家庭状态。因此，当我们把那些被看作是"异类"的孩子身上的差异性作为理由来对他们的学习能力与学习障碍（这两个问题涉及学校教学活动最为核心的内容）进行评判时，我们需要审视自己所使用的是文化的原生概念还是被修改后的文化概念，这一点非常重要。

在我上文提到的那段时间里（1990 年至今），阿根廷社会存在着许多矛盾的地方，例如，阿根廷在 1990 年至 1992 年间通过了《联邦教育法案》（Ley Federal de Educación），该法案明确强调"应该对教育中的多样性与差异化持包容的态度"，而当时的社会政治氛围却刚好与之相反。自 2003 年开始，政府在不同的场合都明确地表达了其反对歧视与排外的态度，并从行动上将其付诸实践，但事实上这些行为并没能消除阿根廷社会中的各种歧视与排外行为。教育界对产生于教育过程中的各种问题从生物学的角度进行解读，这样的趋势并没有停止。将孩子在学习过程中所遇到的各种困难归咎于他们的家庭条件，这样的宿命论解释也仍在继续。对于后者，国际上再次兴起了有关教育宿命论的研究之风，并出现了一个新的概念——"可教育性"（educability）（Menéndez 2002; Neufeld 2005）。

历史-人类学研究方法

尽管我们认为给学术研究贴标签的行为并不可取，但我们还是把我们的研究方法归结为历史-人类学研究法。在我们与埃琳娜·阿基利、格拉谢拉·巴塔兰、艾尔西·洛克威尔以及我们研究团体中的其他成员进行学术交流的过程中，我们认识到民族志研究方法的特殊贡献在于它通过研究重构了"真实生活的非形式逻辑"（the informal logic of real life），正如马林诺夫斯基（Malinowski）提出的那样，只不过它通常被局限于历史建构的维度。从这个角度看，民族志研究法即是站在行为者的角度去理解具体情境中的各种互动、事件与话语体系。

早在很久以前，当人类学家再次把目光投向历史的时候，他们发现并承认在他们所研究的社会总是存在着各种各样的冲突，于是他们不再期待能够在社会之中找到一种静态平衡。甚至像 E. P. 汤普森（E. P. Thompson）这样的历史学家，他的研究也开始越来越接近人类学家的作品。埃兹佩莱塔（Ezpeleta）与洛克威尔在《学校与底层阶级》（Ezpeleta, Justa, and Rockwell 1983）一文中强调："每一种现有的社会形态、每一项制度，都是……历史的积累与再现。他们由来自过去不同历史时刻的实践与观念共铸而成，在当前呈现出一种既不连贯、也不相似的表现形式。我们想要对当前的社会有更好的理解，就必须回到历史中去寻找。"

对制度的历史进行概括将会有助于我们去探寻那些发生在阿根廷教育领域的深刻变革。到了 1983 年军政府统治的末期，阿根廷教育体系出现了严重的危机。学校与学校的课程成为了政治管控的对象，而人们似乎也"习惯"了这种军政府的强权统治。更为糟糕的是，教育制度在各个层面都遭到了严重的破坏，甚至很多与教育基础设施以及社区与成人教育相关的项目都被取消。经济危机成为了阿根廷社会生活各个方面的转折点（其间还包括 1989 年至 1990 年间的恶性通货膨胀），在这段时期发生在学校里的所有事情就仿佛一丝一线都被织入了国家这张巨大的画布里（Kaufman 2006; Neufeld 2006, 2009）。对教育事件的研究揭示了当时的政治与经济对教育的各个层面造成的影响，例如学校里的人际关系以及学校教材使用情况等。

我们所采取的另外一种研究策略是到各类报纸与刊物中去寻找线索。1933 年至 1990 年间，巴拉那河三角洲发行了一份名为《三角洲报》（*Delta*）的地方报纸。这份报纸为我们提供了丰富的有关欧洲移民在当地生活与学习的信息，这对我们重构这个地方的历史、研究当地族群与社区的历史过往非常有帮助。

教育研究与社会危机

教育与国家之间向来有着千丝万缕的联系，因此教育本身也被定义为一种与政治有关的事物。在阿根廷过去的 25 年间，人们强烈地意识到了社会危机的存在，并感觉这个国家正在日益沦为各种冲突爆发的场所，这就是为什么我们团队的研究者认为阿根廷一切社会问题的根源都来自国家的政策。例如，发生于 20 世纪 90 年代的教育改革（Santillán 2003a）[①]、本地原住民在 1994 年取得的新的宪法地位与权利以及联合国《儿童权利公约》发布之后对本国儿童教育相关法规的重新思考。在接下来的几年里，阿根廷的失业率持续升高（尤其以 1998 年到 2003 年之间最为严重），政府也因此颁布了一系列类似于"劳工计划"（Plan Trabajar）这样的新型社会政策（Manzano 2004）。整个阿根廷承受了新的经济模式（新自由主义）的长期积累与所谓的结构性调整所带来的持续性的、悲剧式的后果。在国

[①] 此次教育改革为 1992 年颁布的《联邦教育法案》（Ley Federal de Educación）清除了障碍。而这一法案已于 2007 年被废止、并由新的《国家教育法案》（Ley de Educación Naciona）所代替。

际货币基金组织的建议下，阿根廷政府对其职能做了重大调整并颁布了一系列改革措施（Montesionos 2004）。然而各种社会不平等却不断加深，并在 2001 年达到了惊人的高度。

人类学家针对上述问题开展了大量的研究，例如，街头流浪儿童的教育问题（Montesinos and Pagano 2006），或是由于大规模的城乡迁徙而导致的城市原住民儿童教育问题。最近几次的城乡迁徙使得格兰罗萨里奥（Gran Rosario）（Achilli 2000）与布宜诺斯艾利斯郊区（Bordegaray and Novaro 2004）的多巴人（Toba）人口大增，甚至超过了他们位于阿根廷东北部原居住地查科（Chaco）的数量。

第二个议题则是有关学龄儿童家庭的研究。尽管这已经是一个老生常谈的话题，但依然值得我们为之付出新的努力，包括对家庭与他们的教育过往或背景、教育经历进行的深度调查，以及有关儿童学校教育的家庭反馈与表现的研究（Cerletti 2006）。学者们同时还把儿童的监护人与教师在学校内外的各种互动，包括他们的冲突、互相期望、赞同与反对等都纳入了他们的研究范畴。

还有一些其他的学者致力于研究补充性教育空间的问题。桑迪兰（Santillán）关于"apoyos escolares"（一类为了资助儿童完成学校教育而设立的学习辅导空间）的研究让人们认识到了不同性质的机构（包括国家的、教会的以及非政府组织的）是如何关注教育中的"贫困"问题的，并将"复杂"（comlexity）这一概念引入了教育场景（Santillán 2003b; Santillán and Woods 2004）。

2007 年开始，阿根廷政府把义务教育的年限延长到了 17 岁，很多研究者开始关注有关青少年与高中学校的教育问题。在布宜诺斯艾利斯城市南部一个贫困地区开展的田野工作中，人类学家运用公共政策以及城市空间与机构的侵占过程等理论详细地阐述了该地区中小学的入学率问题（García and Paoletta 2007; Montesinos, Sinisi, and Schoo 2009）。

人类学家与政策的实施

在文章的最后，我将谈一谈阿根廷人类学家与政界人士（包括来自各级政府部门与组织的官员）之间的关系。正如莉莉安娜·西尼西（Liliana Sinisi）所指出的那样，近年来，阿根廷教育研究领域最大的争论之一在于人类学研究产生的知识对改良教育实践的实际效用。这样的趋势促使学者们对这些知识的实用性进行了深刻的反思。

2000 年，新自由主义改革失败之后，阿根廷教育部成立了一个新的教育研究机构，目的在于研究那些与教育政策相关的特定问题。研究者们开始对教育政策的制定与执行进行评价，尤其是那些专门针对贫困地区学校的教育政策，如"教育平等整体规划"（Programa Integral para la Igualdad Educativa, PIIE）与"人人有学上计划"（Program "Todos a Estudiar"）等。如今，人类学家被邀请参与到了教育政策的制定与评价过程之中，尤其是进行质性研究的设计。因为作为田野研究的专家，他们除了能够对实地调研过程中搜集到的数据进行分析与解释，还知道在这些统计数据之外学校到底发生了什么事情，这一切都得益于他们作为人类学家所积累起来的经验（Cerletti 2007; Padawer 2002; Sinisi 2008; Novaro and Diez 2006; Diez 2004）。

然而，这并不是说，当政府在制定某项政治决策时就一定会考虑人类学家的意见或建议。一般来说，学术成果的应用通常不会是直接的，也就是说，教育民族志研究的成果可能不会直接被转化到政治与教育实践的领域中去。人类学家们所做出的努力并不必然会对政策造成直接的影响，但我们希望他们能够帮助政策制定者认识到问题的复杂性，并在此基础上能够对问题有更深入、更细微的理解。

最后我想指出，让我们感到欣慰的是，我们的研究者们总能与政府部门及其制定的政策保持一定的距离。因为正如洛克威尔所言（Rockwell

2009），人类学研究对于改变学校日常生活所做出的最大贡献，也许就在它能够记录一些前人未能记录下来的问题，而保持这样的距离正是发现问题与冲突的关键所在。

参考文献

Achilli, Elena L. 1987. "Notas para una antropología de la vida cotidiana." In *Cuadernos de la Escuela de Antropología,* no. 2: 5–31. Facultad de Humanidades y Artes, Universidad Nacional de Rosario, Argentina.
———. 2000. "Etnografías y diversidad sociocultural. Reflexionando sobre nuestro propio quehacer." Paper presented at the IX Simposio Interamericano de Investigación Etnográfica en Educación Mexico, October.
———. 2005. *Investigar en Antropología Social. Los desafíos de transmitir un oficio.* Rosario, Argentina: Laborde Editor.
———. 2006. "Escuela e interculturalidad. Notas sobre la antropologización escolar." In *Diversidad cultural e interculturalidad,* ed. Aldo Ameigeiras and Elisa Jure, 43–56. Buenos Aires: Prometeo Libros and Universidad Nacional de General Sarmiento.
Batallán, Graciela, and María Rosa Neufeld. 2004. "Presentación." *Cuadernos de Antropología Social,* no. 19 (July): 7–9. Sección Antropología Social, Instituto de Ciencias Antropológicas, Facultad de Filosofía y Letras, Universidad de Buenos Aires.
Bordegaray, Graciela, and Gabriela Novaro. 2004. "Diversidad y desigualdad en las políticas de Estado. Reflexiones a propósito del proyecto de Educación Intercultural y Bilingüe en el Ministerio de Educación." *Cuadernos de Antropología Social,* no. 19: 101–19. Sección Antropología Social. Facultad de Filosofía y Letras. Universidad de Buenos Aires.
Cerletti, Laura. 2006. *Las familias, ¿un problema escolar? Sobre la socialización escolar infantil.* Buenos Aires: Novedades Educativas.
———. 2007. "Educación y (des)igualdad. Un análisis del Programa Integral para la Igualdad Educativa desde la investigación etnográfica." *Revista Runa,* no. 28: 11–28.
Diez, Cecilia. 2004. "El programa de integración escolar *La escuela inclusiva abierta a la diversidad* desde una perspectiva antropológica." Paper presented at VII Congreso Argentino de Antropología Social. (May) Villa Giardino, Córdoba, Argentina. En CD Actas del VII Congreso Argentino de Antropología Social, Córdoba, 2004, ISBN 987–20286–9-9.
Ezpeleta, Justa, and Elsie Rockwell. 1983. "Escuela y clases subalternas." In *Educación y clases subalternas en América Latina,* ed. M. de Ibarrola and Elsie Rockwell. México: Departamento de Investigaciones Educativas, Cinvestav-

IPN.

García, Javier, and Horacio Paoletta. 2007. "Avances de una investigación etnográfica en contextos de diversidad sociocultural y desigualdad social: contextualización de escuelas, barrios y políticas estatales en el escenario pos 2002." Paper presented at *II Encuentro Políticas Públicas y pobreza en el escenario pos 2002*. November. Buenos Aires, Argentina.

García, Stella Maris, and Marcela Alaniz. 2000. "Antropología y Educación: estado de conocimiento. Aportes para una discusión." Paper presented at VI Congreso Argentino de Antropología Social, Mar del Plata, Argentina. September.

Geertz, Clifford. 1996. *Los usos de la diversidad.* Barcelona: Paidós Ibérica.

Grassi, Estela. 2003. *Políticas y problemas sociales en la sociedad neoliberal: la otra década infame (I).* Buenos Aires: Espacio Editorial.

Kaufman, Carolina, ed. 2006. *Dictadura y educación.* Buenos Aires: Editorial Miño y Dávila.

Manzano, Virginia. 2004. "Tradiciones asociativas, políticas estatales y modalidades de acción colectiva: análisis de una organización piquetera." In *Intersecciones en Antropología,* no. 5: 53–66. Facultad de Ciencias Sociales de la Universidad Nacional del Centro de la Provincia de Buenos Aires, Olavarría. Argentina.

Menéndez, Eduardo. 2002. *La parte negada de la cultura.* Barcelona: Editorial Bellaterra.

Montesinos, María Paula. 2004. "Construyendo sentidos acerca de los procesos de desigualdad sociocultural en las escuelas: un estudio acerca de los programas educativos focalizados." Paper presented at VII Congreso Argentino de Antropología Social, Córdoba, Argentina. Edited as CD.

Montesinos, María Paula, and Ana Pagano. 2006. "Chicos y chicas en situación de calle y su relación con las políticas y las tramas institucionales." Paper presented at XI Simposio Interamericano de Investigación Etnográfica en Educación. "Niños y Jóvenes dentro y fuera de la escuela. Debates en la Etnografía y la Educación." Facultad de Filosofía y Letras. Universidad de Buenos Aires. March. Edited as CD.

Montesinos, María Paula, Sara Pallma, and Liliana Sinisi. 1998. "Ilegales, Explotadores, Invasores, Sumisos … , Los Otros, quiénes son?" *Cuadernos de Antropología Social,* no. 10: 191–200. Instituto de Ciencias Antropológicas. Sección Antropología Social. Facultad de Filosofía y Letras. UBA.

Montesinos, María Paula, Sara Pallma, and Liliana Sinisi. 1999. "La Diversidad Cultural en la mira. Una reflexión desde la antropología y la educación." *Revista Publicar en Antropología y Ciencias Sociales* 7, no. 8: 149–69. Buenos Aires.

Montesinos, María Paula, Liliana Sinisi, and Susana Schoo. 2009. *Sentidos en torno a la "obligatoriedad" de la educación secundaria.* Dirección Nacional de Información y Evaluación de la Calidad Educativa, Ministerio de Educación, Presidencia de la Nación, Argentina.

Morey, Eugenia, Pablo Perazzi, and Cecilia Varela. 2008. "Construyendo memorias: detenidos-desaparecidos de la carrera de Ciencias Antropológicas 1974–1983)." *Revista Espacios,* no. 39 (November): 122–30. Facultad de Filosofía y Letras UBA.

Neufeld, María Rosa. 1986. "Crisis y vigencia de un concepto: la cultura en la óptica de la antropología." In *Antropología,* ed. Mirta Lischetti, 381–408. Buenos Aires: EUDEBA.

———. 1988. "Estrategias familiares y escuela." *Cuadernos de Antropología Social,* no. 2: 1–6. Sección Antropología Social, Instituto de Ciencias Antropológicas, Facultad de Filosofía y Letras, UBA.

———. 1992. "Subalternidad y escolarización: acerca de viejos y nuevos problemas de las "escuelas de islas." *Cuadernos de Antropología,* no. 4: 67–98. Universidad de Luján, Argentina.

———. 2005. "¿Persistencia o retorno del racismo? Consideraciones desde la antropología de la educación." In *Desigualdad educativa. La naturaleza como pretexto,* ed. S. Llomovate and C. Kaplan, 51–60. Buenos Aires: Ediciones Novedades Educativas.

———. 2006. "Antropología y dictadura." Paper presented at IV Jornadas de Investigación en Antropología Social. Sección Antropología Social, Instituto de Ciencias Antropológicas, Facultad de Filosofía y Letras. August.

———. 2009. "Las *escuelas de islas* al finalizar la dictadura: a 25 años de un trabajo de campo." Paper presented at IV Congreso Argentino y Latinoamericano de Antropología Rural. March. Mar del Plata, Argentina.

Neufeld, María Rosa, and Jens A. Thisted. 1999. "'El crisol de razas' hecho trizas: ciudadanía, exclusión y sufrimiento." In *"De eso no se habla ..." los usos de la diversidad sociocultural en la escuela,* ed. M. R. Neufeld and Jens A. Thisted. Buenos Aires: EUDEBA.

———. 2005 "Mirando la escuela desde la vereda de enfrente." In *Vivir en la ciudad. Espacios urbanos en disputa,* ed. E. Achilli, 193–200. Rosario, Argentina: Centro de Estudios Antropológicos en contextos urbanos/ Laborde Editor.

Neufeld, María Rosa, and Santiago Wallace. 1998. "Antropología y Ciencias Sociales. De elaboraciones históricas, herencias no queridas y propuestas abiertas." In *Antropología social y política. Hegemonía y poder: el mundo en movimiento,* ed. Mabel Grimberg, María Rosa Neufeld, Sofía Tiscornia, and Santiago Wallace, 15–36. Buenos Aires: EUDEBA.

Novaro, Gabriela, and María Laura Diez. 2006. "Interculturalidad en Educación: ¿un abordaje para la crítica? Reflexiones a propósito de la escolarización de chicos migrantes bolivianos en Buenos Aires." In *Una forma de mirar la educación intercultural en América Latina,* ed. Patricia Melgarejo, 1–10. México: Editorial Plaza y Valdés/Universidad Nacional Autónoma de México-CONACYT.

Ogbu, John U. 1981. "School Ethnography: A Multilevel Approach." *Anthropology and Education Quarterly* 9, no. 1: 3–29.

Padawer, Ana. 2002. "Alternative Educational Projects: Technical Developments and Political Debate in the Everyday Workings of 'Nongraded' Schools in Argentina." In *Ethnography and Education Policy Across the Americas*, ed. Bradley A. U. Levinson, Sandra L. Cade, Ana Padawer, and Ana Patricia Elvir. Westport, CT: Praeger.

Padawer, Ana. 2008. *Cuando los grados hablan de desigualdad. Una etnografía sobre iniciativas docentes contemporáneas y sus antecedentes históricos*. Buenos Aires: Editorial Teseo, 2008.

Rockwell, Elsie. 1987. "Reflexiones sobre el proceso etnográfico, 1982–1985." *Documentos DIE*, Nº13. Departamento de Investigaciones Educativas, México.

Rockwell, Elsie. 2009. *La experiencia etnográfica. Historia y cultura en los procesos educativos*. Buenos Aires: Paidós.

Santillán, Laura. 2003a. "La Experiencia de la reforma educativa en una escuela del conurbano bonaerense: una etnografía del cambio." *Revista del Instituto para el Estudio de la Educación, el Lenguaje y la Sociedad* 1, no. 1 (December): 257–73. Facultad de Ciencias Humanas. Universidad Nacional de la Pampa.

———. 2003b. "Entre 'la casa,' la 'calle' y el 'apoyo escolar': el estatus del 'sujeto/niño' en contextos de pobreza urbana y educación complementaria." Paper presented at Sextas Jornadas Rosarinas de Antropología Social. Rosario, Argentina.

Santillán, Laura, and Marcela Woods. 2004. "Modalidades de intervención de la Iglesia en la cuestión social. Las demandas de educación, tierra y vivienda en las diócesis de Quilmes y de San Isidro (Gran Bs. As)." Paper presented at Séptimas Jornadas Rosarinas de Antropología Sociocultural. Rosario, Argentina.

Sinisi, Liliana. 1999. "La relación nosotros-otros en espacios escolares multiculturales: estigma, estereotipo y racialización." In *"De eso no se habla…" los usos de la diversidad sociocultural en la escuela,* eds. María Rosa Neufeld and Jens Ariel Thisted. Buenos Aires: EUDEBA.

Sinisi, Liliana. 2008. "Un estudio sobre el Programa de Fortalecimiento Institucional en las escuelas de enseñanza media de la Ciudad de Buenos Aires." In *Gestión de Innovaciones en la Enseñanza Media: Argentina, Brasil y España*, ed. M. R. Almandoz et al., 53–90. Buenos Aires: Editorial Santillana.

Thisted, Jens Ariel. 2006. "El sufrimiento producido en contextos de pobreza, desigualdad y exclusión social, con especial referencia a situaciones escolares." In *Diversidad cultural e interculturalidad*, ed. Aldo Ameigeiras and Elisa Jure, 123–28. Buenos Aires: Prometeo Libros.

Thompson, E. P. 1979. "Tiempo, disciplina de trabajo y capitalismo industrial." In *Tradición, revuelta y conciencia de clase*, ed. E. P. Thompson, 239–93. Barcelona: Editorial Crítica.

Willis, Paul. 1983. *Aprendiendo a trabajar, o cómo los chicos de clase obrera obtienen trabajos de clase obrera*. Madrid: Editorial Akal.

第五章　巴西的人类学与教育

——可能的路径

安娜·玛丽亚·拉贝洛·戈麦斯（Ana Maria Rabelo Gomes）

尼尔玛·利诺·戈麦斯（Nilma Lino Gomes）

　　人类学与教育（anthropology and education）作为一门交叉型学科，在巴西经历了一段极为发散与多变的发展历程，本文试图在这里对过去30年巴西人类学与教育的发展状况进行描述，这无疑是一项巨大的挑战。事实上，这门学科在巴西的发展同时也是一个循序渐进的过程，关于这一点我们可以从巴西的学术出版物、专题研究以及博士或硕士的研究动向之中看得出来——尽管它们尚未能够真正地形成一条清晰可辨的理论路线。"国家教育研究协会"（ANPED）、"巴西人类学协会"（ABA）与"国家社会科学研究协会"（ANPOCS）[1]等全国性的学术组织把这一领域的学者们聚集了起来，并组建了许多不同的研究团队。在过去的十年里，他们共同见证了越来越多的学术研究在巴西的兴起，尤其是有关人类学与教育（Anthropology and Education）[2]的研究。这些研究广泛地采用了多种不同的研究方法，它们的主题主要聚焦于儿童与青少年、文化多样性与教育或

---

[1] ANPED（National Association for Educational Research 国家教育研究协会）；ANPOCS（National Association for Social Sciences Research 国家社会科学研究协会）；ABA（Brazilian Anthropological Association 巴西人类学协）。

[2] 在巴西，这一科目被称之为"人类学与教育"（Anthropology and Education）而不是"教育人类学"（Anthropology of Education），我们使用前者来表示某一研究领域。

是诸如原住民教育与原住民儿童这样的研究范围更为具体的主题。

这门学科的另外一个特征在于它与社会学与心理学等其他学科之间总是存在着各种各样的互动关系——它们或多或少地有着共同的研究对象。例如，有关青少年的生存环境以及他们身份认同的研究与社会学关系紧密；有关童年的研究常常在心理学的框架之下开展，而到了现在更被视为一类与历史学与社会学相关的研究主题；有关黑人身份认同的研究则属于社会学与社会心理学的范畴。正是由于这门学科所具有的发散性特征，我们将不会对其整体进行详细的述评。相反，我们打算对其可能的理论进路以及该学科领域中一些反复出现的问题进行探索，并对过去30年某些学者提出的关于如何开展"人类学"与"教育"这两门学科跨学科研究的定义进行分析。我们这样做的目的并不在于对该领域中的文献实体进行简单的呈现，而是要突出其研究选题的理论深度——事实证明它们对于我们的研究与分析（尤其是对于研究人类学与教育学这两门学科之间所必需的理论对话而言）极有成效并且意义重大。

在文章的第一部分，我们将对那些在该领域中被反复引用的文献资料（包括部分书籍与一些学术论文）进行梳理，它们构成了人类学与教育这两个研究领域的沟通桥梁。在文章的第二部分，我们将针对巴西的人类学与教育这一学科可能的研究题目与方向展开讨论，我们同时也将看到，这样的讨论最终会演变成为一场多学科的对话。

人类学与教育之间的对话重构

19世纪末，弗朗兹·博厄斯（Franz Boas）以及随后20世纪30年代的玛格丽特·米德（Margaret Mead）与鲁思·本尼迪克特（Ruth Benedict）等学者的研究开启了美国人类学与教育两大领域之间的对话，并随之扩展到了许多其他的国家。

这一时期的巴西教育工作者与政界人士主要关注的是巴西人民的内部

多样性问题——它被视为巴西国内社会二元对立与分裂主义的根源。在那个时候,偏远贫困地区(sertão)被视为野蛮与未开化的象征,而文明开化的城市地区却仅仅只有少量的人口居住(Freitas 2001)。

想要改变上述这种落后的状况对巴西政府而言无疑是一项巨大的挑战,20世纪二三十年代,面对巴西国内错综复杂的社会问题与种族问题,当局制定了包括教育政策在内的一系列政策,其目的在于"使巴西社会白人化"(the whitening of Brazilian society)以及消除一些传统的老旧习俗与地方主义(这二者被视为巩固巴西国家新格局的重大障碍)。

到了20世纪50年代,当局计划对其制定的教育政策进行解释,并开始着手大量培训教育专业人士。在这样的一个关键时刻,了解巴西的基本国情就显得非常重要。但具有讽刺意味的是,想要了解巴西的国情,就有必要对各个地区的老旧习俗与地方性特色进行深入了解。在这一时期,研究者们将教育研究同社会学与人类学研究相结合,以试图更好地去理解巴西文化的不同表达方式(Freitas 2001: 15-19)。

许多从事社会科学研究的学者都参与了20世纪50年代关于教育改革的大讨论[①]。因此,我们可以将这一时期看作是巴西教育人类学发展的起始点,人类学家弗洛雷斯坦·费尔南德斯(Florestan Fernandes)就是其中很好的一个例子。在其1947年的《作为"特洛芬斯"的崩黑奇罗:文化与儿童群体的民俗学与社会学研究》(As Trocinhas do Bom Retiro)[*](Fernandes 1979)一文中,费尔南德斯对圣保罗的儿童如何分组开展游戏进行了详细的记录,并将其视为儿童社会化的过程的一部分。在其1951

[①] 这一讨论最初由建立于1955年的巴西教育研究中心(Brazilian Centre for Educational Research)发起。参与其中的社会学家与人类学家包括:马文·哈里斯(Marvin Harris)、吉尔伯托·弗莱雷(Gilberto Freire)、费尔南多·德阿泽维多(Fernando de Azevedo)、安东尼奥·坎迪多(Antônio Cândido)、弗洛雷斯坦·费尔南德斯(Florestan Fernandes)、罗杰·巴斯蒂特(Roger Bastide)、埃贡·沙登(Egon Schaden)、达西·里贝罗(Darcy Ribeiro)与简西德斯·戈麦斯(Jesildeth Gomes)等人。

[*] 崩黑奇罗(Bom Retiro)是位于巴西圣保罗市(São Paulo)中心的一个城区。——译者注

年的《图皮南巴人教育笔记》（*Notas Sobre a educa ção Tupinembā*）一文中，他对原住民心目中的非系统化教育（an unsystematic education）进行了研究（Fernandes 1966; Saviani 1996）。尽管在这些文章发表之时，有关此类研究性质的争议还在继续，但他仍然被看作是这一领域所有可能的发展路径的先行者。[①]

通过上述内容，我们可以窥见到巴西人类学与教育研究的发展趋势，例如对所谓的流行文化的研究、对印第安人与黑人的研究以及对一些其他主体所开展的研究。而在巴西人类学与教育这一学科的发展初期，形塑了巴西社会主要特征的内部多样性问题（我们有必要去认识一个由很多不同的族群组建而成的"巴西"）成为了指引学者们开展研究的核心主题。尽管学校不平等是社会经济不平等的一个重要方面，有关学校不平等的问题却反而未能得到研究者们的重视。

根据康索特的著作（Consorte 1997），在20世纪30年代，也就是巴西文化主义（culturalism）时代的早期，当时的研究主要着重于对巴西民族的形成过程进行分析，尤其是针对生活在巴西南部的不同历史时期的移民群体（包括意大利人、德国人与日本人）与遍及整个巴西的非洲后裔。政界人士与教育工作者将这些问题置于教育场景之中来进行研究，其目的主要在于：一方面，将这些移民的后代巴西化，以防止他们构筑一种"文化上的飞地"（cultural enclaves），从而威胁到国家的统一；另一方面，把非洲的文化传统彻底清除，因为这对于建立一个由白人主导的、西方式的基督教国家是一个永恒的威胁（Consorte 1997: 28）。因此，巴西的文化主义在很多方面都呈现出了不同于美国文化主义的状态，而后者根据博厄斯

[①] 相关的争议参见卡瓦尔坎蒂（Cavalcanti）与维列纳（Vilhena）有关社会学、人类学/民族学与民俗学的一项跨学科研究（Cavalcanti and Vilhena 1990），其中包含了R.巴斯蒂特（R. Bastide）对F.费尔南德斯（F. Fernandes）的研究所做的评论。当前，"民族学"一词在巴西专门用来特指强调地方指向性的研究领域，例如我们特有的"原住民民族学"。民俗学的研究领域则通常与"民族文化"的概念有关，并且21世纪的上半叶有关"单一民族混合文化"即：种族混合（葡萄牙语：mestiçagem）的研究中非常盛行。

(Boas)的理论，是建立在对文化多样性进行肯定的基础之上的。

　　为了能够对那些产生于巴西社会变迁过程中的教育问题有更为深入的认识，康索特于20世纪50年代开展了一项有关社群分析的研究，他在研究中指出当时的巴西社会缺乏对教育问题以及学校的关注。该研究将社群视为一个个独立的单位，并且着力于对传统文化的可延续性进行评价——也就是说，康索特非常担心这些传统文化有可能会消失——但是他并没有把这些社群置之于一个它们原本从属于其中的、更为广阔的场景之中去进行研究。因此，康索特的研究并没有系统地涉及学校以及学校在这些社群中的不同表现形态，因为学校被视为一个陌生的机构，它已与社群内部的日常生活脱节。

　　20世纪50年代中期，随着巴西城市化进程的推进，学校成为了在新型城乡对立关系中所要面临的重要议题之一。然而，该议题却从文化多样性方面的问题逐渐演变成了有关社会阶层差异的问题。我们应该将这种变化置于巴西社会更为广阔的情境之中去加以理解，以此来解释巴西社会形成的多元化过程。到了20世纪六七十年代，对民族问题的社会学与经济学解释成为了学界主流，并且在当时军事独裁政权的政治与意识形态背景之下，研究者们放弃了对民族与种族不平等问题的研究，官方的人口调查也不再记录民族或种族信息。① 在这一时期，当局要求对民族-种族（ethnic-racial）的跨族群关系进行正面的解读，即从所谓的"种族民主神话"（the myth of racial democracy）的角度来解读，这是一种在世界学术圈与大众知识界广为传播的巴西图景，这导致了学术界对这些问题开展教育研究的热情大大地降低。同样地，尽管原住民民族学（indigenous ethnology）在当时是一门显学，并且在这一领域出现了一些有关教育方面

---

① 1872年，巴西在其首次人口调查中提出了有关种族或"肤色"的划分。在随后1900年、1920年与1970年的人口调查中则取消了这样的分类，但是在1980年的人口调查中再次加入了种族与肤色的分类，并新增了"印第安人"这一类别。当前，巴西的人口调查使用以下分类：黑人、棕色人种、白人、黄种人与印第安人（Petruccelli 2007: 13-25）。

的研究（Schaden 1962, 1964, 1976），但它并没有对更大范围内的教育与社会科学研究带来影响。20世纪六七十年代，巴西社会的另外一大特征是对原住民族群在政治上的无视。

然而，从20世纪70年代开始，学术界对上述问题研究的消极态度在巴西的社会运动中受到了抨击，一些新的社会行动者开始逐渐崭露头角并为人所知。这一变化标志着有关性别、民族、种族与宗教等方面研究（see Sader and Paoli 1986; Sader 1988）的复苏，社会科学研究者们再次对这些问题表现出了浓厚的研究兴趣。20世纪80年代，无论是在教育研究方面还是在教师培训方面，人类学的影响力都是不容置疑的。1968年，当时的巴西军政府开始在国内推动大学改革，很多大学为此纷纷成立了教育学院。这些新成立的教育学院偏重于教育研究的技术主义路线，在很长一段时间里对人类学以及其他人文社会科学的研究方法采取打压的态度。直到20世纪80年代开始，人类学与教育之间的对话才得以重启，在那个各种研究范式相互借鉴、百花齐放的年代，这甚至被视为一门全新的领域。20世纪70年代末80年代初，巴西加强了对教育领域研究生科研项目的投入，在这样的背景之下，巴西的教育研究取得了长足的进步，教育方面的各种学术出版物也变得更加具有理论深度。

新兴人类学与教育的发展路径与研究主题

在文章接下来的部分，我们将选择一些作者以及他们的作品进行述评。需要指出的是，我们的选择既不够详尽、也不是绝对的，它仅仅只是建立在众多文献基础之上的一种尝试。我们的目的在于对那些看起来比较有趣、也比较有意义的研究问题或选题进行简单的描述，以此对巴西的人类学与教育这一学科进行定义。

我们要述评的第一部作品是卡洛斯·罗德里格斯·布兰道（Carlos Rodrigues Brandão）于1985年出版的《作为文化的教育》（*A Educação como*

Cultura）一书。该书的写作背景刚好是巴西从军政府向民主政权过渡的期间，当时，社会上有关大众教育的各种争论与运动同保罗·弗莱雷（Paulo Freire）这样的代表性人物一起成为了那个时代的热点。在社会科学界以及教育界，学者们对文化的概念，尤其是"流行文化"的概念进行了广泛的研究。

在该书的第一章，布兰道对如何在流行文化领域中去"发现教育中的文化"（discovery of culture in education）进行了研究。作者运用了文化与文化的异化（alienation）、大众文化、主流文化与非主流文化等一系列与文化相关的元素来尝试着对作为流行文化运动的案例之一的社会教育运动进行分析，并使之成为一个真正值得研究的问题。随后，他通过在教育研究中引入文化的象征性概念，并且对符号、知识与权力之间的关系进行讨论（compare Brandão 2002b）来将人类学的理论融入这一领域。当时，巴西的教育社会学受到了马克思主义极大的影响，在这样的背景之下，布兰道提出对"马歇尔·萨林斯（Marshell Sahlins）的教育工作者理论"进行重新阐释（Brandão 1985: 121），以更好地理解有关教育工作者研究中的文化推动力（dynamics of culture）问题。

在该书中，布兰道还引用了列维-斯特劳斯（Lévi-Strauss）有关创造性在儿童教育中的作用的观点（Strauss 1986），并通过在教育学、心理学与人类学的跨学科领域中引入与儿童相关的议题来对这一论述进行了扩展。他这样论述道：在心理学研究中，研究者们遇到的是"没有被打上文化烙印的儿童"（cultureless child），而在人类学研究中，研究者们遇到的则是"没有长幼之分的文化"（culture without children）。这些题目，在当时的巴西学术界几乎没有学者对其进行论述，却在接下来的二十年间经历了飞速的发展（see also Brandão 2002a）。

至于20世纪90年代的作品，我们将对涉及文化与教育跨学科领域的两本论文集进行重点介绍。第一本是华雷斯·戴雷尔（Juarez Dayrell）根据1994年某次学术研讨会的会议论文组织编撰而成的《多元化视角下的教育与文化》(Multiple Views of Education and Culture)(Dayrell 1996)一书。该论文集关于学校教育与非学校教育过程的论述吸引了学术界对教育与文化关系的关注。同时，这本书在前言部分着重强调了其对技术主义（technicism）的反对以及对教育参与角色多样性的重视，并以此作为全书研究的出发点。本书以人类学家皮埃尔·桑切斯（Pierre Sanchis）与保拉·蒙特罗（Paula Montero）的两篇极具象征意义的文章作为开始，广泛地介绍了很多理论性很强的研究主题，例如，作为人类学理论研究核心的"他者"关系研究与作为人类学研究难点与疑点的文化形式多样性问题以及文化融合方面的研究。接下来的文章分别涉及教育领域中的民族志实践、原住民教育、种族与青少年问题、作为社会文化空间的学校以及作为社会文化主体的教师与学生等主题。

第二本则是由内乌莎·古斯芒（Neusa Gusmão）编辑的《人类学与教育：教学与研究》(Anthropology and Education: Interfaces Between Teaching and Research)（Gusmão 1997）。该论文集的研究主题非常宽泛，从人类学与教育的理论探索，到学校内部以及人类学教学过程中的民族志研究等内容均有涉及。塔尼娅·道斯特（Tânia Dauster）在书中展开了一场关于教育与城市人类学之间的对话（这自20世纪80年代开始就被证明是非常有意义的），在接下来的几年里，（尤其是）通过对城市场景里的儿童与青少年以及学校内部的各种关系与经历进行研究，这一对话成为了巴西学术界最受关注的主题之一。

在前言部分，古斯芒尝试重构人类学与教育这门跨学科研究的历史根基。她强调了在巴西教育研究中被反复使用的象征性手法在文化研究中的重要性，并且认为在研究中系统地运用民族志的方法是非常有必要的——民族志"在20世纪90年代的人类学与教育研究中被视为一种很普遍但是颇有争议的研究方法"（Gusmão 1997: 23）。最近，古斯芒开始转向研究人类学与教育学这两门不同学科相互之间以及它们同文化的关系（Gusmão 2008）。

由阿拉西·洛佩兹·达·席尔瓦（Aracy Lopes da Silva）与玛丽安娜·K.L.费雷拉（Mariana K. L. Ferreira）编辑的《人类学、历史与教育：原住民议题与学校》（*Anthropology, History and Education: The Indigenous Issue and School*）（Silva and Ferreira 2001）一书是一本里程碑式的著作，其特点在于从原住民民族学的特定视角来研究人类学与教育。在过去的40年间，巴西的原住民民族学经历了快速的发展，并获得了来自国际学术界的关注。该论文集的前言由洛佩兹·达·席尔瓦撰写，在全书中起着提纲挈领式的作用，其目的在于建构"批判教育人类学"（critical anthropology of education）这一有潜力的新兴学科——这同时也赋予了该前言独一无二的重要特征。至于该论文集里的其他文章，都是洛佩兹·达·席尔瓦尽力从众多涉及巴西原住民历史与他们当前教育经历的跨学科研究作品中一一甄选出来的。[1]

在那个时候，巴西的很多人类学家与教育工作者在田野研究的过程中主动地承诺会帮助原住民群体解决他们的教育问题，但学者们并没有将这一事件上升到人类学的理论高度来研究，佩兹·达·席尔瓦则在论文集的第一章对此进行了关注。她以一种"美洲印第安人（Amerindian）特有的思维"来对民族学的相关作品进行回顾："在20世纪80年代……巴西有关人类、身体、灵魂、精神以及动物相互之间关系的本土性概念变得极其复杂，无论从方法论的角度还是在实际的研究过程中，自然/文化的对立（the Nature/Culture opposition）理论都不足以将其尽数囊括。到了20世纪90年代，学术界对伦理学与符号经济学展开了讨论，其目的在于思考人

---

[1] A.洛佩兹·达·席尔瓦是圣保罗大学（USP）印第安教育研究团队（MARI-Grupo de Educação Indigena）的协调人。该团队1995年至2000年的主要研究成果由洛佩兹与她的同事玛丽安娜·卡沃尔·莱亚尔·费雷拉（Mariana Kawall Leal Ferreira）、安吉拉·努内斯（Angela Nunes）与安娜·维拉·洛佩兹·达·席尔瓦·玛卡多（Ana Vera Lopes da Silva Machado）编撰成册、并已经出版。

类学家笔下的'人性'究竟指的是哪样的一种类型。"(Silva 2001: 33)[①]为了能够更好地理解美洲印第安人的思维逻辑,人类学家对此进行了系统的研究并为之付出了巨大的努力。他们在研究过程中将各种不同的学科(例如认知科学、哲学、美学以及心理学)同田野工作相结合,并围绕社会性与全局性的概念展开了一系列的讨论。如同文化概念一样,自然概念在当时表现出了一种历史性与特殊性。

该论文集与后来的《原住民学校的教育实践》(*Pedagogic Practices in the Indigenous School*, Silva and Ferreira 2001b)、《原住民儿童》(*Indigenous children*, Silva, Macedo, and Nunes 2002)以及《文化他族的数学思维》(*Mathematical Ideas of Culturally Distinct Peoples*, Ferreira 2002)等书是巴西最早对历史与人类学的跨学科研究进行系统呈现的作品,同时也清晰地向人们展现了一场教育与人类学理论之间的对话。原住民教师培养(Grupioni 2003)是巴西学术界另外一个颇受欢迎的研究主题,研究者对它的关注始于20世纪80年代对原住民教师进行培训的一系列尝试,其结果是现在几乎所有的巴西大学都设立了有关原住民教师教育的学位。

在这里我们有意回避了一个内容宽泛而又重要的主题——学校研究与教育过程研究中的民族志。我们之所以这么做的理由是,在巴西,民族志并不是一种专属于人类学的研究方法,它还被广泛地运用于教育社会学与语言研究,尤其是有关口语与书面语方面的研究之中。尽管在对民族志这一研究方法的运用过程中,人类学的影响力最为显著,但是那些致力于对民族志研究的主体进行分析的学者们反复强调,自20世纪80年代末以来,民族志与人类学之间的对话已经变得越来越缺乏系统性与理论性。艾尔西·洛克威尔(Ezpeleta and Rockwell 1986)与克劳迪娅·丰塞卡(Cláudia Fonseca 1999)的作品则是努力将田野研究的实践理论化的典范。

[①] 参见爱德华多·维韦罗斯·德卡斯特罗(Eduardo Viveiros de Csatro)(Csatro 1998)以及菲利普·德斯科拉(Philippe Descola)与乔安娜·奥弗林(Joanna Overing)等作者的相关作品。

最近，巴西学术界出版了一些论文集（Dauster 2007），以及来自"巴西人类学协会"（Gusmão 2003, 2009）与其他国际学术研讨会（关于童年与青春期研究、学校教育、原住民教育、公共政策与文化多样性等）的学术论文，例如，帕拉迪诺（Paladino）与加西亚（Garcia）关于原住民学校的研究（Paladino, Garcia 2007）以及关于巴西教学人类学（teaching anthropology）的研究（Grossi, Tassinari, and Rial 2006）。还有部分专题研究，其中的某些章节会涉及人类学，例如有很多对儿童的童年生活开展的研究（Gomes 2008）。此外，专门针对巴西的人类学与教育这一学科的第一本入门读物（Rocha and Tosta 2009）也已经出版。通过上述作品，我们将能够对人类学诸多子学科的发展过程做一个述评，尽管这并不是一件容易的事情。我们同样也将能够对巴西的人类学与教育这一学科的学科特征进行评价与认知，它同时具备同质性与离散性，内容丰富并且有着巨大的发展潜力。

有关民族关系与教育的研究

人类学与教育学科视域之下的民族关系与教育，其研究的特点在于常常将发生于学校以及非学校空间的个案研究作为其主要的研究手段。在这样的情境之中，参与式观察法与民族志的方法占据了主导地位，口述生活史、话语分析与内容分析则作为一种补充性的方法论工具而存在。

20 世纪 70 年代以及 80 年代初，有关种族关系与教育的研究经历了巨大的变化，这其中有进步也有挫折。从概念的角度来看，一种具有诠释性视角的文化概念受到了当时巴西学术界的重视，克利福德·格尔茨的书（Clifford Geertz 1978）成为了文化分析的首要理论来源。研究通常强调对种族关系的实践、意义、话语与表征进行理解——它们主要由来自学校以及学校之外其他教育场景（例如家庭、文化群体、社会运动、宗教社群等）的不同行为者所造成。

自 20 世纪 80 年代至 90 年代初以来,有关种族关系与教育的研究更为敏锐地聚焦于非洲后裔,将其作为研究的主体。在学校,自 20 世纪 90 年代的下半叶以来,黑人与白人教师以及学生之间的民族-种族关系成为了研究热点,并因此扩大了这一研究的范围。

通过与社会学的深度互动与交流,这类研究还吸纳了很多有关种族的概念性论述,并将其视为一种社会学研究的分析范畴以及一种社会建构物（Silva and Hasenbalg 1992, Silvério 2002; Telles 2003, Guimarães 2003）。身份认同也是有关种族关系与教育研究的重要议题,它被理解为一种历史性地建构于某一社会内部的社会过程,并且充满了种族主义与种族民主神话的争议。此外,有的研究还与社会心理学有所重叠（Bento 2002）。

民族关系与教育方面的研究还包括以下主题:黑人身份认同的建构过程（Munanga 1999; Oliveira 1999）、教科书中有关种族偏见的刻板观念（Silva 2004, 2005, 2008）、19 世纪黑人教育机构的基本性质（Domingues 2008）、黑人运动的教育维度（Gonçalves and Gonçalves e Silva 2000）、作为一种教学仪式并将造成学校内部种族歧视的有关沉默的研究（Gonçalves 1985）、社会与种族的双重不平等以及它对黑人与白人学生的发展所造成的影响（Barcelos 1993; Rosemberg and Pinto 1988）、黑人女教师的生活历程与职业生涯（Gomes 1995; Muller 1999, 2008）、种族不平等背景下白人学生与黑人学生在学校的表现（Rosemberg 1987; Carvalho 2005）以及童年生活与民族文化（Cavalleiro 2000; Fazzi 2004）。

当前,学术界涌现出了更多的新的研究主题,例如,为促进民族-种族多样性而开展的教师培训（Gomes and Gonçalves e Silva 2006）、黑人教育史（Fonseca 2000）、黑人青少年（Jovino 2007）、巴西社会白人化（葡萄牙语：branquitude）（Benton 2002）、非裔巴西人文学（Amâncio, Jorge, and Gomes 2008）以及平权运动（affirmative action）（Silvério 2002）。

此外,我们还应该关注这一学术研究（种族关系与教育）的另外一个特征,即黑人研究者（包括男性与女性）作为研究主体的出现,代表着一种政治与认识论上的转变。与 19 世纪末 20 世纪初不同，黑人男性与女性不再只是"黑人研究"的客体。如今，他们成为了知识的生产者，致力于研究巴西黑人与白人之间的关系。他们的理论研究，无论是其内容还是结论，都打上了民族-种族话语体系发源地的印记，他们在政治上也将产出更为科学的有关民族关系的知识。

诸如格雷罗·拉莫斯（Guerreiro Ramos 1957）、欧拉西·诺盖拉（Oracy Nogueira 1998）、科洛维斯·莫拉（Clovis Moura 1983, 1988）、莱利娅·冈萨雷斯（Lélia González and Hasenbalg 1982）以及奥巴代亚·多·纳西门托（Abdias do Nascimento 1982）这样的学者，他们在种族问题的理论研究方面取得了令人瞩目的成绩，并被认为足以与社会科学中的其他"传统"研究相媲美。这些研究同时也被视为当代黑人学者对教育、人类学、历史学、社会学与社会心理学范畴下的种族关系进行更为科学的分析与研究的开创性成果。

有关青少年、学校与当代教育的研究

有关青少年主题的研究深受社会学与人类学研究的影响。就方法论而言，个案研究、民族志、参与式观察以及与官方统计数据相对应的质性研究等方法都被广泛地运用于这一研究领域。

总的来说，这方面的研究着重从两个维度来对青少年进行概念上的理解。一是把青少年理解为一种年龄的范畴（Debert 2003; Bourdieu 1983）；二是把青少年理解为一种社会、历史、文化与关系的集合体，并且由于历史进程的原因而在不同的时代呈现出不同的意义（Peralva 1997; Dayrell 2005）。在巴西，从事人类学与教育研究的学者们一致认为，想要对巴西的年轻人所经历的各种不同境况展开深入的分析，就必须要克服"青少年"这一术语中所蕴含的短暂性状态与生物学化（biologization）这两个概念，并以此为基础来思考"青少年"问题，然而到目前为止这二者仍然存在于我们的社会想象、公共政策以及学校之中。这些研究旨在将青少年描绘成为一个真正的人，认识到他们正经历着"青春期"，并且有着青春期的特征以及需要他们自己去面对的问题。

研究者们还对青少年公共政策这一主题进行了重点研究，尤其是20世纪90年来以来，青少年成为了国家特别关注的对象，巴西政府制定了一系列的公共政策来对青少年问题进行干预（Sposito 2007; Novaes 2008）。

年轻人在社会与学校里所面临的日益恶化的暴力状况与青少年的失业率（Abramo 1994; Damasceno 2000; Araújo 2001; Soares 2004）等问题不仅促进了青少年公共政策的制定，也推动了与之相关的教育研究。有关年轻人的贫困生活状态以及他们丧失基本权利与公民资格等方面的议题要求研究者们转变观念，不再把年轻人视为社会问题的制造者，而是把他们理解为将会为可能发生的社会变革肩负起共同责任的社会行动者。

这种观念上的转变催生了一些新的教育研究与公共行动，它们试图通过一种正面的青少年观或是把青少年视为"社会发展的战略性推动力"（Sposito 2007），来理解年轻人是如何在参与社会事务的过程中发挥其重要作用的。也正是在这一系列的思考过程中，有关青少年与社会运动的话题成为了真正值得研究者们去关注的议题（Sposito 2000）。上述文献还以一种教育学、社会学与人类学的跨学科视野来对青少年、教育、休闲活动与文化生产之间的关系进行了特别的关注（Dayrell 2005; Carrano 2002, 2003）。

还有一个重要的研究方向是青少年与学校之间的关系，对学校这样的教育机构在青少年（尤其是那些来自社会底层的青少年）的社会化过程中所扮演的角色进行了重点研究。这一研究的理论假设是：当代年轻人与学校之间的紧张关系及其所带来的挑战是西方社会发生深刻变革的重要标志。这样的变革必然会介入到个体的社会生产之中以及他们所存在的时间与空间的方方面面，并且对社会新生代的制度化与社会化过程造成直接的影响（Dayrell 2007; Camacho 2004; Leão 2006）。尤其是中学阶段，已经成为了理解青少年与教育之间关系的关键时期。

有关青少年主题的教育研究还对以下题目进行了重点关注：青少年犯罪（Grandino 2006）、青少年与性的多元化（Mott 2003）、有成年人共同参与的公共教育中的年轻人（Silva 2009）以及年轻人与媒体（Fisher 2005）。

有关原住民教育与童年的研究

随着大量原住民学校在巴西越来越多农村地区的建立，加上1988年新的《宪法》与1996年《国家教育法》（Lei de Diretrizes de Bases da Educação Nacional）的颁布，学术界兴起了一股原住民教育的研究热潮。上述两部法律的颁布使得使用原住民语言来开展教学活动成为可能，并保障了原住民民族依照自己的文化传统与学习方式来接受教育的权利。这些学校不再由国家原住民基金会（FUNAI, National Foundation for Indigenous People）统一管理。自1988年之后，绝大多数的原住民学校都改由非政府组织与地方协会出资筹建，并且经常得到来自研究者的捐赠（Ferreira 2001）。从20世纪90年代中期开始，根据《国家教育法》，政府与市政机构开始参与到原住民学校的管理之中，同时学校接受国家教育部的统一协调，这一系列的措施为有关原住民教育的研究增添了许多新的意义。

随之而来的是日渐增多的专门化以及跨学科研究，这一领域正在发展成为有关人类学与教育的系统研究之中意义最为重大的研究方向之一（see Silva 2001; Gusmão 2009）。①

一般来说，研究者们通常会把有关学校教育的课题项目置于一个较为

---

① 一项针对1978年到2002年间总共74项研究（其中53篇硕士论文、21篇博士论文）的调查（Grupioni 2003）发现，超过半数的文章都与教育有关（37篇），其次是语言学（13篇）与人类学（12篇）。从时间上来看，1994年之前的研究只有11篇，而研究数量的大规模增加发生在90年代中期，这表明这些研究的内容都非常新。另外一项调查显示，2003至2008年间发表的论文数量超过了90篇，增长显著。

宏观的主题背景之下进行研究，例如土地冲突、自我管理、土地本身的环境与经济可持续发展性（Pechincha 2005）、社会化过程的变革以及与社群有关的内外部社会关系等。但是，绝大多数有关原住民教育的研究则更为倾向于那些与学校教学活动相关的题目，例如教学与课程项目的研究、教学实践与教师培训。

　　为了建构一种"有针对性的、跨文化的、多样性的以及双语式的教育体系"（正如在巴西的官方文件中所展望的那样、并以之作为对原住民运动的一种回应），巴西政府与社会为之付出了种种努力，并在其执行过程中遇到了巨大的困难，而这些都成为了重要的研究主题。在具体的研究过程中，文化间性（interculturality）的概念屡屡被研究者们用来对有关原住民学校的计划与实践进行描述，尽管学术界对这一概念尚有争议并强烈地要求对其进行修订以使之更具问题导向性（Silva 2001; Tassinari 2001; D'Angelis 2003; Paladino and Garcia 2007）。

　　为满足每一个原住民民族有关他们领地、语言与符号遗产（symbolic heritage）的特定要求而所要面临的巨大挑战同样也是最受关注的研究主题之一。因此，研究者们对原住民民族本身作为主要推动因素如何在不同的情形中维护其民族文化的发展进行了详细的论述，这些情形包括：对原住民学校的教学项目进行解释的过程（Gallois 2001）、语言政策的制定与执行过程（在这一过程中，研究者们对"巴西原住民民族语言的未来与发展空间"（Monserrat 2001）以及原住民学校在其中所扮演的角色进行了深入讨论（D'Angelis and Veiga 1997; Oliveira 2000; Franchetto 2001; Veiga and Salanova 2001），以及"原住民文本创作"计划的实施过程（Monte 2001）。

　　还有相当多的研究对来自不同族群、部落或是村庄的原住民学校教学经历进行了描述，并关注它们与本地文化定位或是本地历史之间的关系（Tassinari 2001; Weigel 2003; Gomes 2006）。有关某些原住民民族拒绝对其学校进行外来文化意义上的改造也是一个颇受关注的研究主题

（Bergamaschi 2004）。另外还有一些涉及教育的研究主题直到最近才引起研究者们的重视，例如社会化过程研究，或是传统教育过程研究以及特定文化实践的学习研究等（Nunes 1999; Cohn 2000; Silva, Macedo, and Nunes 2002; Menezes 2004; Tassinari 2007）。对来自不同原住民学校的不同教学经历进行对比性分析将会是未来的一个重要研究方向。同样处于研究萌芽阶段的还有关于原住民教育与外部环境（例如在那些教育水平与教育过程都非常发达的社会或地区）中其他形式的教育经历开展对话与交流的可行性研究，这将有助于我们更好地去理解那些在原住民教育的发展过程中反复出现的种种难题（Vincent, Lahire, and Thin 1994）。此外，还有些为数不多的研究把学校教育视为广义的社会变化过程的一部分，这些过程包括官方标准化医疗救助体系的推广、原住民村庄货币流通的增长以及发生在社会经济生产机构中的其他变化情况。这些研究主要由诸如医学人类学与经济人类学这样的人类学分支学科开展。最后，还有学者对原住民学生在高等院校的教育情况进行了研究。这一类型的研究主要由本土学者自己开展［例如陶卡尼的著作（Taukane 1999）］，并且数量还在不断增加。

写在最后：面向未来的巴西人类学与教育 / 抑或是教育人类学（Anthropology and / of Education）

正如在本文的第一部分所提到的那样，想要建构具有巴西特色的人类学与教育学科，在我们看来，则意味着要去寻求一种对"巴西式研究主题"的认同。换句话说，我们应该尽量在巴西独特的历史背景之下去验证并理解这些研究主题是如何通过某种具体的或是象征性的方式嵌入到当今巴西社会的方方面面，并对其造成影响的。无论是从内部还是从外部来看，文化多样性都是巴西社会的显著特征。长期以来，巴西的主流社会对多样性一直持赞成与褒扬的态度，但却同时忽视了其中所暗含着的种种矛盾与不平等。如今，这些矛盾在巴西社会变得越来越清晰，并且在推动巴西人类学与教育学这两大领域进一步发展的过程中发挥着重大的影响力。

通过在前文中对部分研究主题进行概述，我们勾勒出了巴西人类学与教育这一学科的简要轮廓，这同时也为我们接下来将要开展的研究指明了方向。鉴于巴西的社会现实，这些研究方向通常会涉及某些社会关系非常紧张的领域，例如被学校开除的青少年与持续存在的社会暴力问题，带有民族-种族色彩的社会经济极度不平等问题，巴西社会依旧不健全的法律体制以及从制度上讲作为一个白人、基督徒与单一语言占主导地位的国家（无论是历史上还是在当前），巴西在面对不同的文化传统时所表现出的力不从心。在这样的情况下，巴西的人类学与教育研究被视为是解决上述社会问题的手段之一，而这些社会问题对于包括人类学与教育在内的所有的学科领域而言均是一项巨大的挑战。

另一方面，在人类学与教育学的跨学科背景下追求上述问题理论与实践的紧密相结合将为我们带来更为广阔的研究空间，"巴西式"的研究也将能够真正地跨越国界，对那些全新的、尚未被注意到的社会互动关系进行进一步的发掘与研究。尤其是巴西有关黑人族群认同的历史研究，以及其独树一帜的美洲印第安人思维研究（这一方向的研究在当前已经越来越为外界所知），都是影响力极大的研究主题，并且为全球这一研究领域的进步与发展做出了贡献。

最后再简单地说一下学校教育，这一制度已经在巴西的义务教育阶段得到了普及。当前，巴西政府正尝试在学校实施素质教育，并且为之进行了大量的调查与研究。通过将素质教育的实施与巴西广阔的社会背景相结合（正如我们在前文的某些案例中所看到的那样），巴西在有关素质教育的推动以及素质教育的研究方面受益良多。不同社会群体以及民族-种族群体的文化与象征性资源共同构筑了巴西的社会万象，此外，这些群体独有的生活方式还造就了巴西特殊的社会现实与社会发展策略。在我们看来，针对世界范围内学校教育体制所面临的种种问题，上述的巴西经验为我们提供了一种全新的解决之道。

第五章　巴西的人类学与教育

参考文献

Abramo, Helena Wendel. 1994. *Cenas Juvenis: Punks e Darks no Espetáculo Urbano.* São Paulo: Scritta.

Amâncio, Íris, Miriam Jorge, and Nilma Lino Gomes. 2008. *Literaturas africanas e afro-brasileiras na prática pedagógica.* Belo Horizonte: Autêntica.

Araújo, Carla. 2001. "As marcas da violência na constituição da identidade de jovens da periferia." *Educação e Pesquisa* (São Paulo) 27, no. 1: 141–60.

Barcelos, Luiz Cláudio. 1993. "Educação e desigualdades raciais no Brasil." *Cadernos de Pesquisa* (São Paulo), no. 86: 15–24.

Bento, Maria Aparecida Silva. 2002. "Branqueamento e branquitude no Brasil." In *Psicologia do racismo: estudos sobre branquitude e branqueamento no Brasil,* ed. Iray Carone and Maria Aparecida Silva Bento. Petrópolis: Editora/Vozes.

Bergamaschi, Maria Aparecida. 2004. "Por que querem e por que não querem escola os Guarani?" *Tellus* (Campo Grande) 4, no. 7: 107–20.

Bourdieu, Pierre. 1983. "A 'juventude' é apenas uma palavra" In *Questões de sociologia,* Pierre Bourdieu. Rio de Janeiro: Ed. Marco Zero

Brandão, Carlos Rodrigues. 1985. *A educação como cultura,* 2nd ed. São Paulo: Brasiliense.

———. 2002a. *A educação como cultura,* 3rd rev. ed. Campinas: Mercado das Letras.

———. 2002b. "Pensar o saber, pensar o poder." In *A educação como cultura,* 3rd rev. ed. Campinas: Mercado das Letras.

Camacho, Luiza Mitiko Yshiguro. 2004. "A invisibilidade da juventude na vida escolar." *Perspectiva: Revista do Centro de Ciências da Educação* (Florianópolis) 22, no. 2: 325–43.

Carrano, Paulo Cesar Rodrigues. 2002. *Os jovens e a cidade. Identidades e práticas culturais em Angra de tantos reis e rainhas.* Rio de Janeiro: Relume Dumará/FAPERJ.

———. 2003. *Juventudes e Cidades Educadoras.* Petrópolis: Vozes.

Carvalho, Marília Pinto de. 2005. "Quem é negro, quem é branco: desempenho escolar e classificação racial de alunos." *Revista Brasileira de Educação* (Rio de Janeiro) 28: 77–95.

Cavalcanti, Maria Laura, and Luis Rodolfo Vilhena. 1990. "Traçando fronteiras: Florestan Fernandes e a marginalização do folclore." *Estudos Históricos* (Rio de Janeiro: FGV) 5: 75–92.

Cavalleiro, Eliane. 2000. *Do silêncio do lar ao silêncio escolar. Racismo, preconceito e discriminação na educação infantil.* São Paulo: Contexto.

Cohn, Clarice. 2000. "Crescendo como um Xikrin: uma análise da infância e do desenvolvimento infantil entre os Kayapó-Xikrin do Bacajá." *Revista de Antropologia* (São Paulo, Universidade de São Paulo/USP) 43, no. 2: 195–222.

Consorte, Josildeth G. 1997. "Culturalismo e Educação nos anos 50: o desafio da diversidade." *Cadernos Cedes* (Campinas),18, no. 43: 26–37.

Damasceno, Maria Nobre. 2000. "Entre o sonho e a realidade: os jovens e as relações com o mundo do trabalho." *Educação em Debate* (Fortaleza) 21, no. 39: 130–42.

D'Angelis, Wilmar da Rocha. 2003. "Propostas para a formação de professores indígenas no Brasil." *Em Aberto* (Brasília, DF) 76: 34–43.

D'Angelis, Wilmar, and Juracilda Veiga, eds. 1997. *Leitura e escrita em escolas indígenas.* Campinas: ALB: Mercado de Letras.

Dauster, Tânia, ed. 2007. *Antropologia e Educação.* Rio de Janeiro: Forma e Ação.

Dayrell, Juarez T., ed. 1996. *Múltiplos olhares sobre educação e cultura.* Belo Horizonte: Editora da UFMG.

———. 2005. *A música entra em cena. O rap e o funk na socialização da juventude.* Belo Horizonte: UFMG.

———. 2007. "A escola faz a juventude? Reflexões em torno da socialização juvenil." *Educação & Sociedade* (Campinas) 28, no. 100: 1105–28.

Debert, Guita Grin. 2003. "A antropologia e o estudo dos grupos e das categorias de idade." In *Velhice ou terceira idade? Estudos antropológicos sobre identidade, memória e política,* ed. Myriam Moraes Lins de Barros. Rio de Janeiro: Editora FGV.

Domingues, Petrônio. 2008. "Um 'templo de luz': Frente Negra Brasileira (1931–1937) e a questão da educação." *Revista Brasileira de Educação* 13, no. 39: 517–34.

Ezpeleta, Justa, and Elsie Rockwell. 1986. *Pesquisa participante.* São Paulo: Cortez: Autores Associados.

Fazzi, Rita de Cássia. 2004. *O drama racial de crianças brasileiras: socialização entre pares e preconceito.* Belo Horizonte: Autêntica.

Fernandes, Florestan. 1966. Notas sobre a educação na sociedade Tupinambá. In *Educação e sociedade no Brasil,* Florestan Fernandes. São Paulo: Dominus/Edusp.

———. 1979. "As 'trocinhas' do Bom Retiro." In *Folclore e mudança social na cidade de São Paulo,* Florestan Fernandes. Petrópolis, Vozes.

Ferreira, Mariana Kawall Leal. 2001. "A educação escolar indígena: um diagnóstico crítico da situação no Brasil." In *Antropologia, História e Educação. A questão indígena e a escola,* ed. Aracy Lopes da Silva and Mariana Kawall Leal Ferreira. São Paulo: Global Editora/FAPESP/MARI.

———, ed. 2002. *Idéias matemáticas de povos culturalmente distintos.* São Paulo: Global Editora/FAPESP/MARI.

Fischer, Rosa Maria Bueno. 2005. "Mídia e educação : em cena, modos de existência jovem." *Educar em Revista* (Curitiba) 26: 17–38.

Fonseca, Claudia. 1999. "Quando cada caso não é um caso: pesquisa etnográfica e educação." *Revista Brasileira de Educação* (Campinas, SP: Editora Autores Associados) 10: 58–89.

Fonseca, Marcus Vinícius. 2000. *As primeiras práticas educacionais com caracte-*

rísticas modernas. Rio de Janeiro: Fundação Ford/ANPED.
Foracchi, Marialice M. 1972. *A juventude na sociedade moderna.* São Paulo: Livraria Pioneira.
Franchetto, Bruna. 2001. "Assessor, pesquisador: reflexões em torno de uma experiência em 'educação indígena.'" In *Práticas Pedagógicas na Escola Indígena,* ed. Aracy Lopes da Silva and Mariana Kawall Leal Ferreira. São Paulo: Global Editora/FAPESP/MARI.
Freitas, Marcos Cezar. 2001. *História, antropologia e pesquisa educacional: itinerários intelectuais.* São Paulo: Cortez Editora.
Gallois, Dominique Tilkin. 2001. "Programa de educação Waiãpi: reivindicações indígenas versus modelos de escola." In *Práticas Pedagógicas na Escola Indígena,* ed. Aracy Lopes da Silva and Mariana Kawall Leal Ferreira. São Paulo: Global Editora/FAPESP/MARI.
Geertz, Clifford. 1978. *A interpretação das culturas.* Rio de Janeiro: Jorge Zahar.
Gomes, Ana Maria R. 2006. "O processo de escolarização entre os Xakriabá: explorando alternativas de analise na antropologia da educação." *Revista Brasileira de Educação* 11: 316–27.
———. 2008. "Outras crianças, outras infâncias?" In *Estudos da Infância—Educação e práticas sociai,* ed. Maria Cristina Soares Gouvea and Manuel Sarmento. Petrópolis: Vozes.
Gomes, Nilma Lino. 1995. *A mulher negra que vi de perto.* Belo Horizonte: Mazza.
Gomes, Nilma Lino, and Petronilha Beatriz Gonçalves e Silva. 2006. *Experiênicas étnico-culturais para a formação de professores.* Belo Horizonte: Autêntica.
Gomes, Nilma Lino, and Lilia K. M. Schwarcz, eds. 2000. *Antropologia e história: debate em região de fronteiras.* Belo Horizonte: Autêntica.
Gonçalves, Luiz Alberto Oliveira. 1985. "O silêncio: um ritual pedagógico a favor da discriminação racial na escola." Master's thesis in education, Universidade *Federal de Minas Gerais,* Belo Horizonte.
Gonçalves, Luiz Alberto Oliveira, and Petronilha Beatriz Gonçalves e Silva. 2000. "Movimento negro e Educação." *Revista Brasileira de Educação* (Campinas: ANPED) 15: 134–58.
González, Lélia, and Carlos Hasenbalg. 1982. *Lugar de negro.* Rio de Janeiro: Marco Zero.
Grandino, Patrícia Junqueira. 2006. "O paradoxo do atendimento a adolescentes em conflito com a lei em tempos de reconstrução de relações entre crianças, jovens e adultos." *Dialogia* (São Paulo) 5: 101–9.
Grossi, Miriam Pillar, Antonella Maria Imperatriz Tassinari, and Carmen Sílvia Moraes Rial, eds. 2006. *Ensino de Antropologia no Brasil: Formação, práticas disciplinares e além-fronteiras.* Blumenau: Nova Letra.
Grupioni, Luiz. Donizete. B. 2003. "Experiências e Desafios na formação de professores indígenas no Brasil." *Em Aberto* (Brasília) 20: 13–18.
Guimarães, Antonio Sérgio A. 2003. "Como trabalhar com 'raça' em sociologia." *Educação e Pesquisa* (São Paulo: USP) 29, no. 1: 93–10.
Gusmão, Neusa M. M., ed. 1997. "Antropologia e educação. Interfaces do en-

sino e da pesquisa" (theme issue). *Cadernos CEDES* (Campinas: Cedes/Unicamp), no. 43.

———, ed. 2003. *Diversidade, cultura e educação: olhares cruzados*. São Paulo: Biruta.

———. 2008. "Antropologia, Estudos Culturais e Educação: desafios da modernidade." *Pro—Posições* (Campinas: Unicamp) 19: 47–82.

———. 2009. "Entrelugares: antropologia e educação no Brasil." *Educação* (Santa Maria) 34, no. 1: 29–46. Available at http://www.ufsm.br/revistaeducacao.

Jovino, Ione S. 2007. "Juventude e o hip hop. Escola, juventude negra e hip hop: um ensaio sobre biopotência." In *Educação*, ed. Luiz Alberto Oliveira Gonçalves and Regina Pahim Pinto. São Paulo: Contexto.

Leão, Geraldo Magela Pereira. 2006. "Experiências da desigualdade: os sentidos da escolarização elaborados por jovens pobres." *Educação e Pesquisa* (São Paulo: USP) 32, no. 1: 31–48.

Lévi-Strauss, Claude. 1986. "Palavras Retardatárias Sobre a Criança Criadora." In *O Olhar Distanciado*, 373–386. Lisbon: Edições 70. (translated from *Le Regard Eloigné*, 1983)

Menezes, Ana Luísa Teixeira. 2004. "O corpo 'educado' na dança Mbyá-Guarani." *Tellus* (Campo Grande) 4, no. 7: 93–106.

Monserrat, Ruth Maria Fonini. 2001. *Política e Planejamento Linguístico nas Sociedades Indígenas do Brasil Hoje: o Espaço e o Futuro das Línguas Indígenas, e Linguistas e Indios. Nova Parceria*. Caxias do Sul: Ed. UCS.

Monte, Nietta Lindenberg. 2001. "Textos para o currículo escolar indígena." In *Práticas Pedagógicas na Escola Indígena*, ed. Aracy Lopes da Silva and Mariana Kawall Leal Ferreira. São Paulo: Global Editora/FAPESP/MARI.

Mott, Luiz. 2003. "O jovem homossexual: noções básicas de direitos humanos para professores, professoras e para adolescentes gays, lésbicas e transgêneros." In *Homossexualidade: mitos e verdades*, ed. Luiz Roberto de Barros Mott. Salvador: Editora Grupo Gay da Bahia.

Moura, Clóvis. 1983. *Brasil—Raízes do protesto negro*. São Paulo: Globo.

———. 1988. *História do negro brasileiro*. São Paulo: Ática.

Muller, Maria Lúcia Rodrigues, ed. 1999. *As construtoras da Nação: professoras primárias na Primeira República*. Niterói/RJ: Intertexto.

———, ed. 2008. *A Cor da Escola—imagens da Primeira República*. Cuiabá: EdUFMT.

Munanga, Kabengele. 1999. *Rediscutindo a mestiçagem no Brasil. Identidade Nacional versus Identidade Negra*. Petrópolis: Vozes.

Nascimento, Abdias do. 1982. *O negro revoltado*. Nova Fronteira.

Nogueira, Oracy. 1998. *Preconceito de marca. As relações raciais em Itapetininga*. São Paulo: Edusp.

Novaes, Regina. 2008. *Juventude e sociedade: jogos de espelhos sentimentos, percepções e demandas por direitos e políticas públicas*. http://www.antropologia.com.br/arti/colab/a38-rnovaes.pdf. Accessed 14 June 2008.

Nunes, Angela. 1999. *A Sociedade das Crianças A'uwe–Xavante: por uma antro-

pologia da criança. Lisboa: Ministério da Educação, Instituto de Inovação Educacional.

Oliveira, Gilvan Muller, 2000. "O que quer a lingüística e o que se quer da lingüística—a delicada questão da assessoria lingüística no movimento indígena" (Theme Issue on Indigenous School Education). *Cadernos Cedes* 49.

Oliveira, Iolanda. 1999. *Desigualdades Raciais: Construção da Infância e da Juventude*. Niterói: Intertexto.

Paladino, Mariana, and Stella M. García, eds. 2007. *Educación escolar indígena. Investigaciones antropológicas en Brasil y Argentina*. Buenos Aires: Antropofagia.

Pechincha, Monica. 2005. "Ensino técnico e sustentabilidade dos povos indígenas." *Tellus* (Campo Grande) 5, no. 8/9: 79–89.

Peralva, Angelina. 1997. "O jovem como modelo cultural." *Revista Brasileira de Educação* (São Paulo: ANPED), no. 5/6: 15–24.

Petruccelli, José. Luiz. 2007. *A Cor Denominada—Estudos sobre a classificação étnico-racial*. Rio de Janeiro: DP&A—LPP/UERJ.

Ramos, Alberto Guerreiro. 1957. *A Introdução Crítica a Sociologia Brasileira*. Rio de Janeiro: Andes.

Rocha, Gilmar, and Sandra F. Pereira Tosta. 2009. *Antropologia e Educação*. Belo Horizonte: Autêntica.

Rosemberg, Fulvia. 1987. "Instrução, rendimento, discriminação racial e de gênero." *Revista Brasileira de Estudos Pedagógicos* (Brasília) 159, no. 68: 324–55.

Rosemberg, Fulvia, and Regina Pahim Pinto. 1988. "Trajetórias escolares de estudantes brancos e negros." In *Educação e discriminação dos negros*, ed. Regina Lucia Couto de Melo and Rita de Cássia Freitas Coelho. Belo Horizonte: IRHJP.

Sader, Eder. 1988. *Quando novos personagens entraram em cena: experiências, falas e lutas dos trabalhadores da Grande São Paulo 1970–1980)*. Rio de Janeiro: Paz e Terra.

Sader, Eder, and Maria Célia Paoli. 1986. "Sobre 'classes populares' no pensamento sociológico brasileiro." In *A aventura antropológica: teoria e pesquisa*, ed. Ruth. C. L. Cardoso. Rio de Janeiro: Paz e Terra.

Saviani, Dermeval. 1996. "Florestan e a educação." *Estudos Avançados* (São Paulo: Instituto de Estudos Avançados da USP) 10, no. 26: 71–87.

Schaden, Egon. 1962. *Aspectos fundamentais da cultura Guaraní*. São Paulo: Difusão Européia do Livro (Corpo e Alma do Brasil).

———. 1964. *Aculturação indígena: ensaio sobre fatores e tendências da mudança cultural das tribos índias em contato com o mundo dos brancos*. Tese apresentada para a Cadeira de Antropologia da FFLCH-USP, São Paulo.

———, ed. 1976. "Educação indígena" (theme issue). *Problemas brasileiros* 14, no. 152.

Silva, Ana Célia da. 2004. *A discriminação do negro no livro didático*. Salvador: EDUFBA.

———. 2005. "A desconstrução da discriminação no livro didático." In *Superando o racismo na escola*, ed. Kabengele Munanga. Brasília: MEC.

Silva, Aracy Lopes da. 2001. "Uma 'Antropologia da Educação' no Brasil? Reflexões a partir da escolarização indígena." In *Antropologia, História e Educação. A questão indígena e a escola*, ed. Aracy Lopes da Silva and Mariana Kawall Leal Ferreira. São Paulo: Global Editora/FAPESP/MARI.

Silva, Aracy Lopes da, and Mariana Kawall Leal Ferreira, eds. 2001. *Antropologia, História e Educação. A questão indígena e a escola*. São Paulo: Global Editora/FAPESP/MARI.

———, eds. 2001b. *Práticas Pedagógicas na Escola Indígena*. São Paulo: Global Editora/FAPESP/MARI.

Silva, Aracy Lopes da, Ana Vera Lopes da Silva Macedo, and Ângela Nunes, eds. 2002. *Crianças Indígenas*. São Paulo: Global Editora/FAPESP/MARI.

Silva, Natalino Neves da. 2009. "Juventude, EJA e Relações Raciais: um estudo sobre os significados e sentidos atribuídos pelos jovens negros aos processos de escolarização da EJA." Master's thesis in education, Federal University of Minas Gerais.

Silva, Nelson do Valle Silva, and Carlos A. Hasenbalg. 1992. *Relações raciais no Brasil contemporâneo*. Rio Janeiro: Rio Fundo Editora.

Silva, Paulo Vinícius Baptista da. 2008. *Racismo em livros didáticos*. Belo Horizonte: Autêntica.

Silvério, Valter Roberto. 2002. "Ação afirmativa e o combate ao racismo institucional no Brasil." *Cadernos de Pesquisa*, no. 117: 219–45.

Soares, Luiz Eduardo. 2004. "Juventude e violência no Brasil contemporâneo." In *Juventude e Sociedade: trabalho, educação, cultura e participação*, ed. Regina Novaes and Paulo Vannuchi. São Paulo: Ed. Fundação Perseu Abramo.

Sposito, Marília Pontes. 2000. "Algumas hipóteses sobre as relações entre movimentos sociais, juventude e educação." *Revista Brasileira de Educação* (Rio de Janeiro), no. 13: 73–94.

———. 2007. "Introdução." In *Espaços públicos e tempos juvenis: um estudo de ações do poder público em cidades de regiões metropolitanas brasileiras*. São Paulo: Global.

Tassinari Antonella M. I. 2001. "Escola indígena: Novos horizontes teóricos, novas fronteiras da educação." In *Antropologia, História e Educação. A questão indígena e a escola*, ed. Aracy Lopes da Silva and Mariana Kawall Leal Ferreira. São Paulo: Global Editora/FAPESP/ MARI.

———. 2007. "Concepções de infância indígena no Brasil." In *Tellus* (Campo Grande) 7, no. 13: 11–25.

Taukane, Darlene Yaminalo. 1999. *A história da educação escolar entre os Kurâ-Bakairí*. Cuiabá: Governo de Mato Grosso.

Telles, Edward. 2003. "Da democracia racial à ação afirmativa." In *Racismo à brasileira: uma nova perspectiva sociológica*, Edward Telles. Rio de Janeiro: Relume Dumará.

Veiga, Juracilda, and Andrés Salanova, eds. 2001. "Questões de Educação Escolar Lingüística: da formação dos professores ao projeto de escola." Brasília: FUNAI/ Dedoc. Campinas/ALB.

Vincent, Guy, Bernard Lahire, and Daniel Thin. 1994. "Sur l'histoire et la théorie de la forme scolaire." In *L'éducation prisonnière de la forme scolaire? Scolarisation et socialisation dans les sociétés industrielles,* ed. Guy Vincent, Lyon: Presses Universitaires de Lyon. Translated into Portuguese by Diana Gonçalves Vidal, in *Educação em Revista,* 33 (2001): 7–47.

Viveiros de Castro, Eduardo. 1998. "Cosmological Deixis and Amerindian Perspectivism." *Journal of the Royal Anthropological Institute* 4, no. 3: 469–88.

Weigel, Valéria Augusta Cerqueira de Medeiros. 2003. "Os Baniwa e a escola: sentidos e repercussões." *Revista Brasileira de Educação* (Rio de Janeiro), no. 22: 5–13.

第六章　法语世界的教育民族志

玛露西娅·哈沃（Maroussia Raveaud）
雨果·德雷朗（Hugues Draelants）

法语世界并没有把教育人类学视为一门专门化学科的研究传统。依照某些教育人类学学科创始人［例如戴尔·海默斯（Dell Hymes）与雪莉·布莱斯·希思（Shirley Brice Heath）］所提出的这一学科所应当具有的特征来看，在法语世界里，无论是教育中的民族志（ethnography in education）还是教育民族志（ethnography of education）[①]最终都没有能够发展成为一个专门化的研究领域。上述事实的一个重要判断指标是：在阿涅斯·范赞丹（Agnès van Zanten）编辑的最新版《教育学词典》（*Dictionnaire de l'éducation*）中，"教育人类学"（anthropologie de l'éducation）与"教育民族志"（ethnographie de l'éducation）这两个词条是由北美的学者来撰写的——这样的情形在这本字典里并不多见。学校教育社会学在法语世界的教育研究中占据着主导性的地位，在学校教育社会学领域，长期以来研究者们更多关注的是一般性的宏观社会学理论，却忽略了实证研究在其中的作用。自20世纪80年代以来，法语世界的教育研究在理论分

[①]　"教育中的民族志"这一表述强调民族学与教育是相互作用的两个领域，而不是说后者是前者的一种工具——这正是"教育民族志"这一表述所暗示的（Winkin 1992）。在"教育民族志"中，民族志被理解为一种方法，它主要被质性研究者用来解决社会问题而不是文化人类学方面的问题。

析、研究主题、研究对象与研究方法等方面有了深刻的改变，同时研究者们也开始关注来自英国与美国的人类学与民族志研究文本，在这样的背景之下，法语世界出现了一股教育民族志的研究热潮。

长期以来，由于社会不平等与社会再生产这样的宏观社会学理论在法语世界的教育研究中占据了主导性地位，因此，该领域对田野研究与实证性的研究方法有一种天然的抗拒，本文将对这一情况进行追溯。不过随着教育政策的改变、批判社会学综合效应的产生以及其他学科对教育研究的不断影响，研究者们对各种社会角色与现实的教育过程产生了浓厚的兴趣。民族志在这一过程中扮演了重要的角色，尽管它并没有作为一门全新的学科被提出来，但它却更多地被运用于社会学的领域以作为研究文化适应与"克里奥尔语化"（credized）的工具。

本文所作的文献综述将主要以法国的案例为主，总的来说，法国的教育研究对世界其他法语地区的教育研究产生了深远的影响。不过，另外三个法语地区（比利时法语区、瑞士法语区与加拿大魁北克省）在教育研究领域也有着突出的表现，所以我们也将对其进行分析，并重点突出它们的一些关键特征。

学术研究的"冰河时期"：对实证主义研究方法的长期抵制

想要理解法国的教育体制与研究传统，关键在于首先要对法国的共和思想（republican ideology）进行理解。共和思想的设计最初是为了超越语言、宗教与地方行政上的狭隘思想，从而建立一个统一的法国。后来，共和思想中又纳入了移民的概念，其理论上的假设在于为了让少数群体也能够更好地融入法国的主流文化。共和思想反映在教育上则表现为两大基础性的价值，即世俗主义（secularism）与平等主义（egalitarianism）。

这一独特的思想体系对法国的教育政策、教育研究以及与教育相关的一系列理论分析都产生了深远的影响（Duru-Bellat and van Zanten 2006）。

在有关社会化的研究议题中,结构功能主义(structural-functional)的观点长期以来占据了主流,这一理论的形成得益于涂尔干(Durkheimian)关于整合(integretion)与社会化的宏观社会学研究。20世纪六七十年代,对于社会关系的研究,学术界形成了一种颇具争议性的观点,该观点将学校视为延续不平等的权力结构与社会地位、并将其合法化的场所。与涂尔干的整合理论截然相反,来自马克思主义的分析与皮埃尔·布迪厄(Pierre Bourdieu)的再生产理论(theory of reproduction)强调了学校将会导致阶层分裂的潜在可能性,不过他们同时也对涂尔干的理论进行了延伸,因为后者关注教育的基本问题——精英(meritocracy)、平等(equality)与民主(democracy)——是研究教育体制的基础性理论。

20世纪80年代以前,在法国学术界占据了"霸主"地位的宏观社会学研究主要关注的是社会不平等。人们把这段时期比喻为学术研究的"冰河时期"。在这一时期,研究者们在思想意识上对英语世界的研究文献持抵制的态度,他们瞧不起实证研究,或是对实证研究根本就是一无所知。因此,在当时的法国,社会学与人类学之间有着一条泾渭分明的界线。考虑到法国的社会学与民族学拥有共同的理论基础以及拥有以埃米尔·涂尔干(Emile Durkheim)与马塞尔·莫斯(Marcel Mauss)为代表的共同的学科创始人,这样的情况在某种程度上显得有些自相矛盾,更何况涂尔干在当时还是索邦大学教育研究的首席教授。不过,当英国的社会人类学专注于他们传统意义上的微观社会学方法论与专题研究方法论的建构的时候,涂尔干在法国的追随者们则更为倾向于宏观社会学的研究传统,并且在理论与方法论上坚持社会事实的外部性(externality)以及对自发性的思想范畴(spontaneous thought categories)持怀疑的态度。[1] 此外,法国

---

[1] 布迪厄在这一过程中所扮演的角色同样比较模糊:尽管布迪厄本身是一名颇有造诣的民族志学者,但却并没有将民族志运用于他有关学校的研究之中,并且他对民族学方法论尖锐的评论可以说在一定程度上阻碍了教育研究对微观社会学研究方法的接受。与此同时,在其整个学术生涯中,他还对文化传递这一重要的人类学议题一直保持着极大的研究兴趣,他有关"惯习"(habitus)的概念构筑起了研究的宏观层面与个人层面之间联系的桥梁。

的教育研究几乎都是由社会学家来完成的,而那些说法语的人类学家则常常倾向于去国外开展研究。直到最近,法国的民族学才开始在国内发声,并且发现自己与社会学在研究对象与研究方法上有着共同的兴趣。

社会学家手中的民族志:一种范式、一门学科、抑或是一种工具?

20 世纪 80 年代,由于各种不同的原因以及它们叠加在一起而所产生的综合效应,法国的社会学开始从原本占统治地位的宏观社会学理论向中观与微观层面的分析转变(Duru-Bellat and van Zanten 2006)。在社会学内部,有一种批判的观点对宏观社会学理论有限的问题解决能力提出了质疑。宏观社会学理论所描述的那些社会现象到底有多大的可能性能够在实践中发生?随着法国学术界对英美两国研究的不断关注,再加上受到来自其他学科(例如社会语言学)的影响,研究者们逐渐对一些小型的研究以及更加贴近实证主义的研究方法表现出了兴趣,这使得社会学与人类学之间原本泾渭分明的界线出现了松动。同时,政治与社会的不断向前发展削弱了政府机构的权力。在过去,政府机构对教育实施严格的管控,并将其认为是理所当然的价值观强加于教育之上。政治改革,在推动教育的大众化与权力的去中心化的同时,赋予了本土行动者新的角色与新的行动领域。基于上述种种原因,学术界在研究方向上经历了一场意义深刻的转变:过去研究者常常将学校视为一种研究的对象,而现在则将其视为一个研究的场域,并且他们的研究重心也开始越来越多地转移到对社会行动者以及他们的表征、互动与基本原理的关注之上,这便需要一些恰当的研究方法与概念框架。

考虑到国内质性实证或是理论研究作品的匮乏,研究者们转而将目光投向了英美两国的研究文献与部分经典的外国译著。前者主要是发表于 20 世纪 80 年代末、90 年代初的一些深度文献综述(e.g. Derouet, Henriot-van Zanten, and Sirota 1987; Forquin 1989; Henriot-van Zanten, and Anderson-Levitt 1992）；后者则主要包括让-克劳德·福尔坎（Jean-Claude Forquin）翻译的新教育社会学方面的文献、帕特里克·贝尔蒂埃（Patrick Berthier）翻译的民族志文献以及乔治·拉帕萨德（Georges Lapassade）与阿兰·库隆（Alain Coulon）共同翻译的民族学方法论方面的文献等。让-路易·德鲁埃（Jean-Louis Derouet）、阿涅斯·汉诺-范赞丹（Agnès Henriot-van Zanten）与雷吉娜·西洛塔（Régine Sirota）合作完成了一篇基础性文献综述，对这一领域中的多种研究方法进行了详细的描述，包括：质性研究法（qualitative approaches）、微观社会学研究法（microsociological approaches）、描述性研究法（descriptive methods）、综合社会学研究法（comprhensive sociology）与解释性研究法（interpretive approaches）（Derouet, Jean-Louis, Agnès Henriot-van Zanten and Régine Sirota 1987: 91），同时还以象征互动理论、组织理论（organizational theory）与民族学方法论（ethnomethodology）为基础（它们的共同之处在于都被定义为田野研究的基础性理论）对从"文化人类学"到"芝加哥学派"的各种学术流派进行了详细的介绍。上述工作不仅让人类学与民族志的一些关键概念对法语世界的研究者来说变得更加容易理解，并且将来自英语世界的研究同法国的实际情况联系了起来。在这一过程中，我们不仅能够看到二者的相互冲突，也能看到它们的相互融合。例如20世纪80年代末，法国与北美就经历了一段刚好相反的发展历程。在经过了一个阶段的民族志研究高产期之后，美国的人类学开始致力于对全球化理论的阐述，而法国社会学的研究重心则从20世纪70年代的宏观理论建构转移到了对日常课堂互动以及本土教育环境的研究（Henriot-van Zanten, and Anderson-Levitt 1992）。

　　来自英美的研究同时也对法国社会学一些基本的认识论方面的问题产生了影响。有观点认为，民族志局限于研究的微观层面以至于忽略了其他更具代表性的主张，更多地强调与具体环境的密切联系从而丧失了普遍性，对主观感受过于依赖却缺乏严密的逻辑，并且它还弱化了一些具有决定性作用的社会学理论的影响力，研究者们对上述民族志的种种局限表示了担心。此外，研究者们对民族志还存在着一定的疑惑，他们认为民族志过分强调对事件的描述，却反而将研究的真正目的抛之脑后。无论民族志的描述多么具有"深度"，它却在一定程度上阻碍了对研究规范化、概念化或是理论化等一切形式的尝试。当前，民族志研究正逐渐脱离其人类学的研究框架，这一趋势无疑加深了研究者的上述观点，并因此在一定程度上削弱了民族志研究的合理性。

从本质上来讲，对那些想要将民族志作为一种工具运用于自己的学科领域、并对其可行性进行探索的法国学者而言，民族志研究的方法论维度才是他们感兴趣的地方。在社会学研究的情形下，大量的研究都是建立在一个清晰可辨的理论框架范围内、并且对预先设定好的假设进行验证的基础之上的，其目的在于获得一个具有普遍意义的结果，从而形成一种新的理论。法国学术界并没有对人类学或是民族志的相关议题进行全盘吸收，或是将其发展成为一门独立的学科，他们更为常见的做法是将民族志作为一门工具融入现有的学科框架之中，以帮助他们能够以一个局内人的视角来开展研究，并对社会行动者的表征进行呈现。值得注意的是，研究者们更为青睐"民族志"的形容词形式"ethnographic"而非名词形式"ethnography"，并将其用在"方式"（approach）、"方法"（method）、"方向"（orientation）等词汇之前以作修饰。此外，相较于英语世界的传统，法国的研究者并不倾向于对"民族志的"（ethnographic）这一单词进行特殊的限定（Henriot-van Zanten, and Anderson-Levitt 1992），而是将其作为一个涵盖性术语（umbrella term）加以运用，意指任意一种与田野工作有关的微观社会学研究法或是质性研究法，例如参与式观察、案例研究与访谈等。因此，很多宣称采用了民族志方法的研究事实上只不过是将研究建立在半结构化访谈的基础之上而已。另外还有一种比较常见的、折中的方法是将观察法同问卷调查、访谈、文献研究、数据分析以及其他一些研究方法结合起来使用。

在方法论的问题上，法国学术界并没有对其加以过多的讨论，但德鲁埃、范赞丹与西洛塔的文献综述却是例外（Derouet, Henriot-van Zanten, and Sirota）。在对那些通常被运用于学校、课堂与社区的民族志方法进行阐述之后，德鲁埃等人开始思考"上述场域是否同时也构成了社会研究的另外一些层面，即研究者们是否同样可以在这些场域里对一些普遍的社会学现象（例如通过教育而造成的社会再生产，或是能够产生某种特定研究议题的新的对象）进行更为细致的研究"（1987: 92）。他们还呼吁，应该试着让社会学来扮演在英语世界里原本由民族学与人类学来扮演的概念化的角色，即社会学应该"运用宏观社会学的方法来对微观社会学进行再表述"，并且还应该确保其在认识论方面的严谨性，只有这样，民族志方法能够对问题进行诠释的潜力才能最大程度地被发挥出来（1987: 95）。当法国的社会学运用民族志的方法来研究社会问题时，上述这种尝试正是其特点所在。法国的社会学研究对民族志的方法进行了改良，以使之能够被适用于诸如不平等与再生产等一系列主流的社会议题，以此来对社会的日常过程与互动进行阐述（社会不平等正是在这样的一个微观层面产生并得以延续的）、对建立在各种社会变量（例如性别与民族）之上的再生产模式进行检验、用互动论的观点来代替之前的结构决定论，或是对看似精英主义的共和制神话所产生的"内爆"（implosion）对教育体制及其参与者所造成的影响进行探索。然而，一些关键性的问题（例如是否能够通过大量的个人实践与互动来对社会不平等进行解释，换句话说，是否能够将研究的宏观层面与微观层面进行结合，以及怎样结合）仍然被认为尚未得到解决（Duru-Bellat and van Zanten 2006）。

一些重要的研究主题："黑盒内部"

在这一部分，我们将对三个研究领域中的部分重要研究进行介绍，这三个领域分别是：社会行动者与教育实践、学校教育与隔离的地方性维度以及职业化发展，主要运用微观社会学的理论与方法来开展研究。

黑盒内部的研究与朝着行动者的转向

20世纪90年代起，法国的教育研究呈现出了爆发式的增长。这些研究主要对学校这一"黑盒子"内部究竟发生了什么事情进行探索，同时也开始转向于对社会行动者进行研究。尽管不同的学科方法有着特定的思维与方法论传统，并且不断地影响着该学科的研究与相关的议题，然而，这并不能阻挡学科之间的相互融合。

贝尔纳·夏洛（Bernard Charlot）、伊丽莎白·布提（Elisabeth Bautier）与让-伊夫·罗奇（Jean-Yves Rochex）运用了一种结合社会语言学与心理学的混合型研究方法对学生与知识、学生与学校教育以及学生与语言的关系进行了调查（Charlot, Bernard, Elisabeth Bautier and Jean-Yves Rochex 1992）。他们的研究主要聚焦于学生的低学业成就，其目的在于对某些工人阶级儿童的个人成长历史以及尽管同为工人阶级却照样能够在学业上取得一定成就这一看似矛盾的现象进行解释。研究还重点论述了学生如何通过与自己、他人以及周边世界建立起一种关系型的学习情境来完成主体间性的建构（intersubjective construction）。当他们在分析学生与知识的关系时，所使用的关键变量并不是文化资本、社会背景或是认知能力，而是学生的个人身份认同与他们的学习行为本身，同时也考虑了学校、社区与家庭流动这些情境因素所带来的影响。

一种更为贴近人类学的观点是对学生与教师如何通过互动来建构并深刻地理解学习情境进行了关注，同时以此为基础对儿童或是学生在教育过程中，从教育对象转变为具有主观能动性的行动主体这种角色的转变进行了概念上的重构。在小学阶段，儿童需要学习如何融入新的社会群体，但他们并不是简单地接受或是遵照成人世界的行为规范。哈沃的一项田野研究以小学的课堂与操场为场域，对基于儿童与成人以及儿童与他们的同龄人相互之间的日常互动而发生的"隐性"社会化过程进行了阐述，并对儿童如何去理解他们在这一过程中所处的境况进行了探索（Raveaud 2006）。帕特里克·里奥（Patrick Rayou）运用问卷调查与访谈的方法来研究儿童对其学校教育经历的认识，以及他们对正义（justice）与公平（fairness）的理解（Rayou 1999）。在小学阶段，儿童的上述认识与理解常常都具有同一性，不过帕特里克却对儿童形成于操场上的社交能力（当他们离开了有成人监管的课堂）进行了研究，儿童运用这个社交能力来与他们的同龄人相互协商，并制定他们自己认为是合理的规矩与原则。人类学家朱莉·德拉兰德（Julie Delalande）同样对操场作为一个微型社会是如何在儿童建构其童年文化的过程中（儿童也通过这样的过程建立起了一种集体的社会身份认同）发挥作用进行了思考（Delalande 2001）。德拉兰德与里奥通过象征互动理论与民族志案例向我们展示了与儿童相关的整体性社会人类学研究在法国的发展过程。

中学阶段的教育，由于充斥于其中的各种紧张关系以及学生在这一时期对制度文化所表现出的叛逆态度，吸引了来自社会学的广泛关注。自20世纪90年代开始，许多法国的研究者不再热衷于对社会不平等问题从功能主义决定论的角度进行因果解释，转而去关注那些新的表现形式之下的不平等议题。例如，有的研究者对嵌入于社会关系之中的学习情境进行描述，以此来阐述教育的日常过程以及其中的互动关系，因为现实生活中的不平等正是在这样的过程中得以建构并延续下来的。安妮·巴瑞尔（Anne Barrère）运用了量化研究与深入观察相结合的方法，对某两所中学里的学生工作开展了一次社会学意义上的研究（Barrère 1997）。她在研究里提出了一种假设：人们默认以一种共享的方式来对"工作"进行定义，因此掩盖了这一关键性的概念事实上并非是早就已经存在的，而是在教育体系中被人为地建构出来，并且从属于一个更宽范围内的实践这一事实。

弗朗索瓦·度贝（François Dubet）的"经验的社会学"（sociology of experience）为20世纪70年代的批判社会学提供了一种可供替代的选择，并在这一方面发挥了特殊的影响力。它一方面在广义上坚持教育成功的社会决定论观点（前提是人们能够普遍地获得入学的机会），另一方面也积极探索学生本身在这一过程中发挥的作用。学校作为价值的传播者以及作为学生的预定性角色的提供者，其制度性功能正在逐渐被削弱，于是度贝使用社会主体的"经验"这一概念来代替涂尔干的社会化概念。度贝的一大创举是在他的研究中使用了阿兰·图海纳（Alain Touraine）"社会学干预"（sociological intervention）的方法：在社会学研究中，被研究者不应该被当作哈罗德·加芬克尔（Harold Garfinkel）所描述的那种"文化傀儡"，而应该被视为社会行动者，并且在访谈的过程中可以对他们的选择、策略与情感进行自由的讨论，然后再从研究者那里获得反馈，进而参与到整个研究的分析之中去。这样的目的是为了确保被研究者的真实性，同时也增强他们作为社会行动者的主观能动性。这种类型的研究不仅能够引导学生表达自己的观点，还能够从被研究者的角度来对制度的发展过程进行分析，通过对社会不平等的表现形式进行探索，对"不平等"这一社会学的核心议题从一个新的角度进行认知。

学校教育与隔离的地方性维度

法国的政策改革加速了权力的去中心化，对教育研究者而言，他们也迫切希望能够对包括学校、地方行政当局、优先教育学区（Zones d'Éducation Prioritaire）以及社区在内的地方教育参与者在这一过程所扮演的新的角色进行理解。共和制的思想在法国得到普及之后，要求对权力进行去中心化改革的政治推动力同时也对社会公共行动的指导原则提出了质疑。受约翰·罗尔斯（John Rawls）正义理论的启发，让-路易·德鲁埃对之前在法国占主导地位的平等与公民身份的价值观在当前是如何同与之存在竞争关系的正义原则和平共处的进行了研究（Derouet 1992），这些正义原则包括：强调人际关系的国家逻辑，以及以个人自由为基础、并建立在充分的竞争之上的市场逻辑。有效利用上述这些正义原则来对社会行动进行指导，这样的任务暂时性地落在了学校与地方行动者的身上。

在教育系统内部，官方对多样性的承认使得学校领导、地方行政当局以及家长在对那些派得上用场的、个人的以及更具集体性的基本理论进行阐述的时候，通常会采取一种复杂的、个体性与集体性的策略（Duru-Bellat and van Zanten 2006）。在此类议题的研究中，社会不平等的产生以及社会再生产等问题依然是研究者们所关注的核心问题，但是社会阶层决定论已经让位于对发生在社会角色之间的意义策略、互动与协商所进行的强调——这些社会角色通常有着不同的社会、文化与地方背景。

大部分的质性研究都聚焦于学校，因为学校的规模、透明度以及易参与性等特点使得它们成为了开展民族志研究的理想场所。然而问题在于，对学校开展的相关研究到底应该深入到何种程度？尤其是在法国的环境里，学校作为一种行政管理意义上的存在，社群的道德观念或是意识并不是其所要强调的。其中的一个解决办法就是将对学校的研究牢牢地置于它们不断变化与发展的情景之中去，正如阿涅斯·范赞丹在对学校的内部过程开展深入而细微的研究时，就将其置于一种介于中心与"外围"之间的重构型关系之中去进行（Zanten 2001）。在多年的观察与访谈的基础之上，范赞丹对教学的本质以及学校教育的目的是如何通过一种微妙的方式同一个城市的内部环境相互之间进行反复地磨合并最终适应这种环境的进行了研究：在那种现实情况与既定标准相距甚远的环境中，教育往往会促使一些新的能力的产生，包括专业能力（professional competence）、组织能力（organizational competence）与关系能力（relational competence）。同时，对人际关系与少数民族文化的重视以及将严苛的学业成功标准放宽松导致了一种伦理道德层面上的紧张关系的产生：这些推动教育发展的措施对共和模式（the republican model）而言是否可以被算作是一种具有创造性的本土化选择，还是将会导致某些类别的学生在广义的教育秩序中落后于他们的同辈？

微观社会学在帮助人们理解隔离与歧视的机制方面做出了很大的贡献。理论上，法国学生在本地学校注册入学，然后再随机分班。然而在实践中，家长常常会对学校进行选择或是直接上私立学校，再加上不同的学校有不同的发展策略，于是学校就变成了一个充满竞争的市场。让－保罗·帕耶（Jean-Paul Payet）在其研究中揭示了相当大比例的法国初中是如何以学业水平为依据来对学生进行分组的（Payet 1995），并通过向家长们保证他们的孩子将会与来自相似社会背景的其他孩子一起接受教育，以此来留住"好"学生。在这样的一些案例中，官方为了避免学校之间的隔离而采取的种种举措却反而导致了学校内部的隔离。

在有关教育隔离以及教育歧视的研究中，来自工人阶级与少数民族的学生成为了格外受关注的对象。然而，在法国的话语体系下，针对少数民族学生的教育命运进行研究将面临政治与科学层面的双重挑战。事实上，共和思想中包含了反歧视的逻辑，因此法国通过立法对民族数据的搜集进行了限制。这一举措在一定程度上杜绝了国家对民族的监视，而仅仅采用国籍与出生地作为对人口进行划分的官方标准。[①] 除了法律方面的问题之外，法国社会学家的伦理情怀使得他们不愿意去对少数民族学生进行刻意的识别，以避免因为标签效应而让学生感觉到被歧视，这与北美人类学家关注民族的研究传统形成了鲜明的对比。此外，法国教育部曾开展了一系列颇具影响力的统计研究，得出的结论是：法国的教育系统中并不存在不平等的现象，外来移民的儿童也能够获得成功，或者说即使不比其他的孩子优秀，也至少能够达到平均水平，并且将他们中的部分学生在学业上的失败归咎于社会经济因素，而不是他们的民族渊源（Vallet and Caille 1995; INSEE 2005）。不过，研究者们也想出了一些策略来对这些政治与行政上的困难进行规避，以达到对少数民族学生的身份进行识别的目的。例如，乔治·佛鲁兹（Georges Felouzis）通过学生的名（first name）来找出具有相似民族背景的学生，再运用统计学的方法对存在于波尔多地区初中学校里的教育隔离及其程度进行分析。当然，民族志还可用作其他方

---

① 法国于1978年通过了一项法律对诸如民族渊源、政治或宗教立场、工会身份与性取向等"敏感"的个人信息的搜集进行了限制。

面的用途，将民族志的方法与社会学的范式（尤其是社会学对不平等进行研究的范式）相结合，这便向法国人颇为自豪的共和思想提出了强有力的挑战（van Zanten 2001）。帕耶对通过学校内部的选择机制与"幕后"（例如班主任的办公室）的日常例行互动而产生的歧视机制进行了研究（Payet 1995）。该研究表明，在社会表征"民族化"（ethnicization）这一背景之下，人们要么只是简单地从民族性（ethnicity）这种单一的、扁平化的维度来对学生的身份进行识别，要么就在对学生的社会背景进行还原的过程中对其民族性视而不见。

在一项针对城市内部地区开展的长达十年的民族志研究中，斯特凡·波德（Stéphane Beaud）对那些受益于"民主化"政策而进入中学接受教育的新入学者，以及他们对歧视的理解与认识进行了研究（Beaud 2002）。从整体上来看，这些学生大多都经历了一段充满了屈辱以及在屈辱之下选择服从的过程，在这一过程中他们被贴标签、被污名化以及被孤立，并且他们所取得的任何学业上的成就都会因为他们在身份认同上的分裂而受到影响。他们所经历的这种歧视最终可能会导致暴力行为的发生。值得我们注意的是，没有证据表明法国的学校里存在有这种类似的反学校文化或是集体性的对抗行为，不过根据 D.H. 哈格里夫斯（D. H. Hargreaves）、科林·莱西（Colin Lacey）与保罗·威利斯（Paul Willis）的研究，这样的情况在英国却时有发生。

在法国，无论是政策还是具体的研究，历来都表现出"对差异性问题的漠不关心"，而如今他们也开始重视种族主义、歧视以及隔离等方面问题的研究。然而，追求整合的共和思想是否还与教育原则以及教育现实有关联？在教育中，以社群作为标准来对学生的身份进行识别，这样的做法还有多大程度的必要性？对这一系列问题的争论仍在继续。

教育实践者与行动研究

当社会学研究还处于"冰河时期"的时候，很多其他的机构行动者

（例如国家督学、教师培训机构以及高校的教育院系）就已经开始参与到田野研究的工作之中去了。长期以来，督学是法国对教育实践最有发言权的机构之一，并且为研究提供了大量基于学校与课堂的事实与案例。不过，考虑到法国的教育在意识形态方面的负担，以及督学本身在法国教育体系中所扮演的监督性角色与对教育现状的客观描述性角色二者之间的对立关系，它所提供的信息对于社会科学研究是否有效，这一点还有待商榷。

随着时间的推移，包括人类学在内的诸多社会科学元素被编入了教师培训的课程体系。在这一过程中，尽管本地的教师培训机构与"教育科学"（education science）[①]院系的职能已被限制到了最低程度，但它们还是将民族志实践与人类学实践的元素引入了课程体系，并常常将教育实践者作为一项重要指标纳入到它们对课程实践的研究与批判性反思之中。教育科学与教师培训对一些现象学（phenomenological）、诠释性（interpretive）以及自反性（reflective）的观点表现出了浓厚的兴趣，并将行动研究、自传与批判性反思作为工具对教师的职业培训与发展进行了研究。建立在民族志基础之上的教育科学研究有着自己的"雄心壮志"，它希望能脱离以社会学为特征的概念与理论主张，将诸如教师的专业发展与职业认同等方面的议题纳入其研究范畴。同时，它还能够缩小研究与实践知识之间的差距，或是帮助那些感觉自己遭到社会学批判打击的行业从局内人的角度发出自己的声音。

虽然教育科学院系内部的研究主要都是面向教育从业者开展的，但其中有一部分也在关注认识论方面的问题。为了追求研究的合理性与科学上的可信性，教育科学研究者们偶尔会求助于民族学或是人类学，将其视为一门独立的学科或是一个整体的参考框架，而不是仅仅借用它的某个概念

[①] 尽管教育科学已于1967年被官方认定为一门独立的学科，但是从认识论的角度来看，它常常被视为一种多学科的集合。教育科学的研究者常常会运用社会学、历史、心理学、政策研究等相关学科来开展研究，或是具有上述学科的研究背景。

或是某类研究工具,这样便脱离了社会学的主流实践框架。真正将民族学与民族学方法论视为一门学科的知名例子是"制度分析"(institutional analysis)理论,这是20世纪60年代发展起来的一项颇具解放主义色彩的研究范式,它将研究的主体置于知识流程的核心位置,并将研究视为一种干预手段。它还把互动理论、行动研究与民族志结合在一起,对田野工作者在研究过程中所扮演的角色与参与度提出了质疑。"制度分析"的解放维度与"绩效责任运动"(accountability movement)有关,并且抛弃了那种将研究者视为外部专家、以此来提升行动者本身对分析过程的控制权的观点。它还吸收了库尔特·勒温(Kurt Lewin)、W. F. 怀特(W. F. Whyte)、劳伦斯·斯滕豪斯(Lawrence Stenhouse)以及阿尔弗雷德·舒茨(Alfred Schutz)等很多学者的研究成果。在法国,巴黎第八大学教育科学系的乔治·拉帕萨德(Georges Lapassade)与他同事的研究也促进了这一理论的发展(Lapassade 2006)。成立于1999年,并由帕特里克·布马尔(Patrick Boumard)担任主席的欧洲民族志与教育学会(European Society of Ethnography and Education)也持有类似的观点,该学会的成员认为,民族志不应该仅仅被视为一种研究方法,而是需要在人类学的基础之上对其开展进一步的建构(Boumard and Bouvet 2007)。

最近,一些有着人类学学科背景的研究者加入了教育科学研究部门,这是一项意义重大的事件,让-保罗·菲利奥(Jean-Paul Filiod)作为其中颇具影响力的代表性人物,必将引领着这一学科朝着真正的法国教育人类学的学科方向发展(Filiod 2007)。

最后,民族志的方法还被运用到了学术界之外的一些其他领域。民族志研究者与中小学教师一起,让孩子们与这门学科接触,帮助他们对自己所熟悉的日常环境形成一种新的认识。[①] 还有一点值得注意的是,随着视听记录(audiovisual recording)作为一种观察工具越来越得到民族志研

---

① 参见 http://www.ethnoart.org 与 http://www.ethnokids.net。

究的青睐，近期出现了很多有关学校教育的高质量影片，并获得了来自社会各界的广泛赞誉，例如《山村犹有读书声》（法语名：Être et avoir，英语名：To Be and to have），或是 2008 年获得金棕榈奖的影片《课室风云》（法语名：Entre les murs，英语名：The Class）。在这一类型的影视作品里，纪实与虚构情节之间的界线变得越来越模糊，而由这些作品所引起的广泛的社会关注需要民族志通过一种局内人的视角来对学校教育进行解读，虽然这样做会导致研究方法从它的理论参考框架中分离出来，并由此产生认识论方面的风险。

比利时法语区、瑞士法语区与加拿大魁北克省的研究状况

在很大程度上，针对法国的民族志与教育所做的综合性概述也同样适用于比利时法语区、瑞士法语区及加拿大的魁北克省。法国与更大范围内的法语世界在研究方面存在着相似性，不过在这里我们要重点论述的则是那些由国际社会学家、尤其是说法语的社会学家所组成的"隐性"研究团体以及它们所带来的影响，后者自 1958 年起，每年都会定期通过国际法语社会学家协会（the International Association of French-speaking Sociologists, AISLF）的年会以及其他相关学术会议碰面。有一点需要我们尤为关注的是布迪厄与让-克劳德·帕斯隆（Jean-Claude Passeron）的作品在 20 世纪 60 年代中后期的强大影响力。关于魁北克的研究状况，卡德（Card）这样写道："由于得到教授们的强力推崇，布迪厄的理论似乎成了当前魁北克教育社会学中最'有用的'学说之一，甚至说其'太过有用'也不为过。"（Card 1976: 10-11）在瑞士法语区，佩勒努（Perrenoud）同样也指出，布迪厄与帕斯隆的理论对很多研究都产生了影响，有时候起到了一种正面的作用，而有时候却被当作是社会学研究的反面例子（Perrenoud 1992）。在过去的 20 年间，国际法语社会学家协会下属的某些团体一直在关注社会化方面的问题，他们的研究推动了法语世界教育社会

学的发展，同时也促进了法语世界同其他语言区域之间的对话。他们主办的《教育与社会》(*Education et Sociétés*)是一本有关教育社会学的国际化刊物，其学术委员会的成员包括了许多来自法国、比利时、加拿大与瑞士的研究者。总的来说，在20世纪80年代初，整个法语世界的研究范式都经历了类似的转变，从宏观社会学的研究方法转向于微观社会学的研究方法，从对结构的研究转向于对行动者以及主观能动性的研究。

同时，之前处于边缘化地位的质性方法论研究与那些与民族志方法相关的研究，如今都因为其在认识论上的合理性以及为教育做出的特殊贡献而受到了研究者们的认可。

然而，这些地区在社会政治、制度以及文化方面所具有的独特性延续到了学术研究的领域，并对教育研究的议题也产生了影响。我们将在下文中对它们的研究与法国的主要不同之处进行简要的概述。我们将把瑞士、比利时与加拿大的法语区整合在一起进行考虑，虽然这样做有简化事实的风险，但却可以使文章的篇幅显得更加简洁。与法国相比较，这些地区在核心的社会政治特征方面有着一些共同点，我们可以找出这些共性，再将其与法国的情况进行对比。这三个地区都位于面积较小或是人口密度不高的国家，并被划分为单独的语言区域，说法语的人口也仅仅占本国总人口的少数。它们的政治组织形式与法国有着很大的不同，比利时、加拿大与瑞士都是联邦制国家。因此，这些国家并没有一套集中与统一的教育体制。

不同国家的学科组织形式

在法国，社会学一直保持着一种与政治权力相对独立的研究传统，而在其他的法语地区，政府与教育社会学的学术研究之间却有着紧密的联系（Card 1976; Perrenoud 1992; Van Haecht 1992）。很多研究的标准与定位都取决于其受资助的模式，而它们中的大部分都由公共权力机构提供，以对这些机构的政策实施效果进行评价。以瑞士的法语区为例，教育社会学的发展极为不平衡。通常情况下，教育社会学在瑞士的大多数地区都处于一种被边缘化的地位，甚至根本就没有教育社会学研究一说。但是在日内瓦州（canton of Geneva），教育社会学却有着较好的发展，因为这里的教育部门于 20 世纪 60 年代成立了一个社会学学研究中心，这是其他州所没有的情况（Perrenoud 1992）。在这些地区，社会学的研究需要以实践为导向的另外一个原因在于，它们的社会学家（尤其是魁北克与瑞士）从机构关系上来看常常隶属于心理学或是以教师培训为主要职能的教育科学研究机构，而不是专门的社会科学研究机构。因此，与法国不同的是，在这些国家，教育研究通常由心理学家与教育学家来主导，而不是社会学家。

谁来管理教育？

考虑到加拿大、比利时与瑞士的公共教育性质与组织特征，我们不能够像看待法国的情形一样来看待这几个国家的国家教育体制。如果研究者们最终没能很好地利用他们国内这种多种教育体制并存的状况来开展内部的比较性研究（尤其是在瑞士与比利时），这种教育的分裂以及官方权力的去中心化状况毫无疑问会让研究者转而去关注那些实际行动者（而非机构行动者）的行为与策略。于是这便导致了一个问题的产生（而这个问题在那些中央集权程度更高的国家通常是不会以这样的形式出现的）：谁来治理教育？（Perrenoud 1992）在法国，朱尔·费里（Jules Ferry）模式向人们传递了教育应该具有统一性这样一种错误的观念，这种观念在过去构成了对教育体制进行客观分析的思想上的障碍，甚至在今天也时有发生。在上述这些国家，尽管共和思想在一定程度上引起了人们的共鸣，但却没有人真正相信这种所谓的制度上的统一。在比利时，其教育一直存在着多重管理的因素，政府也没有试图去解决于社会内部的多重分区的问题（这一点与法国不同），并且时至今日，比利时仍然存在着一些其他制度方面的原因阻碍了人们对学校董事会与教育提供方所进行的比较与研究。许多机构行动者对这样的认识持怀疑的态度，因为这可能威胁到存在了很久、但仍然很脆弱的协和式[1]妥协（consociative compromise）的存在根基，这种协和式妥协的理论在很多社会学团体（无论是佛兰芒人的还是法国人的、天主教的或是世俗的等等）之间非常盛行（Mangez 2009）。

教育政策民族志

近来，法语世界教育社会学的学者们开始运用民族志的方法来开展对教育政策。20世纪六七十年代，教育社会学研究感兴趣的领域是与经济以及社会结构有关的教育体制结构方面的问题，或是社会内部的权力斗争的问题。到了八九十年代，这一学科逐渐转向于对来自课堂、学校与社区中的行动者，以及对正式或非正式的知识传递过程进行的研究，即对那些将会导致学校内部不平等现象的细微过程的研究。自90年代末起，研究者们开始关注"行动中的"政策，并将公共行动作为一个新的研究领域，因此，他们还将构成现有政策的理论框架及其变革过程纳入了研究的范畴（Doray and Maroy 2008）。个案研究与民族志研究也在这里找到了适合它们的土壤。这类研究在法国与比利时非常流行，并且部分学者还开展了大量的比较性研究（Maroy 2006），其目的之一在于从行动者与负责政策执行的一线政府官员的角度出发，对教育改革在最基层（即教室与学校）的实施情况进行分析（Draelants 2009）。研究表明，公共政策在被制定之后并非就可以一劳永逸了，还需要在具体的执行过程中对其进行解释与调整，以使之适应本土情境的需求。

---

[1] 作为一个有着鲜明的"支柱化"（pillarized）特征的社会，比利时的政治制度常常被描述为一种协和式的民主（Mangez 2009）。"协和式民主"（consociational democracy）这一术语最早由阿伦·利普哈特（Arend Lijphart）于20世纪60年代末提出，它被用来对介于英美式民主与欧洲大陆式民主之间的一种新的民主类型进行命名。采取该类型的民主制度的国家有斯堪的纳维亚国家、荷兰、瑞士与比利时。这种民主制度在社会结构与政治稳定的衡量标准上有别于其他两种类型的民主制度，其主要特征在于：得益于来自不同社会群体的精英人士之间的相互合作，处于这一民主模式之下的国家尽管其社会通常处于一种碎片化的状态，但却仍然能够保持稳定（Lijphart 1969）。

离"一种语言、一个学校、一面旗帜"的思想意识依然很远

有关多元主义（pluralism）方面的话题同样值得我们去关注，它从历史与文化的维度影响着教育研究中的某些关键议题。加拿大、比利时与瑞士有着共同的社会政治现实（这也是它们区别于法国的特征之一），国内双语或是多种语言共存，以及由此而产生的双文化或是多种文化共存的社会特征，以此为基础，学术界出现了很多语言、民族、文化与宗教层面上的跨族群关系研究。

特别是在加拿大，纵观其国家历史，讲法语的少数群体两百多年来备受压迫，所以他们一直在寻求标榜自己的独特性，并希望同其他的加拿大人区分开来。因此，教育成为了达成这一目标的重要工具，尤其是在那些法语人口为少数群体的省份，比如安大略省与新不伦瑞克省。在法语人口为多数群体的省份，如魁北克省，人们积极地寻求通过获得政策上的支持来保留自己的语言。而在其他的省份，由于没有属于他们自己的领土空间，人们因此转而寄希望于法语学校这样的一些机构意义上的自治空间（Boudreau and Nielsen 1994）。另外还有一些挑战则是关于魁北克本土社群的教育，以及如何通过学校教育来保护加拿大的本土语言与文化等方面的问题。如今，魁北克依旧是一个移民聚集之地，多元文化教育与融合也因此成为了质性研究所重点关注的对象。20世纪80年代，学术界出版了好几部关于加拿大多元文化教育的论文合集，它们赋予了这一领域的研究与实践更大意义上的合理性（e.g. McAndrew 2008）。

在这种多元化的环境之下，学校里有关身份认同的问题引起了质性研究者们的强烈关注。在这里，我们要提到的是戴安·杰林−拉乔（Diane Gérin-Lajoie）的民族志研究，其内容聚焦于加拿大法语少数群体的教育以及在这个多元化的社会里，它与学生身份的建构过程之间的关系（Gérin-Lajoie 2006）。在比利时，菲利普·维耶纳（Philippe Vienne）通过集中的参与式观察，对来自两所社会底层学校的少数民族学生在充满了

歧视与校园暴力的环境下的身份建构过程同学校之间的互动关系进行了民族志研究（Vienne 2005）。玛丽·费尔赫芬（Marie Verhoeven）的比较研究以比利时法语区与英国的部分特色鲜明的中学作为研究对象，深入分析了在学校空间内部，国家整合模式（national models of integration）对少数民族学生的文化归属（cultural membership）与宗教信仰的表达所造成的影响，以及学校的其他学生与教师对此的接受程度（Vienne 2002）。法国的整合模式以思想同质化为指导，这一点不同于世界其他法语地区主流的整合模式，二者相比较，后者更加有利于少数民族学生文化的表达。因此，法国的研究常常对那些由于社会机会的增加而引起的社会阶层的异质性问题较为关注，而其他地区的学者则受到移民问题的启发，先于法国将文化的多样性作为一项重要的议题纳入了他们的研究范畴。在法国，正如前文所提到的，由于受到共和思想的影响，研究者们往往不太重视差异性的问题，有关文化多样性的议题也因此长期受到忽视。

当然，我们的评论可以更加温和一点。例如，我们可以将比利时法语区的教育体系描述为介于盎格鲁-撒克逊模式与法国模式之间的一种中间模式。事实上，由于办学主体的不同，教育体制内部的情形也会有所变化。天主教学校系统就有着鲜明的人格主义[①]哲学（personalist philosophy）特征，并且对文化差异非常敏感，而政府的公立学校系统则呈现出了一种更为普遍化的模式。此外，抛开不同国家的文化差异性这一因素，人们对文化、宗教以及语言归属的接受程度看起来取决于该学校在当地学校市场（school market）中所处的地位与所享有的声望。学校的地位越高，某一群体所表现出的群体自我认同则越低（Verhoeven 2002）。因此，根据费尔赫芬（Verhoeven）的研究，在这一过程中，教育系统本身所起到的作用要大于社会与文化方面的因素所起到的作用。

[①] "人格主义"（personalism）是与基督教民主政治思想有关的一个思想学派。

结论

在法国，教育民族志的产生更多地源于社会学的研究传统而非文化人类学。文化的概念在美国的教育人类学传统里占据着非常重要的地位，但在法国却受到质疑。法国的社会学家主要把民族志当作一种研究工具来为他们自己的研究服务，也因此背离了民族志的认识论基础。不过，随着民族学作为一门具体的学科为教育研究做出了越来越多的贡献，上述情况也在逐步地发生着改变（Delalande 2001; Filiod 2007）。

从某种程度上来说，本章对比利时法语区、加拿大魁北克省与瑞士法语区的讨论也同样适用于世界的其他法语地区。尽管社会政治、制度与历史文化等方面的巨大不同导致了这些地区的研究与法国的研究有着很大的差别，但是让人印象最为深刻的却是它们之间的相似程度，这一点看起来似乎颇为矛盾。在这些国家，教育社会学家的数量十分有限，如此小规模的研究群体很难独自发挥作用，因此常常会受到来自国外，尤其是法国"老大哥"的影响，也常受到英美研究的影响。

参考文献

Barrère, Anne. 1997. *Les lycéens au travail*. Paris: Presses Universitaires de France.

Beaud, Stéphane. 2002. *80% au bac ... et après? Les enfants de la démocratisation scolaire*. Paris: La Découverte.

Boudreau, Françoise, and Greg M. Nielsen, eds. 1994. "Les francophonies nord-américaines." *Sociologie et Sociétés* 26, no. 1: 3–196.

Boumard, Patrick, and Rose-Marie Bouvet. 2007. "La Société Européenne d'ethnographie de l'éducation. Histoire et enjeux." *Ethnologie française* 37, no. 4: 689–97.

Card, Brigham Y. 1976. "A State of Sociology of Education in Canada: A Further Look." *Canadian Journal of Education/Revue canadienne de l'éducation* 1, no. 4: 3–32.

Charlot, Bernard, Elisabeth Bautier, and Jean-Yves Rochex. 1992. *École et savoir dans les banlieues et ailleurs*. Paris: Armand Colin.

Dandurand, Pierre. 1992. "L'éducation et la sociologie de l'éducation au Québec de 1950 à 1990." In *Permanence et renouvellement en sociologie de l'éducation,* ed. Eric Plaisance. Paris: INRP, L'Harmattan.

Delalande, Julie. 2001. *La cour de récréation.* Paris: Le Sens social.

Derouet, Jean-Louis. 1992. *École et justice.* Paris: Métailié.

Derouet, Jean-Louis, Agnès Henriot-van Zanten, and Régine Sirota. 1987. "Approches ethnographiques en sociologie de l'éducation: l'école et la communauté, l'établissement scolaire, la classe." *Revue française de pédagogie,* no. 78: 73–108 and no. 80: 69–97.

Doray, Pierre, and Christian Maroy, eds. 2008. "Les nouvelles politiques d'éducation et de formation" (theme issue), *Sociologie et Sociétés* 40, no. 1.

Draelants, Hugues. 2009. *Réforme pédagogique et légitimation. Le cas d'une politique de lutte contre le redoublement.* Brussels: De Boeck Université.

Dubet, François. 1991. *Les Lycéens.* Paris: Seuil.

Duru-Bellat, Marie, and Agnès van Zanten. 2006. *Sociologie de l'école,* 3rd ed. Paris: Armand Colin.

Filiod, Jean-Paul. 2007. "Anthropologie de l'école. Perspectives." *Ethnologie française,* no. 112: 581–95.

Forquin, Jean-Claude. 1989. *École et culture. Le point de vue des sociologues britanniques.* Brussels: De Boeck University.

Gérin-Lajoie, Diane, ed. 2006. "La contribution de l'école au processus de construction identitaire des élèves dans une société pluraliste" (theme issue). *Education et francophonie* 34, no. 1.

Henriot-van Zanten, Agnès, and Anderson-Levitt, Kathryn. 1992. "L'anthropologie de l'éducation aux États-Unis: méthodes, théories et applications d'une discipline en évolution." *Revue Française de Pédagogie,* no. 101: 79–104.

INSEE (Institut national de la statistique et des études économiques). 2005. *Les Immigrés en France.* Paris: INSEE.

Lapassade, Georges. 2006. *Groupe, organisation, institution,* 5th ed. Paris: Anthropos.

Lijphart, Arend. 1969. "Consociational Democracy." *World Politics* 21, no. 2: 207–225.

Mangez, Eric. 2009. "De la nécessité de discrétion à l'État évaluateur." *La Revue Nouvelle,* no. 7–8 (July-August): 32–37.

Maroy, Christian, ed. 2006. *École, régulation et marché. Une comparaison de six espaces scolaires locaux en Europe.* Paris: PUF.

McAndrew, Marie, ed. 2008. "Rapports ethniques et éducation: perspectives nationales et internationales" (theme issue). *Education et francophonie* 36, no. 1.

Payet, Jean-Paul. 1995. *Collège de Banlieue. Ethnologie d'un monde scolaire.* Paris: Méridiens Klincksieck.

Perrenoud, Philippe. 1992. "Aspects de la sociologie de l'éducation en Suisse romande." In *Permanence et renouvellement en sociologie de l'éducation,* ed. Eric Plaisance. Paris: INRP/L'Harmattan.

Raveaud, Maroussia. 2006. *De l'enfant au citoyen. La construction de la citoyenneté à l'école en France et en Angleterre.* Paris: Presses Universitaires de France.

Rayou, Patrick. 1999. *La Grande École. Approche sociologique des compétences enfantines.* Paris: Presses Universitaires de France.

Vallet, Louis-André, and John-Paul Caille. 1995. "Les carrières scolaires au collège des élèves étrangers ou issus de l'immigration." *Education et Formations,* no. 40, 5–14.

Van Haecht, Anne. 1992. "La sociologie de l'éducation en Belgique." In *Permanence et renouvellement en sociologie de l'éducation,* ed. Eric Plaisance. Paris: INRP/L'Harmattan.

van Zanten, Agnès. 2001. *L'école de la périphérie. Scolarité et ségrégation en banlieue.* Paris: Presses Universitaires de France.

Verhoeven, Marie. 2002. *École et diversité culturelle. Regards croisés sur l'expérience scolaire de jeunes issus de l'immigration.* Louvain-la-Neuve: Academia-Bruylant.

Vienne, Philippe. 2005. "Carrière morale et itinéraire moral dans les écoles 'de dernière chance': les identités vacillantes." *Lien social et Politiques,* no. 53: 67–80.

Winkin, Yves. 1992. "L'ethnographie en éducation aux États-Unis: une première cartographie avec une ébauche de projection sur la Belgique." In *Odyssée dans un archipel scolaire,* ed. Marie-Françoise Degembe. Namur: Editions Erasme.

第七章 意大利的教育人类学

弗朗西斯卡·戈博（Francesca Gobbo）

1997年，新出版的《人类学词典》（*Dizionario di antropologia*）将教育人类学列为人类学的众多子学科之一，然而这种简洁的描述方式却代表了学术界对这一学科的研究者以及他们所从事的研究在意大利语境之下的正式认可。我们将会在本文中提到很多有关教育人类学的研究成果，主要涉及濡化、文化与人格、复杂社会中的学校教育过程以及国外教育模式对非西方文化的负面影响等方面的内容。当前，意大利的校园中有着很多拥有不同文化背景的学生，他们正经历着"与其同龄人在交流、互动以及相互理解过程中的诸多困难"（Fabietti and Remotti 1997: 65）。这些困难必将成为促进教师对人类学知识的汲取以及跨文化教育话语体系研究的源动力，至少在意大利是如此。因此，本文在结语部分还对教育人类学所面临的一些新问题进行了特别的说明。

本文的参考文献并不包括那些已经在国际上发表或是出版的教育民族志与教育研究选集。不过，卡拉里·加利（Callari Galli 1993）与戈博（Gobbo 1996）却是例外，他们的两部作品从人类学话语的角度对意大利的教育进行了详细的阐述，并且展示了人类学能够在多大程度上解释社会变迁对意大利课堂教学所造成的影响以及在多大程度上能够满足意大利社会对教育的新需求。①

早期的相遇

　　随着移民数量的日益增多，人们开始将意大利描述为一个文化多元的社会。然而在此之前，文化人类学与教育就已经开始了愉快的对话。文化人类学家玛蒂尔德·卡拉里·加利（Matilde Callari Galli）与瓜尔蒂罗·哈里森（Gualtiero Harrison）于1967年至1969年对西西里岛四个城区中的文盲情况进行了研究，并详细记录了在意大利欠发达地区由于贫穷、工作岗位的缺乏以及学校教育本身等问题所造成的学生辍学与社会歧视问题（Harrison and Callari Galli 1971）。他们最开始本来是计划对该地区的义务教育状况进行调查，以观其在改善人们的生活以及提升未来的机遇方面是否有积极的促进作用。然而，他们在调查过程中却发现义务教育的结果非但没有能够促进教育的公平，反而在接受过教育与没有接受过教育的市民

---

① 意大利人类学家对国际层面的当代实证研究与理论研究的关注兴起于二战之后的那几年，当时，恩内斯托·德马蒂诺（Ernesto De Martino）在意大利南部地区开展的研究推动了曾经风靡一时的人口学研究传统的复兴。受美国文化人类学与列维-斯特劳斯作品的影响，他的研究成果用学术化以及政治化的语言对理解国家地缘文化多样性的需求进行了回应。后者的很多作品被翻译为多种语言，并且在全世界的哲学研究者以及哲学系的学生之间广为传播，他们中的很多人后来都成为了新一代的文化人类学家。列维-斯特劳斯的影响力也波及了意大利的学术圈，相对于民族志研究而言，它在文化相对论方面激起了更大的学术争论，就同法国的人类学家对带有黑格尔与马克思色彩的历史决定论（historicism）所开展的争论一样。多年来，马克思主义与进步主义的观点在文化人类学家之间一直占据着重要的地位，并推动了发生于20世纪60年代末期人类学学科中的、对新的理论与政治意识的学术研究，尤其是在美国。20世纪70年代与80年代，马文·哈里斯（Marvin Harris）与戴尔·海默斯（Dell Hymes）的作品被翻译为多种语言出版，并且被学术界广泛地引用。到了20世纪90年代，维克多·特纳（Victor Turner）、克利福德·格尔茨（Clifford Geertz）等学者的研究在意大利人类学家之间激起了有关文化人类学当代研究方向的争论。在意大利，很多大学新设立了文化人类学博士学位，并提倡未来的人类学家们应该到国外去开展田野工作。这些博士研究生的民族志研究是对文化人类学的有益补充，使其理论变得更加丰富。最近，文化人类学的分支研究（例如阿尔卑斯研究、旅游人类学、罗姆人研究等）发展迅速，产出了很多重要的研究成果也同时引起了进一步的理论争议。但是，就教育人类学而言，到目前为止其研究还主要由各大学的教育学院以及教育研究机构的学者与青年研究者们来开展。

之间划下了一道鸿沟，并且用"看不见的围墙"将后者包围了起来，产生了一种研究者们所谓的"文盲文化"（illiterate culture）。

尽管意大利政府于 1962 年将义务教育的年限延长至了八年，但是太多来自社会底层的学生，他们令人沮丧的学习经历还是让很多教育者与语言学家感到忧心忡忡。学者们认为，"针对底层社会开展的学校教育并不成功，其原因主要在于意大利的义务教育并没有及时地响应底层人民的社会与文化需求"（Gobbo 1997: 32）。自 1861 年意大利取得了政治上的统一以来，国家教育行政机构一直对国内丰富的、形塑了意大利独有社会特征的语言构成与文化形态视而不见。相反，他们的目标非常"社会政治化"，换句话说，他们希望建立起一种新的国家归属感，并用统一的语言与文化来取代过去那种政治上分裂的、文化上多中心的老旧意大利传统（Simonicca 2007: 244）。近一个多世纪以来对统一国家以及统一国家文化的孜孜不倦的追求，使得意大利当局必须要去消除国内包括方言在内的各种地方性差异。在教育行政当局看来，"如果教师在高中或是大学的学习期间就被灌输了国家文化的思想，那么他们就会在以后的教书育人生涯中融入国家使命感"（Simonicca 2007: 244）。然而，当局没有考虑到的是，这种同化的教育方式妨碍了教师们对学生不同思维与行为模式的应对与理解。

卡拉里·加利与哈里森在书中对同化教育进行了批评，提醒读者这是一种文化上的虚妄（a cultural invention）。在理论或是政治方面，他们认为，"我们如果相信所有的社会生活形态都不是自然产生或自然形成的……则意味着我们应该相信所有的生活方式（包括我们自己的生活方式在内）都可以被改变，都确实在改变也必须要改变。……如果我们能够多考虑一下他人，如果我们不把他人的存在看作是对我们的威胁，如果我们能够更多地进行换位思考，那么我们将能够超越自民族中心主义而达到一个新的高度"（Harrison and Callari Galli 1971: 119）。

他们将教育的失败解释为某种形式上的暴力与压迫，并应该为年轻人与成年人的没文化负责，并将这些人定义为"文化上的被剥削者"。此外，教育对特定社会文化环境的忽视以及与之脱节反而会使这些人与他们的本土价值观以及各种本地关系之间的联系更为紧密，这都是由于他们没文化而造成并得以强化的。

社会阶层与学业失败之间存在着不容置疑的联系，在此基础上，研究者们还认为，学校教育将会激起那些没文化的儿童的自我放逐意识，并让他们相信自己也许并不适合上学。人类学家从这些家庭与儿童身上看到的是他们对主流社会模式（例如精英社会体制）的放弃与顺从，而不是对学校教育的抵制与反抗。他们将这些没文化的人群的文化模式描绘成一种同质性的文化模式，并将这些文化模式与同样是同质性的"上过学的人群"的文化模式进行比较研究。当今的读者也许会问，卡拉里·加利与哈里森这两位人类学家是否有机会注意到他们研究对象的内部文化差异与隐藏着的能动作用（agency）。然而，大概只有在当前才会有人问这样的问题，因为当今的人们总是在担心文化本质主义所带来的危险，而且认为即使是那些受到压迫的群体，也应该将他们定义为活跃的能动性人群。对西西里所有没文化的人而言，只有在面临生存与迁徙问题时才会展现出他们能动性的一面。

卡拉里·加利的《人类学与教育》(*Antropologia e educazione*, Callari Galli 1975)一书既是对教育与文化人类学之间基本关系的一次深入阐述，也是对文化人类学与她自己所从事的人类学研究的批判式反思。文化与教育第一次被内在地联系起来始于工具的出现。"工具、而非自然，让某些动物与其周围的世界建立起了新的关系……赋予了它们一种新的方式来培育后代。"(Callari Galli 1975: 6)石头被改造成为工具，这在一定程度上缓和了原始人在自然选择的过程中所面临的压力，加速了他们朝着智人的进化，它要求人类必须教会后代如何去制造与使用工具。事实上，如果没有文化的传递，人类的创造力与人类文明将会凋零。人类文化的传递包括了文化内涵与社会关系结构的传承，正是通过文化传递的这两个维度，人类文化开始朝着多元化的方向发展，历史性的"社会阶层之间的相互依赖"（Callari Galli 1975: 113）也变得可以被接受。

然而，由于意大利文化的异质性与社会的阶层分化，其文化内涵与社会关系都无法在社会各阶层之间进行传递。不同的社会经历可能会造成对学校教育内涵不同的理解。意大利在历史上曾是一个分裂的国家，不同地区的不同社会环境有着不同的发展路径，严重的社会阶层分化还夹杂着阶级对立的情绪以及对他族亚文化的偏见，这一系列的问题决定了意大利历史上"多种文化并存的局面"（pluriculturalism），并使得很多与教育相关并且由来已久的重大问题都同时带有人类学与教育学的双重属性（Callari Galli 1975: 15）。在卡拉里·加利看来，文化人类学能够解决那些非主流的语言或是生活方式得不到主流社会认可的问题，并向人们展示如何去改变精英化的单一语言环境，从而营造出一种多语言化的环境（Callari Galli 1975: 33）。她指出，人类学能够引导我们去学习并了解他者文化上的多样性。不过最重要的是，人类学能够让我们有机会在与他者互动的过程中获得新的知识，并更好地了解我们自己。

对意大利国内多样性问题的认知

20世纪90年代初，在意大利的教育思想与教育实践中出现了一种新的呼声，要求对意大利历史上文化与语言的多样性问题重新进行正面的认知。社会正义（social justice）被看作是一种社会与经济的公平（social and economic equity），它同时也被视为当我们在研究意大利国内各种文化与各个阶层之间的差异时，一个值得我们高度关注的领域。对多样性问题的重新认知推动了文化人类学与教育在历史教学改革过程中的再一次相遇。这一次，学者们对历史学科的重新认知不仅要兼顾官方的说法，他们还对很多地方性的语境与地方性的观点进行了强调。[1] 教育合作运动组织[2]（Movimento di Cooperazione Educativa）的成员注意到了这一新的学术动向，他们与人类学家保拉·法尔泰瑞（Paola Falteri）一起对很多方法论与历史方面的问题进行了研究，并出版了大量作品。在他们的共同努力之下，对文化与语言多样性新的历史认知被纳入了意大利的国家课纲（MCE 1990）。教育合作运动组织在其研究中承认，意大利社会经济状况的改善、更长的义务教育年限以及更加容易的大学入学机会，这一系列涉及经济、文化与教育的社会变革"向过去的文化传递模式提出了挑战……而过去的那种文化传递模式是建立在教师所传授的文化与学生本族群或本阶层文化之间的同质性（isomorphism）的基础上的"（Falteri and Lazzarin 1990: 3）。这些新的情况让教师们意识到"他们工作在一个微观的世界里。在这个地方，不同的学生之间，甚至是每一个单独的学生个体身上都有着不同的文化模式、行为特征与价值观"（Falteri and Lazzarin 1990: 3）。既然"单一的教育话语"不能够解决学生的多样性问题，那么教师则需要知道什么样的内容一方面能够满足教育的有效性要求，另一方面也同时符合学生"身份来源"的文化特征。这种新的教育理论有望推动"批判性多元文化主义"（critical multiculturalism）这一目标的达成，因为其目的就在于将学生从他们本族群或本阶层文化的局限性中解放出来，促使他们以一种更为开放的态度去迎接并理解这个持续变化着的世界。法尔泰瑞与教育合作运动组织成员之间的长期合作[3]对于上述那种以人们的思想、决策与行为为导向的认知的建立非常重要，同时对于新的教育格局的形成与教育实践的践行也有着重大的意义。此外，法尔泰瑞还对义务教育阶段教科书中的非

---

[1] 随着劳动者与他们的工作以及妇女与她们的社会地位成为研究的对象，这也同时推动了例如人物故事研究这样的研究方法的发展。

[2] 受塞勒斯坦（Célestin）与伊莉斯·弗雷内（Élise Freinet）有关教育与社会哲学的启发，意大利的"教育合作运动"组织于20世纪50年代成立（http://www.mce-fimem.it）。

[3] 主要以书面交流的方式（2009年1月9日）。

155 西方世界的文化表征（Falteri 1993）以及意大利跨文化教育的理论与实践（Falteri 1995）进行了深入的研究与思考。

变化中的社会文化格局与跨文化教育

1993 年，卡拉里·加利将研究的切入点重新放到了人类学与教育丰富多彩的跨学科对话上。她确信，文化人类学在给意大利当前的教育理念带来挑战的同时，也有助于意大利有关社会变革的研究（伴随着社会变革的过程，意大利从一个移民输出国转变成为了一个移民输入国）。在《文化人类学与教育过程》（*Antropologia culturale e processi educativi*, Callari Galli 1993）一书中，卡拉里·加利从跨学科的角度对"产生于课堂里的当代社会交往过程中的紧张关系"（Callari 1993: 146）进行了研究。课堂作为一个文化交流的场所，各种语言、宗教信仰以及学生日常行为的意义在其中呈现出了越来越多元化的样态。她在书中把她对跨学科研究方法的反思与期待用其一贯优雅与精彩的写作手法表现了出来，并辅以丰富而又发人深省的研究作为理论上的支撑。在她看来，跨学科的研究方法不仅能够促进学科之间的交流与对话，还能够解决学科之间的矛盾与冲突。不过，由于这些反思与期待本身所面临的教育困境、文化策略以及来自他人的误解等方面的问题，与课堂的经验现实（empirical reality）之间还有着相当大的一段距离（Callari Galli 2000）。

我本人对教育人类学的贡献则是将几十年来美国与英国基于学校教育、濡化与社会正义等人类学方面的争议而开展的理论与方法上的反思介绍到了意大利的跨文化教育研究之中。美国 20 世纪 60 年代末与 70 年代初的政治、社会与文化氛围对我的学习经历有着非凡的意义。它促使着我去理解并认真学习那些被认为是对人权与教育权的实现起了重要作用的概念，包括身份认同、民族性、文化、濡化等。我与约翰·U. 奥格布（John

U Ogbu）在 30 多年前不经意间开始的一段对话①对我的研究生涯产生了重要的影响。在研究中，我努力地营造出一种氛围，让成年人和儿童有机会"告诉研究者他们对其周边社会环境的理解与看法，并对其充满了希望"（Gobbo 2004c: 349-350）。

我最早出版的研究成果与跨文化教育有关（Gobbo 1992）。在书中，我对学校教育理论进行了讨论，并对教育人类学家们所倡导的多元文化主义进行了批判性分析。我还参考了许多历史学与人类学的文献（它们主要将少数族群在学校中的表现以及身份认同视为有待解决的问题来进行研究），并在此基础上分析了有关教育对多样性的认知的问题。②在欧洲大

---

① 正如在我的另外一本书（Gobbo 2004c）中所讲述的那样，我于 1972 年在伯克利遇到了奥格布，那时我还在读研究生。当我们在一次交谈中谈到 20 世纪 60 年代发生在意大利国内的人口大迁徙的时候，他推荐我注册了一门叫作城市人类学的课程。在接下来的两年里，在他的指导下，我认真研究了对意大利社会造成了深远影响的人口迁徙过程的方方面面。事实上，我原本打算去意大利的都灵（Turin）与英国的布拉德福德（Bradford）开展民族志与比较研究，后来证明这一想法最终未能成行。我于 1975 年回到意大利，并与他保持着断断续续的联系。在此期间，他所发表的那些新的理论对我而言有着特殊的价值，因为他敏锐地捕捉到了多样性研究中的问题所在，并且还对少数族群的教育与社会前景的认识论问题以及它们同历史与少数（或是多数）族群关系的关联性问题进行了研究，以此来阐释少数族群的教育经历以及教育对他们的意义所在。为了验证奥格布有关少数族群自发性形成的理论能否适用于不同的地缘历史环境，我决定深入到信仰韦尔多教派的（Waldensian）少数民族所居住的皮埃蒙特地区（Piedmont）去开展田野工作，他们自从 14 世纪开始就一直生活在那附近的三个溪谷之中。我打算对他们的教育、宗教认同以及民族地位是如何在 20 世纪 90 年代下半叶得以发展、相互影响并且为人们所理解的进行研究（see Gobbo 200a）。与此同时，文化人类学家莱昂纳多·皮亚赛雷也探讨了能否将奥格布有关非自愿移民身份的理论应用于罗姆人的研究（Piasere 2007）。此外，我所指导的很多教育人类学的青年学者，他们深入到移民儿童的课堂中去开展田野工作，并对奥格布的理论进行了广泛的验证。

② 有关少数民族身份认同的研究出现于 20 世纪 70 年代。当时，哈里森与卡拉里·加利组建了一个团队专门对本地的双语化教学、民族身份认同以及学校教育进行研究（Callari Galli and Harrison 1974; Harrison 1979）。作为研究团队的一员，我于 1975 年到 1976 年间在卡拉布利亚（Calabria）地区的阿伯瑞什镇（Arbëresh）开展田野工作。在此期间，我重点对"想象中的"民族认同以及阿伯瑞什镇、意大利南部地区与意大利全国错综复杂的历史问题进行了研究（Gobbo 1976）。有观点认为，这个小镇上每个居民都会的阿伯瑞什语（该语言在这一地区与意大利语、卡拉布利亚语长期和平共存）表达了一种特定的、同质性的民族与文化认同，或是与之相吻合。这种民族与文化认同来自遥远的阿尔巴尼亚（Albania），并有着悠久的历史。然而，我在阿伯瑞什镇所搜集到的历史与民族志方面的数据却并不支持上述观点。20 年之后，我再一次（转下页）

陆，跨文化的话语与实践将多样性视为一种教育资源，而不是像意大利国内的多样性常常被当局所避而不谈。外来移民学生的多样性问题以及他们的文化、民族与宗教认同往往很快就会成为教师们关注的焦点，有关这一现象，包括乌戈·法比亚蒂（Ugo Fabietti）、维托里奥·兰泰尔纳里（Vittorio Lanternari）与弗朗西斯科·雷莫蒂（Francesco Remotti）在内的很多文化人类学家都对其进行了回应。尽管从理论上来说意义重大，但是人类学家很少关心教育制度与教育参与者方面的问题，他们对学术界为数不多的贡献主要涉及他们自己的研究以及一些翻译方面的经验。相反，那些关注多元化课堂的困境与挑战的研究者则一定能从相关的知识中受益，这些知识的获取主要是通过教育场景中的民族志研究与教育人类学家的理论化研究成果。对教育问题开展人类学意义上的研究以及相关的理论能够进一步拓宽跨文化争论的范围，通过比较研究过程中以及方法论意义上的严谨来丰富其内涵，并且能够培养未来的教师与一线在职教师惯于反思的教学及研究态度。

我所著的《教育人类学》一书（*Antropologia dell'educazione*, Gobbo 1996）采用了一种系统化与比较研究的方式来写成。书中的部分章节来自奥格布为《国际教育百科全书》（*International Encyclopedia of Education*）所编撰的文章，我直接将其中一些内容翻译过来，不过它们其实并不适用于意大利的情况。不过，这些文章却能够让读者有机会从历史与理论的角度来学习教育人类学这一人类学的子学科，学习其作为独立的学术研究领域的学科建构的问题。这些文章还提醒读者，教育人类学的研究在美国已经发展成为了对少数族群的政治需求与抗议经过深入思考之后的一种回应，以及对"文化剥削"与"教育劣势"等相关教育理论有理有据的一种

（接上页）对那些生活在皮埃蒙特山谷"分散的教育环境"中的韦尔多教派新教徒的身份认同与学校教育之间的辩证关系进行了研究。研究的结果显示，他们的教育认同形成于在意大利唯一的韦尔多教派学校求学的过程，而他们的宗教认同则在参加由世俗或是宗教社群的成员所组织的活动之中得到强化（Gobbo 2000a）。

批判。

1996年到2001年，我扮演一个文化中间人的角色，邀请了很多意大利与欧洲的人类学家以及从事人类学研究的教育工作者到当时我工作的地方——帕多瓦大学（the University of Padua）——进行学术交流。他们在学术研讨会上展示了很多有关多样性问题以及多样性同教育与移民的关系的研究成果，既包括理论方面的研究，也包括民族志这样的实证性研究（Gobbo 1997; Gobbo and Tommaseo Ponzetta 1999; Gobbo 2003b）。这些研讨会为学术交流以及有关多元文化学校教育场景与多元文化行动者的跨文化比较研究创造了机会，同时也向一些被人们所广为接受的教育理念与教育实践提出了挑战。跨文化教育关注的是文化在学校内传播失范（miscommunication）的问题，但它却常常忽视了学校与课堂的文化维度，这些在教师与校长看来是理所当然的，而移民与少数族裔学生却不得不花费很大的力气对其进行理解。因此，对那些有志于从事教育研究的人而言，（得益于民族志的方法）能够从多元文化课堂的表征之中、从教师与学生身上以及从多元文化的教学过程中找到研究的切入点是非常重要的。通过日常的参与式观察、倾听与对话而"将熟悉变为陌生"成为了向跨文化的学习困难发起挑战的象征（Gobbo 2004b; Gobbo 2007b; Galloni 2007b），有关这方面的研究选集最近已经编撰完成（Gobbo 2007b）。

《跨文化教学法》（Pedagogia interculturale, Gobbo 2000b）是我有关跨文化教育的第二部作品。在这本书中，我运用了一些民族志的研究成果以及人类学家的理论，将学校（尤其是意大利的学校）定义为一种充满了各种问题的文化环境，并且与其周边的社会文化场景保持着某种若隐若离的联系。我认为，对那些试图通过跨文化教育来与学校环境中的冷漠、自民族中心主义、偏见甚至种族主义做斗争的教师而言，认真地去研究并理解学校文化是非常有必要的。因为如果缺乏这样的研究与理解，学校文化将会在他们的斗争过程中起到负面的阻挠作用。而一旦能够认识到这一点，他们要开展的前述的种种斗争则将会变得更加有成效。

我建议教师应该成为他们自己的民族志研究的主体（Gobbo 2000b, 2004d）。这一想法来源于我意识到学校与课堂的变革并不仅仅是学生文化、宗教信仰或是语言多样性的结果，它还与教育规律与社会对教育的期待以及学生与教师的应对策略有关。很多具有教育人类学研究背景的教育者与心理学家都对上述情形做过充分的阐释与论述。他们在全面的参与式观察的基础上，记录了不同的学生与家庭对学校活动的参与能动性以及教师为了促进移民儿童与学校融合所采取的相关策略——尽管这些策略并非总是能获得成功。他们还对以下问题进行了研究与解释：学生的融入过程是如何通过一些特别项目来实现、抑或是没有实现的；教师与同龄人的期待如何影响着移民儿童的课堂参与以及学习状况；战略性的社会教育功能是如何通过同龄人之间的互动与交流得以实现的（Gobbo and Gomes 2003; Gobbo 2007c 2008c）。部分研究者不只是将他们教育民族志的研究局限于学校内部，他们还将研究的范围扩展到了学校以外的情境之中。后者对于研究者们能够更为全面地去理解教育过程以及跨文化关系起到了至关重要的作用。在这一过程中，有关年轻人主观能动作用的研究显得尤为重要（Caronia 2003; Costa 2007, 2008; Dallavalle 2008; Galloni 2008b）。

这些民族志研究向人们展示了并非所有的学生都会受到文化差异的影响，这就向教师和教育专家提出的有关学生之间关系的紧张程度、学生在学习过程中遇到的困难与他们所获得的学业成就以及学生在学校的适应情况等方面的理论提出了挑战。例如，加洛尼（Galloni）对伦巴第（Lombardy）乡村地区的锡克教（the Sikh）社区有着长期的了解，并对他们充满了同情。这样的经历使得她在研究锡克教孩童在学校里的各种调皮捣蛋的行为时，更为倾向于将其解释为他们渴望被其他同龄人认可的一种心理需求，而不是他们不知道该如何好好表现。这些锡克教孩童长期生活在波河（Po river）河谷地区的小镇上或是与外隔绝的农场里[①]，因此在

[①] 在那里，他们的父亲通常受雇于对牛群进行照料。

他们看来，能够与他们的意大利同学愉快地玩耍，比取得好的成绩或是老师的表扬更为重要。那些在义务教育阶段结束后又进入职业学校学习的锡克教孩子常常会发现自己被其意大利同龄人边缘化了。这些意大利学生不喜欢他们在学习上的认真投入以及他们出色的学习能力（Galloni 2008a, 2009）。

有关文化多样性与教育的研究

长期以来，文化人类学家相互之间形成了一个共识，那就是诸如"文化"或"身份认同"这样的一些概念本身是没有复数形式的*。同样的道理，多样性可以是一种文化上的多样性、一种宗教上的多样性、一种语言上的多样性或是一种民族的多样性。它对社会与学校的影响不仅仅是国际移民所造成的，也有可能是国家内部的人口流动所造成的。而各个国家历史的复杂性，则导致了它们文化上的多样性。20 世纪 80 年代至 90 年代初，恰逢意大利当局正在推动课程改革，这样的一种认识也在学术界广为传播。然而，随着教师们将其关注点更多地投向移民的多样性问题，它又很快变得不再流行。跨文化教育，就其本身而言，主要关注的是教育，这导致研究者们常常习惯于从问题与紧急事件的角度入手来对它进行定义。不过，除了移民的多样性之外，意大利国内还同时存在着一些其他方面的多样性，例如文化多样性、族群多样性、职业多样性与宗教多样性，它们同样吸引了大量的人类学家以及受过人类学训练的教育工作者的关注。

尽管文化人类学家从来不认为自己是教育人类学家，但是当他们在对

---

* 原文是 concepts such as "culture" and "identity" must be declined in the plural. 作者的意图在于表明，当我们在看待"文化"以及"身份认同"这些文化人类学维度上的概念时，应该将它们分别看成一个整体，而不是把它们分解为不同的文化、不同的身份认同。对于这一点，安德森-莱维特在本书序言部分已有相关论述。——译者注

罗姆人（Roma）、辛提人（Sinti）以及坎米南提人（Camminanti）[①]进行研究时，却尤为关注这些族群儿童的学校教育经历。他们的民族志研究有助于教育工作者与教师能够从理论上对少数民族儿童所经历的课堂变迁、教师对少数民族儿童的期望及其表征与学校文化等教育问题及教育现象有更为充分的理解。这些民族志研究深入探索了少数民族儿童的学习策略（Gomes 2003; Pontrandolfo 2004）以及他们对自己民族身份的自我保护策略（这被解释为他们对学校教育的一种反抗）同时还对碎片化的课堂活动参与过程、差异化的学习能力与成年人扫盲计划所面临的困境等问题进行了研究（Gomes 1998; Saletti Salza 2003, 2004; Sidoti 2007; Trevisan 2005 among others）。人类学家莱昂纳多·皮亚赛雷（Leonardo Piasere）主持了一项有关罗姆人族群争取教育公平的人类学与历史研究。这让他开始思考文化人类学与教育之间的关系（Piasere 2004），并且向教师、教育工作者以及政策制定者提出了警告：一方面，通过对罗姆人的文化差异进行记录，民族志研究可能会导致这些文化差异的具象化（reification）；另一方面，跨文化教育关注的是多样性的认知与融合问题，这也许会在不经意间支持了部分人对同化的期望（Piasere 2007）。

　　然而，有些儿童尽管他们在学校里并没有被看作是文化上的异类，但是学校生活对他们而言仍然并不容易，甚至可以说是一段充满痛苦的经历，原因可能在于他们的流浪生活经历。这就是我于1999年到2001年在威尼托（Veneto）研究流浪艺术家家庭时所遇到的案例。来自这些家庭的儿童，他们的受教育权并没有得到完全的保障，因为学校与教师没能，或不愿意对不能满足这些孩子需求的文化制度与组织机构提出质疑。此外，以教师为中心的教学法不会顾及这些孩子在家里学习到的，并在课堂上表现出来的那些社交技巧（Gobbo 2003a, 2006, 2007a, 2007b, 2009b）。对流

[①] 其字面意思为"行走中的人"。他们并不是一个民族，而是一个由流浪者构成的群体。他们主要生活在西西里镇诺托（Noto）社区的公寓里。

浪艺术家家庭的生活方式、身份认同与学校教育进行研究是对教育人类学的一次深入审视。在意大利，这是一门专注于研究移民的教育过程的学科。

童年、学校教育与地缘文化环境之间的关系又是一个有趣的研究领域，它涉及多样性、教育与民族志等方面的研究，并且对诸如何能够将本土环境、日常工作活动以及有关想象中的身份认同等因素有效地融入课堂教学这样的问题进行了阐述（Falteri 2005）。人类学家亚历山德罗·西蒙尼卡（Alessandro Simonicca）对托斯卡纳（Tuscany）某些地区的濡化与学校教育过程进行了深入的研究。他阐释了锡耶纳（Siena）地区的儿童，当他们的家庭搬离原来所在的会员社区时，如何在新环境里建立起新的社区认同——这对于锡耶纳地区著名的帕里奥赛马节（Palio horse races of Siena）非常重要。基于人类学与历史方面的知识，他的研究发现了一些新的策略，这使得这些儿童在成功地维系他们极为看重的社区身份的同时，还能避免其民俗化。此外，他还分别在城市化语境与课堂语境中对当地行政管理部门在文化与教育项目上的投入进行了研究，并且对学校所开展的各种活动进行了详细的记录（Simonicca 2007）。

结论

数十年前，正是盎格鲁-撒克逊世界的文化人类学让教师与学生意识到除了正规学校教育（schooling）之外，原来还有着存在于学校教育之前、之中以及之后的其他意义上的教育（education）；意识到学校学习原来并不等同于课程内容的学习；意识到学业上的成功原来还可以通过许多不同的甚至是相互对立的方式来定义。接下来是教育人类学这一子学科的建立，教育人类学家们指出诸如"学校文化"这样的概念在很大程度上来说是一种对其含义与规则进行多方协商之后的经验的产物，而不是一种对其含义毫无争议的直接呈现。

在意大利，文化人类学与教育的相遇产生了很多复合型的结果，例如，意大利的文化人类学家通过一套行之有效的方法对上述观点进行了进一步的强化，并将教育人类学理解为一门理论与研究相结合的学科领域。正如我曾提到过的，在20世纪90年代，面对教师们在教育过程中所面临的种种困难，部分人类学家致力于在应用人类学（而不是教育人类学）的脉络之下运用他们的专业知识来理解这些困难，并提出了很多可行的解决路径。然而，对于那些发生在学校之内以及学校之外其他情境中的教育、文化与社会过程，这些人类学家所能够采取的手段就显得非常有限。学术界所期盼的来自这两大领域（人类学领域与教育领域）的研究者之间的合作与交流也很难得以实现。

但是，最近一些拥有教育人类学背景的青年教育工作者开始把各种教育过程与教育参与者以及各种教育问题列入他们的研究范畴。他们对于社会正义、教育效能以及人类学理论等问题表现出了极大的兴趣，但是他们更倾向于采用实证的方法来研究这些问题。将来自不同族群或阶层的学生所构成的课堂（heterogeneous classroom）视为一种有待解决的"问题"或是"冲突"也许能够让其显得更为容易被理解。但是如果仅仅是通过这种简单化的视角来看待问题，那么研究者们将不再愿意对那些把社会与文化变革定义为一种社会紧急状况的理论进行质疑，也不再愿意对身份认同的建构与协商以及不同教育情境中的关系与社交网络等问题开展研究，因为只需要通过学校民族志研究或是针对学校以外其他教育场景所开展的民族志研究就能够成功地解决这些问题。此外，类似于文化中介者（cultural mediator）[①]这样的一些新的社会角色与社会功能以及为了更好地理解不同文化或是社会之间的差异而创造出的一些新的词语与表达方式，都值得我们去认真研究并做出进一步的解释，以满足主流社会的需要、打消他们的

[①] 少数族群的身份可能会使得公共与职业身份认同的建构变得更加复杂，并且在情感上付出更多的代价，尽管这看起来并非不可能。参见 Gobbo 2004a。

疑虑，并以这种辩证的方式来与主流社会的文化霸权主义进行对抗——这正是我们在当前的意大利所看到的。这些研究以及批判性的反思对于我们去理解并阐释文化理论与教育过程也许能够起到积极的推动作用。

参考文献

Callari Galli, Matilde. 1975. *Antropologia e educazione. L'antropologia culturale e i processi educativi.* Florence: La Nuova Italia.

———. 1993. *Antropologia culturale e processi educativi.* Florence: La Nuova Italia.

———. 2000. *Antropologia per insegnare.* Milan: Bruno Mondadori.

Callari Galli, Matilde, and Gualtiero Harrison. 1974. *La danza degli orsi.* Caltanissetta-Roma: Edizioni Salvatore Sciascia.

Caronia, Letizia. 2003. "Linguaggio e vita quotidiana come contesti di apprendimento. Uno studio etnografico sulla socializzazione alla lettura in una istituzione educativa." In *Etnografia nei contesti educativi,* ed. Francesca Gobbo and Ana Maria Gomes. Rome: CISU (1st ed. 1999).

Costa, Cecilia. 2007. "Sperimentare l'incontro: giovani migranti e italiani in un centro educativo extra-scolastico." In *Processi educativi nelle società multiculturali,* ed. Francesca Gobbo. Rome: CISU.

———. 2008. "Amicizie interculturali in un contesto extrascolastico: una ricerca etnografica a Torino." In *L'educazione al tempo dell'intercultura,* ed. Francesca Gobbo. Rome: Carocci.

Dallavalle, Chiara. 2008. "Identità molteplici: la seconda generazione di Mazara del Vallo." In *L'educazione al tempo dell'intercultura,* ed. Francesca Gobbo. Rome: Carocci.

Fabietti, Ugo, and Francesco Remotti, eds. 1997. *Dizionario di antropologia.* Bologna: Zanichelli.

Falteri, Paola, ed. 1993. *Interculturalismo e immagine del mondo non occidentale nei libri di testo della scuola dell'obbligo.* Rome: Ministero della Pubblica Istruzione.

———, ed. 1995. *Andata & ritorni. Percorsi formativi interculturali.* Rome: Editoriale Cooperativa MCE.

———, ed. 2005. *"Ho visto i buoi fare il pane." L'immagine del mondo rurale nei libri di testo della scuola primaria.* Rome: Coldiretti.

Falteri, Paola, and M. Giovanna Lazzarin 1990. "Introduzione." In *Storia di segni storia di immagini. Proposte per la formazione storica di base,* Movimento di Cooperazione Educativa/Gruppo Nazionale Antropologia culturale. Florence: La Nuova Italia.

Galloni, Francesca. 2007a. "Alunni sikh a Cremona." In *La ricerca per una scuola che cambia,* ed. Francesca Gobbo. Rome: Carocci.

———. 2007b. "Etnografia: scelta metodologica e non solo." In *La ricerca per una scuola che cambia*, ed. Francesca Gobbo. Padua: Imprimitur.

———. 2008a. "Studenti sikh di fronte alla scelta della scuola secondaria." In *L'educazione al tempo dell'intercultura*, ed. Francesca Gobbo. Rome: Carocci.

———. 2008b. "Che cosa spinge le famiglie sikh a scegliere un centro d'aggregazione?" In *L'educazione al tempo dell'intercultura*, ed. Francesca Gobbo. Rome: Carocci.

———. 2009. *Giovani indiani a Cremona*. Roma: CISU.

Gobbo, Francesca. 1976. "Rapporto sull'identità etnica arbëresh." Unp. ms.

———. 1977. "Decentramento e partecipazione di base: il caso della Black America." *Scuola e Città* 28, no. 1 (January): 32–39.

———. 1992. *Radici e frontiere. Contributo all'analisi del discorso pedagogico interculturale*. Padua: Edizioni Alfasessanta.

———, ed. 1996. *Antropologia dell'educazione. Scuola, cultura, educazione nella società multiculturale*. Milan: Edizioni Unicopli.

———, ed. 1997. *Cultura Intercultura*. Padua: Imprimitur.

———. 2000a. "Ethnography of Education in the Waldensian Valleys: Analysis of the Relationship between a Religious Minority Identity, its Cultural History and Current Educational Experience." In *Educational Research in Europe. Yearbook 2000*, ed. Christopher Day and Dolf van Veen. Leuven: Garant.

———. 2000b. *Pedagogia interculturale. Il progetto educativo nelle società complesse*. Rome: Carocci.

———. 2003a. "C'è una giostra nel futuro? Esperienza scolastica e processo d'inculturazione in una minoranza occupazionale nomade." In *Etnografia dell'educazione in Europa. Soggetti, contesti, questioni metodologiche*, ed. Francesca Gobbo. Milan: Edizioni Unicopli.

———, ed. 2003b. *Etnografia dell'educazione in Europa. Soggetti, contesti, questioni metodologiche*. Milan: Edizioni Unicopli.

———. 2004a. "Cultural Intersections: The Life Story of a Roma Cultural Mediator." *European Educational Research Journal* 3, no. 3: 626–41.

———. 2004b. "Ethnographic Research as a Re/Source of Intercultural Education," *Proceedings of INST International Conference "Das Verbindende der Kulturen"* (Vienna, November 2003), http://www.inst.at/trans/15Nr/08_1/gobbo15.htm : 1–12.

———. 2004c. "John U. Ogbu: A Personal Recollection." *Intercultural Education* 15, no. 4 (December): 349–58.

———. 2004d. "L'insegnante come etnografo: idee per una formazione alla ricerca." In *L'intercultura dalla A alla Z*, ed. Graziella Favaro, Lorenzo Luatti. Milan: FrancoAngeli.

———. 2006. "Along the Margins, Across the Borders: Teaching and Learning among Veneto *attrazionisti viaggianti*." *Teaching and Teacher Education* 22, no. 7 (October): 788–803.

———. 2007a. "Alunni 'di passo'? Le narrazioni delle insegnanti sulla scolarizzazione dei figli degli attrazionisti viaggianti." In *Processi educativi nelle società multiculturali,* ed. Francesca Gobbo. Rome: CISU.

———. 2007b. "Between the Road and the Town: The Education of Travelling Attractionists. An Ethnographic Research." In *International Handbook of Urban Education,* ed. William T. Pink and George W. Noblit. Dordrecht: Springer.

———, ed. 2007c. *Processi educativi nelle società multiculturali.* Rome: CISU.

———, ed. 2007d. *La ricerca per una scuola che cambia.* Padua: Imprimitur.

———. 2008a. "Sull'uso di alcune metafore in pedagogia interculturale." In *L'educazione al tempo dell'intercultura,* ed. Francesca Gobbo. Rome: Carocci.

———, ed. 2008b. *L'educazione al tempo dell'intercultura.* Rome: Carocci.

———. 2009a. "On Metaphors, Everyday Diversity and Intercultural Education: Some Further Reflections." *Intercultural Education* 20, no. 4: 321–32.

———. 2009b. "Moving Lives. A Reflective Account of a Three Generation Travelling Attractionist Family in Italy." In *Traveller, Nomadic and Migrant Education,* eds. Máirín Kenny and Patrick A. Danaher. London: Routledge.

Gobbo, Francesca, and Ana Maria Gomes, eds. 2003. *Etnografia nei contesti educativi.* Rome: CISU (1st ed. 1999).

Gobbo, Francesca, and Mila Tommaseo Ponzetta, eds. 1999. *La quotidiana diversità.* Padua: Imprimitur.

Gomes, Ana Maria. 1998. *"Vegna che ta fago scriver." Etnografia della scolarizzazione inuna comunità di sinti.* Rome: CISU

———. 2003. "Esperienze di scolarizzazione dei bambini sinti: confronto tra differenti modalità di gestione del quotidiano scolastico." In *Etnografia nei contesti educativi,* ed. Francesca Gobbo and Ana Maria Gomes. Rome: CISU (1st ed. 1999).

Harrison, Gualtiero. 1979. *La doppia identità. Una vertenza antropologica nella minoranza etnicolinguistica arbëresh.* Caltanissetta-Roma: Edizioni Salvatore Sciascia.

Harrison, Gualtiero, and Matilde Callari Galli. 1971. *Né leggere né scrivere.* Milan: Feltrinelli.

MCE/Gruppo Nazionale Antropologia culturale. 1990. *Storia di segni storia di immagini. Proposte per la formazione storica di base.* Florence: La Nuova Italia.

Piasere, Leonardo. 2004. "La sfida: dire 'qualcosa di antropologico' sulla scuola." *Antropologia* 4, no. 4: 7–17.

———. 2007. "Roma, sinti, camminanti nelle scuole italiane: risultati di un progetto di ricerca di etnografia dell'educazione." In *Processi educativi nelle società multiculturali,* ed. Francesca Gobbo. Rome: CISU.

Pontrandolfo, Stefania. 2004. *Un secolo di scuola. I rom di Melfi.* Rome: CISU.

Saletti Salza, Carlotta. 2003. *Bambini del "campo nomadi." Romá bosniaci a Torino.* Rome: CISU.

———. 2004. "Non c'è proprio niente da ridere. Sulle strategie di gestione del quotidiano scolastico di alcuni alunni rom". *Quaderni di sociologia* XLVIII, no. 36: 7–29.

Sidoti, Simona. 2007. "Scuole possibili lungo la strada dei Caminanti di Noto." In *Processi educativi nelle società multiculturali,* ed. Francesca Gobbo. Rome:

CISU.

Simonicca, Alessandro. 2007. "Problemi sull'uso pubblico dell'antropologia in settino scolastici." In *Processi educativi nelle società multiculturali*, ed. Francesca Gobbo. Rome: CISU.

Trevisan, Paola. 2005. *Storie e vite di sinti dell'Emilia*. Rome: CISU.

第八章　中欧国家（保加利亚、捷克共和国、匈牙利、波兰、罗马尼亚与斯洛伐克）的教育人类学研究

加博尔·艾洛斯（Gábor Eröss）

本章的篇幅可能不会太长，因为在我们看来，教育人类学或是学校民族志的学科体系建设在中欧地区还很不完善。人类学在中欧国家曾经有过一段特殊的历史，在20世纪70年代以前，该地区都未曾有过人类学的相关学派以及任何其他类型的文化或是社会人类学的存在。不过，另外一门学科在中欧国家却抢了人类学的舞台，那就是民族志，也可以说是民俗研究（即对本土文化的描述性研究）。不过，由于民族志（或是民俗研究）总是在寻求对"原汁原味的"文化以及对老祖宗的传统（正如人类学在其研究初期那样）进行研究，因此学校作为一种现代机构并不在其研究范围之内。

但是，从过去的一些重要研究成果以及近年来大量出版的学术作品来看，对人类学这一领域进行研究是很有价值的，而更为重要的原因还在于"中欧以及东欧的社会科学研究者通常使用他们的母语来发表研究成果"（Sárkány 2002）。到目前为止，还没有哪部已发表的作品尝试着对这样的异质性问题开展过研究。在中欧以及东欧地区（该地区的国家在历史上从未殖民过其他国家），"学者们缺乏的并不是发表研究成果的机会，而是文化人类学方面的专业刊物"（Sárkány 2002）。

我将尝试着第一次将这一领域的基本概貌拼凑完整。因此，我将会在

本文中对六个中欧国家的教育人类学与教育民族志的研究状况进行呈现，这六个国家分别是：保加利亚、捷克共和国、匈牙利、波兰、罗马尼亚与斯洛伐克，它们现在已经是欧盟成员国。我将通常被定义为东南欧国家的罗马尼亚与保加利亚这两个国家也囊括在内，但是却排除了波罗的海三国（the three Baltic States）以及七个前南斯拉夫（Yugoslavia）国家。此外，由于篇幅的原因，我在内容上多多少少忽略掉了一些数量相对较少的针对校外学习开展的研究（例如社会化以及非正式教育）。同时，本章所提到的教育均特指义务教育阶段的教育，不包括高等教育。

在正式开始之前，我还需要指出的是中欧国家与东南欧国家的情况大相径庭。尤其是波兰，由于其特殊的历史，是一个非常特殊的案例。波兰的教育人类学主要源于德国分支（Bollnow 1963, 1987; Langeveld 1968），因此它主要关注的是与哲学相关的一些议题。阿布莱维奇（Ablewicz）在其研究成果中总结了德国的文献对波兰研究所造成的影响（Ablewicz 2003）。波兰最近还涌现出了一批新生代的青年人类学家，例如安娜·菲塔克（Anna Fitak）、爱丽丝娅·萨多妮克（Alicja Sadownik）等，他们试图去破除波兰教育人类学研究的哲学传统，转而对诸如职业学校这样的机构开展研究（Sadownik 2006）。

没有人类学家的人类学

在超越制度的、国家的以及方法论的分歧的意义上，本文的中心议题是对本地区教育人类学研究中占主导地位的一个重大话题与一个普遍的对象进行概述，即对民族性研究的一般性概述与对罗姆人（Roma）研究的特别概述。

本文还涉及另外两个方面的内容：

第一，这一地区的教育人类学具有双重的属性。部分学者遵循传统的民族志模式（这是该地区早期的社会科学普遍具有的特征），而主流的

第八章　中欧国家（保加利亚、捷克共和国、匈牙利、波兰、罗马尼亚与斯洛伐克）的教育人类学研究

观点则是将教育人类学视为一门应用型科学，是全球政策倡议的一部分，能够为政策的制定提供依据，并且还带有一种非常明确的、以解放为目的政治抱负［教育人类学在政治维度上的研究主要得到了以下组织或机构的资助：索罗斯基金会（Soros Foundation）、罗姆人教育基金（Roma Education Fund）、国际渐进协会（International Step by Step Association 简称 ISSA）、欧盟、大赦国际（Amnesty International）、联合国开发计划署（United Nations Development Program）以及联合国儿童基金会（UNICEF）等①。这一应用型科学能够将知识转成化成为一种政策工具（Delvaux and Mangez 2008）。不过，有的国家机构对上述那种跨国的研究视角进行了借鉴与吸纳，并将其内化为对罗姆人、少数族群以及学校中的移民等议题的研究，尤其是在保加利亚、匈牙利与罗马尼亚这三个国家。因此，看起来有些矛盾的是，教育人类学的发展过程与"政策学习"的过程总是相生相伴的。在应用型知识与后官僚主义（postbureaucratic）规则盛行的时代，知识与政策变得越来越密不可分，于是便形成了一种新的认知：知识即政策，政策即知识。

　　第二，既然教育人类学并没有自发性地形成一门制度化的、具有较强学术特征的人类学的子学科，社会学家与其他的一些社会科学研究者（包括教育学家、社会心理学家以及罗姆人研究者等）便自行将这一领域的研究进行了划分。②需要再一次指出的是，这并不是一个特殊的现象。正如德拉蒙特（Delamont）在本书中指出的那样，有时候，甚至连《人类学与教育季刊》的作者都常常会忽略掉很多主流的人类学发展方向。

　　中欧地区为世界贡献了一批最为重要的人类学家，例如布罗尼斯拉

---

　　①　在众多的欧盟项目中，"城市流动青少年与罗姆青少年教育研究"（EDUMIGROM）是一个较为成功的例子：http://www.edumigrom.eu/。
　　②　极具代表性的匈牙利（文化）人类学百科全书——《匈牙利文化人类学史》一书包含了许多章节，但是唯独没有涉及教育（Kézdi Nagy 2008）。萨坎尼（Sárkány）对东欧与中欧地区人类学研究的介绍也完全没有提到与教育或是学校相关的内容（Sárkány 2002）。

夫·马林诺夫斯基（Bronislaw Malinowski）、埃米尔·托尔道伊（Emil Torday）以及阿莱什·赫尔德利卡（Aleš Hrdlička）等。但是不同于民族志或是民俗研究，这一地区（除了罗马尼亚）的人类学学科建设与发展却非常缓慢（Sárkány 2002）。民族志研究以描述为主，理论性的东西很少。中欧与东欧的民族志学者（以及民族学学者）在建设民族独立国家的过程中都贡献了他们自己的力量。因此，研究活动背后的推动力是民族意识、民族主义以及历史与文化之间的联系（Sárkány 2002）。民俗研究关注的范围（甚至）更加狭窄，在这方面与民族志研究有相似之处。

在知识生成的"模式二"（Mode 2）情境之下（Nowotny, Scott, and Gibbons 2003），占社会科学领域主导地位的社会学与"跨国化的研究"相结合（Delvaux and Mangez 2008; Eröss et al. 2009）催生了一门新的、跨学科的研究领域/政策制定项目："罗姆人研究"。由于多方面的原因，教育是该领域的重要议题。首先，基于他们的社会学学术背景，研究者相信教育是理解社会、社会流动（social mobility）、再生产问题（reproduction）与象征秩序（symbolic order）的关键。其次，活跃于这一领域中的学者，不同于其他那些对待罗姆人所通常持有的批评的态度，他们致力于罗姆人案例的研究，并且相信只有首先提升学业方面的成就，罗姆人的生活状况才能得到改善（e.g. Equal Access 2007, 2008）。最后，在他们看来，学校的种族隔离或是融合是社会互动与权力关系的关键模式（European Commission 2005, 2007）。

评价是（部分）教育人类学对研究的一种重要形式。在学者们看来，研究与评价密不可分[①]，它们都与政策有着紧密的联系。二者对情境都极为敏感，并且需要大量的本土研究案例来支撑[②]。有时候，它们能够清晰地阐明人类学研究的目的"评价解决了这样一个问题：一项研究怎样才能有助

[①] 网站"研究与评价"即是一个很好的例证：http://www.osi.hu/esp/rei/research.html。
[②] 参见有关保加利亚、斯洛伐克，特别是匈牙利的评估报告：http://www.nshc.org.rs/eng_nshc/eng_ref_research.htm。

于教室中学习环境质量的提升？"（Ulrich et al. 2002: 11）

行动研究①、协商民意调查（deliberative polls）（Örkény and Székelyi 2007）、政策性文件与良好的实践指导（Promotion of Roma 2006）是这种新型的"研究-政策"混合体的一部分。同时，文化研究与社群研究也在其中发挥着越来越重要的作用。

近来，伴随着"罗姆人研究"的出现，学术界又兴起了一股移民研究的热潮，这是基于研究与政策的又一次结合而产生的一门新的跨学科研究。尽管研究者们在这一领域中运用了大量的人类学研究方法（例如深度参与式观察）与理论，但只有少量人类学家（事实上，民族志的研究者对其完全不感兴趣）真正涉足了该领域，有些涉足其中的都不认为自己是人类学家。

从某种程度上来说，对各种少数民族的研究推动了这一领域的扩张。匈牙利国会监察专员署（Hungarian Ombudsman）（这是一个有关民族与少数民族权利的国会专员办公室）每年都要发布一个报告。该报告每年由律师与社会科学研究者基于各种研究项目与文献形成，重点关注生活在匈牙利境内的13个少数民族，还有罗马尼亚与斯洛伐克的匈牙利后裔、捷克共和国境内的波兰裔少数民族以及保加利亚境内的土耳其裔少数民族等。在所有的这些领域中，教育仍是少数民族研究的重点。

我认为应该把这一系列以政策为导向的方法与概念框架纳入人类学的研究体系，因为它们都非常强调本土化的研究。然而，政策的制定者与研究者常常会认为这种本土化的研究很愚蠢。对某些国家的政治精英而言，权力的去中心化是民主的保证。而对研究者而言，本土层面的研究已经成为了一种"至高无上的现实"。因为该地区长期以来一直处于一种分裂的状态，并且社会规范的缺失也成为了一个非常严重的问题。总之，这是一

---

① 举一个塞尔维亚（Serbian）的例子："伏伊伏丁那（Vojvodina）罗姆人有关教育的需求、主要问题与发展潜力的参与式研究"。http://www.nshc.org.rs/eng_nshc/eng_ref_research.htm。

个人类学研究的繁荣时期，但是对人类学家而言情况却未必如此。

罗姆人研究

正如我将在本文中所展示的那样，社会层面与科学层面的罗姆人研究以及更加普遍的族群研究（包括罗姆人、移民与少数民族）在除了波兰以外的这些中欧国家里一直都是被关注的热点（在其他的欧洲国家也是如此）。这里再一次说明，波兰在该研究领域中是一个例外，因为波兰社会的罗姆人群体数量较少，以及其他一些历史方面的原因。

罗姆人群体在这五个中欧国家里人数众多，并且对社会有着重大的意义。罗姆人的祖先给人留下的印象是他们是一个流浪的民族，过着自在、平静与和谐的生活。而如今，绝大多数的罗姆人不再流浪，也没有像土著人那样生活。他们选择安定下来，寻求融入本地社会，并要求平等地获得受教育的权利。不过在这五个国家里，罗姆人的生活状态也不尽相同。匈牙利的罗姆人有着最高的融入程度，而生活在罗马尼亚与保加利亚农村地区的罗姆人的融入程度则最低。

以人类学为导向的罗姆人研究，其最大的贡献在于向人们展示了本质主义的观点事实上并没有搞清楚身为罗姆人所面临的复杂的现实状况。尤其是在学校里，有多少罗姆人在教育情境中使用他们的母语而不是官方语言？例如在匈牙利，尽管人们普遍认为低社会阶层或下层的罗姆人有着一种普遍的社会语言现象，即"限制型符码"（restricted code）的问题，但事实上，所有的匈牙利罗姆人都讲匈牙利语［还有一小部分除了匈牙利语之外也讲比阿斯语（Beas）以及罗瓦拉语（Lovari）］。

然而，在这些国家里是否存在着一种"罗姆人文化"？学校这样的机构是否存在着一种（负面的）"罗姆人态度"？顺便再问一句，到底谁才是真正的罗姆人？2001年，在捷克共和国，只有1.2万人认为自己是罗姆人，然而官方统计该国的罗姆人数量为20万至40万之间，是1.2万人的 20 倍以上。在匈牙利，大约有 19 万人宣称自己有着罗姆人的血统，而官方的数字则是 50 万至 70 万人。隐藏在这一现象背后的问题是，谁能够给出一个权威的说法：这个人或者学生是不是一个罗姆人？这一问题激起了政治与民族方面的，甚至是科学上的争议。与之相关的另外一个问题是，应该根据文化还是根据社会阶层来定义罗姆人？由于绝大多数的罗姆人都处于社会底层，因此看起来是应该根据社会阶层而非民族性来对罗姆人进行划分。那么，罗姆人到底是谁？唯一的解决方式似乎还是要回归到本土的层面，从回答这个问题的人本身或是这些人的邻里关系（Kemény, Janky, and Lengyel 2004）对他们自己的定义当中去寻找，然后再去考虑复杂多变的本土民族环境。

大部分的中欧国家都表现出了高度的教育不平等状况（Palečková et al. 2007）。总的来说，罗姆人成了这一问题的最大受害者（参见这一话题的相关著作）。其中的问题是，当学生在入学时，是学生选择学校，还是学校选择学生？如果是后者，那么学校的选择标准又是什么，是依据学生的能力还是根据学生的族群标签？大部分的学校社会人类学研究都致力于研究选择或隔离方面的议题（参见下文）。那些想要对隔离进行理解，并以此对其进行反抗的研究者（这两种行为不能分隔开来），需要挨个对每一座村庄、每一所学校、每一个课堂的情况进行了解，去观察，去做访谈，并且向当地的人们详细地解释"本土去除隔离/机会平等计划"（Local Desegregation/ Equal Chances Plans）。

特殊学校或"补救学校"（remedial school）（参见 Eröss et al. 2009，此外我还将在下文中对它们逐个进行介绍）是有关隔离或者融合的一个重要研究议题。在匈牙利、捷克共和国以及斯洛伐克，上述学校有着大量的罗姆学生（Amnesty International 2008）。在捷克的特殊学校里，罗姆学生占据了注册总人数的 90%，然而根据捷克 2005 年的《教育法案修正案》，这些学校都应被废除。

学前教育是又一项重要的政策与研究议题，罗姆儿童很少去上幼儿园。尽管幼儿园的入学率对教育机会的影响是显而易见的，但是在捷克共和国，针对罗姆人的学前教育预备项目以及在匈牙利，针对罗姆人的早期发展与早期幼儿园项目却是建立在一种缺陷假说论（deficit hypothesis）的基础之上的。该理论较为含蓄地指出，罗姆文化的确有别于主流文化，因此可以这么说，罗姆人如果想要达到主流教育的要求或是主流文化的标准，就必须接受再社会化或"涵化"（acculturated）的改造。

"罗姆人研究"主要以问题解决为导向，并且在这一领域中还产生了数量可观的跨文化教育及多元文化教育方面的研究文献，这些出版物涵盖了从对英语语言的文献回顾到诸如如何处理罗姆人课堂的日常教学这样的一些实践性议题研究（Boreczky 1999; Czachesz 1998; Nahalka 2004; Torgyik 2004）。

捷克共和国与斯洛伐克

捷克共和国

一些国际组织与捷克的国内机构［例如捷克学校监察局（Czech School Inspectorate）、国家少数民族委员会（Council for National Minorities of the Government）等］采纳了前述的那种跨国研究范式，正越来越多地关注罗姆人问题，其次是移民问题。

在捷克共和国，同斯洛伐克一样，教育人类学（educational anthropology）又被称为学校民族生态学（ethnoecology of school），是教育学之下的一个分支学科。捷克有一个名为布拉格学校民族志研究会（Prague Group of School Ethnography 捷克语：Prazska skupina skolni einografie）的组织（'*What you have ...*' 2001; Kučera, Rochex, and Štech 2001），也许是这一地区多年以来唯一从事教育民族志研究的学术团体。不过该小组目前正在面临解散，它的成员加入了其他的一些研究组织。这将会削弱捷克的学校民族志研究还是有利于其发展,还有待观察。该研究会使用捷克语发表出版了大量的研究作品,同时也有少量的英语与斯洛伐克语作品(Svec 1998)。

弗拉基米尔·斯梅克尔(Vladimír Smékal 2003)是布尔诺(Brno)市马萨里克大学(Marsaryk University)的一位著名的心理学家。20世纪90年代的下半叶,他深入罗姆儿童之中开展了一项研究,其研究结果表明罗姆人以及其他少数民族的学龄前儿童事实上与他们说单一捷克语的同龄人一样,有着相同的心理倾向。在他与他的同事们看来,罗姆儿童所面临的两大障碍分别是"语言能力"与"学习动机",这些罗姆儿童还根本"没有学会学习"。此外,学前教育测试也使得罗姆(以及其他少数民族)儿童处于一种不利的地位。

良好的家庭与社群环境能够激励儿童树立更高的人生追求,获得更好的学业成绩。然而大量针对罗姆人社群的研究(e.g. Poledňová and Zobacová 2006)表明,太多的罗姆儿童并没有获得这样一种支持环境,关于这一点很多教师都深有体会。著名人类学家比尔森(Plzeň)在其一项民族志研究(Hirt and Jakoubek 2006)中宣称,罗姆人的"问题"事实上并不是一个关于民族的问题,而是一个关于社会阶层的问题(Szalai 2008)。

欧洲罗姆人权利中心(European Roma Rights Centre)于1999年在斯特拉瓦(Ostrava)地区开展了一项参与面较广的调查研究(ERRC 1999),并最终引起了一场法律诉讼(D. H. V. S Czech Republic)。该研究显示,斯特拉瓦地区超过半数的罗姆儿童都被送到了专门针对患有学习与行为障碍的学生而设置的补救学校(当时被称为"特殊学校")学习,这一数量比例是非罗姆儿童的28倍。2007年11月,这场法律诉讼终于落幕,欧洲人权法院(European Court for Human Rights)裁定捷克政府存在对罗姆儿童种族歧视方面的过错。因此,从实证主义的准人类学研究到法律诉讼仅有一步之遥。而且从法律诉讼到政策制定,又从政策制定回归到本土实施(或不实施)也仅有一步之遥。

斯洛伐克

同样，对斯洛伐克的教育人类学而言，最重要的研究都在关注教育中的民族性问题。关于这一点，我们可以在国内外非政府组织数量众多的研究报告里一探究竟，这些组织包括：欧洲罗姆人权利中心、开放社会研究所（Open Society Institute）、斯洛伐克社会治理研究所（Slovak Governance Institute）等。一些已经发表的研究关注"零年级"课堂（为期一年的学校预备课程）的效率问题以及教师在帮助那些来自被边缘化的罗姆人社群的儿童、并减轻他们所处的不利状况时起到的辅助作用。特殊学校及其较差的教学质量，以及罗姆学生在特殊学校过高的比例都是斯洛伐克教育人类学研究的重点（Tomatová 2004; Stigmata 2004; Still square, still unequal 2007; Equal Access 2008）。

托玛托瓦（Tomatavá）在研究中对将学生从常规学校转移并安置到特殊学校的各种行政程序进行了描述（Tomatavá 2004）。斯洛伐克社会治理研究所则在其一系列的交互报告中针对这一事项提供了详细的田野研究报告。这些研究把针对上述行政程序在实施过程中所开展的微观层面的调查同具体的法律规则以及针对这些规则所进行的分析在实践中结合起来。其中最有影响力的一份报告对社会规则在提升罗姆儿童的入学率及其在学校表现（Húšová 2006）以及在加强对过渡课堂的分析方面所发挥的效率进行了研究。

保加利亚与罗马尼亚

我们在开篇时所做的假设似乎同样从罗马尼亚与保加利亚的例子中得到了证实。这两个国家并不存在教育人类学这样的学科，取而代之的是很多社会科学研究者都提出了学校中的罗姆人研究这一议题。

第八章 中欧国家（保加利亚、捷克共和国、匈牙利、波兰、罗马尼亚与斯洛伐克）的教育人类学研究

罗马尼亚

在罗马尼亚，有关罗姆人研究的文献主要使用三种语言，分别是英语、罗马尼亚语以及匈牙利语。

我们首先从匈牙利语的文献开始，可以这样说，罗姆人议题并不是学校议题的一部分。相反，学校议题（与其他众多议题一起）则是罗姆人议题中的一部分。大部分"学校民族志类的"研究都起源于罗姆人研究这一领域。与其他国家一样，学校隔离也同样是研究的重点。但是罗马尼亚还有另外一门学科，即区域研究（regional study），罗姆人的相关议题正是该学科的研究范围。在区域研究中，学者们将"罗姆人与学校"定义为被嵌入到特兰西瓦尼亚*（Transylvanian）这一区域以及一个村庄接一个村庄这样的本土环境中的一种社会与文化现象。学校教育在某个罗姆人社群不受重视，但是在另外一个罗姆人社群里却受到欢迎。罗姆儿童在某个村庄被隔离，但是在另一个村庄，他们却与大多数的本地学生一起学习（在该案例中主要为匈牙利人）。某个村庄的罗姆学生辍学率很高，但辍学率在另外一个村庄却很低（Bodó 2002）。

在罗马尼亚语的文献中，"罗姆人与教育"依然是重要的研究主题。研究的需求来自政府。与前几个国家一样，研究也同样以政策制定为导向，但是由于政府意识到了本地民族与学校环境的异质性问题，因此这些研究同时也深深地打上了本地（人类学）环境的烙印。在此基础之上，罗马尼亚教育部试图构思出一套针对罗姆人的教育方案，并对其进行调整以使之更加适合罗姆人。

由此，罗马尼亚学术界产生了两种观点，并引发了公共争议。一种观点强调罗姆人研究议题的民族性，例如有关罗姆人学习他们自己的语言与历史的权利研究，甚至要求所有的科目都应采用罗姆语来进行教学，并且设置专门的罗姆人班级或是罗姆人学校；另外一种立场则强调罗姆人研究

---

*　特兰西瓦尼亚是位于罗马尼亚中西部的一个地区。——译者注

议题的社会性，例如将罗姆人视为一种社会弱势群体。

而我在本文中所要呈现的则是罗马尼亚最近一段时间以来在这一领域的一些重大研究。首先是一个名为"靠近一点：当今罗马尼亚社会罗姆人接纳程度研究"的欧盟研究项目（Fleck and Rughinis 2008）。这是一项复杂的工程，并由欧盟的"法尔计划"*（PHARE Program）提供资助，这个项目中包含了对大量罗姆人与 1000 户非罗姆人家庭以及 36 个非常重要的社群所进行的调查与研究。

另外一个则是在罗马尼亚西南部一个名叫蒂米什瓦拉（Timişoara）的小镇开展的案例研究（Magyari-Vincze 2007），该地区长期以来都是一个多种文化并存的区域。研究指出，下列种种问题是导致这一地区罗姆儿童入学率不断减少的原因：缺少出生证明或是有效的身份证件（这便为儿童在学校与幼儿园注册设置了障碍）；糟糕的家庭经济条件与居住环境（这增加了学业失败或是辍学的风险）；女性的早婚早育（这一现象在传统的罗姆人群体中尤为常见）；教师、家长以及其他学生对罗姆儿童的偏见与歧视；父母的临时迁徙行为（他们总是带着儿童在国内外不断地来回迁徙）；学校的隔离行为（这常常伴随着较低质量的教育）。

以政策为导向的研究视角在罗马尼亚同样占据了主导性的地位（Toma 2005）。尤其是在英语的论文与报告中，除了"城市流动青少年与罗姆青少年教育研究"项目（参见本书第 209 页，注释 1）与其他的一些跨国项目或是欧盟项目之外，在罗马尼亚还有一些国家层面的研究对现有政策对罗姆人社会生活的影响进行了详细的评价（例如罗姆人学校媒介者计划）。

上述所有的科目都涉及了"罗姆人研究"这一领域，关于这一点可以参见 1997 年至 2007 年间出版的大量有关罗姆人研究的参考文献（Fosztó 2008）。不过"罗姆人研究"本身就对多元文化的观点持开放的态度。在

---

* "法尔计划"（PHARE）的英语全称为"Poland and Hungary Assistance for the Reconstruction the Economy"即"协助波兰与匈牙利经济复兴"。最初是欧盟为协助波兰与匈牙利经济复兴以及技术提升而制定的一项援助项目，后来扩展到了中欧以及东欧国家。——译者注

第八章　中欧国家（保加利亚、捷克共和国、匈牙利、波兰、罗马尼亚与斯洛伐克）的教育人类学研究

这方面，斯特凡尼娅·托玛（Stefania Toma）所开展的一项综合型社群研究也许是一个非常典型的案例，她将一个多民族的村庄视为一个整体来进行研究（包括他们的就业问题、社会结构等），而她论文一半以上的篇幅都在论述与学校相关的问题（Toma 2008）。

保加利亚

保加利亚也没有真正意义上的教育人类学。我们同样需要从一种更为广泛的意义上来对保加利亚的人类学进行理解，并且将质性社会学以及任何与之有关的研究领域都列入其中。这些领域包含但不仅限于"罗姆人（或者土耳其裔少数民族）与教育"这一研究主题。

瓦伦蒂娜·米伦科娃（Valentina Milenkova）是保加利亚质性教育研究的核心人物。格蕾科娃（Grekova 2008）、努内夫（Nunev 2006）以及久丘科夫（Kjuchukov 2006）等人有着更为广泛的关注点，但他们同样运用质性的方法来开展研究。格蕾科娃早期的研究主要局限于"文化多样性的学校布局"（Grekova 2002）以及"跨文化教育中的文化差异"（Grekova 1999）这两个方面。季米特洛夫（Dimitrov）与博亚德耶娃（Boyadjieva）运用质性研究的数据来讨论保加利亚中学里的公民教育问题。

政策视野与（本土）最优实践方法（best-practice approach）在保加利亚的教育人类学研究领域中同样占据着主导性的地位。例如，东卡·帕拉尤托娃（Donka Panayotova）对一个成功实施的社会底层"罗姆人学校反隔离项目"进行了研究。他在文章中写道："卡尔多说：'我梦想有一天能够成为一个律师，我觉得我的新学校能够帮我实现这个梦想。'——这就是大多数受益于这个'反隔离项目'的孩子们的想法。尽管在新的学校环境中，孩子们依旧面临着巨大的挑战。"

匈牙利

由于各种各样的原因,匈牙利看起来似乎成为了中欧地区罗姆人研究的中心。这些原因包括:罗姆人在匈牙利的总人口数量中所占比例非常之高(罗马尼亚与斯洛伐克同样如此);他们整个族群很早就在匈牙利定居(这一点是匈牙利所独有的),并且参与了匈牙利国别认同的形成过程;社会科学研究者早在20世纪70年代就将他们确定为研究的对象(Kemény 1976)等。由于社会科学研究者们的很多作品事实上都超越了本文中所存在的诸多局限性,因此本文对匈牙利案例的呈现将会从本质上限制在"真正的"人类学研究路径这一范围之内。

通过对一个罗姆族的学校在读女孩开展个案研究,并将这个女孩与其之前研究过的罗姆人社群进行比较,塞西莉亚·科瓦伊(Cecilia Kovai)提出了以下问题:一段稳定的恋爱关系如何以及为何会与学校教育产生冲突?在"罗姆人式的"家庭、爱情与婚姻之间,存在着什么样的关系会使得他们认为学校与教育并不重要(Kovai 2008)。

还有很多其他的人类学家(Csongor 1991)与社会学家在从事本土层面的研究与调查。哈瓦斯、凯梅尼与利斯科(Havas, Kemény, and Liskó 2002)(Havas 2002)、佐尔瑙伊(Zolnay 2007)、诺伊曼与佐尔瑙伊(Neumann and Zolnay 2008)、瓦劳迪(Váradi 2008)以及维拉格(Virág 2003)等学者逐村、逐镇地对社群、教育、(学校)隔离的形式以及融合等问题进行了研究。由于自1993年开始,在匈牙利对学生的民族身份进行统计与调查是违法的,因此,研究者们对罗姆学生的观察只能基于本土的层面来展开,他们也只能使用本土式的科学研究方法。内梅特(Németh 2006)就与她的同事开展了一项非常有意义的研究,该研究是对全国范围内的"公共教育一体化网络"(Public Education Integration Network)这一项目进行监测与评价的一部分。

社会学家与人类学家（Eröss 2008a; Domokos 2008）通过对那些有着特殊教育需求的学生开展案例分析，研究了融合、隔离与包容之间的相互作用与相互影响。在匈牙利的社会科学界，由于特殊（补救）学校被认为是一种隔离的手段，因此长期以来饱受批评（Csanádi, Ladányi, and Gerö 1978; Loss 1996; Kende and Neményi 2006）。尽管"入学准备度"（school readiness）的标准在匈牙利尚未达成一致，甚至没有一个官方的说法，但是它却被广泛地运用于对儿童早期的选拔与后续追踪。此外，由于这一过程是建立在对"学习障碍"与"行为失范"（例如多动症）的"医学化"（medicalization）与"心理化"（psychologization）的基础之上的，因此，对儿童合法的追踪与隔离早在他们6岁的时候就开始了（Oblath et al. 2007; Eröss 2008a and many others）。

尽管学术界有关"罗姆人与学校"议题的研究关注点较广、数量也庞大，但它们仍然不能让读者感到满意。准确地说，这是由于大多数的研究者在该领域过度地使用了量化研究的方法，这也是为什么我们需要一种新的学术观点的原因。

移民研究

在过去的中欧国家，移民是一个不太常见的现象，几乎仅限于在高等教育领域发生。20世纪80年代中期，首批来自中国的移民抵达中欧地区，然后是他们的孩子。匈牙利在20世纪80年代与90年代接纳了相对较多的中国移民，这一点有别于其他的中欧国家。到目前为止，中欧国家尚没有来自南亚或东南亚（越南除外）、中东、非洲，或者拉丁美洲的移民。

新千年伊始，匈牙利政府强制性要求难民将他们的孩子送去匈牙利学校上学，这成为了一个重要的转折点（Feischmidt and Nyíri 2006）。那些想要去西欧却临时滞留在匈牙利并居住在难民营的非法移民或难民如今正在融入匈牙利的学校。但事实上，他们的数量非常之少，而在中欧地区的其他国家，这一数量甚至更少。尽管这些主要来自东亚的移民与阿富汗难民的学生数量有限，但是社会科学研究者以及人类学家还是开始对他们的处境展开了研究。有趣的是，在研究过程中，研究者们还会经常参照有关罗姆人的案例（Feischmidt and Nyíri 2006）。

同样，这些研究主要是在一些国际项目与政策举措（例如欧律狄刻联盟*）的框架之下开展的。在捷克共和国，除了斯洛伐克学生之外（斯洛伐克裔是捷克数量最多的移民群体，尽管他们在文化与语言方面与捷克本国人非常接近），还有两个数量众多的移民群体，他们分别是越南人与乌克兰人。这三个族群是捷克共和国传统移民群体的典型代表。斯洛伐克人在捷克共和国有着几十年甚至上百年的历史，越南人则是从20世纪70年代开始以临时劳工的身份进入捷克（他们当中的很多人都留了下来），而到了90年代，他们又掀起了一股新的移民浪潮，最后是乌克兰人，他们主要于20世纪90年代开始移民捷克并且以经济移民为主。与传统的西欧移民国家比起来，捷克的移民数量仍然相对较低。然而，这种情况也许会在接下来的几年内发生改变，因为捷克近年来已经成为了最受欢迎的移民目的地，在2007年欧洲最受欢迎的移民目的地排行中位居第三，仅次于西班牙与意大利。来自乌克兰的移民学生与罗姆学生一样，他们中的大部分在一开始都会遇到语言方面的障碍，并且这个障碍还会在一段时间内持续下去。此外，他们还会遇到一些其他方面的问题（这些问题有时候是互相伴随着产生的），例如与父母之间的沟通困难以及无法确保连续的学校出勤率等。作为对比，根据科寇雷克与佩科娃（Kocourek and Pechová 2007）的研究，越南儿童在开始接受基础教育时所遇到的语言问题最为严重，但是来自他们家庭的支持以及他们自己强烈的学习动机能够帮助他们很快克

---

* 欧律狄刻联盟（the Eurydice Network）于1980年由欧盟委员会设立，是欧盟的教育信息联合网络，它由一个协调中心与一系列的参与国组成，并为参与国提供教育领域方面最新的、可靠的决策信息。具体参见 https://en.wikipedia.org/wiki/Eurydice_Network。——译者注

服这些问题。科寇雷克与佩科娃的这份研究报告也许是唯一针对越南移民儿童学校经历所开展的一次连续性研究，他们的这份报告的确有力地支持了前文所述的一些较为盛行的观点。尽管这两位研究者同时还指出了越南移民儿童生活经历中的两大隔阂。其中的一个隔阂存在于越南移民儿童与他们的同学之间，尤其是在他们入学的第一年，文化习惯上的差异也许会使他们产生一种被排斥的感觉。另外一个隔阂产生于越南移民儿童与他们的父母之间。在入学之后的几年内，为了更好地适应同龄人的环境，这些儿童将会接受主流社会的一些习俗，于是便与自己的家庭与父母之间产生了隔阂。

"少数民族"研究

生活在德国东南部的索布人（Sorbs）被其他的西斯拉夫民族（例如附近的捷克人与波兰人）视为"亲戚"。学者们对索布（Sorbian）学生[注意，不是塞尔维亚（Serbian）学生]的民族身份认同等一系列的问题进行了研究（Šatava 2007）。从传统意义上来看，中欧一直都是一个多民族地区。本文所讨论的六个国家中，有四个都曾经属于现代世界第一个多元文化帝国——奥匈帝国——的一部分。

尽管罗姆人的问题非常重要，但是它对于这些单一民族为主的国家（nation-state）而言并不构成太大的挑战，而少数民族问题则是个问题。在这些国家中（它们都还处于其国家发展相对早期的阶段）学校与学校教育是一个国家层面的议题。于是教育人类学便上升成为一门全国性的学科，它将会有助于通过学校教育来实现有效的民族融合。但事实上这一目标并未实现，这究竟是一种幸运还是不幸呢？

少数民族本身（包括在斯洛伐克或罗马尼亚的"匈牙利人"，在整个中欧地区的"德国人"）为我们前面称为教育人类学的民族志研究传统做出了贡献。20世纪90年代，在罗马尼亚的特兰西瓦尼亚地区，人们针对是否应该为该地区的匈牙利后裔专门建立单独的学校进行过激烈的辩论。现在，罗马尼亚已经新建或是重建了很多专门针对匈牙利后裔的学校，保障了匈牙利后裔在教育的各个阶段使用匈牙利语来开展学习活动的机会（Papp Z 1998）。如此火热的一个研究情境产出了许多教育人类学方面或是教育本土化方面的研究。例如，图拉伊（Turai）的研究显示了学校、教堂、匈牙利社区以及国家是如何在时间的不同维度与层次上相互关联在一起的。在一个匈牙利裔的村庄，改良派（Reformist）的教堂与学校共同维持着该村庄匈牙利族的民族身份认同，并在其中扮演了关键的角色。而在另外一个匈牙利裔的村庄，那里的学校负责人是罗马尼亚族的，他们的浸礼派（Baptist）教堂则拒绝在这方面发挥积极的作用。它们二者有着不同的制度执行者（Turai 2005）。

罗姆人研究之外的教育人类学

我们难道就不能从其他方面的研究之中（例如有关学校常规操作的研究以及有关学生学业成就的研究）有所收获吗？有种说法认为，在这一领域中，我们过分沉溺于对学生的学业失败以及少数族群儿童等问题的研究，这倒是多多少少与美国教育人类学的研究情况有点类似（参见本书德拉蒙特的章节）。在中欧地区，是否存在一种可能，即教育人类学并不是起源于对民族问题的研究？我将在这里尝试着向读者们展示，答案是"可能的"。部分学者的确在运用质性（人类学）方法来对学校客体进行研究，而不是将其关注点放在罗姆人身上。他们的研究路径主要包括视觉人类学（visual anthropology）（Kapitány and Kapitány 2006）与社群研究（Kovács 2007）等。在这些研究中，最为宏大的要数吉尔吉·梅萨罗什（György Mészáros）开展的一项研究（Mészáros 2009），他在该研究中运用了一种将解构主义、叙事主义与（新）马克思主义结合在一起的认识论。

学者们也针对诸如时间、空间与符号结构这种基础性的经典议题开

第八章　中欧国家（保加利亚、捷克共和国、匈牙利、波兰、罗马尼亚与斯洛伐克）的教育人类学研究

展了研究。西拉·梅雷格（Csilla Meleg）以时间与空间为线索来分析隐性课程以及它们对学生学业成就造成的影响（Meleg 2005: 128）。埃斯特·诺伊曼（Eszter Neumann）深入到匈牙利东北部一个工业城镇郊区的中学里去开展研究。在一次课堂的内部观察中，当学生要求教师放慢听写速度时，这名年轻的教师说道："我可以等一等，但是如果我等你们，你们课间休息时间就只能待在教室里了！……如果到时候你们又急着想要下课，那我就会在每个问题（由学生提出的）后面再增加一分钟。你们的课间休息时间可就真的没有喽！"在这一案例中，人类学家确认了教师通过控制时间来对学生进行惩罚这样的一个事实（Neumann 2007）。该学校还有一个非常显著的特征是从空间上将学校的两个部分（普通教育与职业教育）分隔开来。

> 职业培训部位于地下室。进去的人不得不在昏暗的灯光中穿过如同迷宫一般的走廊，然后才能到达位于地下建筑侧翼的乱哄哄的教室。这一切从某种程度上来说简直是一种地狱般的体验……沉闷的教室与破旧的课桌板凳。墙壁上贴着各式的机械图表以及一张不大的匈牙利地图（事实上，这是一张特里拉克98有限公司的广告海报）。（Neumann 2007: 21）

研究者在对以学徒为主的实验小组进行访谈时，他们也提到了这种以空间-象征（spatial-symbolic）为特征的划分。正如该组一个学生所说的："我们在地下室里上课，而他们却可以坐在上边的教室里！"（Neumann 2007: 23）

向着新型的政治教育人类学方向发展

在权力去中心化的情境里，人类学不仅仅是一种看待问题的视角，更是一种研究社会问题的必需。实际上，学校的日常现实远比社会学所描绘

的要复杂，后者关注的是学校里例如隔离与辍学等问题与一些负面现象。而人类学的视角聚焦于本土群体的偶然性（contingency），而不仅仅是多样性。只要地方行政当局拥有高度的自治权，那么他们将其注意力集中于本地事务的做法确实是一种非常恰当的行为。

在匈牙利，上述观点被认为是一种人类学的观点，因为事实上对于地方性事务的管理以及权力的行使，匈牙利并没有一个"国家层面"的概念。当我与我的同事去探寻有关匈牙利的权力中心以及政策制定的相关层级等问题时，发现它们都主要集中在地方政府的层面上。地方政府在教育相关事项上几乎拥有完全的自主权，他们可以自行决定学校的课程设置、学生的选拔标准与方式等。这些地方性过程需要通过人类学的方法（从长期的田野工作与"浸入式"观察开始）、人类学的主题（关注象征、类别、仪式以及地方性知识等）以及人类学的视角［一种避免了泛泛而谈的"认识论的谦逊"（epistemological modesty）］来进行理解。

行文至此，我必须说，中欧国家教育人类学研究真正的突破并不是从罗姆人研究开始的，而是从对一个一个的村庄、地区或者学校所开展的研究开始的。我所认为的教育人类学是一种结合了文化分析与结构分析的教育民族社会学（ethnosociology of education）。我坚持认为父母应该是教育过程的一部分，并且人类学的研究范围不应该仅仅局限于教室之内。父母与学校之间的互动与交流以及父母与自己孩子之间的互动与交流（父母监督孩子完成家庭作业的方式以及他们对孩子在学校所学内容的关心）都应该是综合性的学习民族志研究的一部分。

受阿涅斯·范赞丹（Agnès van Zanten 2001）等研究者的启发，我把针对本土社会历史情境（local sociohistoric context）的研究视为更好地理解教育的关键。在不同的情境之下，各种 A 类学校的情形也大不相同。我们对一个人口结构在过去以工人为主的地区进行了研究。我们发现，在行为者（尤其是决策者）的主导下，当地的一切都还是过去的模式，甚至像工厂附属幼儿园这样的一些机构直到今天依然存在（Bajomi et al.

第八章　中欧国家（保加利亚、捷克共和国、匈牙利、波兰、罗马尼亚与斯洛伐克）的教育人类学研究

2006）。同样，那些具有学习障碍的儿童也被认为是过去情况的延续。这在某种程度上是对过去情境的一种矛盾的再解释，一种将底层阶级转化为某种工人阶级残余的语义上的转变（semantic shift），因为在过去，工人是属于中产阶级中的下层，而不是社会的底层阶级。

人类学的方法同时表明，在每个单一的地方性情境中都存在着一种不同的、多维度的类别（categories）或是区分系统。这些多维的层级体系并没有演变成为一种单一的、全国性的社会等级制度（hierarchy），它们是文化、社会与政治的产物，是对地方嵌入性问题及其内涵的有力诠释。尽管它们并没有能够全面有效地抑制住社会的不平等，却为一些地方性事件的发生打开了机会之门。

在我们的研究中[①]（通过调查、访谈以及参与式观察等方法）我们见证了那些旨在对学生进行分类、分层、选拔以及追踪的制度及其过程变得越来越重要。选拔学生、录取学生然后再对他们进行分组教育，这三个方面总是相互关联在一起的。它们是一种三重性分类过程的不同方面，并且将学生划分为法律上的以及与法律无关的、明确的以及含蓄的等各种各样的类别。我将会在这里对这一多重性的分类过程进行展示，并解释该现象看起来已经在整个欧洲蔓延开来的原因。

隔离并不仅仅与"罗姆文化"有关，也不只是大多数人的偏见，还涉及学校体系以及政治体系。政治教育人类学向我们展示了从国家层面到街道层面，不同的政府监管主体对教育分类（educational taxonomies）的诠释都是不依赖于情境而存在的。它同时还向我们展示了甚至是全球性的话语与政策（例如标准化测试或者教师自主权）都具有地方嵌入性（Anderson-Levitt 2003）。

[①] 包括（1）"Reguledu"研究项目（http://www.girsef.ucl.ac.be/europeanproject.htm），（2）由匈牙利科学研究基金（The Hungarian Scientific Research Fund）"OTKA"与国家重点社会研究基金（the Fund for Social Studies Research of National Priority）"OKTK"资助的研究，以及（3）正在进行中的"KNOWandPOL"研究（http：//www.knowandpl.eu）。

有关"述行性"（performativity）的研究表明，研究者们不仅对类别及其意义进行了本土意义上的解释与建构，还对其进行了长期的反映、再现、阐述、掩盖、挑战以及改造（Wulf and Zirfas 2001）。本土的行动者常常弄不清楚哪些是罗姆人，哪些不是。一个群体之所以能够成其为民族，常常有着自己独特的民族性。然而任何一个民族，其边界常常是"含混不清"的，这取决于是谁对其进行划分以及在什么样的条件下与为什么要进行这样的划分（Ladányi and Szelényi 2001）。在我们的研究中，一方面我们的访谈对象（例如教师、父母等）会反复地向我们提及有关"麦斯蒂索混血人"（mestizos）、"半吉普赛人""不同的吉普赛人"的问题；另一方面，我们还经常会遇到诸如（非罗姆人）底层社会以及酗酒的父母如何不管自己的孩子等方面的问题。尽管被隔离的群体大部分都是少数民族，我们也必须看到这样一个事实：并非所有来自下层阶级的学生都会被主流学校排斥，而且工人阶级与中产阶级的孩子与其他阶级的孩子一样，会受到看起来永远不会停止的各种分类、分层以及分组过程的影响。总之，分类并不（仅仅）是一种为穷人的孩子贴标签，以至于让他们受到排斥的行为。

学校的选择是一个双向的、动态的、述行的过程。学校在挑选学生的同时，他们的父母也在挑选学校，并且这种选择在一定程度上是可以被预测的。什么样的选择才能更符合中产阶级的身份？是专攻数学还是专攻英语？这要视具体的情况而定。来自社会低阶层的学生会被好学校接受吗？在某些案例中，这个答案是肯定的。我们在这里举一个有关类别的具体案例，例如德国后裔这样的"少数民族阶层"。在不同的本土空间环境里，这种分类方式的作用大不相同。在一个村庄里，它的目的在于让那些讲德语的少数民族能够保留自己的民族身份认同；在另外一个村庄里，它的目的则是进行校内隔离，以便于让本地的精英阶层远离所谓的"流浪一族"（指那些被剥夺"德裔"身份的罗姆人）；而在那些没有"德国后裔"的村庄里，这种分类方式是为了确保学校以及整个村庄能够获得更多的经济援助，包括那些罗姆人村庄（在这些村庄，即使学校里一个"德国后裔"也没有，仍然会有很多针对它们的专项援助基金）。范赞丹从质性教育社会学或人类学的视角对此进行了解释：对诸如上述各个村庄那样的"参照点"所进行的研究表明了"地方当局对国家政策的再解释应当深入何种程度，取决于当地的社会阶层结构、民族结构等一系列的环境变量"（Van Zanten 2002: 290）。

结论

对像匈牙利这样的高度去中心化的学校系统所进行的研究表明，从政治人类学的角度来开展教育研究是非常有必要的。它尝试着对（民族-）国家时代之后，学校中的不平等最终是如何在各种社会过程中被复制与被传递的进行了解释，并且它们在不同的地方情境中有着不同的表现形式。这种意义上的人类学必须是一种与政治紧密关联的人类学，因为决策制定的主体并没有消失，它们只是改变了形式，并且变得越来越本土化以及/或者越来越具有跨国性。我们也必须继续在教育领域中大力推动人类学的研究，因为那些在特定情境之下并存的各种社会类别及其背后的意义事实上源自一种动态的、述行的以及社会的与文化的建构过程。这些类别与意义在学校举行仪式的时刻（例如入学考试）以及在街道层面的政府机构、父母、学生与其他利益相关方，它们的日常互动过程中得以再诠释，并且被赋予新的内涵。对学生进行分类是一个矛盾的、地方性的嵌入过程，这一过程却从未停止过，并且看起来已经成为了后民族时代学校体系的一种重要现象。

中欧地区包括人类学家在内的社会科学研究者对有关罗姆人（以及其他少数群体）的议题有着较高的敏锐度，并且出版了大量的研究作品。这使得该地区毫无疑问成为这一研究领域中极富发展潜力的一个区域。然而挑战与机遇却总是并存。一方面是少数群体的本质化（essentialization），另一方面是以政策为驱动的研究导向,这两大因素限制了研究的多元化发展,也限制了具有自主性的教育人类学或教育民族志这一领域的建立。

致谢

我将向以下人士致以我衷心的感谢:埃斯特·诺伊曼(Eszter Neumann)、玛丽亚·内梅尼(Mária Neményi)、韦罗妮卡·多莫科斯(Veronika Domokos)、吉尔吉·梅萨罗什(György Mészáros)、朱迪特·加尔多什(Judit Gárdos)(匈牙利)、拉迪姆·马拉达(Radim Marada)、卡特琳娜·施德洛普鲁·扬库(Katerina Sidiropulu Janku)、玛蒂娜·汉图福娃(Martina Haltufová)、露西娅·贾科夫斯卡(Lucia Jarkovska)(捷克共和国)、安娜·菲塔克(Anna Fitak)(波兰)、思蒂·斯科维洛娃(Zita Skovierova)(斯洛伐克)、莉莉安娜·埃斯凯纳齐(Liliana Eskenazi)、瓦伦蒂娜·米伦科娃(Valentina Milenkova)、佩普卡·博亚德耶娃(Pepka Boyadjieva)、玛雅·格蕾科娃(Maya Grekova)(保加利亚)、阿黛尔·基什(Adél Kiss)、哈伊纳尔卡·哈布拉(Hajnalka Harbula)(罗马尼亚)、以及达里尤什·塞尼(Dariush Ehsani)(美国)与克里斯托夫·沃尔夫(Christoph Wulf)(德国)。

参考文献

BU = Bulgarian
CZ = Czech
EN = English
FR = French
GER = German
HUN = Hungarian
POL = Polish
RO = Romanian
SK = Slovakian

第八章　中欧国家（保加利亚、捷克共和国、匈牙利、波兰、罗马尼亚与斯洛伐克）的教育人类学研究

Ablewicz, Krystyna. 2003. *Teoretyczne i metodologiczne podstawy pedagogiki antropologicznej*. [The Basics of Pedagogical Anthropology's Theory and Methodology]. Kraków: Wydawnictwo Uniwersytetu Jagiellońskiego. (POL)

Amnesty International. 2008. "A Tale of Two Schools: Segregating Roma into Special Education in Slovakia." http://www.amnesty.org/fr/library/asset/EUR72/007/2008/en/c0c45cb3-58d7-11dd-a0f9-8dfec124dda9/eur720072008eng.html. (EN)

Anderson-Levitt, Kathryn, ed. 2003. *Local Meanings, Global Schooling: Anthropology and World Culture Theory*. New York: Palgrave Macmillan. (EN)

Băican, Eugen. 2005. *Research Report: Educational Measures for the Roma Minority in Romania. The Effectiveness of Integrated and Segregated Education. Case Study of Pata-Rât, Cluj-Napoca*. Cluj: CERGE-Ei. (EN)

Bajomi, Iván, Eszter Berényi, Gábor Eröss, and Anna Imre. 2006. "Ahol ritka jószág a tanuló. Oktatásirányítás, cselekvési logikák és egyenlőtlenségek Budapesten" [Where Pupils Are Scarce. Educational Regulation, Logics of Action and Inequalities in Budapest], Research Reports Series. Budapest: OKI [Institute for Higher Education]. (HUN)

Beszámoló a nemzeti és etnikai kisebbségi jogok országgyűlési biztosának tevékenységéről [Reports on National and Ethnicity Minority Rights by the Parliamentary Commissioner], 2000, 2001, 2002, 2003, 20004, 2005, 2006, 2007, 2008. Budapest: Budapest: Országgyűlési Biztosok Hivatala. (HUN)

Bodó, Julianna, ed. 2002. *Helykeresők. Roma lakosság a Székelyföldön* [The Roma Population in Transylvania]. Csíkszereda: Pro-Print. (HUN)

Bollnow, Otto Friedrich, 1963. *Mensch und Raum* [Man and Space]. Stuttgart: W. Kohlhammer. (GER)

———. 1987. *Crisis and New Beginning: Contributions to Pedagogical Anthropology*. Translation by Donald Moss and Nancy Moss of *Die Anthropologische Betrachtungsweise in der Pädagogik* (originally published by Neue deutsche Schule Verlagsgesellschaft, 1965). Pittsburgh, PA: Duquesne University Press. (EN)

Boreczky, Ágnes. 1999. "Multikulturális pedagógia - új pedagógia?" [Multicultural pedagogy? New pedagogy?]. *Új Pedagógiai Szemle* no. 4 (1999): 26–38. (HUN)

Csanádi, Gábor, János Ladányi, and Zsuzsa Gerő. 1978. "Az általános iskolai rendszer belső rétegződése és a kisegítő iskolák" [The Internal Stratification of the Elementary School System and the Special Education Schools]. *Valóság* 6. (HUN)

Csongor, Anna. 1991. "A cigány gyerekek iskolái" [The Schools of Roma Children]. In *Cigánylét-Műhelytanulmányok*, 179–200. Budapest: Magyar Tudományos Akadémia Politikai Tanulmányok Intézete. (HUN)

Czachesz, Erzsébet. 1998 *Multikulturális nevelés. Szöveggyűjtemény tanító- és tanárszakos hallgatók számára* [Multicultural Education: Textbooks for Teachers and Teacher Trainees]. Szeged: Mozaik Oktatási Stúdió. (HUN)

Delvaux, Bernard, Eric Mangez, et al. 2007. "Literature Reviews on Knowledge and Policy." http://www.knowandpol.eu/fileadmin/KaP/content/Scientific_reports/Literature_review/Know_Pol_literature_review.pdf. (EN)

Dimitrov, Georgi, and Pepka Boyadjieva. 2009. "Citizenship Education as an Instrument for Strengthening the State's Supremacy: An Apparent Paradox?" *Citizenship Studies* 13, no. 2: 151–67. (EN)

Domokos, Veronika. 2008. "Képességzavarok és a 'családi körülmények': (halmozottan) hátrányos helyzet és 'romaság' a tanítói narratívában" [Ability Disorder and "Family Conditions": (Multiple) Social Disadvantage and "Gipsyness" in Teachers' Narratives]. In *Túl a szegregáción. Kategóriák burjánzása a magyar közoktatásban* [Beyond Segregation: The Proliferation of Categories in Hungarian Public Education], ed. Gábor Eröss and Anna Kende. Budapest: L'Harmattan. (HUN)

Equal Access to Quality Education for Roma, vol. 1 and 2. 2007, 2008. Open Society Institute. (EN)

Eröss, Gábor. 2008a. "Categorization, Tracking and 'School Readiness': Towards a New Political Anthropology of Education." In *Proceedings of the Paris International Conference on Education, Economy and Society, 2008*, 581–91. Paris: Paris International Conference on Education, Economy and Society. (EN)

———. 2008b. "Különbség és szórás. Kategorizációs és szelekciós finommechanizmusok az oktatásban: SNI-k, lókötők és társaik" [Difference and Variance: Categorization and Selection in Public Education: Special Educational Needs Children, Lókötők and the Others]. In *Túl a szegregáción. Kategóriák burjánzása a magyar közoktatásban* [Beyond Segregation: The Proliferation of Categories in Hungarian Public Education], ed. Gábor Eröss and Anna Kende. Budapest: L'Harmattan. (HUN)

Eröss, Gábor, et al. 2009. *All Against Misdiagnosis*. KNOWandPOL Report, http://www.knowandpol.eu. (EN)

European Commission, Directorate-General for Employment and Social Affairs. 2005. *The Situation of Roma in an Enlarged European Union*. ec.europa.eu/employment_social/publications/2005/ke6204389_en.html. (EN)

European Commission, Directorate-General for Employment and Social Affairs. 2007. *Segregation of Roma Children in Education*. ec.europa.eu/employment_social/fundamental_rights/pdf/legnet/seg07_en.pdf. (EN)

European Roma Right Center. 1999. *A Special Remedy: Roma and Schools for the Mentally Handicapped in the Czech Republic*. ERRC. http://errc.org/publications/reports/. (EN)

Feischmidt, Margit, and Pál Nyíri, eds. 2006. *Nem kívánt gyerekek? Külföldi gyerekek magyar iskolákban* [Unwanted Children? Foreign Children in Hungarian Schools]. Budapest: MTA NKI. (HUN)

Fleck, Gabor, and Cosima Rughinis, eds. 2008. *Come Closer: Inclusion and Exclusion of Roma in Present-Day Romanian Society*. Bucharest: Human Dynamics. (EN)

第八章　中欧国家（保加利亚、捷克共和国、匈牙利、波兰、罗马尼亚与斯洛伐克）的教育人类学研究

Fosztó, László. 2008. "Bibliografie cu studiile și reprezentările despre romii din România—cu accentul pe perioada 1990–2007." *Working Papers in Romanian Minority Studies.* http://www.ispmn.gov.ro/docs/Foszto_Laszlo.pdf. Cluj-Napoca: The Romanian Institute for Research on National Minorities. (RO)

Greger, David, Jiří Kotásek, and Ivana Procházková. 2004. *Požadavky na školní vzdělávání v České republice (Národní zpráva pro OECD)* [Requirements for School Education in the Czech Republic (National Report OECD)]. Prague: Charles University. (CZ)

Grekova, Maya. 1999. "Cultural Difference as a Problem of Intercultural Education." In *Bulgaria—Facing Cultural Diversity,* ed. G. de Keersmaeker and Pl. Makariev. Sofia: IPIS, ACCESS. (EN)

——— (in collaboration with Pl. Makariev). 2002. "Configurations of Cultural Diversity at School." *Strategies of Educational and Scientific Policy.* Special Issue: "Educational Policy and Cultural Diversity." (BUL)

——— (in collaboration with four students). 2008. *Roma in Sofia: From Isolation to Integration?* Sofia: East/West. (BUL)

Havas, Gábor. 2002. "The School as Breakout Point." In *The Gypsies/the Roma in Hungarian Society,* ed. Ernő Kállai, 79–106. Budapest: Teleki László Foundation. (EN)

Havas, Gábor, István Kemény, and Ilona Liskó. 2002. *Cigány gyerekek az általános iskolában* [Gypsy Children in Elementary Schools]. Budapest: Oktatáskutató Intézet, Új mandátum Kiadó.

Hirt, Tomáš, and Marek Jakoubek, eds. 2006. *"Romové" v osidlech sociálního vyloučení* ["Roma" in the Confines of Social Exclusion]. Plzeň: Aleš Čeněk. (CZ)

Húšová, Mária. 2006. "Ako sa zmenila situácia v absencii rómskych detí v školách v dôsledku vládnych opatrení za obdobie rokov 2002 – 2005" [How the Situation of Roma Children's School Absence Schools Has Changed as a Result of Government Measures over the Period 2002 to 2005]. *Interface* (Slovak Governance Institute) no. 1 (2006). (SK)

Kapitány, Gábor, and Ágnes Kapitány. 2006. *Intézménymimika II* [Institutional Mimetism II]. Budapest: ÚMK. (HUN)

Kemény, István. 1976. *Beszámoló a magyarországi cigányok helyzetével foglalkozó 1971-ben végzett kutatásról* [Report on the Status of Gypsies in Hungary: 1971 Research]. Budapest: MTA Szociológiai Intézet. (HUN)

Kemény, István, Béla Janky, and Gabriella Lengyel. 2004. *A magyarországi cigányság 1971–2003* [The Roma Population of Hungary 1971–2003]. Budapest: Gondolat Kiadó–MTA Etnikai-Nemzeti Kisebbségkutató Intézet. (HUN)

Kende, Anna, and Mária Neményi. 2006. "Selection in Education: The Case of Roma Children in Hungary." *Equal Opportunities International* 25, no. 7: 506–22. (EN)

Kézdi Nagy, Géza. 2008. *A magyar kulturális antropológia története* [History of Hungarian Cultural Anthropology]. Budapest: Nyitott Könyvműhely Kiadó. (HUN)

Kjuchukov, Hristo. 2006. *Desegregation of Roma Pupils*. Sofia: C.E.G.A. (BUL)

Kocourek, Jiří, and Eva Pechová, eds. 2007. *S vietnamskými dětmi na českých školách* [With the Vietnamese Children in a Czech School]). Jinočany: Nakladatelství H&H Vyšehradská. (CZ)

Könczei, Csongor. 2008. "A kalotaszegi cigányzenészek társadalmi és kulturális hálózatáról" [The Social and Cultural Network of Gipsy Musicians in the Kalotaszeg Region]. PhD diss., Eötvös Loránd University, Budapest. (HUN)

Kovács, Éva, ed. 2007. *Közösségtanulmány. Módszertani jegyzet* [Community Study: Methodological Note]. Budapest: Néprajzi Múzeum—PTE. (HUN)

Kovai, Cecília. 2008. "Az iskola és a család. Kizáró és megengedő viszonyok" [The School and the Family: Exclusive and Inclusive Relations]. *Beszélő* 13, no. 5. http://beszelo.c3.hu/cikkek/az-iskola-es-a-csalad. (HUN)

Kučera, Miloš, Jean-Yves Rochex, and Stanislav Štech, eds. 2001. *The Transmission of Knowledge as a Problem of Culture and Identity*. Prague: Karolinum. (EN)

Ladányi, János, and Iván Szelényi. 2001. "The Social Construction of Roma Ethnicity in Bulgaria, Romania and Hungary during Market Transition." *Review of Sociology* 7, no. 2: 79–89. (EN)

Langeveld, Martinus J. 1968 [1960]. *Die Schule als Weg des Kindes: Versuch einer Anthropologie der Schule* [School as the Way of the Child: Attempt at an Anthropology of the School]. Braunschweig: Westermann. (GER)

Loss, Sándor. 1996. "Egy csapásra. Cigány gyerekek útja a kisegítő iskolába" [All of a Sudden: The Road of Gypsy Children to Special Schools]. *Beszélő* 6. (HUN)

Magyari-Vincze, Enikő. 2007. *Social Exclusion of Roma. Case Study from Timisoara*. http://adatbank.transindex.ro/vendeg/htmlk/pdf7060.pdf. (ROM)

Meleg, Csilla. 2005. "Iskola az időben" [School and Time]. *Iskolakultúra*, no. 2: 127–34. (HUN)

Mészáros, György. 2009. "The Role of Youth Subcultures in the Educational Process School Ethnography." PhD diss., Eötvös Loránd University, Budapest. (HUN) [English-language abstract: http://ppk.elte.hu/images/stories/_UPLOAD/DOKUMENTUMOK/Nevelestudomany_Phd/2009/meszaros_gyorgy_tezisek_2009_phd.pdf.]

Milenkova, Valentinas. 2008. "Roma Dropping Out and Rural School." In *Mobility, Vulnerability, Sustainability*, 147–60. Sofia: Publishing House Alia. (BUL)

Nahalka, István. 2004. "A roma gyerekek kognitív fejlesztését meghatározó sajátosságok" [Roma Children and the Cognitive Development of Defining Characteristics]. In *Megközelítések. Roma gyermekek nevelésének egyes kérdései* [Approaches: Certain Questions about Roma Education], ed. István Nahalka and Judit Torgyik. Budapest: Flaccus. (HUN)

Németh, Szilvia. 2006. *Integráció a gyakorlatban* [Integration in the Practice]. Budapest: OKI. (HUN)

Neumann, Eszter. 2007. "School in the Shadows of the Closed Steel-Mill. The Hidden Curriculum in a Hungarian Secondary School." Master's thesis, Eötvös Loránd University, TáTK, Budapest. (EN)

Neumann, Eszter, and János Zolnay. 2008. *Esélyegyenlőség, szegregáció és oktatáspolitikai stratégiák Kaposváron, Pécsen és Mohácson* [Equality, Segregation and Educational Strategies in Kaposvár, Pécs, and Mohács]. Budapest: EÖKIK. (HUN)

Nowotny, Helga, Peter Scott, and Michael Gibbons. 2003. "Introduction: 'Mode 2' Revisited: The New Production of Knowledge." *Minerva* 41, no. 3: 179–94. http://www.prescott.edu/faculty_staff/faculty/scorey/documents/NowotnyGibbons2003Mode2Revisited.pdf. (EN)

Nunev, J. 2006. *Roma and the Process of Desegregation in Education.* Sofia: Kuna. (BUL)

Oblath, Márton, Balázs Berkovits, Gábor Eröss, et al. 2007. *Unhealthy Data, Competing Sciences. 2nd Part: The Field of Special Educational Needs.* http://www.knowandpol.eu/fileadmin/KaP/content/Scientific_reports/Orientation1/O1_Final_Report_Hungary_health.pdf. (EN)

Örkény, Antal, and Mária Székelyi. 2007. *Deliberatív közvélemény-kutatás a magyarországi romák és nem romák viszonyáról* [Poll on the Relationship between Roma and Non-Roma in Hungary]. Budapest: Ulpius Ház. (HUN)

Palečková, Jana, et al. 2007. *Hlavní zjištění výzkumu PISA 2006. Poradí si žáci s přírodními vědami?* [Document of the Institute of Information on Education. The Main Finding of the PISA Research for 2006]. Prague: ÚIV. (CZ)

Panayotova, Donka. 2007. *Successful Romani School Desegregation: The Vidin Case.* http://www.errc.org/cikk.php?cikk=1630. (EN)

Papp Z., Attila. 1998. "A romániai magyar oktatás helyzete 1989 után" [The Situation of Hungarian Schools in Romania after 1989], *Magyar Kisebbség* no. 3–4 (1998): 13–14. http://www.jakabffy.ro/magyarkisebbseg/index.php?action=cimek&cikk=m980321.htm. (HUN)

Poledňová, Ivana, and Jarmila Zobačová, eds. 2006. "Romské děti předškolního věku a jejich příprava na zahájení školní docházky" [Roma Children of Preschool Age and Their Preparation for School Attendance]. In *Sborník referátů z konference Multikulturní výchova v dnešní společnosti* [Multicultural Education in Contemporary Society—Conference Volume]. Brno: Pedagogická fakulta. (CZ)

Promotion of Roma/Traveler Integration and Equal Treatment in Education and Employment Project, 2005–2006, 2007. *Conclusions and Good Practices Identified in the International Seminar. Handbook.* Madrid. (EN and six other languages)

Sadownik, Alicja. 2006. "The Paradox of Special Vocational Schools." http://changeandresistance.blogspot.com/2006/12/paradox-of-special-vocational-schools.html. (EN)

Sárkány, Mihály. 2002. "Cultural and Social Anthropology in Central and Eastern Europe." In *Knowledge Base Social Sciences Eastern Europe.* GESIS (Leibnitz Institute for the Social Sciences). http://www.cee-socialscience.net/archive/anthropology/article1.html. (EN)

Šatava, Leoš. 2007. "Etnická identita a vztah žáků lužickosrbské školy k jazykové kultuře (porovnání let 2001/02 a 2005/06)" [Ethnic Identity and Language/Culture Attitudes among Students of a Sorbian Grammar School 2001/02
Still separate, still unequal: Violations of the right to education of Romani children in Slovakia. 2007. Bratislava: Amnesty International. (EN)
Svec, Stefan, et al. 1998. *Metodológia vied o vychove* [Methodology of Science Education]. Bratislava: Vydavatelstvo IRIS. (SLO)
Szalai, Júlia. 2008. *Ethnic differences in compulsory education. Policy Brief*. Budapest: Center for Policy Studies, Central European University. http://www.edumigrom.eu/download.php?oid=T32a26879c15267f25561a03fd82f1f2;aid=T12928899e17277424524eb06f34284a;file=;download. (EN)
Toma, Stefania. 2005. *Research Report: Educational Measures for the Roma Minority in Romania. The Effectiveness of Integrated and Segregated Education. The Case of Odorheiu-Secuiesc, Hargita County*. Cluj: CERGE-Ei—Global Development Network, CCRIT. (EN)
———. 2008. "Roma/Gypsies and Education in a Multiethnic Community in Romania." *Working Paper in Romanian Minority Studies*, no. 6. http://www.ispmn.gov.ro/docs/Toma_Stefania.pdf. (EN)
Tomatová, Jana. 2004. *Na vedľajšej koľaji* [Side-Tracked]. Bratislava: Slovak Governance Institute. (SLO)
Torgyik, Judit 2004. "Modellértékű roma nevelési programok és elterjedésük gátjai" [Exemplary Educational Programs for Roma Children]. In *Megközelítések. Roma gyermekek nevelésének egyes kérdései* [Approaches: Certain Questions about Roma Education], ed. István Nahalka and Judit Torgyik, 83–93. Budapest: Flaccus. (HUN)
Turai, Tünde. 2005. "A szilágysomlyói kistérség nemzeti identitásának komponensei (magyar kulturális és oktatási intézmények működése az elmúlt másfél évtizedben)" [The Components of National Identity in the Szilágysomlyó Region]. In *Magyarlakta kistérségek és kisebbségi identitások a Kárpát-medencében* [Hungarian-Speaking Minority and Micro Identities of the Carpathian Basin], ed. Boglárka Bakó and Szilvia Szoták. Budapest: Gondolat—MTA ENKI. (HUN)
Ulrich, Catalina, Alexandru Crisan, Simona Moldovan, and Nancy Green. 2002. *Evaluation Report for the Project "Equal Opportunities for Roma Children through School Development Programs and Parents' Involvement."* http://www.osi.hu/esp/rei/Documents/EvaluationRomaniaFinalDraftcolumbiareport2002.doc. Bucharest: Roma Education Initiative, Open Society Foundations. (EN)
Van Zanten, Agnès. 2001. *L'école de la périphérie* [School on the Periphery]. Paris: PUF. (FR)
———. 2002. "Educational Change and New Cleavages between Head Teachers, Teachers and Parents: Global and Local Perspectives on the French Case." *Journal of Education Policy* 17, no. 3: 289–304. (EN)
Váradi, Mónika. 2008. "Kistelepülések és kisiskolák—közoktatási tapasztalatok a kistérségi társulásokban" [Small Towns, Small Schools. Public Education

in the Multipurpose Micro-regional Corporations]. In *Függőben: közszolgáltatás-szervezés a kistelepülések világában* [Dependence: The Organizing of Public Services in Small Towns], ed. Katalin Kovács and Edit Somlyódyné Pfeil, 155–82. Budapest: KSZK. (HUN)

Virág, Tünde. 2003. "Gettósodó térség, gettósodó iskolarendszer" [Ghettoization of a Territory, Ghettoization of Education]. *Kisebbségkutatás* 2. http://www.hhrf.org/kisebbsegkutatas/kk_2003_02/cikk.php?id=750. (HUN)

What you have learned in the years of your youth ("Co se v mladi naucis ..."). 2001. Prague: Charles University, Faculty of Pedagogics, Group of School Ethnography. (CZ)

Wulf, Christoph, and Jörg Zirfas. 2001. "Das Performative als Focus Erziehungswissenschaftlicher Forschung. Zur Bildung von Gemeinschaften in Ritualen" [The Performative as a Focus in Educational Research: For the Formation of Communities through Rituals]. In *Anthropologie pädagogischer Institutionen* [Pedagogical Anthropology of Institutions], ed. Eckart Liebau, Doris Schumacher-Chilla, and Christoph Wulf. Weinheim: Deutscher Studien Verlag. (GER)

Zolnay, János. 2007. "Kirekesztés, szegregáció, vákuumhelyzet a drávaszögi kistérség iskolakörzeteiben" [Exclusion, Segregation and Entrapment in the School Districts of the Drávaszög Microregion]. *Műhelytanulmány* no. 31. Budapest: Európai Összehasonlító Kisebbségkutatások Közalapítvány. (HUN)

第九章　福利国家视野下的教育人类学

——以斯堪的纳维亚地区为例

萨利·安德森（Sally Anderson）
伊娃·格罗夫（Eva Gulløv）
凯伦·瓦伦丁（Karen Valentin）

教育人类学在斯堪的纳维亚地区是一门全新的学科。在 1990 年之前只有少量的人类学家在从事教育与社会化方面的研究，教育（丹麦语：uddannelse）作为一类研究主题并没有出现在与斯堪的纳维亚人类学相关的文献综述里（Gullestad 1989），也没有被编入斯堪的纳维亚人类学的读者索引（Hastrup and Ovesen1985; Eriksen 1993）。本文包含三个方面的研究内容，分别是学校民族志[1]、儿童与青少年人类学与人类学的发展研究。它们对于正在发展中的斯堪的纳维亚教育人类学有着重要的意义。我们在本文中把丹麦作为斯堪的纳维亚地区的代表，对该国教育人类学的研究趋势进行重点介绍，同时也会关注来自瑞典与挪威的相关研究状况[2]。我们认为，无论是哪个国家，斯堪的纳维亚地区教育人类学的发展都不可避免地与该地区作为福利社会所具有的文化范式与政治本位特征有着内在的关系。

---

[1] 民族志作为一种方法论，通常被用来研究某种独特的社会互动形式。

[2] 考虑到研究斯堪的纳维亚教育人类学的发展历程要跨越 40 个年头、涉及 3 个国家以及对民族志作为一门研究方法在各个学科中的广泛应用进行介绍，我们决定选择我们认为最能够代表教育人类学这一学科的部分作品。基于时间与空间上的跨度以及从实用主义的角度出发，这已经是我们所能做出的最好的选择，尽管这里面以丹麦的研究居多。在此，向那些可能被我们忽略掉的研究以及它们的作者表示歉意。

第九章　福利国家视野下的教育人类学

在对这个领域开始正式的论述之前，我们首先对斯堪的纳维亚做一个简要的介绍。该地区的三个国家，丹麦、挪威与瑞典，位于欧洲的最北部，在语言①、政治与文化方面有着紧密的联系。它们共同拥有一段彼此交融的历史，在政治体制、意识形态、社会结构方面都有着极大的相似之处，并且三个国家都以普惠性、高福利的社会民主传统而著称。它们的政府通过提高税率、对市场实施国家监管以及实施普惠性的社会福利制度等手段来稳定社会经济、平衡收入差距并确保每一位公民都能平等地享有基本人权。构成这种高福利社会模式（包括社会保障、免费医疗与免费教育）的基石是大量的公共部门以及一系列托儿所、幼儿园、课后辅导中心、学校、医院、养老中心等社会机构。同时，社会大同与社会平等的观念在人民之中产生了共鸣，并深入这三个国家的政治话语与社会文化结构之中（Gullestad 1984, 2002; Liep and Olwig 1994）。以上的所有因素都对教育研究产生了巨大的影响。在所有阶段实施普惠性的免费教育在斯堪的纳维亚地区被看作是社会平等的根本保障，在这样的教育体制之下，教育人类学与教育民族志研究者们形成了他们特有的研究视角。

斯堪的纳维亚地区的人类学

斯堪的纳维亚人类学的历史与其他国家与地区的人类学历史非常相似，它们继承了德国文化史（丹麦语：Kulturgeschichte）的传统，常常与国家博物馆联系在一起，并在第二次世界大战之后正式成为大学里的一门学科②。在 20 世纪 60 年代，以挪威人类学家弗雷德里克·巴特（Frederik

---

①　作为维京人的语言，同时也是斯堪的纳维亚语言的鼻祖，古诺尔斯语（Old Norse）在长时期的贸易、征战以及联盟的历史中不断变化与发展。尽管经历了王权的变更与连年的战乱，瑞典、挪威与丹麦的居民能够彼此理解相互的语言，尤其是以书面的形式书写的时候。他们的语言被统称为斯堪的纳维亚语。

②　斯堪的纳维亚一共有 13 个人类学系：3 个在丹麦，4 个在挪威，6 个在瑞典。并有两个相邻的学科——民族学与民俗学，专注于欧洲农民的生活研究以及民间文化的而研究。

Barth）为代表的众多人类学家走出基于博物馆开展的民族志研究，开始转向于对个体与社会开展的过程式研究。斯堪的纳维亚地区的人类学家们兼收并蓄地借鉴了很多来自法国、英国和美国的人类学研究传统，他们在很大程度上被认为是社会人类学家。

来自人类学的一些研究动向影响着教育人类学的发展。首先，斯堪的纳维亚地区的人类学在过去的 30 年经历了一个飞速发展的过程。人类学专业毕业生的数量急速增加，并远远超过了那些老牌大学人类学院系所能够提供的岗位数量，这使得年轻的学者们不得去其他的地方寻找职位，一些新成立的大学对他们而言显然是非常不错的选择。而这些新的大学为了提升其学术关联度与政治影响力，设立了很多跨学科的研究项目，其中又以对社会福利制度的研究尤为重视。于是这些新来的人类学家开始填补这些跨学科研究的空白，并将注意力集中到了教育与儿童方面。

其次，人类学家的数量在增加的同时，移民与难民（他们同时也是人类学的研究传统对象）的数量也在急剧增加。当这些移民与难民群体与斯堪的纳维亚地区的社会福利制度相遇时（反之亦然），一些新的问题与新的挑战便产生了。斯堪的纳维亚地区的政府通过提供普惠性的儿童保育与学校教育等福利政策在儿童的社会适应与教育的过程中发挥着广泛的作用。政府把教育视为归化移民子女的最为有效的方式，并为此成立了科研基金专门用于研究教育在归化（或者反之，边缘化）移民的过程中所起的作用。

再次，教育作为经济增长的重要助推力，无论是在国内层面还是国际层面都受到了极大的关注。在这样的大环境下，跨国的教育研究更是得到了来自政治方面的重视与社会公共方面的大量资助。斯堪的纳维亚地区的国家科研基金对各个层面的教育民族志研究予以了慷慨的资助，尤其是那些针对发展中国家的国家援助项目，它们更是被放在了优先考虑的位置。因此，人类学家们开始致力于这些跨学科的研究项目，以帮助那些接受援助的国家提升教育水平。

最后，随着"在家人类学"（anthropology at home）概念的越来越流行，很多人类学的毕业生以及年轻学者不再愿意去国外开展田野工作，而是选择更为务实地"在家"开展关于本国公共体制的批判性研究，他们在工作的同时还可以抚育自己的孩子[①]。斯堪的纳维亚地区的教育人类学正是在上述因素的共同作用下形成的。

翻译的问题

教育人类学研究在斯堪的纳维亚地区正处于不断发展壮大的过程之中，然而，当我们将"教育人类学"一词翻译为丹麦语，并使用丹麦语"uddannelsesantropolog"来表达英语"educational anthropology"相对应的含义时却显得不是很恰当。因为这涉及斯堪的纳维亚语的翻译、斯堪的纳维亚地区的教育体系与教育研究传统等诸多方面的问题。英语单词"education"可以简单地被翻译成丹麦语"uddannelse"（丹麦语"教育"、"训练"之意），不过"uddannelse"一词着重强调的是与学校以及学校教育相关的现实方面、系统方面与政治方面的话题，而往往将英语 pedagogy* 以及丹麦语"bildung"（丹麦语"教化"之意）或者"dannelse"（丹麦语"形成"之意）等词汇所代表的更具哲学意义的问题排斥在外。英语中的"pedagogy"一词（这里的 pedagogy 既指的是一门学科，也指的是一个职业）主要关注的是受教育者的道德、社会与文化形态，一直以来都是斯堪的纳维亚地区教育研究的中心议题。而丹麦语中的"uddannelse"一词则倾向于把针对某些特殊的教育场所（pedagogical sites），例如托儿所、休闲会所或者青少年收容所，以及某些特殊的教育实践（pedagogial practices），例如公共健康运动与工作场所安全计划等所

---

① 斯堪的纳维亚国家的年轻人在家庭观念上比其他地区的年轻人更为传统，他们非常注重与父母、孩子的关系。

* 英语"教育学"或者"教学"以及"教授、传授"之意。——译者注

开展的研究，排除在公立学校教育的边界之外。这些场所与实践活动事实上更适合被纳入"pedagogical anthropology"的研究范畴，而"pedagogical anthropology"这一术语在当前也开始越来越得到学术界的重视。

斯堪的纳维亚语把英语的"education"一词拆分为"uddannelse"、"dannelse"与"pædagogik"（丹麦语"教育学"、"教学法"之意）三个词。这一点也许与学术界的某些传统有着很大的不同，于是这就导致了在教育系与人类学系，学者们对"anthropology of education"一词在理解上由来已久的分歧变得更加明显。部分分歧的产生源自于人类学家对教育（education）问题的关注，这使得他们更为倾向于到学校场景里去开展研究，同时也就将他们置于一个更为广阔的跨学科研究网络之中去。另外一些分歧的产生则是源自人类学学科本身不同研究方向的相互际遇，例如跨文化比较研究、文化相对性研究以及将民族志方法运用于课程改革与对国家学校教育体系进行批判的传统教育研究等。从某种意义上来讲，"教育人类学"（anthropology of education）并没有一个严格的学科归属。在学科规模并不算大的人类学系，它展露自我的机会很少，人类学系的研究总是围绕着那几个经典的人类学主题以及场域来展开。在教育体系，它又常常被视为这一领域的闯入者，因为教育体系早就已经有了自己体系完善的研究领域。因此，当我们谈论起教育人类学的学科发展时，还有许多"翻译上的问题"需要考虑，这是一个跨越了民族、区域、制度、学科与主题的研究领域。

学校民族志——渐进式的开局

尽管致力于教育人类学学科本身的制度化的研究最早出现在20世纪90年代，但是其他相关学科的研究表明，民族志的研究方法早就已经被大量地运用到了教育研究之中。在斯堪的纳维亚地区，如同世界其他国家与地区一样，教育民族志对于教育人类学的学科形成起到了极为重要的推动作用。我们将在下文中对过去40年教育民族志在斯堪的纳维亚地区的发展状况以及它在20到21世纪之交与针对教育问题与教育环境开展的广义上的人类学研究的融合状况进行简要的介绍。

支配性结构（Structure of Dominance）

丹麦的课堂民族志研究始于20世纪70年代，并且受到了当时开明的左翼意识形态的影响。学者们把教育系统视为占社会主导地位的支配性结构的关键组成部分，研究主要聚焦于社会阶层的再生产、社会公共资源的分配不公以及政治的社会影响力等方面。面对当时公立学校教育（public schooling）中存在的有关教学目标与教学方法的问题，学者们向缺乏批判精神的主流教育研究导向提出了挑战，并且把普遍存在的社会不平等这样的主题直接列入了研究的议程。这种批判性的研究进路主要受到了当时的社会学，尤其是新马克思主义与结构主义传统的影响（Berner, Callewaert and Silberbrandt 1977; Callewaert and Nilsson 1974）。杰克逊（Jackson）关于隐性课程（hidden curriculum）的概念在当时颇具影响力（Jackson 1968），并引发了学术界对公立学校教育的批判（Bauer and Borg 1976）。早期的学校教育民族志常常通过微观民族志的运用来影响对宏观社会结构所进行的分析，并且对于揭示支配性的社会结构关系与阶层的分化是如何渗透到课堂之中的有着强烈的研究兴趣（Lindblad and Sahlstrøm 2006）。这项工作带有明显的批判性意味，与此同时，意识形态方面的社会积怨也因此在一定程度上得到缓和，斯堪的纳维亚后来的教育研究大多都保持了这种类似的批判风格。

具有讽刺意味的是，在20世纪70年代，那些对斯堪的纳维亚国家这种"老牌福利社会"进行批判的学者，他们的研究兴趣往往与"社会民主"的意识形态（Social Democratic ideologies）有着共鸣。随着斯堪的纳维亚各国政府对普惠性社会福利的大力推广，这些学者开始了对教育机构的特别关注，并将其视为克服阶级不平等的重要力量。因此，尽管当时大量的研究者都披着批判研究的外衣，批判性学校民族志研究（critical school ethnography）却充满了福利国家的道德色彩。

阶层分化的过程

在20世纪80年代，当时的学者试图通过课堂观察的方式去理解教育系统乃至整个社会的权力结构，他们早期的这种尝试遭到了批评与指责。在受到斯堪的纳维亚社会科学界对其结构决定论（deterministic structural approaches）的批判之后，教育民族志研究又因为社会还原主义（sociological reductionism），尤其是把诸如教师这样的社会角色还原为权力结构的消极再造者，而受到批评（Bjerrum Nielsen 1985）。受巴塞尔·伯恩斯坦（Basil Bernstein）关于符码理论（code theory）以及他对交际能力与社会阶层化问题双重关注的启发（Basil Bernstein 1975），接受过专门语言学训练的学者们提倡对发生在教室里的各种社会互动开展更为细致的研究，以观察特定阶层在社会化过程中所表现出来的个体差异（Bjerrum Nielsen 1985）。受保罗·威利斯（Paul Willis）相关理论的影响（Paul Willis 1977），20世纪80年代的课堂研究对性别关系开展了一系列的调查，目的在于揭示男性占支配地位的课堂模式（Kryger 2004: 125）。

早期的学校民族志研究者们关注的主题是压迫本身，而到了20世纪80年代，他们开始去研究发生于各种具有特定地位的社会角色之间的反抗样态（modes of resistance）及其意义。这10年的课堂研究更多地运用了社会语言学、文化研究与社会人类学的理论，其兴趣点也从对学校在社会再生产（social reproduction）过程中所扮演的角色开展的研究转向于对产生于教室日常互动过程中的交际模式、互动类型与文化形态开展的研究（Lindblad and Sahlström 1999; Klette 1998）。

面向宏观领域的民族志转向

20世纪80年代末可以说迎来了一个"民族志转向"（ethnographic

turn）的时期，质性研究的方法开始在学术界受到广泛的欢迎（Borgnakke 2000：16）。一直到整个 90 年代，学校民族志从一门边缘性学科发展成为了教育研究的主流。它在过去曾尝试着去研究社会再生产的制度机制，而现在则转向于以一种更为谦虚的态度来研究社会制度下的日常生活。尽管大多数的民族志研究仍然基于公立学校来完成，但是在其他环境下开展的民族志研究也变得越来越多（Madsen 1994）。而后，随着研究者们对"社会制度"（the institution in society）研究热情的减退，他们开始越来越关注"在各种不同文化的影响之下建构起来的制度文化关系中的人"（persons in various culturally constructed institutionalized relations）。

训练有素的人类学家们于是纷纷踏入了这个研究领域。他们在家开展与教育相关的田野工作，并且在教育人类学这门新兴的子学科里发出他们自己的声音。美国人类学家[①]，以及布迪厄、福柯、维果茨基与伯明翰学派（the Birmingham school）的作品给予了他们很大的启示。受 20 世纪 90 年代末人类学问题的影响，斯堪的纳维亚地区的人类学家对文化与社会组织、实践性文化知识、分类理论、社会学习、受教育者的文化理念与知识的生产过程等问题产生了广泛的兴趣并将这些问题引到入了他们的研究之中，具体的研究场景包括丹麦的幼儿园（Gulløv 1999; Palludan 2005）、公立学校（Anderson 2000; Gilliam 2006）、大学物理系（Hasse 2002）、建筑工地（Baarts 2004）、盲人学校（Lundberg 2005）、医院与保育院（Højlund 2002, 2006）、军官训练学校（Nørgaard 2004）与体育协会（Anderson 2008）等。上述研究并非全是传统意义上的学校民族志研究，从本质上看其学科主体也并非全都被认为属于教育人类学的范畴。那些在更为传统的教育场所，例如学校、托儿所与幼儿园等，开展的研究成为了教育人类学这一新兴学科具有开创性意义的研究作品。而研究建筑工人如何学习安全

[①] 例如：吉恩·莱芙（Jean Lave）、吉恩·布里格斯（Jean Briggs）、雷·麦克德莫特（Ray McDermott）、巴布拉·罗格夫（Barbara Rogoff）以及布莱德利·莱文森（Bradley Levinson）。

规则以及年轻军官如何在具有人道主义精神的"丹麦式"军旅生活中学习与成长的作品则被认为不属于教育人类学的范畴。

教育民族志与教育人类学的研究路径与研究场景在 21 世纪前 10 年的发展与融合与当时学术界的主流研究趋势是一致的。福利社会所固有的那种社会平等与经济平等的理念激起了研究者们对社会结构与社会治理过程强烈的研究兴趣。斯堪的纳维亚地区政府通过向全民提供普惠性社会福利的方式来消除不平等并促进社会阶层的融合,其付出的这种持续不断的政治努力同样体现在了教育场景中,并让研究者们对教育领域中的多样性问题以及不同群体之间的包容与排斥问题产生了研究兴趣。

同样的,个人自治(personal autonomy)的理念对社会控制理论的研究(尤其是对教育机构里的权力追求与错误惩戒的研究)产生了影响,并赋予了其新的研究思路。在新福柯(neo-Foucauldian)主义的启迪下,教育人类学开始研究新的教育体制之下公立学校与托儿所里权力的形式、控制的机理与错误的惩戒措施等问题(Hultqvist and Dahlberg 2001)。高等教育方面,教育人类学对大学改革过程中新的治理模式与管理机制进行了研究(Wright 2008)。上述研究以及其他类似的一些研究通过关注教育机构里的日常培训与管理以及社会化等方面的问题,试图对教育人类学的学科概念下一个新的定义。

公共托儿所不断增加的儿童入托数量推动了学术界对儿童成长过程的研究。其中有部分研究关注的重点是教育制度对儿童成长的影响,而更多的则从儿童与青少年日常生活的角度来开展研究。对于后者,我们将在下一部分开展进一步的讨论,它们是斯堪的纳维亚教育人类学又一重要的组成部分。

儿童与青少年——美好的童年与未来的一代

作为一门新兴的学科,斯堪的纳维亚地区的教育人类学被打上了社会政策与教育学的烙印。同时，它还受到了一些社会科学研究的影响，例如，如何为儿童提供美好的童年生活以及如何建构安全（丹麦语：tryg）的社会环境，它们被认为对于培养有道德的人类社会与良好的公民关系至关重要。教育人类学之所以受到了上述学科以及相关研究的影响，部分原因在于斯堪的纳维亚地区当代社会对儿童、童年生活以及以儿童为中心的教育理念的高度重视（Einarsdóttir and Wagner 2006）。另外部分原因则在于研究者们会不可避免地把他们的研究兴趣同儿童的培养、成长、学习以及教育等受到普遍关注的社会热点结合起来。因此，尽管教育人类学与儿童、青少年人类学在不同的时代经历了不同的发展，但是它们之间的差异似乎并没有表面上看起来的那么显著。在这个部分，我们将展示儿童与青少年人类学与教育人类学在学校教育场景内外的关联性。

新童年研究

早期的儿童民族志研究较为传统，其关注点主要是儿童游戏以及来自不同家庭、社会群体与教育机构的，并且受到不同文化影响的、典型的儿童成长案例（Berentzen 1980; Ehn 1983; Broch 1990; Åm 1989; Norman 1991）。"新童年研究"在20世纪八九十年代得到了迅速发展（Qvortrup et al. 1994; James, Jenks, and Prout 1998），并对斯堪的纳维亚地区的儿童研究产生了重大影响（Kampmann 2003）。针对儿童开展的研究从过去对儿童养育与儿童发展等方面问题的关注扩大到儿童福利、儿童权利、儿童思维、儿童的社会参与等问题上，这些研究视角是对当前斯堪的纳维亚地区儿童问题的理解与研究的有力回应（Einarsdóttir and Wagner 2006）。

随着斯堪的纳维亚地区的国家加入1989联合国《儿童权利公约》，儿童作为社会活动参与者的这一身份也得到了更多学术上的关注，在这样的背景之下，学术界出现了大量关于儿童思维方式、经历与能动行为（Markström and Halldén 2008）、儿童权利（Lidén and Kjørholt 2004）以及儿童的社区活动参与（Karen Valentin and Meinert 2009）等方面的民族志研究（Kjørholt 2004）。大量的儿童到公共教育机构注册并就读，这意味着基于这些场景所开展的教育研究越来越多（Brembeck, Johansson, and Kampmann 2004），这些研究主要探索儿童如何去认识并理解他们所处的学习环境以及儿童的行为在帮助他们建构社会秩序感与文化理解力的过程中扮演着什么样的角色。幼儿园与中小学作为儿童建构其社会身份最重要的场所，得到了研究者非常热切的关注，他们尤为重视儿童在这些场所中的性别结构与民族差异，以及这些被贴上不同性别、民族或群体标签的儿童在学校是如何被边缘化的等问题（Palludan 2005; Gitz-Johansen 2006; Bundgaard and Gulløv 2008; Gilliam 2006）。

儿童与青少年不仅仅是学校里的学生，同时也是社会活动的参与者。基于这样新的一种视角，学者们开始把儿童与青少年在非机构性场景中的生活作为研究的对象。[①]针对正规教育场景开展的研究关注的是规律性的生活与教育制度对儿童与青少年的经历与身份认同所造成的影响，而针对其他场景开展的研究则关注的是作为社会的个体与新生代的一员，儿童与青少年是如何参与社会活动的。关于儿童与青少年如何勤工俭学（Gullestad 1992; Solberg 2001）、如何使用社交工具、如何看待流行文化以及他们的消费观念（Olesen 2003; Rysst 2008）等方面的研究特别聚焦于市场对这些未来公民的社交行为、道德观念与身份认同的形成所造成的影响。关于儿童与青少年的家庭、邻里关系以及课后娱乐场所的研究（Lidén 1997; Halldén 2003; Winther 2006）阐明了他们的社会交际模式与归属感的形成过程，尤其是清楚地展现了他们是如何应对与协调多种不同的情感归属关系的（Larsen 2005）。关于移民与难民儿童生活的研究不仅仅关注这一群

---

① 事实上，斯堪的纳维亚地区人类学家的研究范围不仅仅局限于本地区。例如：奥姆（Åm）1991 年的《日本幼儿园研究》、豪威尔（Howell）1985 年的《从儿童到成年：奇旺族"我"的概念》与 2002 年的《外国亲戚》、吉列姆（Gilliam）2003 年的《冲突社会下的经历：贝尔法斯特的儿童生活》、与迈纳特（Meinert）2009 年的《冲突中的希望：乌干达的学校教育、健康状况与日常生活研究》、拉布（Rabo）2008 年的《"组建家庭"：当代叙利亚的两个案例研究》以及莱德斯特拉姆（Rydstrøm）2003 年的《道德的养成：成长在越南北部的农村地区》。

体在新的社会环境中的濡化过程以及其身份认同的形成过程，同时也在关注社会应该如何包容并接纳这些异邦儿童，使之能够融入社会，真正成为这个社会的一分子（Howell 2002; Norman 2005）。

总的来看，新的儿童与青少年民族志研究拓宽了教育人类学的学科范围。通过对儿童与青少年在更为广阔的场景中的社会经历与能动行为进行探究，这些研究阐述了文化的濡化与社会认同的形成过程，它们对基于更为正规的教育场景所开展的研究产生了深刻的影响。

美好的童年——在斯堪的纳维亚以及其他的地区

上述大部分研究的主题都涉及"失去的"童年、"新的"童年或者"理所应当是这样的"童年等诸如此类的话题。政府与研究者都非常关注儿童的成长环境是否能够为他们提供足够的机会让他们成长为道德合格的公民，以及让他们获得必要的知识与技能以确保将来他们能够主动地参与民主社会的公共事务之中。斯堪的纳维亚的儿童与青少年研究聚焦于该地区年轻一代成长过程中的幸福感，这些研究影响着政府对社会政策的制定，以便能够为年轻的一代（他们同时也是国家的公民）营造美好的童年环境。此外，斯堪的纳维亚的儿童与青少年研究一直以来都受到国际研究趋势与全球儿童权利运动[①]的影响，这推动了该地区与欧洲其他国家在儿童权利、儿童活动与儿童社会参与机会等方面的比较研究，同时也促进了学术上的国际交流与合作（Clark, Kjørholt, and Moss 2005）。

通过对儿童与青少年问题的研究，人类学家找了很多解决社会问题的突破口，这些问题包括人口流动对濡化过程与归属感形成造成的冲击与全球性冲突与变革对年轻人的生活所造成的影响等（Olwig 2002; Olwig and Gulløv 2003; Gilliam, Olwig and Valentin 2005）。他们关注儿童与其所处社

---

① 挪威儿童研究中心曾发布过《童年研究》，该中心同时也是国际儿童监护组织（childwatch international）的重要分支机构之一。国际儿童监护组织是一个旨在保护儿童权利提升儿童幸福感的全球化网络。

会环境之间的互动与相互影响，但是通常并不会把儿童视为"童年时光的主人翁"（natives of childhood），而是把他们看作一扇窗户。透过这扇窗户，人类学家把人类学理论与研究实践紧密地结合起来，并影响着政府政策对社会的塑造。在这一过程中，儿童作为某一"特定环境与概念框架的主人翁"（natives of particular settings and conceptual frameworks）与这个社会进行互动。

正如前文所述，教育人类学与儿童人类学的融合从某种程度上来看是不可避免的。我们在自己的工作中看到了这样的趋势，同时作为教育人类学这一新兴学科的践行者，我们也鼓励这样的学科兼容，因为把社会文化意义上的儿童与教育分隔开来，就如同把教育与不同的教育发生场所以及儿童的日常活动分隔开来一样，从人类学的角度来看都是不科学的。随着越来越多儿童的生活在这种普惠性的教育体制之下变得有序化，教育人类学与儿童人类学这两门人类学子学科的深入融合被证明是富有成效的。把目光投向发展中国家，我们可以看到平等地获得普惠性教育的机会以及通过学校教育为儿童创造新的、美好的童年时光与培养有素质的社会公民等问题同样也是这些国家教育人类学的研究重点。

全球视野之下的教育与统筹发展

人类学家从事的关于教育与统筹发展的研究构成了斯堪的纳维亚教育人类学的第三个部分。与其他主流的全球性发展模式一样，教育本身作为社会发展的目标、同时也是促进社会发展的手段，在斯堪的纳维亚地区的发展援助项目中扮演了重要的角色。20世纪八九十年代，斯堪的纳维亚地区的教育部门是最早参与教育统筹发展的机构之一。学者们针对非洲与亚洲的学校发展与教师培训项目而开展的研究被视为探究西方教育理念向发展中国家输出，以及价值观在传播过程中所产生的种种问题的重要注释（Schnack 1994; Holst et al. 1996）。一些具有民族志导向的研究对上述地区教育与社会发展的问题进行了有意义的探索，例如，蒙古国的学校之于该国日常社会关系存在意义的研究（Madsen 1996）、尼泊尔父母对教育态度的研究（Conrad 1997）与塞内加尔本土社会化系统的研究（Daun 1985）。

自20世纪90年代中期开始，一小部分人类学家投入了与社会经济发展相关的教育研究之中。这些研究从美国传统教育人类学中得到启示，并向人们展示了学校教育在观念上的转变。人类学家承认"教育"与"受教育者"都是文化铸造的产物，这引发了人们对"学校"在教育过程中所起作用的质疑，研究者们开始关注与学校教育共存但同时也具有竞争关系的各种教育形式，以及人们对于在不同的学习场所获取知识与价值观所产生的争议（Levinson and Holland 1996）。在过去，教育民族志研究以及儿童与青少年民族志研究主要在斯堪的纳维亚地区范围内以及在正规的机构里开展，而教育人类学这门新兴学科继承了人类学所具有的比较研究的视野与田野工作的传统特征，从一开始就关注的是学校之外以及远离家乡的研究。15年来，越来越多的从事教育人类学研究的学者选择到亚洲与非洲去完成他们的博士研究。

其中的一个重大主题是关于赞比亚（Boesen 2000）、乌干达（Meinert 2009）与尼泊尔（Valentin 2005）等后殖民发展中国家的规模化学校教育同儿童（以及他们的家庭）不断变化的教育经历以及教育期望值之间的关系研究。另外还有很多其他的主题，例如，在斯里兰卡，对学校教育、国家建设以及公民身份三者之间互动关系的研究（Sørensen 2008）；在越南，对政治社会化（political socialization）与大众教育（mass education）的研究（Valentin 2007）；在加纳，对学校教育（作为一种占据主导地位的教育形式）与其他或多或少已经约定俗成化的教育形式（例如年轻穆斯林的宗教教育）二者之间共存关系的研究（Ihle 2003）；在肯尼亚，对祖辈与孙辈之间基于血缘关系的、非正式医学训练的研究（Prince and Geissler 2001），以及对健康知识的传播与儿童相互之间学习状况的研究（Onyango-Ouma 2000）；在乌干达，对母亲的受教育程度与儿童健康之间关系的研究（Katahoire 1998）。

　　实实在在地也是小心谨慎地从过去那种以正规教育场景作为主要研究场所的研究范式中走出来，这对基于其他特定教育场所开展的教育人类学研究而言，既是一种必然结果，也是一个前提条件。上述民族志研究将注意力从公共教育机构以及他们的内在逻辑上转移开来，并尝试着去认识与理解同教育的其他形式以及社会过程有关的学校教育的动态特征。这表明了国家政治意义上的教育标准与社会个体对教育的理解二者之间存在着差距。一个关键的问题在于，无论是学生还是他们的家庭，当面对学校教育时，他们都表现出了一种左右为难的情绪。有研究显示在贫困地区以及政治不稳定的环境中，学校教育是如何与社会流动以及更好社会地位的获得存在内在关联的，因此对学生与他们的家庭而言，良好的受教育状态成为了一种跻身上层社会的身份认证。不过同时也有研究表明，在很多情况下，学校教育也可能会导致学生在将来被排斥或被边缘化，尤其是当他们获得的文凭不能给他们带来更好的工作、更多的金钱或更高的社会地位的时候。

　　研究的范围不仅仅局限于学校范围意味着到各种各样的其他环境中去开展田野工作，例如家庭、工作单位、政府部门、非政府组织、教堂与寺庙等地方，这些都是教育行为发生的场所，也是受教育者的思想与主流的社会观念产生碰撞并与之并行发展的场所。随着过去30年来学校教育在发展中国家的大规模普及，很多儿童的确有了去学校接受教育的机会，但是与斯堪的纳维亚地区的儿童比较起来，学者们通常把他们视为"附属于"某些特定教育机构的一个群体来开展整体性的研究。这也许解释了为什么针对发展中国家开展的研究总是倾向于关注机构"之间"的儿童，而不是机构"内部"的儿童。

　　这些面向教育主题的人类学研究不仅对于教育人类学的学科发展有着积极的推动作用，从更为务实的角度来看也同样有利于当前社会的发展。首先，通过比较研究的视角，这些针对发展中国家的探索反过来促进了斯堪的纳维亚地区对学校与学生基础理论的批判性研究，而同样的问题在斯堪的纳维亚地区公立学校的环境里则缺乏研究的土壤，也鲜有学者对此进行质疑。其次，前文提到的那些教育人类学项目，从某种程度上来看其研究的出发点便是为当前社会发展的政策制定提供参考，它们所有的研究也都是围绕这个目的来开展的。因此很多学者对一些有着潜在争议的问题进行研究，并以此为基础对这些发展援助项目的政策与执行展开批评。例如由丹麦外交部资助的一项发展中国家的教育研究就对某些显得不太成熟并且未加批判的假设提出了质疑，而这些假设作为促进发展的手段一度对教育发展的思路产生了影响。研究者们并不否认学校教育在育人过程中的强大力量，但是在受教育者看来，本身作为社会流动助推力的学校教育在他们对未来新的希望与新的社会地位进行憧憬的过程中能够扮演一个什么样的角色，以及能够在多大程度上为他们创造一个美好的未来呢（see Levinson and Holland 1996; Stambach 2000）？通过对这个问题的关注，研究者们对学校教育究竟能够给受教育者的未来带来多大程度上的改变提出了质疑。

结论

本文通过对当代斯堪的纳维亚地区教育人类学的研究现状进行描述，试图让这门新兴学科的学科框架看起来更加丰满。由于学术界长期以来的研究传统以及机构隶属关系等方面原因，文章所列出的教育人类学研究的三个方面，分别是学校民族志、儿童与青少年人类学以及人类学发展研究，它们一直以来都是独立地发展，并且有着各自单独的研究领域。

批判性的研究方法从学校民族志的研究过程中发展而来，它非常重视对支配性机制（mechanisms of dominance）是如何巧妙地在社会日常实践过程中运作的进行研究。将大部分的民族志研究都放置到学校的课堂环境中去开展，这样的研究关注的焦点被证明是过于狭隘的，不过它们强调学习与儿童的社会适应应该是一个社会的过程则抓住了教育人类学的研究精髓。通过对儿童意义建构（children's meaning construction）的关注，人类学视域下的儿童研究强调，当在对教育场景、教育制度以及通过教育把儿童转化成为有素养的合格公民这一过程进行研究的时候，需要把来自不同行为者位置的意义建构的过程考虑进去。在我们看来，儿童与青少年人类学的研究为我们在教育人类学的框架之下深入地讨论儿童如何成人以及成人过程中的时空关系（人们认为它应该是怎样的，以及它原本应该是怎样的）打下了基础。

以一种全球化的视野来研究教育与发展，这就向那些在传统意义上被认为是理所当然的、关于教育机构必要性的假设提出了挑战。在这种系统的、比较的研究视野之下，学校不再被视为教育发生的唯一场所，也因此促进了教育研究的改变。教育研究从学校中走出来（无论是从具体的地理位置的意义上还是从抽象的教育机构的意义上），为儿童成长与成人过程的研究提供了更为广阔的视角，但同时提醒我们这一过程也离不开以学校为代表的主流教育机构，它们仍然是赢得美好未来最为现实的保障。

教育人类学研究的这三个方面向我们共同展示了人类学视角对于教育研究的重要性，它同样重视对学校的研究，但是并没有把"学校是最为重要的教导与学习场所"这一假设作为开展研究的预设前提。总的来说，斯堪的纳维亚地区的教育人类学研究是从上述这三方面研究的基础上发展而来的。尽管这些研究还没有被真正地整合成为一门独立的学科，却为当前"教育人类学"（pedagogical anthropology）框架之下的各种教育项目与研究计划提供了平台。

正如我们在前文中所提到的，斯堪的纳维亚语所对应的"教育"一词"uddannelse"并没有包含道德教育与社会教育的含义，而这两者却是该地区教育研究机构（pedagogical institutions）的重要研究对象。相较于斯堪的纳维亚语的教育人类学"uddannelsesantropologi"而言，"pedagogical anthropology"一词所关注的"教育"（education）更为广泛。它包含了"educational anthropology"的研究范畴，同时还涉及传统斯堪的纳维亚教育研究对"dannelse"或"bildung"的关注，以及对培育教导员（training pedagogues）所开展的研究，后者作为一类专业的教育看护人员（caretaker-educator），其主要职责是为青少年、老年人以及其他相关人员提供必要的关怀与辅助性支持。教育人类学（pedagogical anthropology）一方面继续专注于研究规范化的教育机构对人们生活所造成的影响，这种影响被视为一种教育在心理与社会维度上的参照点，另一方面也在强调学习、成人与转化的过程以及在复杂的社会关系中养成健全人格的重要性。它为教育研究开辟了新的领域，而不论"教育"（education）是发生在正式的还是非正式的场所。这使得"pedagogical anthropology"作为一门新兴的研究，在"educational anthropology"这一人类学的子学科不断发展成熟的过程中，潜在性地拓宽了其研究的领域并丰富了其研究成果。

参考文献

Åm, Eli. 1989. *På jakt etter barneperspektivet*. [In Search of the Child Perspective]. Oslo: Universitetsforlaget.

———. 1991. *Japansk barnehage*. [Japanese Kindergarten]. Oslo: Universitetsforlaget.

Anderson, Sally. 2000. *I en klasse for sig* [In a Class of Their Own]. Copenhagen: Gyldendal.

———. 2008. *Civil Sociality. Children, Sport, and Cultural Policy in Denmark*. Charlotte, NC: Information Age.

Baarts, Charlotte. 2004. "Viden og Kunnen—en antropologisk analyse af sikkerhed på en byggeplads" [Knowledge and Skill—An Anthropological Analysis of Safety in Construction Work]. PhD diss., Department of Anthropology, University of Copenhagen.

Bauer, Mette, and Karin Borg. 1976. *Den skjulte læreplan. Skolen socialiserer, men hvordan?* [The Hidden Curriculum. Schools Socialize, but How?]. Copenhagen: Unge Pædagoger.

Berentzen, Sigurd. 1980 [1969]. *Kjønnskontrasten i barns lek* [Gender Construction in Children's Play]. Bergen: University of Bergen.

Berner, B. Boel, Staf Callewaert, and Henning Silberbrandt. 1977. *Skole, ideologi og samfund*. [School, Ideology, and Society]. Copenhagen: Munksgaard.

Bernstein, Basil. 1975. *Class, Codes and Control*, vol. 3, *Towards a Theory of Educational Transmission*. London: Routledge and Kegan Paul.

Bjerrum Nielsen, Harriet. 1985. "Pædagogiske hverdagsbeskrivelser—et forsømt område i pædagogisk forskning." [Pedagogical Descriptions of Everyday Life—A Neglected Field in Pedagogical Research]. *Tiddskrift for Nordisk Förening för Pedagogisk Forskning* 5, no. 2: 27–42.

Boesen, Inger. 2000. "Growing Up as an Educated Zambian. Primary Education and Cultural Identity in the Context of Change. A Study of Four Local Communities in the Copperbelt." PhD diss., RDSES, Copenhagen.

Borgnakke, Karen. 2000. "Empirisk forskning, læringsbegreber med (livs)bredde og etnometodologiske inspirationer." In *Læringslandskaber—artikler om læring og fagdidaktik*. [Landscapes of Learning—Articles on Learning and Didactics], ed. Mads Hermansen, Kirsten Hastrup, and Henning Salling Olesen. *Forskningstidsskrift fra Danmarks Lærerhøjskole* 4, no. 5: 13–37.

Brembeck, Helene, Barbro Johansson, and Jan Kampmann, eds. 2004. *Beyond the Competent Child: Exploring Contemporary Childhoods in the Nordic Welfare Societies*. Frederiksberg: Roskilde Universitetsforlag.

Broch, Harald Beyer. 1990. *Growing up Agreeably. Bonerate Childhood Observed*. Honolulu: University of Hawai'i Press.

Bundgaard, Helle, and Eva Gulløv. 2008. *Forskel og fællesskab. Minoritetsbørn i daginstitution*. [Difference and Community: Minority Children in Day Care]. Copenhagen: Hans Reitzels.

Callewaert, Staf, and Bengt A. Nilsson. 1974. *Samhället, skolan och skolans inre arbete*. [Society, School and the Inner Workings of Schools]. Lund: Lunds bok og tidskrifts AB.

Clark, Alison, Anne-Trine Kjørholt, and Peter Moss. 2005. *Beyond Listening. Children's Perspectives on Early Childhood Services*. Bristol, UK: Policy Press.

Conrad, Joan. 1997. *The Impact of Educational Policy on Local Communities and on Parental Attitudes towards Education. A Study from Eastern Nepal*. Copenhagen: University of Copenhagen.

Daun, Holger. 1985. *Primary Learning Systems in Sub-Saharan Africa. Cases from Senegal*. Stockholm: University of Stockholm.

Ehn, Billy. 1983. *Ska vi leka tiger? Daghemsliv ur kulturell synsvinkel*. [Shall We Play Tiger? Day Care from a Cultural Perspective]. Stockholm: Liber.

Einarsdóttir, Johanna, and Judith T. Wagner, eds. 2006. *Nordic Childhoods and Early Education: Philosophy, Research, Policy and Practice in Denmark, Finland, Iceland, Norway and Sweden*. Charlotte, NC: Information Age.

Eriksen, Thomas Hylland. 1993. *Små steder, store spørgsmål. En innføring i socialantropologi*. [Small Places, Large Issues: An Introduction to Social Anthropology]. Oslo: Universitetsforlaget.

Gilliam, Laura. 2003. "Restricted Experiences in a Conflict Society: The Local Lives of Belfast Children." In *Children's Places. Cross-cultural Perspectives*, ed. Karen Fog Olwig and Eva Gulløv. London: Routledge.

———. 2006. "De umulige børn og det ordentlige menneske. Et studie af identitet, ballade og muslimske fællesskaber blandt etniske minoritetsbørn i en dansk folkeskole." [Impossible Kids and the Decent Human Being. A Study of Identity, Troublemakers and Muslim Solidarity in a Danish School]. PhD diss., Danish School of Education, Copenhagen.

Gilliam, Laura, Karen Fog Olwig, and Karen Valentin, eds. 2005. *Lokale liv. Fjerne forbindelser.* [Local Lives, Distant Connections: Studies of Children, Youth, and Migration]. Copenhagen: Hans Reitzels.

Gitz-Johansen, Thomas. 2006. *Den Multikulturelle Skole. Integration og sortering.* [The Multicultural School: Integration and Sorting]. Frederiksberg: Roskilde Universitetsforlag.

Gullestad, Marianne. 1984. *Kitchen-Table Society.* Oslo: Norwegian University Press.

———. 1989. "Small Facts and Large Issues. The Anthropology of Contemporary Society." *Annual Reviews of Anthropology* 18: 71–93.

———. 1991. "The Scandinavian Version of Egalitarian Individualism." *Ethnologia Scandinavica* 21.

———. 1992. "Children's Care for Children." In *The Art of Social Relations: Essays on Culture, Social Action and Everyday Life in Modern Norway.* Oslo: Scandinavian University Press, 113–36.

———. 2002. "Invisible Fences: Egalitarianism, Nationalism and Racism." *Journal of the Royal Anthropological Institute* 8, no. 1: 45–63.

Gulløv, Eva. 1999. *Betydningsdannelse blandt børn.* [Sensemaking among Children]. Copenhagen: Gyldendal.

Halldén, Gunilla. 2003. "Children's Views on Family, Home and House." In *Children in the City: Home Neighborhood and Community,* ed. Pia Havdrup Christensen and Margaret O'Brien. London: Falmer.

Hasse, Cathrine. 2002. *Kultur i bevægelse.* [Culture in Motion]. Copenhagen: Forlaget samfundslitteratur.

Hastrup, Kirsten, and Jan Ovesen. 1985. *Etnografisk grundbog* [Ethnographic Reader], 2nd ed. Copenhagen: Gyldendal.

Højlund, Susanne. 2002. *Barndomskonstruktioner. På feltarbejde i skole, SFO og på sygehus.* [Constructions of Childhood: Fieldwork in School, After School and Hospital]. Copenhagen: Gyldendal.

———. 2006. "Hjemlighed som pædagogisk strategi" [Hominess as a Pedagogical Strategy]. In *Mellem omsorg og metode,* eds. Ole Steen Kristensen, 95–135. Viborg: Forlaget PUC.

Holst, Jesper, Chresten Kruchov, Ulla Ambrosius Madsen, and Ellen Nørgaard, eds. 1996. *School-Development in Mongolia 1992–94.* Copenhagen: RDSES.

Howell, Signe. 1985. "From Child to Human: Chewong Concepts of Self." In *Acquiring Culture: Cross Cultural Studies in Child Development,* ed. Gustav Jahoda and Ioan M. Lewis. London: Croom Helm.

———. 2002. *Kinning of Foreigners.* London: Berghahn.

Hultqvist, Kenneth, and Gunilla Dahlberg, eds. 2001. *Governing the Child in the New Millennium.* New York: Routledge/Falmer.

Ihle, Anette Haaber. 2003. "'It's all about Morals.' Islam and Social Mobility among Young and Committed Muslims in Tamale, Northern Ghana." PhD diss., Copenhagen University.

Jackson, Phillip W. 1968. *Life in Classrooms.* New York: Holt, Rinehart and Winston.

James, Allison, Chris Jenks, and Alan Prout. 1998. *Theorizing Childhood.* Cambridge: Polity.

Kampmann, Jan. 2003. "Barndomssociologi. Fra marginaliseret provokatør til mainstream leverandør." [Childhood Sociology: From Marginalized Provocateur to Mainstream Supplier]. *Dansk Sociologi* 3: 79–93.

Katahoire, Anne. 1998. "Education for Life: Mothers' Schooling and Children's Survival in Eastern Uganda." PhD diss., Institute of Anthropology, University of Copenhagen.

Kjørholt, Anne-Trine. 2004. "Childhood as a Social and Symbolic Space. Discourses on Children as Social Participants in Society." PhD diss., NTNU, Trondheim.

Klette, Kirsti. 1998. *Klasserumsforskning—på norsk* [Classroom Research—in Norwegian]. Oslo: Ad Notam Gyldendal.

Kryger, Niels. 2004. "Mesterfortællinger og pædagogisk feltforskning i Danmark fra 1970 erne til idag" [Master Stories and Pedagogical Field Research in Denmark from the 1970s until Today]. In *Pædagogisk Antropologi,* ed. Ulla Ambrosius Madsen, 122–48. Copenhagen: Hans Reitzel.

Larsen, Birgitte Romme. 2005. "Afviste flygtningebørn i kirkeasyl: Om 'normalitetet,' 'unormalitet' og rollen som mediatorer mellem forældre og samfund" [Refused Refugee Children in a Church Asylum: About Normality, Abnormality and the Role of Mediator between Parents and Society]. In *Lokale liv. Fjerne forbindelser,* ed. Laura Gilliam, Karen Fog Olwig, and Karen Valentin, 233–48. Copenhagen: Hans Reitzel.

Levinson, Bradley A., and Dorothy C. Holland. 1996. "The Cultural Production of the Educated Person: An Introduction." In *The Cultural Production of the Educated Person: Critical Ethnographies of Schooling and Local Practice,* ed. Bradley A. Levinson, Douglas E. Foley, and Dorothy C. Holland, 1–54. Albany: SUNY Press.

Lidén, Hilde. 1997. "Growing up in Urban Norway." In *Growing Up in a Changing Urban Landscape,* ed. Ronald Camstra. Amsterdam: van Gorcum and Comp.

Lidén, Hilde, and Anne Trine Kjørholt. 2004. "Children and Youth as Citizens: Symbolic Participants or Political Actors?" In *Beyond the Competent Child,* ed. Helene Brembeck, Barbro Johansson, and Jan Kampmann. Roskilde: Roskilde Universitetsforlag.

Liep, John, and Karen Fog Olwig. 1994. "Kulturel kompleksitet" [Cultural Complexity]. In *Kulturel mangfoldighed i Danmark,* ed. John Liep and Karen Fog Olwig. Copenhagen: Akademisk.

Lindblad, Sverker, and Fritjof Sahlström. 1999. "Gamla mönster och nya gränser. Om rammefaktorer och klassrumsinteraktion" [Old Patterns and New

Borders: On Framing Factors and Classroom Interaction]. *Pedagogisk Forskning i Sverige* 4, no. 1: 73–92.

———. 2006. "Classroom Research and Classroom Interaction: Changes in Theory and Practice." Paper presented at seminar 2006-02-08. Göteborg: Pedagogiska Institutionen.

Lundberg, Pia. 2005. "Blindhed: Antropologisk analyse af de blindes verden fra renæssancen til i dag" [Blindness: An Anthropological Analysis of the Blind from the Renaissance to the Present]. PhD diss., Department of Anthropology, University of Copenhagen.

Madsen, Ulla Ambrosius. 1994. "Hverdagsliv og læring i efterskolen." [Everyday Life and Learning in Folk Boarding Schools]. PhD diss., RDSES, Copenhagen.

Madsen, Ulla Ambrosius. 1996. "School and Everyday Life." *School-development in Mongolia 1992–94*, ed. Jesper Holst, Chresten Kruchov, Ulla Ambrosius Madsen, and Ellen Nørgaard. Copenhagen: RDSES.

Markström, Ann-Marie, and Gunilla Halldén. 2008. "Children's Strategies for Agency in Preschool," *Children and Society* 23, no. 2: 112–22.

Meinert, Lotte. 2009. *Hopes in Friction: Schooling, Health, and Everyday Life in Uganda*. Charlotte, NC: Information Age.

Nørgaard, Katrine. 2004. "Tillidens teknologi. Den militære ethos og viljen til dannelse" [The Technology of Trust: The Military Ethos and the Will toward *Bildung*]. PhD diss., Department of Anthropology, University of Copenhagen.

Norman, Karin. 1991. *A Sound Family Makes a Sound State. Ideology and Upbringing in a German Village*. Stockholm Studies in Social Anthropology. Stockholm: Almqvist and Wiksell International.

———. 2005. "Changing Family Relations and the Situation of Children: Kosovo Albanian Asylum Seekers in Sweden." In *The Asylum-Seeking Child in Europe*, ed. Hans E. Andersson, Henry Ascher, Ulla Björntorp, Marita Eastmond, and Lotta Mellander. GRACE: University of Gothenburg.

Olesen, Jesper. 2003. *Det forbrugende barn* [The Consuming Child]. Copenhagen: Hans Reitzel.

Olwig, Karen Fog. 2002. "'Displaced' Children? Risks and Opportunities in a Caribbean Urban Environment." In *Children in the City*, ed. Margaret O'Brien and Pia Havdrup Christensen. London: Falmer.

Olwig, Karen Fog, and Eva Gulløv. 2003. *Children's Places. Cross-cultural Perspectives*. London: Routledge.

Onyango-Ouma, Washington. 2000. "Children and Health Communication. Learning about Health in Everyday Relationships among the Luo of Western Kenya." PhD diss., Institute of Anthropology, University of Copenhagen and Danish Bilharziosis Laboratory.

Palludan, Charlotte. 2005. "Når børnehaven gør en forskel." [When the Kindergarten Makes a Difference]. PhD diss., Institute of Educational Anthropology. Copenhagen, Danish University of Education.

Prince, Ruth, and P. Wenzel Geissler. 2001. "Becoming 'One Who Treats': A Case Study of a Luo Healer and Her Grandson in Western Kenya." *Anthropology and Education Quarterly* 32, no. 4: 447–71.

Qvortrup, Jens, Marjatta Bardy, Giovanni Sgritta, and Helmut Wintersberger, eds. 1994. *Childhood Matters. Social Theory, Practice and Politics.* Aldershot, UK: Avebury.

Rabo, Annika. 2008. "'Doing Family': Two Cases in Contemporary Syria." *Hawwa* (Leiden: Brill) 6, no. 2: 129–53.

Rydstrøm, Helle. 2003. *Embodying Morality: Growing Up In Rural Northern Vietnam.* Honolulu: University of Hawai'i Press.

Rysst, Mari. 2008. "'I want to be me. I want to be *kul*': An Anthropological Study of Norwegian Preteen Girls in the Light of a Presumed 'Disappearance' of Childhood." PhD diss., Department of Social Anthropology, University of Oslo.

Schnack, Karsten, ed. 1994. *Export of Curriculum and Educational Ideas.* Studies in Educational Theory and Curriculum, vol. 13. Copenhagen: RDSES.

Solberg, Anne. 2001. "Hidden Sources of Knowledge." In *Hidden Hands: International Perspectives on Children's Work and Labour,* ed. Angela Bolton, Phillip Mizen, and Christopher Pole. London: Routledge/Falmer.

Sørensen, Birgitte Refslund. 2008. "The Politics of Citizenship and Difference in Sri Lankan Schools." *Anthropology and Education Quarterly* 39, no. 4: 423–43.

Stambach, Amy. 2000. *Lessons from Kilimanjaro. Schooling, Community, and Gender in East Africa.* London: Routledge.

Valentin, Karen. 2005. *Schooled for the Future? Educational Policy and Everyday Life among Urban Squatters in Nepal.* Greenwich, CT: Information Age.

———. 2007. "Mass Mobilization and the Struggle over the Youth: The Role of Ho Chi Minh Communist Youth Union in Urban Vietnam." *YOUNG Nordic Journal of Youth Research* 15, no. 3: 299–315.

Valentin, Karen, and Lotte Meinert. 2009. "The Adult North and the Young South: The Civilizing Mission of Children's Rights." *Anthropology Today* 25, no. 3: 23–28.

Willis, Paul. 1977. *Learning to Labour: How Working Class Kids Get Working Class Jobs.* Aldershot, UK: Gower.

Winther, Ida Wenzel. 2006. *Hjemlighed. Kulturfænomænologiske studier.* [Homeyness. Phenomenological Cultural Studies]. Copenhagen: University of Education.

Wright, Susan. 2008. "Autonomy and Control: Danish University Reform in the Context of Modern Governance." *Learning and Teaching. The International Journal of Higher Education in the Social Sciences* 1, no. 2: 27–57.

第十章　日本学校教育民族志研究的发展

箕浦康子（Yasuko Minoura）

在日本，九州大学（Kyushu University）教育学部的比较教育与文化研究所（Research Institute for Comparative Education and Culture）于1955年发起了日本最早的有关文化与教育的研究。该研究所在成立40周年之际，对过去所有的作品进行了重新整理并出版（Kyushu daigaku 1996）。这是一份相当长的书目，其中包括《泰国农村地区的教育与文化》《发展中国家民族身份认同教育的比较研究》与《外籍儿童教育的比较研究》等研究。从这份名单中我们可以看出，除了那些针对文化上的少数群体所开展的研究以外，大部分的民族志研究都是在日本境外开展的。1968年至1997年间，比较教育与文化研究所开设了教育人类学的研究生课程，还有研究生为教育人类学撰写了入门性的介绍文章（Ebuchi 1982）或是相关的书籍（Harajiri 2005; Sakamoto 2006）。1981年，日本跨文化教育学会（Intercultural Education Society of Japan）成立，并将人类学列为其研究分支之一。尽管如此，除了那些同比较教育与文化研究所有着各种学术往来以及部分在北美接受过人类学研究生教育的学者以外，在日本，很少有人类学家对教育感兴趣。因此，本文对日本学者用日语写成的学校民族志进行的介绍将不会仅仅局限于教育人类学学者的研究，其他相关领域学者开展的教育民族志研究也在我们的介绍范围之内。

日本的学校教育民族志研究一开始是由美国学者开展的，例如教育人类学家辛格尔顿（Singleton 1967）与罗兰（Rohlen 1983），以及社会学家卡明斯（Cummings 1980），前两位学者都曾经在比较教育与文化研究所工作过。其中罗兰与卡明斯的作品被翻译成日语，连同英国新教育社会学派学者卡拉贝尔（Karabel）与哈尔西（Halsey）的作品（Karabel and Halsey 1997，该书于 1980 年被翻译成日语）一起，对日本学者在他们自己的学校里开展田野工作产生了重大的影响。20 世纪 80 年代乃至整个 90 年代，在日本开展教育民族志研究的既有日本籍学者（Minoura 1984; Ikeda 1985; Shimizu and Tokuda 1991），也有很多非日本籍的学者（Tobin, Yu, and Davidson 1989; Goodman 1990）。佐藤（Sato 1992）与木下（Kinoshita 1999）先后出版了日本最早有关田野研究的教科书。自 1993 年开始，箕浦在东京大学教育学部将田野工作作为一门常规的方法论课程进行讲授，并随后对其内容进行整理并出版（Minoura 1999）。这本书在日本的心理学家之间流传甚广，很大原因在于它对微观民族志的关注。进入 2000 年以来，社会学家、人类学家与心理学家出版了许多与田野工作有关的教科书，这使得日本有关民族志的研究迅猛地增长。

1996 年至 1997 年，日本教育社会学学会（Japan Society of Educational Sociology）第一次连续两年在其学术年会上开设了以民族志研究为主题的分组讨论。2006 年至 2007 年，该学会意识到了民族志研究在过去十年间急剧扩张的发展态势，于是再一次组织了专题研讨会，对教育民族志的研究现状以及未来的发展进行了讨论。此外，日本教育心理学学会（Japanese Society of Educational Psychology）也曾于 1999 年举办了一次与田野工作有关的会议。

本文将对 1980 年以后的民族志研究文献展开综述，内容主要分为三个部分：（1）普通学校的民族志研究；（2）对那些具有非主流文化背景的儿童的研究；（3）非常规教育机构的民族志研究。

普通教育机构的民族志研究

中学的一般性教育实践

志水宏吉（Shimizu Kokichi）应该是第一位发表学校民族志研究的日本学者，从那个时候开始，他就一直引领着日本教育社会学领域中有关民族志研究的发展（Shimizu 1998, 2003）。1987年，志水在日本的尼崎二中开始了他为期三年的研究，这是他的第一次田野工作（Shimizu and Tokuda 1991）。尼崎二中曾因为其学生的破坏行为而声名狼藉，但如今在新校长的强力领导下，学校实施了一系列的改革措施来规范校园行为。在志水的这部学校民族志作品中，第一部分名为"二中的日常生活"，是由校长与其他两位教师合作完成的，并且那两位教师还是志水本次民族志研究主要的信息提供者；第二部分则是志水的民族志报告。

志水在他的另外一份研究（Shimizu 1992）中对日本中学里教师对学生颇为流行的三种"指导"（shido）进行了讨论，它们分别是学习指导（gakushu shido）、学生指导（seito shido）与职业指导（shinro shido）。学习指导的目的是提升学生的学业能力。学生指导是日本特有的一种教育实践，教师通过与学生在辅导室（homerooms）、课外社团以及各种学校事件里建立起良好的互动关系，来帮助学生思考、做决定并管理好自己。另一方面，学生指导还涉及学生纪律问题的一系列操作，它同时也是一种被用来对学生进行管教的惩戒措施。职业指导则是为学生提供适合他们未来发展的课程。在这项民族志研究中，志水对每一位教师如何在不同的情境里对学生实施上述三种指导进行了描述，并进一步讨论了这些指导将对学生的社会化产生什么样的影响。

中学生的社会化不仅仅只是发生在日常的课堂与课外活动中，同时也会发生在一些特殊的场合，例如校外培训（gasshuku）。学生们参加校外培训，通常会在校外的教育机构接受数天的生活指导（seikatsu shido），这些内容是在平时学校的课堂上学不到的。桑山（Kuwayama）在其研究中就对一次为期三天，并且要求所有一年级学生都必须参加的校外培训进行了描述，并分析了同理心（empathy）、团队合作与归属感等日本价值观是如何通过各种校外培训项目渗入到学生的思想意识之中的（Kuwayama 1996）。

藤田（Fujita）与他的同事在一次针对中小学开展的田野工作中对2000名教师进行了问卷调查（Fujita 1995）。该研究显示，日本中小学教师的工作涵盖了各种各样不同的任务与活动，他们不仅有教学任务，还肩负了各种咨询、管理以及协调方面的工作。研究同时表明，由于必须完成学校繁重的各种教学活动以及在日程安排上的超负荷运转，教师的工作强度近年来被大大地加强，这导致教师由于太过于繁忙，反而没有足够的时间与精力投入教学本身。

20世纪90年代，日本的社会面临着少子化及泡沫经济破裂引发的青年劳动力市场改变、信息技术高速发展以及人们的价值观与道德标准发生改变等一系列的问题，并进一步诱发了日本社会的结构性变革。而社会的结构性变革又动摇了日本教育系统的根基（Ichikawa 2002）。由于存在着教育体制僵化、教学内容千篇一律以及一切以考试为中心等诸多问题，日本的学校系统越来越为人们所诟病，成为了不满的焦点所在。为了应对上述问题，日本政府颁布了一系列的教育改革计划与政策措施，地方政府与单个的学校被赋予了更大范围的自由裁量权，但也相应地增加了它们要承担的责任。于是，在这样的背景之下，出现了大量的文档资料可供我们去研究与整理。来自海内外的学者对日本的教育改革及其成果开展了大量的研究工作。

在整个20世纪90年代，关于"学生指导"的理论，日本教育界强调的是一种"符合学生心理偏好的纪律性引导"（kaunseringu maindo），而不是通过强制手段对学生的外在表现与行为进行管教。在这样的话语背景之下，2001年，日本文部科学省（Ministry of Education, Culture, Sports, Science and Technology）（以下简称文部省）决定为每一间公立中学都配备一名辅导教师。为了实现这种新的"学生指导"的理念，日本政府所采取的措施之一就是在学校里开设一间专门的咨询室，学生可以在休息或是放学之后的任何时间来到这里找教师进行咨询，也可以什么也不做，或是做他们任何想做的事情来打发时间。濑户（Seto）在其研究中对那些使用咨询室的学生进行了观察（Seto 2006），以了解他们对这种咨询室的功能有着何种程度的理解。研究结论指出，尽管这种咨询室的功能并非十分明确，却为学生提供了某种程度上的安慰。

吉田（Yoshida）在一所排名靠后的高中担任全职教师。她于2005年至2006年对这所学校的管教体系与教师生存策略进行了调查，并以此为基础来研究责任这一概念是如何改变"学生指导"的形式的（Yoshida 2007）。她的研究揭示了一种被她称为"关怀模式"（osewa）的新的学生管教方式，这种方式主张对学生的行为实施间接的管教，在实践中则几乎没有遇到过学生的实质性反抗。这种管教机制包括每隔五分钟就对学生的缺席时间做一次记录，要求教师在学生违反校规时要态度温和，避免对他们大发雷霆。入学之时，学校就会公布学生毕业所需的学分以及允许他们缺席的时间上限。通过这种方式，教师既能保持课堂的秩序，又能避免与学生产生正面冲突，同时在学生不得不接受惩罚或是被迫离校时也能就其情况做出相应解释。与20世纪80年代志水与德田（Tokuda）所做的同样内容的民族志相比较（Shimizu and Tokuda 1991），吉田针对学校的"指导"所做的民族志研究描绘了一幅完全不同的画面。

落合（Ochiai）是一所学校的学生辅导员，经过观察，她发现教师在学校里常常因为各种教学事务缠身而被搞得精疲力竭（Ochiai 2009）。对此，她总结了六个方面的原因：（1）学校里不成熟并且存在学习困难的学生越来越多；（2）家庭在孩子抚养方面的功能有所削弱，于是教师不得不扮演一部分本应由父母来扮演的角色；（3）在维护学校利益的过程中，教师被要求承担更多的责任,导致他们需要在文字工作上花费更多的时间;(4)学校在教师管理上的作风日益官僚化;(5)新旧两代教师在教育观念上存在分歧;(6)教师被排斥在学校的决策过程之外。原因(5)、原因(6)与原因(3)、原因(4)相结合导致了教师之间相互支持的意愿程度下降,并进一步导致教师产生了一种被孤立的感觉。此外,原因(4)与原因(6)剥夺了教师在工作中的主人翁的精神,再加之感到被孤立,最终导致了教师的身心疲惫。落合的这项田野研究表明,教师的倦怠感不仅仅是近期的教育变革所造成的,日本教学工作中的文化氛围本身就是导致教师职业倦怠的温床。

为了减轻教师的压力,并恢复同事之间相互支持的意愿,佐藤在研究中提出了他的观点与构想(Sato 2006)。他将学校设计为一个社区型的学习场所,在这里人们更多关注的是学生学的内容而不是教师教了多少。佐藤在滨之乡小学(Hamanogo Elementary School)第一次将他的想法付诸实践,并对结果进行了观察。后来,他还在更多的小学与中学对这一做法进行了推广。

1987年,为了提升中学的外语教育水平并促进国际交流,日本政府颁布了"日本交流与教学计划"(The Japan Exchange and Teaching Program),并通过该计划每年为日本引进约6000名语言助教(ALTs)。这些语言助教以一种比较的目光来看待日本学校与他们本国学校的差异。以麦康奈尔(McConnell)的研究为基础(McConnell 2000),浅井(Asai)对这些语言助教进行了调查,以了解他们在与日本的学校文化进行互动的过程中,他们的文化身份是如何被重新定义的。

小学的教学实践

很多国内外的学者都对日本小学的学校教育问题进行了大量的研究,在这里我只挑选其中的三项进行介绍。

为了研究教师如何激励学生学习,岛原(Shimahara)与酒井(Sakai)

分别在新泽西与东京的公立小学开展了课堂观察活动,并对它们的教师进行了访谈(Shimahara and Sakai 1995)。他们发现,日本教师相信如果师生之间能够建立起一种情感的纽带,那么学生就会更加努力地去学习,也会对他们自己的行为进行认真的反思,因为他们不想辜负教师对他们的期望。因此,日本的教师会试着利用学生的休息时间或是放学后的时间来与学生培养感情,让学生感受到来自他们的支持与关怀。而美国的教师则认为,教师的责任在于通过教学本身,并且通过对教学素材与课堂展示进行有效的建构来激励学生学习。岛原与酒井将这种日本人对人际关系的重视称为一种"民族教育学"(ethnopedagogy)意义上的激励来源。

通过对语言艺术课,尤其是写作指导课进行观察,渡边(Watanabe)对日本与美国五、六年级的教师如何理解学生的个性与创造力,以及采用何种方式来进行教学进行了研究(Watanabe 2001)。在美国,为了培养学生的创造力,教师会在写作课时对学生进行严格的指导,并强调写作的技巧性,即如何在所有不同的写作风格中找到一种最适合自己的。日本的教师则鼓励学生自由地将自己的想法表达出来。研究发现日本学生的作文具有很大程度上的相似性,而在美国方法的指导之下,学生的作文则呈现出了多样性。渡边在其研究中对日本与美国教师在学生个性与创造力认识上的巨大差异进行了讨论,这些差异影响了他们的教学实践,又进而产生了不同的教学效果。

志水曾在布濑小学(Nunose Elementary School)开展田野研究(Shimizu 2003),这所小学成功地推行了"部落民-解放教育"(buraku-liberation education)计划,以保障弱势群体儿童受教育的权利。日语 buraku 的字面意思为"小村庄",但有时候特指那些在日本历史上由于特殊的职业而受到歧视的小村居民。志水在他的研究中描述了该小学的教师作为一个团队,如何在教学过程中相互支持,以帮助在那里长大的孩子提升他们的学习与社交能力。哪怕只是一年级的孩子,只要对他人造成身体上或者心理上的伤害,教师也会给予严厉的批评。对于大一点的孩子,教师会要求他们回家去访谈自己的父母，以深入地了解自己的家庭历史。在这里，教师们作为一个整体会对学生的行为做出及时的干预，这将有助于该校教师之间以及师生之间可靠的人际关系的形成。随后，池田（Ikeda）与仓石（Kuraishi）也相继对部落民的儿童开展了教育民族志的研究（Ikeda 1985；Kuraishi 2001）。

学校里的课外社团

学校社团（Bukatsudo）是日本学生初中与高中学生生涯的重要组成部分。每天下午3点30左右学校放学后，几乎所有的学生都会去参加各类学校社团，有体育方面的，也有文化方面的（例如合唱队、管乐团、绘画社等），一直练习到傍晚。在社团练习的过程中，师生之间长时间的、非正式的互动将会有助于培养教师与学生的私人情感，在此基础上，教师有时就能对学生的个人成长进行"学生指导"。学生在社团里将会第一次被划分为"前辈"（senpai）与"后辈"（kohai）两个组别，并要求低年级组要服从高年级组。凯夫（Cave）认为，学生自己选择并长时间参与社团活动将会有助于他们对这个集体的情感投入，并因此而产生依恋，这是学校维护其秩序的一种重要手段（Cave 2004）。

羽田野（Hatano）到一所中学里去开展田野工作，他的研究讨论了柔道社团里性别角色的问题。在其他的体育社团里男孩和女孩通常在一起训练，并使用相同的训练计划。然而在柔道社团里，男女学员的训练空间是分隔开的，其中三分之二的空间留给男孩，另外三分之一的空间留给女孩。在日本社会中，人们普遍认为男性在体能方面要优于女性。而羽田野通过对学校柔道社团里两人一组的技术训练（randori）进行分析，阐述了这一社会观念的再制与维持机制。柔道社团规定，在开展两人一组的技术训练挑选搭档时，体力较弱的选手必须向更加强壮的选手发出请求。羽田野发现，男孩通常只会向比自己级别更高的女孩发出请求，因为即使他被打败，也能将原因归结为女孩在技术上比自己更强，以维持自己作为男性在体力上的心理优势。

学前教育：半日制幼儿园（Youchien）与全日制保育园（Hoikuen）

日本的义务教育始于儿童六岁的时候，但大约 95% 的儿童会接受至少两年的学前教育，他们可以选择半日制幼儿园，也可以选择满足双职工需求的全日制保育园。

民族志学者注意到，日本的教师学校里除了会对集体观念进行强调以外，通常还会指派一名值日生（toban），并将各种班级管理事务交给这位孩子来处理。这在日本的小学里非常流行，通过这种方法，教师有意识地削弱了他们自己的权威，以此来培养孩子的自我控制能力。这一做法同样适用于学龄前的儿童（Hendry 1986; Tobin et al. 1989; Lewis 1995）。国外的民族志学者通过研究指出，日本的集体主义正是建立在这种学前教育的基础之上的。

作为对他们的补充，有希（Yuuki）于 1991 年到一所私立幼儿园开展了一项民族志研究（Yuuki 1998）。研究阐明了儿童在集体的环境里学习与成长的教育与社会意义，并且对幼儿园如何维持其日常秩序进行了描述。这一研究的独特之处在于它同时对教育中的显性群体与隐性群体进行了关注，而所有的国外民族志研究者都只是关注类似于小组（kumi）这样的显性群体。有希在这所幼儿园里发现了十个显性群体，但是当一位老师对那些不守规矩的孩子进行教导时，一个隐性的群体就立刻浮现了出来。教师在批评"这些学校里的捣蛋分子"的时候并不会直接点出他们的名字，也不会给他们贴上坏孩子的标签，于是这些捣蛋分子就形成了一个隐性的群体。通过这种暂时性的孤立，教师希望这群捣蛋分子能够自己认识到自己的错误。日本的教师认为，当孩子们能够自发地意识到他们不得不遵守集体的规则以免被孤立时，他们就有了改变的内在动力，这是让孩子学会控制自己的行为最为有效的方式。

当一个外国的孩子进入这种以集体主义为导向的日本保育园或幼儿园

时，情况又会如何呢？一些日本学者就这一话题进行了探索，在这里我只选取其中的两个进行介绍。

柴山（Shibayama）曾经对一名五岁的中国裔男孩进行过观察，他被安排在保育园一群四岁孩子的班级中（Shibayama 1995）。事实上，在这名中国男孩入园之前的两个月，柴山就已经在这里开展田野研究，并且她已经注意到了保育园的孩子们在玩游戏或是就餐的过程中都有一定的"剧本"（hoikuen）可遵循，这种剧本即这所保育园的文化。为了研究这名中国裔男孩在保育园里的文化融入过程，柴山对他的认知、行为与情感进行了密切的关注。她发现，尽管过了七个月这名男孩仍然没有学会与别的孩子分享玩具这一规则，但是在四个月的时候他就开始能够遵守大部分的午餐规则，在三个月的时候就开始能够用一两个日语单词来表达自己的想法。柴山在研究中对这一案例所呈现出来的文化学习机制进行了讨论。随后，她扩大了研究范围（Shibayama 2001），把在日本保育园里就读的二至三岁的外国孩子也囊括了进来，以研究他们的行为与语言表达的发展过程。

佐藤于2003年在一所半日制的幼儿园开展田野工作（Sato 2005），该园接收了很多外国留学生的孩子。通过观察，她发现，三岁大的孩子就已经能够通过日常的接触注意到外国孩子在肤色与语言上的不同。四岁大的孩子从一开始就意识到了外国孩子与他们自己不一样，而当班上一个有影响力的孩子去照顾一个埃及孩子时，其他的同学都会争相去效仿他们的行为。教师注意到这个埃及孩子常常采用哭的策略来"操纵"他人，于是就采用对待日本孩子的方式来对待他。但教师的做法会招致班上其他孩子的反对，因为他们觉得这个埃及孩子是比他们"更加弱小的婴儿"，需要给予特别的照顾。

对具有非主流文化背景的儿童的研究

日本曾经被视为一个单一民族的国家,但是随着新型外籍人士的涌入,到 2005 年底,非日籍护照持有者的人数已经超 200 万,占日本总人口的 1.6%。这其中包括朝鲜人(占外籍人口的 30%)、中国人(占外籍人口的 24%)、巴西人与秘鲁人(占外籍人口的 17%)、菲律宾人(占外籍人口的 10%)与美国人(占外籍人口的 3%)。外籍学龄儿童如果想要就读本地的公立小学,必须将日语作为第二语言进行学习。这些外籍学龄儿童的数量从 1991 年的 5463 人上升到了 2007 年的 25411 人(Monbu kagaku sho 2008),其中 40% 的学龄儿童讲葡萄牙语,20% 的学龄儿童讲中文。

从中国归国的日本人

二战结束时,大量的日本国民从中国完成了大撤退,但仍然有部分妇女与儿童留在了那里。这些滞留在中国的日本人是当时生活在伪满洲国的日本移民的后代,他们父母中的一方在法律上是日本人,而他们的孩子则成长于中国的文化背景之下。1972 年,中日两国外交关系的建立为恢复他们回到日本生活的权利打开了合法之门。自 1980 年起,他们开始逐步回归日本。

当回到日本后,这群人中的学龄儿童不得不面对来自校园的歧视与冷漠,以及日常生活中各种冲突所带来的压力。此外,他们既不把自己当中国人,也不把自己当日本人,因此他们还面临着身份上的认同危机。部分学校专门为他们开设了特殊课堂,以减轻他们所面临的困难,尤其是在日语学习上的困难。随着时间的推移,他们从小学升入初中,再升入高中。在 20 世纪 80 年代,日本学术界并没有与他们相关的民族志研究。到了现在,针对他们所开展的研究大部分都以田野工作的形式在高中学校进行。在此,我仅仅列举其中的一个例子。

锻治（Kaji）曾经对来自中国的归国者进行了长时间的研究（Kaji 2000），并发表了许多富有见解的文章。他发现，不同归国者之间的语言能力与文化适应能力有着很大的差异，这取决于他们回归日本时的年龄以及回归前在中国的社会经济地位。一些归国者在中国时学业成绩非常优秀，却因为缺乏流利的日语而不能够在日本的学校里取得好成绩，因此他们只能进入一些较差的高中。在度过对他们来说并不友好且倍感孤独的高中时光以后，他们将获得特殊的名额进入大学学习。这些特殊的名额是专门为那些在外国出生、日语水平有限的归国者设置的。这个时候，他们差不多能够说一口流利的日语，同时也将面临着一种混乱的文化认同，他们既不认为自己是中国人，也不认为自己是日本人。而那些在中国时学习成绩就很差的归国者则很容易放弃学业，这些辍学者往往纠集在一起成为不良少年，甚至发展成为飞车党。当然还有另外一类归国青少年，他们能够说一口流利的日语与汉语，但阅读与写作能力有限，他们中的大多数都是很小就来到了日本，或是出生在日本。

来自巴西的日裔归国者（Ethnic Japanese Returnees）

20世纪80年代后期，日本雇用外籍员工的数量首次出现了爆炸性的增长。2006年，随着巴西经济的持续恶化，日本的高收入前景吸引了302,000名具有日本血统的巴西人（nikkeijin）来到日本。当父母安顿下来以后，他们也将孩子接到日本，然后到附近的学校注册就读，但是他们有时也会遭遇几个月，甚至好几年无学可上的情况。

到目前为止，有超过20名的研究者对来自巴西的归国儿童开展了民族志研究。这些研究采用了"同化-再制"（assimilation-reproduction）的研究模式，并将日裔巴西人（以下称为巴西人）视为日本社会对他们施加的涵化压力的被动接受者。小山内（Osanai）的研究发现，就读于专门的巴西学校的儿童，他们对自己未来前途的设计以及对自己身份的认同都不同于就读于普通日本学校的儿童（Osanai 2003）。对于后者，当在日本生活数年之后,他们曾经的母语(葡萄牙语)的水平就会大打折扣,并且他们很快就不再认为自己是巴西人。

巴西儿童身上存在的问题与其父母的生活方式有着直接的联系。他们父母所从事的工作通常都不太稳定,甚至只是按小时来计算工酬,也没有为家庭的未来做任何打算。大多数巴西人的计划是在有了一笔数额可观的存款之后就返回巴西,一些父母则来往穿梭于巴西与日本之间。这种旅居者的心态对孩子的前途与未来非常不利,因为孩子们甚至无法决定将来会在哪个国家生活。大多数的巴西父母都几乎没有时间和孩子在一起,他们热衷于加班,留下孩子独自在家忍受沮丧和孤独。在父母监管不力的情况下,一些孩子认识不到上学的意义而最终选择退学。他们聚在一起踢足球,去商场闲逛,偶尔还会干些违法乱纪的事情。

不同于同化主义的观点,相当多的研究都对巴西儿童的这些问题持一种批判的态度。研究者将这些儿童视为积极的行动主体,他们为了自己的社会地位而与周围的人"讨价还价"。山之内(Yamanouchi)在研究中对巴西青少年的"越轨行为"进行了描述(Yamanouchi 1999),例如拒绝完成学校的作业、在性问题上表现狂野以及过度的炫耀性消费等。而他们将这些行为视为一种反抗的策略。日本的中学对于学生应该如何行为、如何着装有着详细的规定,这令巴西的学生感到很难适应。大多数的日本学校在动用校规来处理问题学生时都会尽可能做到一视同仁。然而,当涉及一些特定的越轨行为时,例如学生将手机带到学校、喷香水、戴耳环等,教师则往往会避免将那些常常用在日本学生身上的训斥用于巴西学生的身上,并且解释说这样做也是没有办法,因为他们有着不同于日本学生的文化(Kojima 2006)。巴西学生违反校规是想把他们自己置于一个比日本学生更高的地位,在他们看来,日本学生只不过是一群稚气未脱的可怜虫。而教师在这些问题上的差别对待有时会造成巴西学生与日本学生之间的对立,从而导致巴西学生在学校里更加被边缘化。那些持批判态度的研究者认为,学校应该对所有学生的需求进行回应,而不仅仅是满足巴西学生的需求，因为巴西学生所制造的麻烦也许反而能给日本学校僵化的文化氛围带来一丝活力。

中南半岛的难民儿童

相较于日裔巴西人的大量涌入，通过日本政府的难民救助计划来到日本、并定居下来的中南半岛人仅有11,000多人，其中包括8656个越南人、1357个柬埔寨人和1306个老挝人。

日语成了他们所面临的最大的问题。中南半岛儿童在家里讲自己的母语，入学后则不得不学习日语。一旦离开专门为他们开设的特殊日语课堂，他们就会面临学业理解方面的困难。由于日语不是他们的母语，因此，他们用于人际交流的语言与他们课堂中使用的学术语言之间存在着差异，然而教师却并没有注意到这一点。在小学阶段他们尚能顺利地完成学业，初中以后，由于学习上被人忽视，也不能很好地理解课程的内容，他们最终将被推向辍学的边缘。

教育社会学家清水睦美（Shimizu Mutsumi）通过为期十年的田野研究之后得出了结论，中南半岛学生的辍学与违法行为似乎与他们较低的认知水平以及学业上不流畅的语言能力有关，并且这一现象在八、九年级最为突出（Shimizu 2006）。这些学生的校园生活并不如意，给别人的印象也不是那么积极向上，再加上父母对他们疏于管教，最终导致他们不去上学，整天在街头游荡。这群孩子集结成一个团伙，打着"我们是强大的越南人"的口号，并且试图通过喝酒、扒窃、吸毒以及打人的方式来展示他们的力量。他们还看不起那些不与他们为伍的越南裔男孩，认为他们是"被日本化了的胆小鬼"。当然，这些违法行为最终导致他们被捕，并被送进了少管所。

川上（Kawakami）曾经对日本与澳大利亚的越南裔青少年进行过深入的访谈，他们在三岁之前就离开了故乡或是出生并成长在日本或者澳大利亚（Kawakami 1999, 2006）。川上发现，这两个群体都有着相同的烦恼：

（1）他们在思维方式上与父母有较大的差异，尤其是在婚姻问题方面。父母希望他们能够与一个越南人结婚，并且往往将越南人想得非常理想化，但孩子们对此却毫无感觉。（2）一回到越南就会很不适应，感觉很不舒服，与当地的环境格格不入。此外，川上还发现，大多数在日本的越南裔青少年都呈现出一种负面的形象，而在澳大利亚的越南裔青少年则对自己与未来感到乐观，并认为自己为澳大利亚社会的建设贡献了力量。在日本长大的越南裔青少年，一方面在努力地融入日本文化，另一方面对自己的民族渊源有着清楚的认识，因此他们对于被夹在这两者之间倍感烦恼。

越南人的姓名特征非常明显，别人一看就知道他们是外来人口，这是让越南人感觉不自在的另外一个原因，尤其在他们上小学的时候。然而，等他们到了上高中的年纪，民族对于他们又有了不同的意义。当这群年轻人发现他们的民族之于他们未来的工作将会有着积极的影响的时候，他们就会回过头去努力地学习他们的母语与文化（Shimizu 2006）。

日本的朝鲜裔少数民族与多元文化教育的发展

朝鲜人是日本人口最多的少数民族群体，并且在日本有着悠久的历史。二战结束时，绝大多数朝鲜人都回到了朝鲜，但是仍然有大约60万朝鲜人选择留在日本，人们将他们称为"朝鲜侨民"（zainichi）。由于日本的国籍认定依据的是血统原则而非出生地原则，因此这些朝鲜侨民（以下称为朝鲜人）的后代都维持着朝鲜人的身份，除非他们申请归化入籍或是与日本国民结婚。朝鲜裔的儿童既有选择就读日本学校的，也有选择就读朝鲜民族学校的。尽管在法律上他们是朝鲜人，但在文化上，第三代和第四代朝鲜人却认为自己更像日本人，并且他们中的多数也将日语作为自己的母语。为此，朝鲜民族学校为这些朝鲜侨民的后代提供了浸入式的双语教育（Motani 2002）。在本文中，我们暂时将涉及政治、社会历史方面的议题以及各种针对朝鲜人的歧视搁置一旁，而仅仅讨论与朝鲜人有着密切联系的日本多元文化教育及其发展状况。

日本学校中的朝鲜裔学生是一个不太容易被识别出来的隐性群体，因为他们会取一个日本名字、说一口流利的日语并且有着与其他日本人相同的行为方式。朝鲜民族课程设立于 20 世纪 50 年代，最初是作为公立学校设立的一种课外活动提供给朝鲜孩子参加。这些课程由朝鲜老师授课，并通过学习朝鲜语以及朝鲜文化来帮助朝鲜孩子树立一种积极向上的民族形象。岸田（Kishida）对朝日教师之间关系的历史变迁进行了研究（Kishida 1997）。他发现，直到 20 世纪 70 年代，朝鲜教师都常常会受到学校其他人员的孤立，并且他们认为日本教师对自己存在着偏见。不过在学生方面，大部分的日本教师都认为他们并没有因为这些朝鲜学生的民族性而给予他们不同的对待，而是与日本学生一视同仁。在他们看来，这是最好的教学实践。但事实上，这种绝对的平等有时候反而可能会导致一种更大范围内的不平等。

到了 20 世纪 70 年代，受"部落民-解放教育"的影响，日本的多元文化教育状况渐渐地发生了变化。"部落民-解放教育"的目的在于消除学生之间学业能力上的差异、为每一位学生找到今后职业发展的道路，通过人权的视角来研究并消除教育中的歧视现象（Nakajima 1993）。有的教师组成了研究团队，专门针对"部落民-解放教育"的实践开展研究。其中一些教师把他们的研究范围扩大，将朝鲜人的教育也作为有关人权的议题之一纳入进来，其目的在于消除日本学生对朝鲜学生的种族偏见，并帮助朝鲜学生形成自己的民族意识。这样做也同时促进了朝鲜教师与日本教师之间的合作关系。为了更好地了解这些朝鲜侨民，一些大学还开设了新的课程，并以此作为教师岗前培训计划的一部分（Tabuchi 1991）。如今，在大阪教育委员会相关政策的推动下，朝鲜教师们在帮助日本学生认识朝鲜人在日本社会中所存在的社会历史根源以及帮助他们熟悉朝鲜文化的过程中扮演着重要的角色（Kishida 1997）。也就是说，他们正在努力挑战日本社会对朝鲜人的偏见，希望通过跨文化教育来改变日本人的态度。不过，朝鲜教师依然觉得他们与日本教师之间隔着一堵牢不可破的墙。

随着全球化的不断深入，20世纪80年代中期以后，日本学校中出现了更多的新面孔，因此日本的多元文化教育又有了一些其他的变化。在此期间，学术界出版了第一本关于多元文化教育的著作（Kobayashi and Ebuchi 1985），而一些地方教育行政当局在承认多元文化教育重要性的基础之上，对它们的教育政策进行了适当的调整。川崎市于1986年颁布了一部针对外国居民的教育政策，其主要目的在于提升朝鲜人的教育质量，他们占了当时川崎市1万名外国人中的86%。1996年，川崎市对这项政策进行了调整，强调要建构一个由不同文化背景的居民组成的多元文化社会，这反映了川崎市外国人口在结构上的变化。当时，川崎市已经有了大约2万名外国居民。自90年代开始，之前在日本社会中占据主导地位的同化思想已经被多元文化主义代替，由此我们可以看得出日本社会已经开始越来越重视文化多样性的价值与意义。

成长于海外的日本儿童

在经济全球化的浪潮中，大量的日本家庭跟随着父亲去海外工作而定居国外。2007年，大约有5.9万名日本儿童在日本本土以外的国家上学。例如洛杉矶的周六学校于1969年建立，最初有68名学生。随后其学生数量迅速增长，到1991年时已达到2947人。日本的儿童全部在当地的美国学校上学，但是为了保持自己的日语能力，他们中的大多数都会选择每周六去一所日本学校补习。这种日本儿童在海外接受教育的现象从20世纪70年代至今吸引了大量研究者的兴趣，我将在本文中对其进行简单的回顾。

箕浦曾经对1977至1982年间在美国洛杉矶长大的日本儿童开展过调查，并在他们返回日本之后对他们进行了跟踪访谈（Minoura 1984）。她发现行为、认知或情感等方面的差异是跨文化经历的基本特征，于是这便为研究者提供了一个非常宝贵的机会，让他们能够去了解特定的文化意义体系是在什么时候、以什么样的方式进行融合的。通过对日本儿童以及他们母亲的观察与访谈，箕浦得出结论，文化意义体系的融合有一段敏感期，它有助于协调同龄之间的人际关系，而这一敏感期大都出现在儿童的9岁到15岁之间（Minoura 1992）。25年之后，佐藤与片冈（Kataoka）对居住在美国的日本儿童开展了田野研究，他们的工作被看作是对箕浦研究的补充。

古德曼（Goodman）通过研究得出结论，归国者这一群体在日本是受到优待的，而且那些在归国者身上存在的所谓的问题都存在着被夸大的成分（Goodman 1990）。日本针对归国者的研究都聚焦于他们的个人经历，与此作为对比，古德曼则在其研究中将"归国者"现象视为一种战略性的透视镜，以此来窥探在全球化时代里不断变革的日本社会。涩谷（Shibuya）曾于1997年对一个主要由归国儿童组成的班级开展了田野研究（Shibuya 2001），并对所得的数据进行了分析。然而，结论却与她在研究中所运用的斯图亚特·霍尔（Stuart Hall）的身份认同概念化的理论正好相反。

非常规教育机构的民族志研究

日本的学校分为两种类型：一类是根据《学校教育法》（the School Education Law）第1条的规定所设立的学校，这类学校必须要接受文部省课程教学大纲的指导；另一类则被称为"不受《学校教育法》第1条监管的学校"（在日语中被称为kakushu gakko），这些学校则不需要接受文部省课程大纲的指导。本节将主要讲述后一种类型的学校、不受《学校教育法》第1条监管的非常规学校（atypical schools）以及不接受学校教育法监管的非正式学习场所。其中，"不接受《学校教育法》第1条监管的学校"主要包括国际学校、神学院、语言学校以及各种为升学做准备的预备学校，以及护士、厨师、制衣师、书记员等职业的培训学校。《学校教育法》第134条对这些学校进行了规范。

国际学校

日本共有23所国际学校，它们主要使用英语作为授课语言，其中大多数依据《学校教育法》的授权而获得可以不受《学校教育法》第1条规定监管的资格。威利斯（Willis）对神户一所多民族国际学校里的流行文化进行了研究（Willis 1992）。他发现在这所学校特定的社会文化环境之下，学生经历了一场深刻的自我转变，经由这些转变他们掌握了一种更大范围内的文化学习能力，并取得了丰富的学业成就。上国际学校的学生有一部分是从海外回来的归国者，他们不想去普通的日本学校就读。还有一部分则是来自日本本土的学生，尽管他们承认"不受《学校教育法》第1条监管的学校"存在各种各样的缺点，但仍然选择在国际学校就读。中村（Nakamura）的研究对象就是一些明知国际学校存在着某些缺陷还坚持让子女就读的家庭（Nakamura 1999）。在对孩子们的父母进行访谈之后，他了解到这些父母选择国际学校的原因在于可以将他们的孩子从日本公立教育的各种条条款款中解救出来，让他们拥有更多自己的空间，而且在国际学校就读也能促使父母用一种多元化的尺度来评价自己的孩子。

非全日制夜校高中与住院学校

非全日制夜校与住院学校（in-hospital school）都在《学校教育法》第1条的监管之下，但它们主要为了满足某些特殊的情况而设立的。非全日制夜校设立于二战之后，主要为那些已经上班的、各个年龄阶段与不同职业的学生服务，让他们也能够接受普通高中的教育。近年来，就读于非全日制夜校的学生还包括在全日制学校考试中失利的，或是曾经辍学、现在又回归学校，希望获得高中文凭的人群。

城所（Kidokoro）与酒井在对学生的叙事进行分析的基础之上对非全日制夜校的功能进行了研究（Kidokoro and Sakai 2006），他们的研究揭示了学生是如何在这样的学校环境中对他们的自我概念进行重新定义并重新投入到新的学校学习与社会生活之中去的。在学生对自我概念进行重新定义以及在他们重新获取自信心的过程中，以下因素起到了积极的推动作用：(1)夜校学生在年龄与生活背景上的巨大差异；(2)学生的工作经验与他们白天在工作地点与成人之间的人际关系；(3)夜校给予学生更大程度的自由。同时，上述因素也鼓励着学生们去遵守学校最基本的纪律。这样的一些研究向我们阐明了那些曾经陷入麻烦或是辍学困境的学生是如何在非全日制的夜校环境中重新进行自身的身份认同的。

住院学校是为那些长期生病住院的儿童设立的，但是在行政归属上仍然是附近学校的一个分支机构。谷口（Taniguchi）曾经在此类学校中开展过田野研究（Taniguchi 2009），以探索那些隐藏在他所观察到的行为背后的意义体系。通过她的研究我们可以发现，住院学校的教师除了授课以外，还要扮演许多通常不应该由他们来扮演的其他角色，例如：充当这些孩子的父母与玩伴，以及进行家庭护理、医疗护理、社会工作与心理咨询等。

正规学校（formal school）之外的潜在学习场所

日本还有着许多非正式的学习场所（informal learning places），不过在这里，我们仅仅选取两种没有被辛格尔顿（Singleton）的《学在民间：日本学徒制度的多样性》（Singleton 1998）一书描述过的类型进行阐述。

自由学校（free school）是专门为那些由于各种原因而无法去任何学校就读的儿童（futoko ji）设立的，研究者对这种类型的学校进行过大量的民族志研究。朝仓（Asakura）曾在日本最大的自由学校开展过田野研究（Asakura 1995），该学校建立于1985年，并由一个非营利性组织负责运营，大概有两百人入读，学生年龄从6岁到20岁不等。学校的目的是为儿童与青少年提供一个场所，在这里他们被允许做回真正的自己，将自己最真实的一面展现出来。因此，尽管学校依据就读者的要求而提供了各种各样的教学项目，但是学生是否参加却并不是强制性的。教职工和就读者之间的关系也是平等的，这表现在就读者不用"老师"（sensei）一词来称呼教职工，而是直接称呼他们的名字或者绰号。

在这所学校里就读，学生会逐步感觉到自己开始被其他人所接受，并且随着他们在这一过程中重新获得自信与尊严，出现在他们身上的像是胃疼、呕吐、洁癖或是暴力等令人头疼的症状也会慢慢消失。朝仓对这所学校教师使用的各种教学方法进行了研究，这些方法被用来帮助学生恢复自信以及帮助他们处理因为不上学而产生的愧疚感，或是对未来的不确定而产生的焦虑感。在自由学校里，教职工往往把学生视为具有自主能动性的行动者。而在普通学校里，教师则只是将学生视为教育的对象。

随着外国人在日定居数量的不断增加，日本出现了许多由志愿者发起的、帮助这些外国人学习日语的课程。日本跨文化教育学会专门发行了一期特刊，对这项运动以及相关的课程组织进行了特别报道（Noyama et al. 2003），并突出介绍了其中一些比较好的做法。例如让外国人在学习过程中多说多练，而不是仅仅做一名被动的学习者。他们还组织了一些日本志愿者与外国人开展互助式的学习，例如开展一些日语之外的外语课程与民族美食课程等，在这些课程里，外国人反而成为了日本志愿者的老师。这样的一些做法让每一位参与者都能够从中受益。

结语

长期以来，日本教育民族志研究者的关注点主要集中在由学生缺课、少数族群儿童以及教师职业倦怠感等因素所引发的教育问题上。同时，他们还非常重视有关师生之间的日常互动以及非常规教育机构等问题的研究。还有一些来自海外的学者对日本的普通学校进行了研究，以作为理解日本社会并且探索所谓的日本文化根源的路径，但遗憾的是本文并未涉及他们的研究与作品。与之作为对比，当日本本土学者在普通学校开展民族志研究时，他们更多地是在关注那些能够提升学校教育的效率的因素

（Shimizu 2003）。由此我们可以看出海外学者与日本本土学者在研究兴趣上的不同，并且他们相互之间也很少引用对方的作品。日本人类学家对教育研究感兴趣的并不多，不过他们却对少数民族群体表现出了特别的兴趣。因此，大多数的日本学校民族志研究都是由社会学家而不是由人类学家完成的，或者在某种程度上来说，对这一问题感兴趣的还包括研究人类发展的心理学家或是海外的日本问题专家。

事实上，本文既没有反映教育研究的趋势，也没有反映日本的教育现实，因为那些涉及教育政策以及涉及公立教育与私立教育之间日益扩大的差距等结构方面的问题其实并不适合运用民族志的方法来解决。此外，本文涉及高等教育方面的研究也不多，其原因在于除了与外国学生有关的研究之外，日本针对高等教育的民族志研究并不多见。不过从日本民族志研究30年的发展轨迹中，我们可看出学术界有关日本的教育现实在研究兴趣上的转变，以及他们在理论立场上从实证主义到带有一丝批判色彩的建构主义的转变。

参考文献

Japanese journals cited more than once with their English title in parentheses:
    IKK represents *Ibunka kan kyouikugaku* (*Intercultural Education,* Bulletin of the Intercultural Education Society of Japan)
    KSK represents *Kyouiku shakaigaku kenkyu* (*The Journal of Educational Sociology,* Bulletin of the Japanese Society of Educational Sociology)
Asai, Akiko. 2006. *Ibunka sesshoku niokeru bunkateki aidenthithi no yuragi* [Intercultural Experience and Cultural Identity Redefined: The Case of Assistant Language Teachers in Japanese Schools]. Kyoto: Mineruba Shobo.
Asakura, Kageki. 1995. *Toukoukyohi no esunogurafi* [Ethnography of School Refusal]. Tokyo: Sairyuu Sha.
Cave, Peter. 2004. "*Bukatsudo*: The Educational Role of Japanese School Clubs." *Journal of Japanese Studies* 30, no. 2: 383–415.
Cummings, William K. 1980. *Education and Equality in Japan.* Princeton, NJ: Princeton University Press.
Ebuchi, Kazuhiro. 1982. "Kyouiku jinruigaku" [Educational Anthropology]. In *Gendai no Bunka jinruigaku* [Modern Cultural Anthropology], ed. Takao So-

fue, 133–230. Tokyo: Shibundo.

Fujita, Hidenori, Sachiko Yufu, Akira Sakai, and Yoshiki Akiba. 1995. "Kyoushi no shigoto to kyoushi bunka ni kansuru esunogurafi-teki kenkyu" [An Ethnographic Research on Teachers' Work and Culture of Teaching]. *Tokyo Daigaku Kyouikugaku Kennkyuka Kiyou* [The Bulletin of Graduate School of Education, University of Tokyo] 35: 29–66.

Goodman, Roger. 1990. *Japan's "International Youth": The Emergence of a New Class of Schoolchildren.* Oxford: Oxford University Press.

Harajiri, Hideki. 2005. *Mainorithi no kyouiku jinruigaku* [Educational Anthropology of Minorities]. Tokyo: Shinkansha.

Hatano, Keiko. 2004. "'Shintaitekina dansei yui' shinwa wa naze iji sarerunoka-supotsu jessen to jenda-no saiseisan" [How is the Myth of 'Male Physical Superiority' Sustained?: Mechanisms of Gender Reproduction in a Junior High School Judo Club]. *KSK* 75: 105–25.

Hendry, Joy. 1989. *Becoming Japanese: The World of the Preschool Child.* Manchester, UK: Manchester University Press.

Ichikawa, Shogo. 2002. "90 nenndai—kyouiku shisutemu no kouzo hendou" [Structural Changes in the Japanese Educational System in the 1990s]. *KSK* 70: 5–20.

Ikeda, Hiroshi. 1985. "Hisabetsu buraku niokeru kyouiku to bunka" [Education and Culture in a Village Discriminated as *Buraku*]. *Osaka Daigaku Ningen Kagakubu Kiyou* 11: 247–71.

Kaji, Itaru. 2000. "Chuugoku kikoku seito to koukou shingaku: gengo, bunka, minzoku, kaikyuu" [On Entry of Returnees from China to High Schools]. In *"Chugoku kikokusha" no seikatsu sekai* [The Life-World of Returnees from China], ed. Shinzo Araragi. Kyoto: Kourosha.

Karabel, Jerome, and A. H. Halsey. 1977. "Educational Research: A Review and an Interpretation." In *Power and Ideology in Education,* ed. Jerome Karabel and A. H. Halsey. New York: Oxford University Press.

Kawakami, Ikuo. 1999. "Ekkyousuru Kazoku: Zainichi betonamujin no nettowa-ku to seikatsu senryaku" [Families Crossing Borders: Vietnamese and Their Life in Japan.]. *Minzokugaku Kenkyu* [The Japanese Journal of Ethnography] 63, no. 4: 59–381.

———. 2006. "Ekkyousuru Kazoku: Zaigo betonamukei jyuumin to zainichi betonamukei jyuumin no hikaku kenkyu" [Families Crossing Borders: A Comparison between Vietnamese Residing in Australia and Vietnamese Residing in Japan]. In *Beyond "Japan,"* ed. Junzo Koizumi and Hideyo Kurimoto. Osaka: Osaka daigaku 21seiki COE Puroguramu.

Kidokoro, Akiko, and Akira Sakai. 2006. "Yakan teijisei koukousei no jiko no saiteigi katei ni kansuru shitsuteki kenkyu" [Qualitative Research on the Process of Self-Redefinition among Part-Time Evening High School Students]. *KSK* 78: 213–33.

Kinoshita, Yasuhito. 1999. *Guraundedo seori apuro-chi* [Grounded Theory Approach]. Tokyo: Koubundo.

Kishida, Yumi. 1997. "Ibunka kyousei kyouiku toshiteno zainichi kankoku/Chousenjin kyouiku" [Education for Korean Residents as an Education for Producing Ethnocultural Harmony]. *IKK* 11: 141–55.

Kobayashi, Tetsuya, and Kazuhiro Ebuchi, eds. 1985. *Tabunka kyouiku no hikaku kenkyu: Kyouiku ni okeru bunkateki douka to tayouka* [Comparative Studies of Multicultural Education: Cultural Assimilation and Diversity in Education]. Fukuoka: Kyushudaigaku Shuppankai.

Kojima, Akira. 2006. *Nyu-kama-no kodomo to gakkou bunka: Nikkei buraziru jin seito no kyouiku esunogurafi* [Children of Newcomers and School Culture: Ethnography of Education for Japanese-Brazilian Students]. Tokyo: Kaiso Shobo.

Kuraishi, Ichiro. 2001. "<I> narumono e no apurouchi no kansei: Buraku kaiho kyouiku toiu kagami ni terashite" [On the Pitfall of Educational Approach to the <Other>: Mirrored by the Buraku-liberation Education]. *IKK* 15: 188–97.

Kuwayama, Takami. 1996. "*Gasshuku*: Off-Campus Training in the Japanese School." *Anthropology and Education Quarterly* 27, no. 1: 111–34.

Kyushudaigaku Kyouiku-gakubu fuzoku Hikakukyouiku bunka Kenkyu-shisetsu, ed. 1996. *Kyouiku bunka no hikaku kenkyu: Kaiko to tenbo* [Comparative Studies of Education and Culture: Retrospect and Prospect]. Fukuoka: Kyushudaigaku Shuppankai.

Lewis, Catherine. 1995. *Educating Hearts and Minds: Reflections on Japanese Preschool and Elementary Education.* New York: Cambridge University Press.

McConnell, David L. 2000. *Importing Diversity: Inside Japan's JET Program.* Berkeley: University of California Press.

Minoura, Yasuko. 1984 [2003 for enlarged edition.]. *Kodomo no ibunka taiken* [Intercultural Experience during Childhood]. Tokyo: Shisaku Sha.

———. 1992. "A Sensitive Period for the Incorporation of a Cultural Meaning System: A Study of Japanese Children Growing Up in the United States." *Ethos* 20, no. 3: 304–39.

———. 1999. *Fi-rudowa-ku no gihou to jissai* [Ethnographic Fieldwork: Basics and Applications]. Kyoto: Mineruba Shobo.

Monbu kagaku sho. 2008. Ministry of Education Home Page. http://www.mext.go.jp/.

Motani, Yoko. 2002. "Towards a More Just Educational Policy for Minorities in Japan: The Case for Korean Ethnic Schools." *Comparative Education* 38, no. 2: 225–37.

Nakajima, Tomoko. 1993. "Nihon no tabunka kyouiku to zainichi kankokujin/chousenjin kyouiku" [Multicultural Education in Japan and Education for Zainichi Koreans]. *IKK* 7: 10–20.

Nakamura, Hiroko. 1999. "Kyouiku ridatsu no sentaku ni miru futatsu no shijika" [Two Cases of Privatization in the Choice of Nonpublic Education: Families That Chose International Schools]. *KSK* 65: 5–23.

Noyama, Horoshi, Michiko Sugisawa, Haruko Yonese, Mika Fujita, Maki Shibuya, Takaya Kawamura, and Kotaro Takagi. 2003. "Chiiki nettowaku to ibunkakan kyouiku" [Regional Networking and Intercultural Education].

IKK 18: 4–67
Ochiai, Mikiko. 2009. *Baan auto no esunogurafi* [Ethnography of Burnout]. Kyoto: Mineruba Shobo.
Osanai, Toru. 2003. *Zainichi brazirujin no kyouiku to hoiku* [Education and Child Care of Japanese Brazilians in Japan.]. Tokyo: Akashi Shoten.
Rohlen, Thomas P. 1983. *Japan's High Schools*. Los Angeles: University of California Press.
Sakamoto, Ikko. 2006. *Ajia no kodomo to kyouiku bunka* [Asian Children in Education and Culture]. Fukuoka: Kyushudaigaku shuppankai.
Sato, Chise. 2005. "*Gaikokujin*" *no seisei to ichizuke no purosesu* [The Process of Japanese Children's Perception of 'Foreigner' and the States of Foreign Children in the Classroom]. *IKK* 21: 73–88.
Sato, Gunei, and Yuko Kataoka, eds. 2008. *Amerika de sodatsu nihon no kodomo tachi* [Japanese Children Living in the United States]. Tokyo: Akashi Shoten.
Sato, Ikuya. 1992. *Fi-rudowa-ku* [Fieldwork]. Tokyo: Shinyosha.
Sato, Manabu. 2006. *Gakko no chousen: Manabi no kyoudoutai wo tsukuru* [Schools' Challenge: Making a Community of Learning]. Tokyo: Shougakkan.
Seto, Ruka. 2006. "Opun ru-mu ni okeru sukuuru kaunnseringu ruumu toiu basho" [What Is the Structure of the Counseling Room in Schools?]. *Kyouiku shinrigaku kenkyu* [The Japanese Journal of Educational Psychology] 54: 174–87.
Shibayama, Makoto. 1995. "Aru 5 saiji no hoikuen sukuriputo kakutoku katei" [Implications of Scripts Acquisition Processes: From a Case Study of a Five-Year-Old Chinese Boy]. *Nyuyouji kyouikugaku kenkyu* [Japanese Journal of Infant Care and Early Childhood Education] 4: 47–55.
———. 2001. *Koui to hatsuwa keisei no esunogurafi* [The Development of Actions and Utterances]. Tokyo: Tokyodaigaku Shuppankai.
Shibuya, Maki. 2001. "*Kikokushijyo*" *no ichidori no seiji* [The Politics of Positioning by Returnees]. Tokyo: Keiso Shobo.
Shimahara, Nobuo, and Akira Sakai. 1995. *Learning to Teach in Two Cultures: Japan and the United States*. New York: Garland Publishing.
Shimizu, Kokichi. 1992. "Shido: Education and Selection in a Japanese Middle School." *Comparative Education* 28, no. 3: 109–29.
———, ed. 1998. *Kyouiku no esunogurafi* [Ethnography of Schooling]. Kyoto: Sagano shoin.
———. 2003. *Kouritsu shougakko no chousen: Chikara no aru gakko towa* [Challenge of a Public School: What Is an Effective School]. Tokyo: Iwanami Shoten.
Shimizu, Kokichi, and Kozou Tokuda, eds. 1991. *Yomigaere kouritsu chuugaku: Amagasaki shiritsu minami chugakkou no esunogurafi* [Bringing Middle School Back to Life: Ethnography of Minami Middle School in Amagasaki]. Tokyo: Yushindo.
Shimizu, Mutsumi. 2006. *Nyu-kama- no kodomo tachi* [Children of Newcomers: The Life World in-between Schools and Families]. Tokyo: Keiso Shobo.
Singleton, John. 1967. *Nichū: A Japanese School*. New York: Rinehart and Winston.

———, ed. 1998. *Learning in Likely Places: Variables of Apprenticeship in Japan.* Cambridge: Cambridge University Press.

Tabuchi, Isoo. 1991. "Zainichi kankokujin/chousenjin rikai no kyouiku naiyou" [An Exploration of Curriculum toward Better Understanding of Korean Residents in Japan]. *IKK* 5: 123–34.

Taniguchi, Akiko. 2009. *Chouki nyuuinji no shinri to kyouikuteki enjyo* [Psycho-educational Support for Long-term Hospitalized Children]. Tokyo: Tokyo-daigaku Shuppankai.

Tobin, Joseph J., David Y. H. Wu, and Dana H. Davidson. 1989. *Preschool in Three Cultures: Japan, China, and the United States.* New Haven, CT: Yale University Press.

Watanabe, Masako Ema. 2001. "Sakubun shido ni miru kosei to souzouryoku no paradokkusu" [A Paradox of Individuality and Creativity through Composition Lessons: A Comparison of Japanese and American Elementary Schools]. *KSK* 69: 23–42.

Willis, David B. 1992. "A Search for Transnational Culture: Ethnography of Students in an International School in Japan" [Part II]. *International Schools Journal* 24 [Autumn]: 29–41.

Yamanouchi, Yuko. 1999. "Zainichi Nikkei burazirujin tiinaijya no 'teikou'" [The Resistance of Japanese-Brazilian Teenagers as the Practice of Everyday Life]. *IKK* 13: 89–103.

Yoshida, Miho. 2007. "Osewa mo-do to butsukaranai tousei shisutemu" [Osewa Mode and Control Systems to Avoid Conflict with Students]. *KSK* 81: 89–109.

Yuuki, Megumi. 1998. *Youchien de kodomo ha dou sodatsuka-shuudankyouiku no esunogurafi-* [First Group-Life in Japan: Ethnographic Studies of Kindergarten]. Tokyo: Yuushindo.

第十一章 雨后春笋
——中国的教育人类学与民族志

欧阳护华（Huhua Ouyang）

我将在本文中介绍教育人类学在中国的发展状况。首先我将对在中国相对于社会学而言处于次要地位的人类学进行综合概述，介绍一些有助于建构中国教育人类学学科体系的理论作品，然后我将进一步介绍中国三个国家级重点研究基地的少数民族教育研究，最后部分则是来自教育专业、社会学专业以及英语教育专业的学者们对中国汉民族教育进行的研究。本文所提到的那些研究大部分采用了长时间田野工作、民族志或是诸如叙事研究这样的质性研究方法。

中国的人类学以及它相对于社会学的次要地位：概述

教育人类学在中国常常被称为"民族教育学"，或者更确切地说被算作"少数民族研究"。然而令致力于对该领域进行研究的中国学者感到沮丧的是，目前在中国的学科分类上，民族学被划分在法学门类下，而人类学则被划分在社会学门类下，其结果便是教育人类学并不属于人类学的范畴（Teng 2002: 2）。这种混乱的人类学研究状况亟须从人类学学科发展的历史背景方面入手加以厘清。

人类学最初在20世纪20年代到30年代之间由当时的学科权威、时任北京大学校长蔡元培引入中国。蔡元培曾经在德国留学，深受俄国人类学流派的影响，他把人类学这门学科定义为民族学。不久之后，同样是在20世纪30年代，英国功能主义学派、美国历史主义学派等其他人类学流派经由吴文藻以及他的两位学生费孝通和林耀华引入中国。他们运用人类学的方法来研究发生在乡村与城镇的主流社会学问题（Zhu 2006; Harrell 2001）。"文化大革命"时期，英国与美国流派的人类学研究被贴上了"资本主义"的标签，整个人类学学科都被禁止。学者与研究人员们被发配到远离都市和权力中心的少数民族边远地区从事俄国传统的民族学研究（Zhu 2006）。

1978年，邓小平在关于改革开放的相关文件中主张恢复对社会学的研究，以便为国家大规模的社会改革提供决策咨询。这个决定为社会学的学科发展赢得了来自政府的支持，从而促进了社会学的飞速发展与繁荣兴盛。很多来自海外尤其是美国的科研机构帮助中国的大学建立了社会科学方面的课程与研究，并联合创建了40多个研究项目（Hvistendahl 2009）。国内顶级社会学刊物里的那些优秀研究成果也被翻译成英语并由夏普出版公司（Sharp Publishing）在《中国社会学与人类学》（*Chinese Sociology and Anthropology*）刊物上发表[*]。

遗憾的是，当初邓小平提出恢复社会学研究时并没有提到人类学，因此人类学没有像社会学那样被赋予同等重要的地位。由于被归为社会学之下的二级学科，人类学的学科建设并没有获得太多来自政府的支持。中国人类学学会直到1981年才在厦门大学成立，同年，第一个人类学系在广州中山大学建立。人类学迎来其学科地位的真正提升是在20世纪90年代，当时以王铭铭为代表的年青一代学者从西方学成归来，并把人类学引入北京的高校（与他北京大学的同事费孝通一样，王铭铭毕业于伦敦大学）。与此同时，在费孝通教授的建议与督促之下，北京大学把其社会学系更名

---

[*] 该刊物已于2011年更名为《中国社会学评论》（*Chinese Sociological Review*）。——译者注

为社会学与人类学系，以此作为一个标志性事件，很多研究者都开始从民族学研究回归到独立的人类学研究。

20世纪90年代，人类学进入了全面发展的时期。郝瑞（Harrell）在2001年对中国过去20年人类学的恢复与发展状况做了一次文献综述，并列举了200余本覆盖了城市、农村、流动人口群体以及社会个体的生活等方面的出版物，它们的主题涉及性别与性倾向、家庭与婚姻、儿童与教育以及消费与娱乐休闲。这些研究对于政府来说意义重大，因为中国关于农村政策问题的研究大部分都是通过人类学的田野工作来完成的（Zhu 2006: 98）。

中国教育人类学的发展

作为一门独立的学科，教育人类学在中国有着大约30年的学科发展史（Teng 2006）。20世纪80年代中期，教育人类学随着一些西方教育人类学的经典著作一起被引入中国，这些著作主要介绍了教育人类学的发展历史、主要理论、研究方法以及各个历史与文化人类学流派的主要特征（Feng 1986; Feng 2001; Zhuang 1989）。其中就有美国人类学家奥格布（Ogbu）于1981年提出的宏观民族志理论，该理论强调教育生态与历史以及文化的紧密联系，在当时引起了很大的反响（Chen P. 2007: 6）。另外，由中央民族大学的学者们翻译的20余部西方教育人类学经典著作很快就将出版，并被用来当作该校研究生的教科书（Teng 2006）。

20世纪90年代，越来越多的学者带着实证研究的方法从西方留学归来，其中就包括各种教育人类学研究方法。陈向明是这些著名学者中的一位，她撰写了一本关于质性研究方法的书对中国的教育研究造成了"颠覆性的后果"（Feng 2006: 101）。这本足有521页的论著覆盖了从认识论、方法论到道德伦理等质性研究的方方面面，是一本关于质性研究的经典之作，并被全国各高校的研究生们奉为质性研究的教科书。陈向明在哈佛大学获得博士学位。她从1998年开始对留美中国学生的跨文化人际交往问题展开了为期两年的深入研究，这被认为是中国最早运用质性方法开展的研究之一。

南京师范大学吴康宁教授曾指导并出版了多篇高质量的博士学位论文并主持编辑了两部教育社会学系列丛书，其中大部分文章都运用了民族志的研究方法（Wu K. 1999, 2003）。华东师范大学的丁钢教授不仅在自己的论文里大力倡导叙事理论（narrative theory），他还主持编辑了一系列关于社会底层学校课堂教学的叙事研究发表于《中国教育：研究与评论（2001—2009）》。在此影响之下，中国教育"大有言教育研究必'叙事'之势"（Feng 2006: 101）。

同时，中国的研究者们与他们在欧洲、日本与美国的同行之间开展了广泛的学术研讨、项目交流或学术互访，越来越多的西方教育人类学学者来到中国开展田野工作。此外，美国一些大学通过与国内高校相互之间开展的联合项目，帮助中国开设社会科学方面的课程，并培训社会学研究人员（Hvistendahl 2009）。

关于少数民族教育的田野工作，香港几位教授指导的博士研究生们在这方面取得了不俗的成就。南开大学袁同凯教授（Yuan 2004）在香港中文大学获得博士学位，他的研究成果认为土瑶族群在当地的社会体系中缺乏政治影响力，并由此导致的教育资源分布不均是他们学校教育落后的主要原因。袁同凯通常被认为是最早运用纵向法来开展田野工作的学者之一，他的研究向人们展示了在田野工作的过程中，研究者应该如何深入目标群体，并与群体成员共同生活、共同经历艰苦的环境。香港教育学院罗慧燕（Luo 2009）到贵州省苗族地区开展田野工作，并揭示了义务教育阶段的教育实践与当地实际情况之间存在的冲突。她的研究遵循了基础教育实践的规律，展示了当地农村地区学生的日常生活，并让这些来自落后地区的声音为外界所知，因此受到广泛的好评。

2007年，首届中国教育人类学学术研讨会在西北师范大学举行。与会者们满怀敬意地与他们的外国同行一起探讨了教育人类学与民族教育在中国面临的种种困难以及未来的发展前景。第二届研讨会在广西师范大学举行，主办方出版了一本关于广西壮族教育实践研究的论文集（Sun and Xu 2007; Chen Z. 2007; Gao and Xie 2007）。2012 年，第三届教育人类学学术研讨会在云南师范大学举行。该校王凌教授领导的一个人类学家团队向当地的居民传授马铃薯种植技术（这项技术能够帮助当地的种植户增加他们的年收入），并以此为基础开展田野工作。

无论是来自个人还是团体，上述种种努力促成了中国人类学民族学研究会教育人类学专委会于 2014 年 3 月 29 日成立，它以《民族教育研究》作为其官方刊物，并以丛书的形式出版。

中国教育人类学的理论建构

中国的学者为教育人类学理论框架的建构付出了极大的努力，并为教育人类学的研究指明了发展的方向。这些学者大多在中国的主流教育研究机构里工作，主要研究汉民族的教育。他们认为，促进中国教育人类学学科发展的关键因素在于教育人类学的学科主题必须从中国教育实践出发，回答中国教育现代化中面临的关键性问题（Feng 2006: 102）。而中国的教育实践则充满了困难险阻，造成它们的主要原因在于中国课程改革过程中延绵数千年的教育保守主义（Ding 1990; Hayhoe 1996）。

在学者们的努力之下，中国的教育人类学完成了其认识论方面的理论建构，学术界普遍认为，该学科的学科意识大体应该包括如下几层含义：（1）教育人类学应该建立人本主义的教育理念，要更多关心人的基本需求，而不是把人当作劳动力来培养；（2）教育人类学学科的核心概念是"文化"，以及与之相关的文化传承、文化习得、文化选择等其他类似的概念；（3）重视和传承文化的多样性是教育人类学的基本理念；（4）教育人类学提倡民族传统文化与社会主流价值应该被给予同样的地位；（5）教育人类学研究应该走出书斋，从民族志调查中以及从田野研究中获取一手资料,并在此基础上形成决策意见;(6)教育人类学提倡教育机会均等,尤其是对于那些弱势贫困群体而言;(7)教育人类学的研究视野不仅包括学校正规教育,更包括家庭、社区的非正规教育(Teng 2006: 6;类似论述参见 Yue 2008)。

教育民族志研究:雨后春笋

正如我在前文中所提到的,中国教育人类学的大部分著作都专注于理论方面的讨论,而学术界一致认为这门学科缺乏高质量的民族志研究成果(Teng 2006; Feng 2006)。郝瑞在其评论文章中对这样的现象予以证实,认为在中国"只有极少数的民族志研究关注那些发生在校园里的事情"(Harrell 2001: 149)。

尽管如此,民族志研究在过去的 10 年里仍然得到了快速发展,其成果主要表现为各高校博士研究生们开展的纵向田野工作。在本文接下来的部分,我将对中国民族志的研究状况进行阐述,这些研究主要来自中国高校里的三个少数民族重点研究基地,中国顶尖大学或者师范大学的教育系、社会学系,以及部分外国语大学。

国家重点研究基地的少数民族研究

中国有三所知名大学长期以来一直关注少数民族及其教育状况,它们的教育人类学与教育民族志研究非常活跃。这几所大学分别是中央民族大学[1]、西北师范大学[2]与西南大学[3](Feng 2006)。正如学校的校名所示,这三所大学的地域分布构成了民族研究从中央到地方的联系纽带。中央民族大学地处首都北京,对民族学与人类学开展综合性的研究;西北师范大学

---

[1] 更多信息参见其网站英文版:http://www.cun.edu.cn/。
[2] 更多信息参见其网站英文版:http://www.nwnu.edu.cn/cate.do?cate=0038&version=en。
[3] 更多信息参见其网站英文版:http://www.swu.edu.cn/english/index.html。

侧重于为中国西部地区培养民族师资；西南大学则关注西南地区少数民族的生态资源与文化研究。本文的部分内容来自上述三所大学的官方网站，这些网站都有相应的英文版页面。

中央民族大学是中国从事少数民族高等教育研究的顶尖机构，其前身是中国共产党创建于1941年的延安民族学院。包括费孝通和吴文藻在内的中国著名社会学家都曾任教于中央民族大学，为这所大学打下了坚实的研究基础。从20世纪50年代开始，中央民族大学就已经成为帮助中国政府制定少数民族政策的重要智囊机构。学校共有附属于不同院系的研究机构51个，包括民族学与人类学研究中心、民族语言文化研究中心、民族宗教研究中心与民族教育发展研究中心。

它们在文化方面的贡献主要有调研民族文化、改进民族语言书写系统以及编撰民族古籍。从2002年开始，中央民族大学已经发表了2177篇论文与包括译著、教科书在内的470本专著，例如《中国宗教与民族图腾的历史》《西藏人类学历史纲要》与《文化变迁与双语教学》。

近年来，中央民族大学的学者积极地为中国领导人关于少数民族地区的经济与社会发展提供意见咨询，很多研究成果都得到了国家民族事务委员会的高度认同，例如《青藏铁路沿线的民族人口迁移与文化适应研究》《中国——东盟自由贸易区的建立与云南经济发展调查》以及《鄂温克族脱贫奔小康调研报告》。

滕星是中央民族大学民族教育研究中心的著名学者，他在四川大凉山地区对彝族的语言、教育与社会变革进行了长达15年的跟踪研究。他的这项研究向外界传递了民族地区教育与社会文化多元化的声音，因此得到了学术界的广泛认可，并被认为是开创了中国文化人类学研究的先河。滕星教授同时也是《教育人类学研究丛书》的主编，该丛书的第二卷主要致力于民族志的研究与报道。

由滕星教授指导的巴战龙的博士论文（Ba 2008）是一项杰出的教育民族志研究成果。在经历了五个多月的田野工作，以及对口述历史以及其他资料的研究之后，巴战龙对一个被称为明花的多民族聚居区从1907年至2007年百年间的历史用叙事的手法分四个阶段进行了阐释。在明花，裕固族、藏族、汉族以及格鲁派藏传佛教、先祖崇拜等多种民族多种文化共存。巴战龙在研究中特别提到了该地区的教育现实问题，他认为当地教育的成功全靠行政部门的重视以及对本地文化遗产的充分利用。他的这个观点得到了学术界的广泛认同。

中央民族大学出版的《民族教育研究》是民族学研究领域的重要刊物，已经连续出版了15年。由中央民族大学"中国少数民族教育研究基地"于2005年创办的月刊《教育人类学研究通讯》则是该领域另外一本重要刊物，它一直致力于推动教育人类学在中国的发展。该刊2006年第5期转载了中央民族大学研究生李小敏（Li X. 2003）的一篇论文。李小敏在中国西南地区一个多民族聚居的村庄开展了为期三个月的调查，对少数民族农村地区在全球化与国家文化同化过程中所经历的冲击进行了深入研究。接下来的第6期登载了中央民族大学几位博士研究生对李小敏论文的评论。他们认为李小敏作为一位优秀的教育人类学研究者"有着敏锐的目光，并且能够挖掘出表面上看起来理所当然的情况背后的深层含义"，她的研究值得学习（He et al. 2006）。

中央民族大学发起、参与或赞助过很多学术研讨会，促进了国内外的学术交流与科学研究。例如"首届全国民族学人类学教学与学术研究联合会"、"满族历史国际研讨会"以及"民族学人类学的中国经验——人类学高级论坛"等。

西北师范大学是本文将要重点介绍的第二所大学，它建校的基本使命之一是促进中国西北农村贫困地区与少数民族聚居地区教育质量的提升。1985年，西北师范大学西北少数民族教育发展研究中心的前身，少数民族教育研究所成立。自2000年以来，几十位来自国内外的知名教育学家、社会学家、人类学家来到中心从事全职或兼职的研究，包括北京大学的马戎，中央民族大学的杨圣敏、滕星，香港大学的白瑞杰（Gerard

Postiglione），乔治华盛顿大学的班克斯（James Banks），宾夕法尼亚大学的韩怡梅（Emily Hannum），女王大学的约翰·贝里（John Berry）。2004年，该中心通过教育部组织的专家评审，被正式确定为教育部人文社会科学重点研究基地。

万明钢、孟凡丽、何波等教授以及他们的同事长期以来致力于藏传佛教、伊斯兰教与西北地区现代学校教育之间的关系研究，当地青少年的民族认同与国家认同的研究，以及课程设置、双语教学与民族教育实践等方面的研究，并发表了《回族中学生的宗教世界——一个少数民族地区回族中学生的宗教态度、宗教动机取向研究》《回族社区女性宗教生活研究——以甘肃省张家川回族自治县穆斯林文化学校为例》等研究报告。王鉴、张学强等学者从事西方多元文化教育与中国少数民族教育的比较研究，并出版了七部以多元文化与西北少数民族教育为主要内容的论文集。

《当代教育与文化》是中心于2009年创办的教育学术刊物。中心还出版了六卷《西北少数民族教育研究丛书》以及关于教育人类与课堂研究的教科书。在学术交流方面，中心先后举办了"妇女与少数民族教育国际研讨会"（2001）、"西北少数民族教育高层论坛"（2005）、"首届教育人类学学术研讨会"（2007）等学术会议，并与多伦多大学、乔治华盛顿大学、伦敦大学以及曼彻斯特大学的相关教育研究院系与机构建立了紧密的合作关系。

西南大学是本文要重点介绍的第三所大学。西南大学坐落于中国西南地区，那里生活着36个不同的少数民族，占中国所有民族数量的三分之二，因此西南大学成为了民族志与人类学研究的理想之地。西南大学西南民族教育与心理研究中心成立于1984年，并于2004年被确认为教育部人文社会科学重点研究基地。

中心非常重视田野工作，在西南少数民族地区设立了16个田野工作站，涵盖了西南地区不同的生态人文特征，兼顾了不同的文化传承方式与教育类型。研究人员深入少数民族地区的生活文化，架马帮、卧火塘、爬雪山、过草地、穿峡谷、过溜索，在田野考察中体验"活的教育"。

中心的吴晓蓉博士（Wu 2003）对摩梭人成年礼的教育意义进行了探究，她的整个研究是建立在大量的深入访谈、田野记录以及对当地史料进行详尽分析的基础之上的，被公认为是中国教育民族志研究较早的代表性作品。李姗泽博士（Li Sh. 2004）关于云南省沾益县炎方苗族的田野工作展示了当地生育文化的教育意义。研究揭示了少数民族地方习俗的社会功能与教育内涵，而在这之前它们并没有得到教育行政部门的关注。如果对这些具有百年历史的少数民族风俗与文化遗产缺乏足够的重视与实际的运用，并将它们排斥在少数民族教育之外，那么必将导致少数民族地区社会与文化生活的混乱，并因此剥夺少数民族年青一代走出本土族群，平等地参与社会事务并在外部世界生存的机会。

中心的其他重要研究成果还包括由中心主任张诗亚教授（Zhang 2003）主编的24本系列丛书《西南研究书系》。创办于1985年的《西南教育论丛》是中心的学术刊物，设置了"民族教育""文化溯源""田野调查报告"等栏目。中心还举办了大量的学术研讨会，例如，2006年举办的"全球化背景下的多元文化教育国际论坛"以及2007年举办的"民族教育与心理田野考察专题研讨会"。

除了上述三所大学以外，新疆师范大学与中山大学在民族教育研究领域也有着举足轻重的地位。

教育社会学里的民族志与叙事研究

中国从事教育人类学研究的第二大学者群体来自部分顶尖的综合性大学与研究资源丰富的师范大学。这些大学主要聚焦于汉民族的研究，并以社会学作为其研究的基本理论框架。

中国的教育社会学前后一共用了17年的时间来恢复其从本科（1982年恢复高考）到博士再到博士后（1999）这一完整学科体系的招生，其当前的研究主要定位于通过田野工作与深度民族志的方法来对社会现实中的教育问题开展研究（Wu K. 2003）。南京师范大学的吴康宁教授组织编辑了一系列关于教育社会学的丛书，并由南京师范大学出版社出版。这套丛书包含了学校社会学研究的方方面面，例如《学校生活社会学》《课程社会学》《课堂教学社会学》《家庭教育社会学》以及即将出版的《民族教育社会学》《班级社会学》与《教师社会学》等（Wu K. 1999）。

南京师范大学刘云杉（Liu 2001）撰写的《学校生活人类学》是学校民族志研究的经典著作之一。为了完成对中国学校里的常规活动与仪式从熟悉到陌生的过程，刘云杉在江苏省北部一个有着70年历史的中学里用一整年的时间实施了一项参与式观察的研究。在那里她操着当地的方言，以一种谦逊的姿态融入学校教师与学生的群体之中，并得到了师生们的广泛认同。她的叙事研究涉及学校与班级的常规活动与仪式、模范学生的自我身份认同、教科书里关于道德的寓言与民俗故事以及教师在课堂教学过程中的权威角色等方面，对很多在学校里被认为是不言自明的传统与规则以及它们所经历的时代变迁进行了阐释。

另外一项高质量的学校民族志研究是在吴康宁教授的指导下，由南京师范大学齐学红完成的、耗时两年的博士后研究成果（Qi 2005），该成果同样被收录于吴康宁教授任主编的《现代教育社会学研究》系列论丛（Wu K. 2003）。齐学红在她的这项研究中以社会学理论作为研究框架，并且运用了象征互动、现象学与民族学方法论等多种理论，对教师与学习者如何在教育过程中建构他们的个人知识体系进行了深入研究。她的研究还对教科书的功能、父母的影响、班主任与学生的互动以及学生的身体服从等方面进行了深度描述。

一些教育社会学家将人类学的方法与他们的研究进行结合来探究边缘化人群的教育生活。贺晓星与他的学生（Yang and He 2009）在对一所农民工学校的外来教师进行了一个月的深入调查之后，发现这些教师在心理上向往着城市，在肉体上蛰居在城市，却不能在真正意义上在城市扎下根来，他们的生活世界和教学实践充满了流动的变数。这导致了他们非常不稳定的人际关系，难以长期坚持教学工作，并面临巨大的经济压力。

贺晓星（He 2006; He and Zhang 2008）对聋人教育的改革也进行了研究。通过对学校的实地走访、对课堂教学录音并实施民族志访谈，贺晓星认为聋人代表了一种不同的文化或者跨文化存在。他提倡一种重视手语与聋人文化的双语与双文化教育模式。

与民族志一样，叙事研究也很受研究者们的欢迎（这种研究方法至少在研究者看来不是那么咄咄逼人），这尤其是要感谢华东师范大学丁钢教授[①]对于推广叙事研究的不懈努力。丁钢教授于2001年创办了一本国际化的刊物《中国教育：研究与评论》并担任主编。他聘请了国内外16位知名学者组成该刊物的学术编审委员会，他们是：秦博理（Barry Keenan）、巴斯蒂（Marianne Bastid）、饶海蒂（Heidi Ross）、韩友耿（Juergen Henze）、程介明（Kai Ming Cheng）、叶澜、彭恩霖（Lynn Webster Paine）、顾明远、卢乃桂（Nai Kwai Lo）、波勒维斯卡娅（Nina Borevskaya）、保罗·贝利（Paul Bailey）、钟启泉、许美德（Ruth Hayhoe）、骆思典（Stanley Rosen）、曹诗弟（Stig Thogersen）和大冢豊（Yutaka Otsuka）。该刊物以书的形式出版，不仅介绍了很多国外的经典研究，其每一辑也都会刊登三至四篇高质量的叙事研究。到目前为止该刊物已经发行了14辑，并聚焦于某些特定的群体，关注他们的生活，倾听他们的声音。例如耿涓涓《教育信念：一位初中语文女教师的叙事探究》（Geng 2002）、黄向阳《学校春秋：一位小学教师的笔记》（Huang 2002）、刘宣《一位幼儿园男教师成长的叙事研究》（Liu X. 2007）、刘云杉《帝国权力实践下的教师生命形态：一个私塾教师的生活史研究》（Liu Yunshan 2002）、马天宇《上海市小学家长参与学校教育的现状调查及分析》（Ma 2005）、艾琼《从乡野的主人到城市的边缘人——一项进城民工子女教育的人种志研究》（Ai 2005）、

[①] 更多信息请访问丁钢教授的个人主页：http://www.ses.ecnu.edu.cn/xsdw/dinggang/index.html。

任运昌《空巢乡村的守望——重庆市南川区农村留守儿童个例研究》(Ren 2007)。上述研究仅仅是这个领域众多优秀研究中的一部分。

华南师范大学刘良华教授一直在大力提倡叙事行动研究，如今，这一研究方法在中小学教师群体中颇为流行。他通过博客[①]与教师互动，鼓励他们把日常教学记录下来，并进行反思。2006年他出版了散文集《教育自传》。在这本书里，刘良华教授通过一个个精彩的故事与他的读者倾心交流，并产生了共鸣。

外语教育中的民族志与叙事研究

中国从事民族志研究或叙事研究的第三大学术群体来自各大学的外国语学院。这些研究者中的大部分都是在国外获得博士学位并且能够直接使用英语或其他语种进行研究，国外的学术经历让他们能够更为便捷地得到最新文献资料与高质量的学术指导，并且让他们拥有更为宽阔的研究视野，通过"圈内人—圈外人"的视角来重新审视那些他们熟悉的问题。外语教学中的教师教育问题是他们的关注的焦点之一。

本文作者欧阳护华来自广东外语外贸大学，并在香港城市大学师承李楚成（David Li）教授与施康隆（Ron Scollon）教授获得博士学位，施康隆教授也因此成为了他的人生导师。作者曾以口述历史与信函交流的形式，对一位来自偏远地区的教师长达七年的英语教改活动进行了跟踪式的研究。这位教师在其教学过程中，试图从传统的教学模式切换到以学习者为中心的西方教学模式（Ouyang 2000）。欧阳护华以"单程票"为隐喻，揭示了教育改革是一个高度复杂的动态过程，而那些对教育改革尚未做好充分准备的教师将面临来自社会与政治的冲击。由于他们所在外部环境还没有准备好去接受他们新的教学理念，其教改过程常常会冲突不断，这些教师也会因此而陷入一种身份认同上的混乱之中。在另外一部更为宏大

[①] 刘良华教授有两个博客：http://teacher.cersp.com，http://xueshi.cersp.com

叙事的研究里，欧阳（Ouyang 2004）受到社会学学者曹锦清与陈中亚关于社会转型理论（Cao and Chen 1997）的影响，并以他自己20多年的外国语大学教学经历为蓝本，把大学描述为一个具有典型的"单位"特征的实践共同体（Lave and Wenger 1991），有着家长式作风、岗位缺乏流动性、长期稳定的人际关系等；而他实施的英语课程改革则成为"单位"系统与公民社会发生冲突的场所。

欧阳指导的学生刘永灿，紧随着这个主题在剑桥大学对"单位"实践共同体中的中国教师教育问题开展博士研究。他运用了民族学方法论、叙事研究、案例分析等方法，对课改教师如何应对课改过程中的挑战进行了一年的参与式观察，并对学习的文化（从制度的层面）、话语实践（从人际交往的层面）以及教师的身份认同（从个人的层面）进行了深入的分析与研究（Liu 2009）。许悦婷为刘永灿的研究提供了大量的信息与资料，她是广东外语外贸大学英语教育学院一位非常年轻的教师，她与刘永灿一起在《对外英语教育季刊》（*TESOL Quarterly*）上发表了一篇关于教师知识结构评价的文章（Xu and Liu 2009）。

在过去的十年里，作者一直在广东外语外贸大学开设论文写作课程，民族志或者人类学的研究方法受到了选修这门课程的学生极大的欢迎。他们运用这些方法来研究大学这个共同体里学生学习与生活的方方面面：同学们是怎样抱团分群的，他们在宿舍为什么会产生矛盾以及怎样解决纠纷，如何根据教师反馈的意见建立相互间的信任，他们约会的经历，他们对性的观念，他们在校外的第一次工作经历与在遇到烦恼时、在成长过程中所面临的社会压力，以及他们对待校外乞丐的策略。他们学会了通过一顿啤酒或是以方言交流的方式，来与那些为他们提供研究素材的民工与乞丐迅速搞好关系。他们对待生活的态度与社会活动的参与也因此变得更加积极，在处理事实的细节性问题以及对待利益双方的冲突时也变得更加谨慎。在此基础上，他们的部分研究成果已经由北京大学出版社出版（Ouyang 2003）。

教育民族志研究在广东省的这种滚雪球般的扩散效应同样也出现在了浙江省。浙江大学的吴宗杰师从英国兰卡斯特大学著名语言学家迪克·奥尔赖特（Dick Allwright）与诺曼·费尔克拉夫（Norman Fairclough），并获得博士学位。他的研究（Wu 2005）从一个全新的视角来探视语言教师的发展。他认为教师的自我学习具有终身的意义而不仅仅是一种技能培训，课程的创新需要真实的话语环境而不是靠学校的外力推动。该研究中出现了大量的当代西方理论，并与东方传统哲学进行结合，在此基础之上，作者提出了很多涉及教育、制度变迁以及东西方关系等方面的新观点。研究运用了民族志与话语分析相结合的方法，并以叙事的方式加以呈现。

受吴宗杰的影响，浙江师范大学的应单君在香港大学开展博士研究。借助学习的社会文化理论与话语理论，她的研究（Ying 2010）对中国跨体制教师共同体的话语体系及其年度重要事件进行了详细的分析，并在此基础上研究教师学习过程中关于知识、社会关系与身份认同的话语建构。她在研究过程中运用了民族志观察、对话访谈以及文档整理的方式来搜集数据，并进一步通过叙事研究与话语分析相结合的方式来对这些搜集到的口头的、书面的以及可视的数据进行分析。她的研究对共同体中的教师学习提出了深刻的见解，例如教师学习被视为运用故事讲述的方式来与自己、他人以及周边环境开展对话并建立关系的一个过程。共同体中的教师学习，其目的不是为了寻求一致性，也不是为了通过学习成为像他人那样的人，而是为了达到一种"和而不同"的状态。

吴宗杰、应单君与黄爱凤（浙江师范大学一位深受学生喜爱的教师）三人在教师发展的项目上曾开展合作，通过故事讲述的方式对学习进行反思，并认为学习是共同体的各位成员在现实的各种活动中以对话的形式来进行的（Wu and Huang 2007; Ying and Huang 2008）。

来自深圳大学的另外一位年轻学者李晓博，师从日本质性研究的著名学者、大阪大学的青木直子（Aoki Naoko）教授并获得博士学位。李晓博（Li 2011）在她的研究中以一种谦逊的语气并辅以大量的叙事性细节，讲述了日本女教师理代子（Riyoko）如何帮助一群缺乏自信心的中国学生提升日语水平的感人故事。在故事的最后，为了让学生们获得学习上的成就感，理代子冒着违背上级命令的风险做了一个大胆的决定：放弃那种"最新的、先进的"、以任务为导向的学习模式，而重启那种传统的、以词汇与语法的背诵为主却是学生们最熟悉与擅长的学习方式。这种改变很快得到了学生们的认同，让他们找回了自信，并产生了连锁效应，最终让这群学生在学习态度与交流互动方面都变得更为积极向上。

在这一部分结束之前，必须指出的是民族志作为一种研究方法与教育的基本理论，在中国的发展是如此之快以至于在本文的写作期间又有大量的相关论文或著作问世。因此对中国教育民族志作品的列举，本文毫无疑问还有很多不够详尽的地方。

挑战、改变与未来

接下来的部分主要根据我的一些个人观察写成。对于那些想要开展民族志研究的学者而言，一些困难与挑战可能会对他们的研究积极性造成打击。首先，很多学者担心由于民族志研究很容易造成共同体内部信息的泄露，因此可能会引起领导们的不悦甚至反对。教育民族志研究非常依赖基层教师与学习者们的真实故事，并且会对他们的各种实际环境进行深入的纵向式田野观察。这就等于会把共同体内部某些处于外围地带的成员是如何走向权力中心的这一过程公之于众，于是给共同体内部的领导们带来挑战，他们不愿意把这种共同体内部的规则泄露给年轻后辈或者圈外人士。考虑到有些单位内部体制僵化、成员无论是在工作中还是生活上往往缺乏流动性，人际关系多年一成不变，因此，尤其是在这样的共同体里，民族志研究常常会被边缘化（Ouyang 2004; Scollon and Ouyang 1998）。

此外，研究者会害怕被贴上"背叛者"的标签。对于大多数的共同体而言，他们在行政机构、内部成员关系以及"围墙文化"（wall culture）

（Townsend and Womack 1986）等方面的陋习长期以来并没有太多改变，内部成员在共同体内公共场合的交流并不是为了真正地获取信息，而是为了维持某种在共同体内的等级关系（Gao, Ting-Toomey, and Gudykunst 1996）。因此，深入共同体内部进行调查并把研究成果公开发表很容易被看成是"泄漏并传播别人家的丑闻"（家丑外扬）。而如果哪位研究者想要通过这种行为来提升其学术影响力，后果将非常严重。

中国大部分的学术刊物都不重视质性研究或民族志研究，认为它们缺乏"确凿的科学证据"、多为"逸事趣闻"，而且对事实的研究往往"阐释过度"，很多学者因此质疑质性研究的价值。另外，总的来说中国的学术刊物数量还是偏少。以英语学科为例，尽管在所有的学科领域里英语教师的人数是最多的，但关于英语语言研究的学术刊物却非常少，而其中的核心刊物更少。教育人类学的学者们打算成立一个专业性的学术组织也非常不容易。

中国正在经历政治体制与经济体制的改革，中国"单位"体制的发展也遵循了这样的趋势，短期聘用合同被引进来代替铁饭碗，对人的评价越来越多地以个人才能与专业素质为依据（例如研究成果）而不是论资排辈，社会保障体系正在取代"单位"福利养老。这一系列制度上的变化导致人与人之间的交流与互动从长期熟人关系转变为短期陌生人关系、从情感层面转变到工具层面，也进一步促进了人员的流动。正如诺曼·费尔克拉夫所言（Norman Fairclough 1992），很多来自技术方面的因素（例如无处不在的互联网）事实上推动了中国社会的民主化进程。总的来说，当前中国的每一个社会个体，不管其社会政治背景怎样，他们的民生需求与权益保障正越来越得到重视。

这些改变将会为教师的自我提升与研究者们追求真理提供更为广阔的空间。尽管仍然有一些研究者还是只愿意相信那种心理测量式的"硬科学"（hard and scientific）研究传统，但大部分研究者已经意识到共同体内部鲜活的故事以及民族志事例比量化研究更适用，也更容易让人理解。越来越多的刊物与发表的渠道向民族志研究敞开了大门，例如在丁钢的《中国教育：评论与实践》之后，陈向明也自2008年开始以系列丛书的形式出版质性研究的论文。上述两套丛书最新文集的出版无疑是这种改变的有力证据。

随着社会改革的全面展开，中国社会变得更加民主，阶层之间的流动也更为活跃，中国教育人类学与教育民族志研究的未来也一定会更加繁荣与兴旺。

致谢

本文得到了来自广东外语外贸大学外国语言学及应用语言学研究中心与英语教育研究中心。另外还得到了冯增俊、吴义安（Wu Yian 音译）、高一虹、陈向明、李小博、应单君、魏理奎（Wei Liqui 音译）、麦小玲（Mai Xiaoling 音译）等人的帮助，尤其要感谢的是鲁琳琼（Lu Linqiong 音译），我对他们给予的最为慷慨的帮助表示由衷的感谢。

参考文献

Note: Most Chinese-language journal articles or books are published with an English title and abstract, thus English titles are used below with a mark (C) indicating the original reference is in Chinese.

Ai, Qiong. 2005. "From the Countryside to the Margin of City—An Ethnographic Study on the Education for Rural Workers' Children" (C). In *China's Education: Research and Review,* vol. 9, ed. Ding Gang: 181–225. Beijing: Educational Science Press.

Ba, Zhanlong. 2008. "An Anthropological Perspective of Schooling and Local Knowledge—A Hundred Year Journey of Modernization of a Rural Community in Northwest China" (C). PhD diss., Central University of Nationalities.

Cao, J. Q., and Chen Z. Y. 1997. *Walk Out the "Ideal Castle": The Research about the Phenomena "Chinese Living in Units"* (C). Shenzhen: Haitian Press.

Chen, Peizhao. 2007. "Country Development and Cultural Selection of Schooling—A Case Study of Xiaomaopoying Miao Village in Southwest Hubei" (C). Master's thesis, Guangxi University for Nationalities.

Chen, Xiangming. 1998. *Sojourners and "Foreigners—Study on Chinese Students' Intercultural and Interpersonal Contacts in the United States* (C). Changsha: Hunan Education Press.

———. 2000. *Qualitative Research in Social Sciences* (C). Beijing: Educational Sciences Press.

———, ed. 2008. *Qualitative Research: Reflection and* Review, vol. 1 (C). Chongqing: Chongqing University Press.

Chen, Zhenzhong. 2007. *The Sociology of Education among Disadvantaged Groups* (C). Guilin: Guangxi Normal University Press.

Ding, Gang, ed. 1990. *Culture: Continuity and Transformation* (C). Shanghai: Shanghai Education Press.

———, ed. 2001–2009. *China's Education: Research and Review* (C). Beijing: Educational Science Press.

Dzau, Y. F., ed. 1990. *English in China.* Hong Kong: API Press.

Fairclough, Norman. 1992. *Discourse and Social Change.* Cambridge: Polity Press.

Feng, Zengjun. 1986. "Introducing Educational Anthropology" (C). *Contemporary Graduate Student Journal* 4.

———. 2001. *Educational Anthropology* (C). Nanjing: Jiangsu Education Press.

———. 2006. "Anticipation of the Future of Educational Anthropology" (C). *Journal of South China Normal University (Social Science Edition)* 2: 98–110.

Gao, Ge, Stella Ting-Toomey, and William B. Gudykunst.1996. "Chinese Communication Processes." In *The Handbook of Chinese Psychology,* ed. Michael Harris Bond, 280–93. Hong Kong: Oxford University Press.

Gao, Jinling, and Xie Dengbin. 2007. *A Cultural Study of Educational Reforms* (C). Guilin: Guangxi Normal University Press.

Geng, Juanjuan. 2002. "Educational Belief: Narrative Inquiry from a Female Teacher" (C). In *China's Education: Research and Review,* ed. Ding Gang, vol. 2, 181–232. Beijing: Educational Science Press.

Harrell, Stevan. 2001. "The Anthropology of Reform and the Reform of Anthropology: Anthropological Narratives of Recovery and Progress in China." *Annual Review of Anthropology* 30: 139–61.

Hayhoe, Ruth. 1996. *China's Universities 1895–1995: A Century of Cultural Conflict.* New York: Grune & Stratton.

Hayhoe, Ruth. 2001. "The Spirit of Modern China: Life Stories of Influential Educators" (C). In *China's Education: Research and Review,* ed. Ding Gang, vol. 1, 1–74. Beijing: Educational Science Press.

He, Xiaoxing. 2006. "What Is the Best Way to Teach the Deaf People: A Sociological Survey on Teachers' Perspectives" (C). *Educational Sociology Research in Taiwan* 2: 58–124.

He, Xiaoxing, and Zhang Yuan. 2008. "A Sociological Thinking on Deaf Education Reform: The NGO's Effort for the Bilingual and Bicultural Education"

(C). *Journal of Educational Studies* 4, no. 14: 51–57.

He Xuan, Wei Li, Ma Xiaoyi, Zhang Shuang, Li Sumei, Hai Lu, and Ba Zhanlong. 2006. "Book Reviews of 'Village Knowledge Resources and Cultural Power Space—A Fieldwork Investigation of Tuozhi Village, Yongning Country'" (C). *Educational Anthropology Research Newsletter*, no. 6: 25–31.

Huang, Xiangyang. 2002. "School Years: A Principal's Memories" (C). In *China's Education: Research and Review*, ed. Ding Gang, vol. 2, 233–29. Beijing: Educational Science Press.

Hvistendahl, Mara. 2009. "Renewed Attention to Social Sciences in China Leads to New Partnerships with American Universities." *Chronicle of Higher Education* 55, no. 23: A35.

Lave, Jean, and Étienne Wenger. 1991. *Situated Learning: Legitimate Peripheral Participation*. Cambridge: Cambridge University Press.

Li, Shanze. 2003. *Educational Anthropological Interpretations of the Reproduction Culture of Zhanyi County Yan-fang Miao Ethnic Minority* (C). Chongqin: Southwest Normal University Press.

Li, Xiaobo. 2011. *A Classroom "Where Hearts Can Interflow": A Narrative Inquiry of a Japanese Language Teacher's Practical Knowledge* (C). Beijing: Foreign Language Teaching and Research Press.

Li, Xiaomin. 2003. "Village Knowledge Resources and Cultural Power Space—A Fieldwork Investigation of Tuozhi Village, Yongning Country" (C). In *China's Education: Research and Review*, ed. Ding Gang, vol. 5. Beijing: Educational Science Press. Reprinted in 2006: *Educational Anthropology Research Newsletter*, no. 5: 4–23.

Liu, Lianghua. 2006. *Educational Autobiography*. (C). Chengdu: Sichuan Education Press.

Liu, Xuan. 2007. "Narrative Inquiry into the Professional Development of a Male Kindergarten Teacher" (C). In *China's Education: Research and Review*, ed. Ding Gang, vol. 11, 155–263. Beijing: Educational Science Press.

Liu, Yongcan. 2009. "Learning as Negotiation: An Ethnographic Study of Teachers' Learning in the Workplace in a University Department of English Education in China." PhD diss., School of Education, Cambridge University.

Liu, Yunshan. 2001. *Sociology of School Life* (C). Nanjing: Nanjing Normal University Press.

———. 2002. "A Teacher's Life under the Empire's Power: On a Teacher's Story in Private School" (C). In *China's Education: Research and Review*, ed. Ding Gang, vol. 3, 143–73. Beijing: Educational Science Press.

Luo, Huiyan. 2009. *Education and Social Development—A Case Study in Guizhou Province, China* (C). Beijing: Nationalities Press.

Ma, Tianyu. 2005. "Left Hand and Right Hand: Investigation and Analysis on Parent Involving of Shanghai's Elementary School" (C). In *China's Education: Research and Review*, ed. Ding Gang, vol. 5, 73–157. Beijing: Educational Science Press.

Ogbu, John U. 1981. "School Ethnography: A Multilevel Approach." *Anthropol-

ogy and Education Quarterly 12: 3–29.

Ouyang, Huhua. 1996. "Things That Don't Work in the Office Might Work at Home: Teachers Develop through Teachers' Chat-in-Private." In *Directions in Second Language Teacher Education,* ed. G. Tinker Sachs, M. Brock, and R. Lo, 186–201. Hong Kong: City University of Hong Kong Press.

———. 2000. "One Way Ticket: A Story of an Innovative Teacher in Mainland China." *Anthropology & Education Quarterly* 31, no. 4: 397–425.

———. 2003. *Writing to Learn as a Community: Voices from Students in Guangwai.* Beijing: Peking University Press.

———. 2004. *Remaking of Face and Community of Practices.* Beijing: Peking University Press.

Qi, Xuehong. 2005. *On the Way Home* (C). Beijing: Beijing Normal University Press.

Ren, Yunchang. 2007. "Staying Alone at the Empty Nest: A Case of Rural Home-Left Children in Nanchuan, Chongqing" (C). In *China's Education: Research and Review,* ed. Ding Gang, vol. 11, 1–72. Beijing: Educational Science Press.

Scollon, Suzanne, and Ouyang Huhua. 1998. "Taijiquan as Intellectual Property: Secrecy, Tradition, Theory and Practice," paper presented at the 97th annual meeting of the American Anthropology Association, Philadelphia, 2–8 December.

Sun, Jieyuan, and Xu Li. 2007. *The Anthropology of Educational Autonomy* (C). Guilin: Guangxi Normal University Press.

Teng, Xing. 2001. *Cultural Transformation and Bilingual Education* (C). Beijing: Educational Science Press.

———. 2002. "Preface to Educational Anthropology Research Series" (C). In *Cultural Transformation and Educational Choices,* ed. Wang, Jun, 1–3. Beijing: Nationalities Press.

———. 2006. "Developing Progress of Educational Anthropology in China—and a Comparison between Educational Anthropology and Educational Sociology" (C). *Journal of South-Central University for Nationalities (Humanities and Social Sciences)* 26, no. 5: 5–12.

Townsend, James R., and Brantley Womack. 1986. *Politics in China,* 3rd ed. Boston: Little, Brown.

Wu, Kangning. 1999. "General Preface" (to the series *Sociology of Education*) (C). In *Sociology of School Life,* Liu Lianghua, 1–6. Nanjing: Nanjing Normal University Press.

———. 2003. "General Preface" (to the series *Research on Contemporary Sociology of Education*) (C). In *On the Way Home,* Qi Xuehong, 1–4. Beijing Normal University Press, 2005.

Wu, Xiaorong. 2003. *Education in the Rituals of Lushuo Ethnic Minority* (C). Chongqin: Southwest Normal University Press.

Wu, Zongjie. 2005. *Teachers' Knowing in Curriculum Change: A Critical Discourse Study of Language Teaching* (C). Beijing: Foreign Language Teaching and Research Press.

Wu, Zongjie, and Huang Aifeng. 2007. "Exploratory Foreign Language Curriculum: RICH Teacher Development" (C). In *Research on English Teacher Education and Development in Chinese Institutions of High Education*, ed. Y., 242–66. Beijing: Foreign Language Teaching and Research Press.

Xu, Yueting, and Liu Yongcan. 2009. "Teacher Assessment Knowledge and Practice: A Narrative Inquiry of a Chinese College EFL Teacher's Experience." *TESOL Quarterly* 43, no. 3: 493–513.

Yang, Canjun, and He Xiaoxing. 2009. "The Life-World and Educational Practice of Migrant Teachers in Schools for Migrant Workers' Children" (C). Journal of Nanjing Normal University *(Social Science Edition)*, no. 5: 69–75.

Ying, Danjun. 2010. "In Search of Self: Understanding Teacher Learning in a Cross-institutional Teacher Community." PhD diss., University of Hong Kong.

Ying, Danjun, and Huang Aifeng. 2008. "Narratives in Interaction: Co-constructing Teacher Identity within Classroom Discourse." In *Verbal/Visual Narrative Texts in Higher Education*, ed. Martin Solly, Michelangelo Conoscenti, and Sandra Campagna, 89–113. Bern: Peter Lang.

Yuan, Tongkai. 2004. *Blackboard in the Bamboo Fences: An Ethnographic Study of the Schooling among the Tu Yao* (C). Tianjin: Tianjin People's Press.

Yue, Tianming. 2008. "On Discipline Orientation and Discipline Spirit of Educational Anthropology in China" (C). *Journal of Research on Education for Ethnic Minorities* 19, no. 1: 35–41.

Zhang, Shiya. 2003. *Stepping into the Southwest—Investigations into the Education in the Southwest.* (C). Chongqing: Southwest University Press.

Zhu, Dongliang. 2006. "The One Hundred Year's Development and Interaction between Sociology and Anthropology in China" (C). *Journal of Xiamen University (Arts & Social Sciences) General Serial* 176, no. 4: 92–99.

Zhuang, Kongshao. 1989. *Educational Anthropology* (C). Haerbin: Heilongjiang Education Press.

第十二章　以色列的教育民族志研究

西姆哈·史拉斯基（Simha Shlasky）
布拉查·阿尔珀特（Bracha Alpert）
纳马·萨巴尔·本-约书亚（Naama Sabar Ben-Yehoshua）

以色列社会、人类学与教育民族志

作为一个主要由犹太移民构成的社会，以色列经历了快速的发展与变革。以色列犹太人的数量从建国以前的数十万人迅速增长到如今的570多万人（占现今全国总人口数量的75%）。同时，以色列人口中还有大约150万阿拉伯人（占现今全国总人口数量的20%）。犹太人回归以色列的运动，希伯来语称为"aliyah"，英语称为"going up"，一直以来都是犹太复国主义运动"锡安主义"（Zionism）的核心价值，到现在依然如此。因为这标志着犹太人从流亡中回归自己的"应许之地"，并重新建立属于犹太人的政权。

在1948年以色列国建立以前，以色列的犹太人口大多来自欧洲。他们被称为阿什肯纳兹犹太人（Ashkenazim），即西方犹太人。从1948年起，数以百万计的犹太人开始移居以色列，其中许多来自伊斯兰国家。因此，以色列建国以前的文化凝聚力逐渐被多元文化主义所替代。西方犹太人所主导的"犹太霸权主义"（Ashkenazi hegemony）试图通过教育并结合其他手段来建立一个以欧洲移民为基础的单一文化体系，但此举以失败告终。

尽管是一个单一的民族宗教群体,但是占四分之三人口的犹太人却要为以色列国内的各种冲突负很大的责任。这些冲突发生在不同的民族、族群、宗教、经济和政治团体之间,并对以色列国家的团结与统一造成了威胁(Lissak and Horowitz 1989; Semyonov and Lewin-Epstein 2004)。此外,以色列还须应付来自国内外的、以恐怖主义与战争的形式存在的各种安全方面的威胁。不过,以色列社会还相对年轻且富于变化,在技术、经济及文化领域极富创造力,而且特别擅长自我批判。上述所有的因素都需要我们对其开展广泛的社会研究。

然而,由于个人斗争或是学术斗争方面的原因(Abuhav 2010),20世纪60年代末以前,人类学这门学科在以色列几乎是不存在的。以色列大学中的人类学课程及人类学学术研究项目直到20世纪60年代末期才得以创立[该学科的创立得到了英国曼彻斯特大学的著名人类学家马克斯·格拉克曼(Max Gluckman)教授的特别帮助](Marx 1975; Shokeid 2004; see also Abuhav 2010; Deshen and Shokeid 1998; Hertzog et al. 2010)。

在以色列综合性的人类学研究起步之际,功能主义社会学研究已经在以色列得到了蓬勃发展。功能主义社会学研究的主要议题之一是移民与同化,包括学校内部的移民与同化。"功能主义社会学研究主要倾向于考察外来移民如何适应以色列当前的社会模式,并强调如果移民能够接纳以色列社会的主流文化,并同时对现代化保持一种开放的态度,那么他们将从中获益。"(Deshen and Shokeid 1998: 19)对于以色列新的精英阶层来说,这种文化与思想路径将他们带向了一种崭新的以色列文化,以取代早已被他们弃之一旁的"犹太离散文化"(Jewish Diaspora culture)。同时,作为一种现代的西方文化,其目的还在于对那些由伊斯兰国家的移民所带来的传统东方文化进行替代。

相比之下,到了20世纪七八十年代,以色列人类学家"提出了一种相反的观念。他们认为,对于文化多样性与新移民的社会经历等问题,人类学即使不去刻意吹捧它们,也至少应该对它们予以重视。"(Shokeid

2004: 390）他们尤其关注那些来自北非地区与也门地区具有独特文化传统的移民群体。这些移民群体有着不同的文化，并激起了研究者的好奇，于是他们认为应该在这些文化消失之前将其记录下来。此外，这些不同的文化也激发了研究者对这些移民群体所经历的现代化过程进行进一步了解的兴趣（e.g. Deshen 1977; Shokeid 1971）。同样地，以色列人类学家也开始了对以色列的阿拉伯人，尤其是贝都因人（Bedouin Arabs），城镇化过程的研究（Marx and Shmueli 1984）。尽管以色列第一代人类学家对当时的制度主义社会学（institutional sociology）持批判的态度，但是他们的作品在后来还是饱受指责，因为他们在研究中表达出了霸权主义的观点（Kunda 1992a; Van Teeffelen 1978），并且把东方犹太人（Mizrahi）表述为以色列社会中的"异类"（Forum 2002）。

自 20 世纪 80 年代起，以色列人类学的研究范围逐步扩大，覆盖了以色列社会的多个方面，包括弱势群体、强权集团、社区、工作、移民等多个主题。尽管以色列的人类学主要关注本土方面的议题，但是也有部分以色列人类学家对国外不同的文化感兴趣（e.g. Bird-David 1990; Kunda 1992b），他们中还有人研究过日本的学前教育（Ben-Ari 1997）。

20 世纪 70 年代末与 80 年代，以色列的人类学家发表了第一批针对学校与学习开展的民族志研究成果（Shokeid 1980; Halper, Shokeid and Weingrod 1984; Lewis 1979, 1981）。这些研究聚焦于学校中的民族融合问题，它们在当时也是最受以色列教育社会学研究者欢迎的话题。然而以色列的教育民族志研究却最终独立于人类学研究，走上了属于自己的发展道路。从 20 世纪 70 年代末开始，在以色列从事民族志研究的大多是教育社会学家，他们最初来自各大学的教育专业，随后一些专门从事教师培训的高等院校的研究者们也参与了进来。

以色列第一批从事教育民族志研究的社会学家都是功能主义者，从 20 世纪 70 年代起，他们转而采用诠释法（interpretive approaches）来开展研究。包括哈格里夫斯（Hargreaves）、杰克逊（Jackson）、威利斯

（Willis）、波尔（Ball）在内的英国以及美国学者开展的学校民族志研究（Hargreaves 1967; Jackson 1968; Willis 1977; Ball 1981）对这些社会学家产生了较大的影响。因此，以色列的教育民族志研究最初起源于"诠释教育社会学"（interpretive education sociology），常常带有建构主义、批判主义或是女权主义的立场，并产生了一些带有后现代主义与后结构主义色彩的研究文献。以色列的社会学研究与其他类型研究的主要区别是质性诠释研究（qualitative-interpretive research）与量化实证主义研究（quantitative-positivist research）之间的区别，而不是民族志研究与其他质性研究之间的区别。事实上，社会学质性研究与人类学研究之间的界限早已经变得模糊不清。尽管如此，在本文中我们仍然试图忠于民族志研究的一般性内涵，并特意选取了部分基于观察法与访谈法开展的研究来进行介绍。

20世纪80年代中期，特拉维夫大学（Tel-Aviv University）开设了教育质性研究及其写作方面的课程。第一本关于人类学研究方法的希伯来语专著于1986年出版，该书是旨在给学生讲授人类学研究方法的一系列教科书中的一本（Ashkenazi 1986）。而专门讲述质性研究的第一本希伯来语教科书则于1990年出版，这也是多年来唯一一本有关质性研究的教科书（Sabar Ben-Yehoshua 1990）。近几年来，一些其他的希伯来语版本的教科书也相继出版（Kacen and Krumer-Nevo 2010; Sabar Ben-Yehoshua 2001; Shkedi 2003; Shlasky and Alpert 2007），教师还会向学生推荐一些英文版的研究资料以供参考。同时，以色列的质性研究以及相关的教学活动也已逐步开展起来并呈不断扩大之势，他们还成立了很多研究中心、协会与学会，召开了大量的学术会议，此外，该领域科研成果的发表数量也在稳步增长。在以色列，尽管希伯来语是犹太人的母语、同时也是全国所有犹太研究机构的学术语言，但是许多学术出版物都同时用英语和希伯来语写成，还有少量的会使用一些其他的语言，例如法语或是德语。研究者偏好使用英语来发表或出版他们的研究成果，其原因在于在那些以英语作为学术语言的刊物或是出版社发表研究成果将会更加容易提升他们的学术知名度并获得国际上的认可。

这种全新的以色列人类学最开始研究的是居住在他们自己社群里面的那些民族群体。与传统人类学研究的做法类似，研究者花费了许多时间对被研究的环境进行深入地了解，甚至会亲自住进去开展研究（Shokeid 2004）。不过，当人类学研究所调查的文化环境与研究者自己所处的文化环境接近时，参与式观察的深入性反而降低了。原因之一可能在于研究经费的短缺（Shokeid 2004），不过更主要的原因是研究者对其所观察的领域十分熟悉，甚至不需要进行长期地、连续性地在被观察环境中停留就能对其了如指掌。事实上从某种角度来看，对研究者而言，与被研究环境保持的一定距离是非常有必要的。民族志研究与基于传记的质性研究以及访谈性研究之间的差异尽管并未完全消失，但是正在不断减小。民族志研究本身就属于质性诠释社会学研究（qualitative-interpretive sociology research）之下的一个种类，而不仅是传统人类学的产物。此外，有一点是显而易见的，那就是当我们在开展文化研究时，如果能够运用一些额外的研究工具，有时更能保证研究任务的圆满完成。例如，我们可以使用基于访谈的叙事研究法，如果叙事中包含对文化环境的详细描述与分析，那就更加容易达到目的。

以色列的民族志学者在研究少数民族群体时通常会表明他们自己所从属的族群以及文化根源，旨在阐释他们自己与被调查的文化之间是一种亲近的关系（e.g. Abu-Rabia-Queder 2008）还是疏远的关系（e.g. El-Or 2002）。

到目前为止，教育研究领域日益增长的民族志研究大多聚焦于学校教育方面的问题，例如学校和课堂内的民族融合、移民与同化、课堂上或幼儿园里的行为研究以及教育环境中的民族仪式等。这些研究主题反映了以色列犹太人社会的关注点与忧虑之处。值得注意的是，有关阿拉伯人的教育与极端正统犹太教派（ultra-Orthodox）教育的民族志研究并不多，这或许是由于研究者与这些研究对象的接触受到了诸多方面的限制，抑或是由于研究者对这方面的研究并不感兴趣。除开学校教育这一领域,近期的民族志研究也开始关注青少年的非正式行为方面的研究。

以色列的教育民族志研究还需要解决下面这个问题:那些来自不同民族或是社会阶层的学生在充满了分歧与冲突的现实生活中该如何去应对学校的学习过程?这一过程将会帮助他们建立起一种身份上的认同,无论是国家层面上的身份认同还是自己所在阶层或民族层面上的身份认同。以色列是一个相对年轻的社会,在人口构成上除了移民与他们的后代之外,还有着数量庞大的少数族裔阿拉伯人,这些阿拉伯人与以色列的敌人在民族、宗教与文化上有着各种各样的联系。就这一点而言,以色列在处理国民身份认同的问题上一直进行着艰苦的斗争。应当如何定义国民的身份认同,以及应当如何界定以色列的领土边界将会持续成为以色列政治、文化、族群及宗教冲突的根源。

以色列的教育体系是以色列社会现实的反映。正如其社会被划分成不同的层次一样,以色列的教育体系也相对应地被划分成为多个不同的部分,并且各自分别有着独立的课程体系。最基本的划分是将教育分成犹太人教育与阿拉伯人教育两个部分。犹太人教育又分为世俗教育与若干宗教教育,每个部分又按照其宗教的正统程度与类别以及族群的渊源加以区分。宗教教育又进一步以学生的性别为基础分为男子学校与女子学校。以色列的阿拉伯人教育划分为基督教学校、穆斯林学校、德鲁兹学校(Druze schools)与贝都因学校等几个独立的部分。此外,社会经济方面的或是种族方面的问题所造成的人与人之间的隔阂在每个系统里都扮演着重要的角色,尤其表现在地方政治的角力上,以及在学校的组织结构与学生的民族或是社会阶层的构成上。以色列教育体系的这种撕裂不仅反映了以色列社会在身份认同与权力分配等问题上冲突,它同时也是造成这些冲突并使得冲突持续不断的原因所在。

学校与课堂

从归来者融合到教育融合

几十年来，以色列的教育研究者投入了大量的精力去研究校园融合（school integration）问题。校园融合是以色列推行的一项政策，其目的是希望能缩小以色列不同社会群体之间在教育、就业及社会地位之间的差距，特别是缩小来自亚洲及非洲的犹太人与来自欧美的犹太人之间的差距。以色列当局为此进行了一系列的改革并付出了巨大的努力，但是许多有关校园融合的研究表明，这些改革收效甚微，不同社会经济地位的人群与不同的族群之间依然存在着巨大的差距（Adler 1986; Ayalon and Shavit 2004）。

在以色列，大部分有关教育融合与改革的研究都是对宏观社会过程进行探究的量化实证主义研究，但是仍然有少量的民族志研究是建立在对学校内部的互动过程以及学校与其所依托的社群之间的互动过程进行近距离观察的基础之上的。有研究表明（Shokeid 1980; Halper, Shokeid and Weingrod 1984; Kashti and Yosifon 1985; Lewis 1979），东方犹太人的父母将教育视为子女获得社会流动的主要途径，因此他们对融合政策持支持的态度，然而他们却总是无法解决自己的孩子在学校教职工心目中糟糕的印象这一问题。但是，拥有优越政治资源的西方犹太人父母以及谋求学校公众形象提升的学校校长则希望能够对融合政策进行一定程度上的限制。古德曼（Goodman）与米兹拉赫（Mizrachi）最近对以色列高中课堂里东西方犹太人之间的族群分裂进行了探索，并进一步研究了这些族群分裂之于发生在这些东西方犹太人之间的课堂讨论的意义，以及它们对强权主义秩序的再制所产生的影响（Goodman and Mizrachi 2008）。

通过对各种所获得的数据进行分析，大量的学者对这些在校园融合方面取得成功的学校进行了研究（Alpert and Bechar 2008; Kashti et al. 1997; Yosifon 2004; Kashti and Yosifon 1998），考察它们是如何通过教学模式的重组以及采用差异化的教学来应对具有不同族群背景的学生群体，并满足他们的不同需求的。

以色列的课堂与学前教育：互动与话语

上述各项研究很多都涉及对课堂教学过程的描述，但学者们也专门针对课堂互动开展了大量的研究。例如，儿童在课堂上所坐的位置对其行为与学习所产生的影响（Kashti, Arieli and Harel 1985）；课堂上禁止讲话的规则是如何建构起来的（Arieli 1995b）；课堂作为一种不对称的话语事件（an asymmetrical speech event），语言是如何在其中反映与建构社会现实的（Vardi-Rat and Blum-Kulka 2005）；以及不同的学校文化如何鼓励或是消除学生之间的性别差异（Klein 2000）。卡特瑞尔（Katriel）与内谢尔（Nesher）的研究则展示了如何通过独特的课堂结构与文化来建构作为以色列重要象征的社会凝聚力（Katriel and Nesher 1986）。

还有一些民族志研究关注以色列的学前教育，它们中的大部分都涉及教师在教育过程中的信息传递以及这些信息与以色列民族精神以及文化之间的关联性。弗尔曼（Furman）的研究一方面对儿童相互之间的暴力行为进行了描述，另一方面也论述了应该如何培养儿童的服从性（Furman 1994）。珊迦-汉德尔曼（Shamgar-Handelman）与汉德尔曼研究了学前教育课堂上举行的各种仪式以及它们在提升集体精神与满足政府官僚主义的要求方面所起到的作用（Shamgar-Handelman and Handelman 1986, 1991），弗尔曼对仪式的研究则阐述了如何通过幼儿园的仪式与节日庆典的举行来向儿童传递战争中的英雄典范与男性战士的英雄形象（Furman 1999）。戈尔登（Golden）对"结构性的松散"（structured looseness）这一支配幼儿园日常工作的指导思想所传递出的双重信息进行了讨论（Golden 2006）。在其另外一项研究中，他对教师与儿童之间的一场对话进行了描述

（Golden 2005）。在这场对话里，教师结合当时发生的一起自杀性袭击事件，向儿童讲解了身体的脆弱性，并教育他们要远离危险。索克（Soker）聚焦于儿童"好像"游戏（"as if" play）的研究（Soker 1992），并以此为基础来研究儿童是否会与他们的同伴分享自己的观点与经验。阿尔珀特的研究阐述了幼儿园教师对于性别平等的态度以及在这方面同儿童之间的互动（Alpert 2010）。

还有很多有关学前教育、学校与课堂的研究对学校或幼儿园里，发生于与教师、学生与家长之间的有关控制、权威与权力互动的话题进行了探索。

自主性、选择与特色学校

到了 20 世纪 70 年代末，随着人民大众尤其是中上层阶级对校园融合政策的广泛反对（他们相信这是一项失败的政策），一种新的教育趋势应运而生，全新的自主性教育政策允许家长们去建立一种具有独特意识形态特征的新学校。霍罗威茨（Horowitz）对两所这样的小学进行了研究，其中一所建立在工人运动价值观的基础之上，另外一所则支持温和犹太主义的传统价值观（Horowitz 1990, 1997）。贝克曼（Bekerman）研究了两所巴勒斯坦人与犹太人共同就读的混合制学校（Bekerman 2004），而巴沙洛姆（Bar-Shalom）则对五所不同特色的学校进行了研究（Bar-Shalom 2006）。这五所学校中有一所是犹太人与阿拉伯人的混合学校，还有一所是宗教学生与世俗学生的混合学校，这些学校在试图消除不同民族或宗教群体的社会与文化分歧方面都取得巨大的成功。以色列教育的自主性还体现在社区学校的建立方面。韦伊（Weil）曾经对三所这样的学校进行了研究，他的结论是：在它们与社区的联系方面，这样的学校与普通学校并没有什么区别（Weil 1985）。

伴随着这股教育自主的浪潮，20 世纪 90 年代末与 21 世纪初，以色列的学校也开始了私有化的进程。然而，民族志研究并没有将这些有关私有化对资产、知识商品化与教师地位的影响列入其研究的范围。

教师与他们的世界

以色列有许多针对教师群体开展的量化研究，并对他们的认知与想法进行了认真的考察。在为数不多的民族志研究中，有一项研究聚焦于教师在教学过程中的不愉快体验（Arieli 1995a），并列举了很多学生不守规矩的行为。还有一些研究则重点关注教师在办公室的话语情况，教师办公室不仅是教师相互之间交换信息、讨论专业知识与学校文化的地方，也是一个充满了竞争与合作的场所（Ben-Peretz and Schonmann 2000; Kainan 1994, 1997）。

学校与社区里的移民

如前所述，以色列的社会学非常重视移民的同化问题。功能主义教育研究者对学校在移民归化为以色列人的过程中所起到的促进作用进行了研究。相比之下，民族志则从年青一代移民自身的角度入手，对他们在面对一种全新的并且总是排外的文化时所遭遇的经历进行了描述。

对来自非西方文化的移民所开展的民族志研究常常聚焦于年轻的移民学生所遭受的社会排斥以及在这一过程中他们的被标签化等一系列的问题（Eisikovits and Varda 1981; Karnieli 2004）。沙布特（Shabtay）与安泰比-耶米尼（Anteby-Yemini）两位学者都对埃塞俄比亚年青一代移民的社会疏离感（social alienation）以及他们的肤色给他们带来的严重的身份认同危机进行了研究（Shabtay 2001a, 2001b; Anteby-Yemini 2003）。在有关身份认同的问题上，许多埃塞俄比亚年青一代的移民常常坚持自己仍然是埃塞俄比亚人，或者把自己视为全世界的黑人"想象共同体"中的一员（Anteby-Yemini 2003; Shabtay 2001b），这一点与来自苏联的移民颇为相似。20世纪90年代，来自苏联的移民大量涌入以色列，他们中的年青一代更为倾向于保留俄罗斯的民族文化传统，并且仅仅将学校视为学习的场所而不是社会融合发生的地方（Eisikovits 1995）。此外，俄罗斯裔的女孩比男孩在跨文化的适应方面要表现得更加得心应手（Eisikovits 2000）。

埃斯科维兹（Eisikovits）与贝克（Beck）通过研究发现，学校里存在着两种模式的移民融合（Eisikovits and Beck 1990）。一种是同化模式，使用这种模式的移民学生力图缩短融入新文化的时间，他们会要求自己迅速地过渡到以希伯来语为语境的交谈与学习中去。而在另一种模式下，移民学生则不会给自己设定一个适应新环境所需的时间。每一种模式都有自己独特的学习组织形式以及师生之间的互动方式。

学校里的仪式

在一个现代的国家，仪式是公民宗教生活的重要组成部分（Liebman and Don-Yehiya 1983）。作为一个接收了众多拥有不同文化背景的移民的年轻国家，以色列需要通过一种国家层面的仪式来保留其犹太历史与"以色列故土"的历史文化记忆，并利用这些仪式来帮助公民形成国家认同以及建立起一种共同的文化。通过教育中的仪式来帮助学生建立起对国家与民族的认同，这是全世界很多国家共同的做法。一项始于20世纪60年代末的比较研究表明，在这方面，以色列位居其所研究的九个民主国家的首位（Torney, Oppenheim, and Farnen 1975）。从这个意义上来讲，许多以色列的教育民族志研究都聚焦于学校中的仪式也就不足为奇了。

以色列的儿童在学前教育阶段，甚至早在一两岁的时候就开始参加一些节日与生日庆典，这些仪式在鼓励儿童接受国家的价值观方面同样发挥着重要的作用（Shamgar-Handelman and Handelman 1986, 1991）。

那些为了纪念在以色列战争中牺牲的人们而举行的仪式与每年的犹太人大屠杀纪念日（Holocaust Day）在犹太学校的各种仪式中占据着举足轻重的地位。事实上，这些仪式成为了以色列学校官方课程中的一部分。正如在一些民族志研究所描述的那样（Ben-Amos and Bet-El 1999, 2003; Feldman 2001; Furman 1999; Weiss 1977），这些仪式往往突出了军事与民族主义的主题，倡导一种勇于牺牲的民族精神，并强调对悲伤的去人格化。最近，一些涉及本土社群（Lomsky-Feder 2004）与个人受苦精神（Lomsky-Feder 2005）方面的内容也开始出现在了仪式之中。以色列当局还试图通过建立犹太-阿拉伯双语或是双文化学校来消除国民在文化与民族上的分歧，这些举措都没有能够避免犹太强权主义在学校仪式与节日庆典中所占据的支配地位（Bekerman 2004）。

近些年来，以色列的学校又增加了一个新的仪式，即前总理伊扎克·拉宾（Prime Yitzhak Rabin）的遇刺纪念日。尽管在犹太社会内部，人们大多对纪念战争与犹太人大屠杀的仪式较为认同，但是在宗教学校里，人们却对纪念拉宾的遇刺持保留的态度（Harrison 2002），学校一般都不会对这一遇刺事件的政治性质多加议论（Vinitzky-Seroussi 2001）。

需要注意的是，以色列的非犹太群体以及他们与国家在情感上的联系与对国家的忠诚在媒体的报道里通常都是以一种负面的形象出现。因此，如何通过学校里的仪式帮助这一群体建立起对国家的认同是一个值得研究的话题。尽管如此，上述各项研究几乎都没有涉及仪式在非犹太学校里的情况。

特殊的教育环境

以色列的教育系统被划分为多个不同的部门，其下又衍生出更多细小的分支，但民族志研究并未对教育系统的每一个组成部分都进行探究。多年以来，以色列教育研究的焦点在不同的部门之间不停地转变。在过去，"基布兹教育"*（Kibbutz education）以及它当时独特的儿童抚养模式都成为了以色列乃至全球范围内研究者们竞相关注的对象（Bettelheim 1969;

---

* "基布兹"在希伯来语中有"聚集""集体居住"之意，是以色列特有的一种带有锡安主义思想与共产主义理念的乌托邦式的农场或者社区。——译者注

Shepher 1983; Spiro 1958)。与之相关的大多数研究从本质上看都是量化实证主义的研究，不过萨巴尔（Sabar）却运用民族志的方法来对一群决定到洛杉矶定居的基布兹成员以及他们的学校经历与他们做出离开以色列故土这一决定之间有着何种程度的关联性进行了研究（Sabar 2000）。如今，基布兹学校与中产阶级学生所就读的普通学校已无差别，研究者也很可能因此而降低了对这些学校的研究兴趣。

我们在下文中将对以色列特殊教育环境中的民族志研究进行概述。这些研究虽然数量有限，却反映了以色列特殊教育环境的多样性。

宗教教育

与大多数西方国家不同，以色列的公立教育包含了一个独立的宗教教育系统，该系统专门为大约占以色列人口20%的犹太小学生服务。此外，以色列还有两个半公立的极端正统犹太教派教育系统，一个为西方犹太人服务，一个为东方犹太人服务。这些宗教教育系统的大部分资金都由国家提供，但是他们在课程的设立、学习的组织形式与招生方面却几乎具有完全的自主权，只会受到政府有限的监管。

以色列最早针对宗教教育开展的民族志研究发表于20世纪90年代，并主要聚焦于以下方面的一些议题：宗教学校如何面对来自现代自由社会的诱惑（Gordon et al. 1992; Rapoport 1999）；对于学生宗教知识、科学知识与人文知识的获取，宗教学校应该怎样才能在这三者之间达到一种平衡（Horowitz 1997; Meirav, Sabar Ben-Yehoshua, and Olshtein 2007）；宗教学校如何提升学生对国家价值观的忠诚度以及他们为此所须承担的义务（Rapoport, Penso, and Garb 1994）；在争取性别平等的现代思潮下，宗教学校应该如何维持女性在宗教社会中的特殊地位（Rapoport 1999; Rapoport and Garb 1998）。以色列的家长也会积极地参与到宗教教育的过程中去，并对这些宗教学校提出了各种要求，从要求这些学校加强正统犹太教的教育以提升学校的声望（Gordon et al. 1992）到要求学校增加开放度与自由度（Horowitz 1997）。

近些年来，更多的以色列人，特别是来自社会底层的民众，开始转而选择极端正统犹太教学校，其中又以东方犹太人居多。1990年，大约有6.3%的犹太小学生选择上这样的学校，到2010年，这一比例上升到了24.7%（CBS 2010: Table 8.9）。由于极端正统犹太教学校对研究者持怀疑的态度，并且不欢迎他们去学校开展研究，所以关于这类学校的民族志研究非常稀少。在这里，学生在社会知识的获取上也与外界脱节，因为与那些公立学校相比较，极端正统犹太教学校在课程设置、学习过程、所学知识以及学生的生活方式上都有着巨大的差异。然而，这样的情况在近年来发生了一丝改变。斯皮格尔（Spiegel）运用民族志的方法对耶路撒冷的男生极端正统犹太教教育系统进行了一次全面的描述，内容包括这一宗教教育系统的历史背景、组织结构以及教学与文化特征等方面（Spiegel 2001）。比鲁（Bilu）开展的人类学研究将来自极端正统犹太教社群男孩的入学仪式同他们的首次剪发仪式与割礼仪式（circumcision ritual）联系起来，并指出了这些仪式在男孩男子气概的树立与宗教身份的认同方面所起到的效果（Bilu 2006）。还有部分学者对极端正统犹太教年轻女孩的身份认同进行了研究（Yafeh 2007, 2009）。

以色列的阿拉伯教育

如前所述，阿拉伯人大约占以色列总人口的20%，他们中的大多数都居住在阿拉伯人聚居的城镇与村庄里。自以色列国建立以来，以色列的阿拉伯人受教育的比例不断上升。如今，在小学阶段，阿拉伯人的入学率已经与犹太人的入学率大致相当。在高中阶段，阿拉伯人的入学率仅比犹太人低几个百分点（阿拉伯人入学率为90%，犹太人为92%。CBS 2010: Table 8.20）。多数的阿拉伯学生都选择去公立的阿拉伯学校就读，这些学校提供了阿拉伯语的课程与宗教课程。尽管以色列的阿拉伯教育在课程设置中缺乏民族身份认同等方面的内容，但在教学语言的选择、文化与宗教方面具有自主权。

直到最近，以色列有关阿拉伯教育的研究都是实证主义的研究，它主要聚焦于：同犹太教育体系相比较，阿拉伯教育体系在社会与经济融合方面能否为学生提供同等的机会（Al-Haj 1995; Mazawi 1994）。在我们找到的为数不多的民族志研究中（Afifi-Agbaria 2007; Gordon et al. 1992; Mari 1975），研究者对有关民族风俗的保留与现代化社会之间的冲突这一问题进行了探索，并讨论了与之相对应的传统价值观与民主价值观之间的关系。基于民族志的访谈与叙事研究，阿布-拉比亚-奎德尔（Abu-Rabia-Queder）、佩萨特-舒伯特（Pessate-Schuber）针对贝都因妇女，以及维纳-列维（Weiner-Levy）针对高学历的德鲁兹妇女进行了研究（Abu-Rabia-Queder 2006, 2008; Pessate-Schubert 2004, 2005; Weiner-Levy 2006）。研究阐述了这些妇女如何将她们所接受过的教育转化为个人资本，并利用他们本身作为社群里的教育者这一身份来努力提升女性在社群中的地位，推动本民族文化传统的改变，有时候这是需要付出一定的个人代价的。

寄宿制教育

在过去，寄宿学校（residential education）在以色列的教育体系里扮演着重要的角色。该教育系统的建立是犹太复国主义运动的一部分，并伴随着强烈的民族责任感，其目的在于帮助那些在自己国家因为犹太人的身份而遭受迫害的年轻犹太人。这些年轻人同时也被视为一股能够促进全世界犹太人回归以色列并牢牢地占据这块立足之地的强大力量。自20世纪70年代开始，从国外移居以色列的人口数量开始减少，作为民族融合项目的一部分，寄宿制学校开始招收来自社会底层的学生。如今，寄宿制教育的目的是为了提升学生社会流动的机会。

大量的教育学与功能主义社会学文献都曾致力于对这一教育系统的研究。自20世纪80年代开始的民族志研究（Arieli 1988; Bernstein 1987; Kashiti et al. 1991）借助美国著名社会学家戈夫曼（Goffman）有关"全控机构"的概念（total institution concept），研究了在寄宿制学校这样的全控教育系统里，保留个人的身份认同与来自学校的监督与管教之间的紧张关系。

20 世纪 90 年代的几项民族志研究则对寄宿制学校相关教职员工的工作进行了探究（Arieli 1997; Arieli and Aviram 1987; Grupper and Eisikovits 1992），尤其是负责寄宿制学校年轻人学校生活管理的工作人员（Madricim）以及他们这份工作在整个定居教育中所扮演的独一无二的角色。研究者还针对这些职员的职业身份认同以及业务能力培训提出了诸多疑问（Eisikovits 1997）。

到了 21 世纪，针对寄宿制学校的研究开始转而关注在这些学校就读的学生群体以及他们自己相互之间的内部世界（Grupper, Malkmo and Nudelman 2003; Shamai 2003; Shlasky and Shlasky 2000）。这些民族志文献研究了新移民学生之间的文化交流路径以及他们在学校里是如何被人数相对较多的群体同化的，同时还对学生在保留自己的文化与遭遇新的身份认同之间的冲突进行了关注。

非正式教育

在过去的几十年间，以色列兴起了一股新的社会研究趋势，它一改自身传统的关注点与研究方法，主要致力于对本土的或是国际的教育知识进行探索，这一新的趋势就是非正式青少年文化研究。在以色列国建立之前以及建国的最初几十年里，大多数犹太青少年都参与到了各种青少年运动之中，这些运动是当局灌输政治价值观以及为诸如农垦开荒等国家行动招募新人的有力工具。因此，20 世纪 50 年代至 70 年代，研究者对青少年文化的研究主要集中在有组织的青少年运动及其社会影响方面，研究所采用理论方法则主要是功能结构主义的研究法（e.g. Eisenstadt 1956; Shapira et al. 1979）。我们所能找到的唯一一项有关以色列青少年运动的民族志研究是卡特瑞尔（Katriel）针对某一青少年运动中的仪式开展的研究（Katriel

1987）。在过去的几十年间，青少年运动能够吸引到的成员数量大大减少，运动的性质发生了变化同时也变得更加灵活，其政治影响力也被大幅度地削弱了。

不过近来，我们注意到，教育人类学家对非正式的青少年亚文化的研究兴趣与日俱增（Anteby-Yemini 2003; Karnieli 2004; Shabtay 2001a, 2001b）。这些民族志研究主要涉及非西方犹太人移民青少年群体的街头亚文化，这一群体被认为是以色列建国以来最具颠覆性的一代。

以色列的成人教育研究中具有代表性的是戈尔登与埃尔-奥尔（El-Or）的研究（Golden 2001; El-Or 2002, 2006）。戈尔登运用民族志的方法来研究成年俄罗斯移民的希伯来语课程（Ulpan），埃尔-奥尔的人类学研究则对正统犹太教派女性如何获取各种不同类型的非正式宗教知与世俗知识，以及此举对她们的宗教与女性身份认同所造成的影响进行了描述。

教育中的性别议题

在以色列有关教育问题的质性研究中，性别的议题成为了学者们日渐关注的对象，尤其是性别在教师的工作与职业发展过程中扮演的角色这方面的议题。不过，涉及性别议题的民族志研究则主要聚焦于学生的校园经历。与此相关的大部分研究我们都已经在前文中提到过了，它们同时分属于其他不同的领域，并且代表了性别认同建构的不同方面（Alpert 2010; Eisikovits 2000; Furman 1999; Klein 2000; Lomsky-Feder 2005; Rapoport 1999; Rapoport and Garb 1998; Shlasky and Shlasky 2000; Yafeh 2007, 2009）。

让我们特别感兴趣的是埃尔-奥尔所开展的人类学研究（El-Or 1994, 2002, 2006）以及阿布-拉比亚-奎德尔、佩萨特-舒伯特与维纳-列维开展的叙事研究（Abu-Rabia-Queder 2006, 2008; Pessate-Schubert 2004, 2005; Weiner-Levy 2006）。这些研究对年轻女性所处的复杂环境以及环境对她们身份认同与社会地位所造成的影响进行了调查与分析。研究中的年轻女性都受过继续教育或是高等教育，同时她们却生活在传统的社群里，并服从于这些社群的基本戒律。

归纳与总结

在以色列，民族志研究同一般的质性研究一样，都还十分年轻。它开始于 20 世纪 60 年代末，在那个时候，实证功能主义社会学研究已经初具规模。这种功能主义的研究宣称它能够对以色列建国初期的宏观社会过程进行解释，甚至还提出了促进以色列社会各领域大融合，尤其是教育领域的融合的方法。

而学术民族志研究尝试着对呈现于以色列社会中的、各种相互冲突的文化进行理解（正是这种文化方面的多样性构成了规模相对较小的以色列社会），并让社会能够听到来自他们的声音。因此，这样的研究迅速扩张到了很多不同的学科领域，并且往往倾向于对霸权主义采取一种批判的态度。从建国至今，以色列经历了从初生社会（在这一社会阶段，人们认为社会学家的功能之一是促进社会共识以及提升社会凝聚力）到成熟的、并且具有反思性的现代社会的转型过程，这一过程反映到学术界则表现为它推动了人们对人类学研究方法与质性研究方法的学术认知，同时也把批判主义与后现代主义的研究方法引入到了以色列的学术研究之中（Ram 1995）。

教育方面，以色列的民族志研究关注的是来自不同民族与社会阶层的学生，以及移民与本土学生在学校与课堂里的交往与互动情况，并且还关注国家层面的仪式在学校文化里所扮演的角色。这些多元化的研究反映了存在于以色列社会的身份认同方面的问题，几十年来，它们已经占据了以色列社会的方方面面。由于各种各样的原因，以色列的民族志研究并没有在特殊社会群体（例如正统犹太教人士与阿拉伯人等）的教育上投入太多的精力，尽管这些教育同样会涉及身份认同的问题，并且最终也会涉及以色列社会中相对较大的其他群体的利益。

此外，以色列还需要更多综合性的民族志研究来对其整个教育制度以及地方性文化进行探究。这些民族志研究应该聚焦于制度内部各种元素之间的互动以及对制度产生影响的各种外部因素，同时还有这些制度之下的教师与学生。我们可以大胆地预测，随着质性研究在以色列的不断发展壮大，将会出现更多关注上述问题的民族志研究。它们也许能够为我们解答以下问题：为什么当教育系统在应对学生那种面对知识而不断变化的学习态度时会遭遇如此多的困难？为什么人们对当今学校系统的运作方式普遍感到失望？

参考文献

Abu-Rabia-Queder, Sarab. 2006. "'They Felt I Raped a Role That Was Not Supposed to Be Mine': First Woman Principal in a Bedouin Tribal Society." In *Women Principals in a Multi-Cultural Society: New Insights into Feminist Educational Leadership*, ed. Izhar Oplatka and Rachel Hertz-Lazarowitz. Rotterdam: Sense Publishing Company.

———. 2008. "Does Education Necessarily Mean Enlightenment? The Case of Higher Education among Palestinians-Bedouin Women in Israel." *Anthropology and Education Quarterly* 39, no. 4: 381–400.

Abuhav, Orit. 2010. *In the Company of Others: The Development of Anthropology in Israel*. Tel Aviv: Resling (Hebrew).

Adler, Chaim. 1986. "Israeli Education Addressing Dilemmas Caused by Pluralism: A Sociological Perspective." In *Education and the Integration of Ethnic Minorities*, ed. Dietmar Rothermund and John Simon, 64–87. London: Pinter Publishers.

Afifi-Agbaria, Dima. 2007. "A Unique Experimental School in the Arab Sector." Master's Thesis, School of Education, Tel-Aviv University (Hebrew).

Al-Haj, Majid. 1995. *Education, Empowerment, and Control: The Case of the Arabs in Israel*. Albany: SUNY Press.

Alpert, Bracha. 2010. "Developing Awareness of Gender Equality among Early Education Student-Teachers through Field Work." In *At Teachers' Expense: Gender and Power in Israeli Education*, ed. Esther Hertzog and Zsvia Walden, 289–310. Jerusalem: Carmel (Hebrew).

Alpert, Bracha, and Shlomit Bechar. 2008. "School Organisational Efforts in Search for Alternatives to Ability Grouping." *Teaching and Teacher Education* 24: 1599–612.

Anteby-Yemini, Lisa. 2003. "Urban Ethiopia and Black Culture: New Models of Identity among Immigrant Youths from Ethiopia in Israel." In *On Cultural Boundaries and Between Them: Young Immigrants in Israel*, ed. Rivka A. Eisikovits, 11–31. Tel Aviv: Ramot (Hebrew).

Arieli, Mordecai. 1988. "Cultural Transition through Total Education: Actors' Perspectives." In *Cultural Transition: The Case Of Immigrant Youth*, ed. Meir Gotessmann, 103–20. Jerusalem: Magnes Press.

———. 1995a. *Teaching and Its Discontents*. Tel Aviv: Ramot (Hebrew).

———. 1995b. "Forbidding Chat During the Class Time: On the Circumstances and the Emergence of School Disciplinary Rules." In *Education toward the 21st Century*, ed. David Chen, 461–74. Tel-Aviv: Ramot (Hebrew).

———. 1997. *The Occupational Experience of Residential Child and Youth Care Workers: Caring and its Discontents*. New York: Haworth Press.

Arieli, Mordecai, and Ovadia Aviram. 1987. "Staff Roles in a Total Living Situation: The Case of an Israeli Residential School." *Child and Youth Services* 8, no. 3/4: 67–88.

Arieli, Mordecai, Yitzhak Kashti, and Simha Shlasky. 1983. *Living at School: Israeli Residential Schools as People Processing Organizations*. Tel Aviv: Ramot.

Ashkenazi, Michael. 1986. "Ethnographic Research in Anthropology." In *Research Methods in the Social Sciences*, unit 4, ed. Ruth Beyth-Marom. Tel Aviv: Everyman's University (Hebrew).

Ayalon, Hanna, and Yossi Shavit. 2004. "Educational Reforms and Inequalities in Israel: MMI Hypothesis Revisited." *Sociology of Education* 77, no. 2: 103–20.

Ball, Stephen. 1981. *Beachside Comprehensive: A Case Study of Secondary School*. Cambridge, UK: Cambridge University Press.

Bar-Shalom, Yehuda. 2006. *Educating Israel: Educational Entrepreneurship in Israel's Multicultural Society*. Palgrave Macmillan.'

Bekerman, Zvi. 2004. "Potential and Limitations of Multicultural Education in Conflict-Ridden Areas: Bilingual Palestinian-Jewish Schools in Israel." *Teachers College Record* 106, no. 3, 574–610.

Ben-Amos, Avner, and Ilana Bet-El. 1999. "Commemoration and National Identity: Memorial Ceremonies in Israeli Schools." In *Between "I" and "We": The Construction of Identities and Israeli Identity*, ed. Azmi Bishara, 129–52. Jerusalem: Van Leer Jerusalem Institute (Hebrew).

———. 2003. "Educating to Militarism and Commemoration: National Commemoration Ceremonies in Israeli Schools." In *In the Name of Security: Sociology of Peace and War in Israel in Era of Change*, ed. Majid Al-Haj and Uri Ben-Eliezer, 369–400. Haifa: Haifa University Press and Pardess Press (Hebrew).

Ben-Ari, Eyal. 1997. *Body Projects in Japanese Childcare: Culture, Organization and Emotions in a Preschool*. London: Curzon.

Ben-Peretz, Miriam, and Shifra Schonmann. 2000. *Behind Closed Doors: Teachers and the Role of the Teachers' Lounge*. Albany: SUNY Press.

Bernstein, Frida. 1987. "The Socialization of Girls in an Ultra-Orthodox Institution." In *Residential Settings and the Community: Congruence and Conflict,* eds. Yitzhak Kashti and Mordecai Arieli, 13–33. London: Freund.

Bettelheim, Bruno. 1969. *The Children of the Dream.* New York: Macmillan.

Bilu, Yoram. 2006. "Circumcision, the First Haircut and the Torah: Ritual and Male Identity Among the Ultraorthodox Community of Contemporary Israel." in *Imagined Masculinities: Male Identity and Culture in Modern Middle East,* eds. Mai Ghoussoub and Emma Sinclair-Webb, 33–64. London: Saqi Books.

Bird-David, Nurit. 1990. "The Giving Environment: Another Perspective on the Economic System of Gatherer-Hunters." *Current Anthropology* 31: 189–96.

Central Bureau of Statistics (CBS). 2010. *Statistical Abstract of Israel* no. 61. Jerusalem.

Deshen, Shlomo. 1977. "Ethnic Boundaries and Cultural Paradigms: The Case of Southern Tunisian Immigrants in Israel." *Ethos* 4: 40–54.

Deshen, Shlomo, and Moshe Shokeid. 1998. "Notes on One Hundred Years of Anthropology." In *The Intercultural Experience: Readings in Anthropology,* ed. Moshe Shokeid and Shlomo Deshen, 7–27. Jerusalem and Tel Aviv: Schocken (Hebrew).

Eisenstadt, Shmuel N. 1956. *From Generation to Generation.* New York: Free Press.

Eisikovits, Rivka A. 1995. "'I'll Tell You What School Should Do for Us': How Immigrant Youths from the Former USSR View Their High School Experience in Israel." *Youth and Society* 27, no. 2: 230–55.

———. 1997. *The Anthropology of Child and Youth Care Work.* New York: Haworth Press.

———. 2000. "Gender Differences in Cross-Cultural Adaptation Styles of Immigrant Youths from the Former USSR in Israel." *Youth and Society* 31, no. 3: 310–31.

Eisikovits, Rivka A., and Robert H. Beck. 1990. "Models Governing the Education of New Immigrant Students in Israel." *Comparative Education Review* 34, no. 2: 177–95.

Eisikovits, Rivka, and Adam Varda. 1981. "The Social Integration of Immigrant Children from the Caucasus in Israeli Schools." *Studies in Education* 35: 76–84 (Hebrew).

El-Or, Tamar. 1994. *Educated and Ignorant: On Ultraorthodox Women and Their Life.* Boulder, CO: Lynne Rienner.

———. 2002. *Next Year I Will Know More. Literacy and Identity of Young Orthodox Women in Israel.* Detroit: Wayne State University Press.

———. 2006. *Reserved Seats: Religion, Gender and Ethnicity in Contemporary Israel.* Tel Aviv: Am Oved (Hebrew).

Feldman, Jackie. 2001. "In the Footsteps of the Israeli Survivor." *Theoria Ubikoret* 19: 167–90 (Hebrew).

Forum for Studying Society and Culture. 2002. "Mechanisms of Constituting and Producing Canonical Knowledge on Mizrahim in Israel." In *Mizrahim* in Israel: A Critical Observation into Israel's Ethnicity, ed. Hannan Hever, Yehouda Shenhav, and Pnina Motzafi-Haller, 288–305. Jerusalem: Van Leer Institute and Hakibbutz Hameuchad Publishing House (Hebrew).

Furman, Mirta. 1994. *The New Children: Violence and Obedience in Early Childhood.* Tel Aviv: Hakibbutz Hameuchad Publishing House (Hebrew).

———. 1999. "Army and War: Collective Narratives of Early Childhood in Contemporary Israel." In *The Military and Militarism in Israeli Society,* ed. Edna Lomsky-Feder and Eyal Ben-Ari, 141–68. New York: SUNY Press.

Goffman, Erving. 1961. *Asylums: Essays on the Social Situation of Mental Patients and Other Inmates.* New York: Anchor Books.

Golden, Debora. 2001. "'Now, Like Real Israelis, Let's Stand Up and Sing': Teaching the National Language to Russian Newcomers in Israel." *Anthropology and Education Quarterly* 32, no. 1: 52–79.

———. 2005. "Childhood as Protected Space? Vulnerable Bodies in an Israeli Kindergarten." *Ethnos* 70, no. 1: 79–100.

———. 2006. "Structured Looseness: Everyday Social Order at an Israeli Kindergarten." *Ethos* 34, no. 3: 367–90.

Goodman, Yehuda C., and Nissim Mizrachi. 2008. "'The Holocaust Does Not Belong to European Jews Alone': The Differential Use of Memory Techniques in Israeli High Schools." *American Ethnologist* 35, no. 1: 95–114.

Gordon, David, Michal Katz, Menachem Avisar, and Walter Ackerman. 1992. *Schooldays: Portraits of Eight Israeli High Schools.* Beer-Sheva: Ben-Gurion University (Hebrew).

Grupper, Emanuel, and Rivka Eisikovits. 1992. "Child-Care Workers Who Require Moratorium: A Study of the Professional Development Needs of New Residential Child-Care Workers." In *Residential Schools: Their Staffs and Communities,* ed. Mordecai Arieli, 80–94. Tel Aviv: Massada Press (Hebrew).

Grupper, Emanuel, Yaakov Malkmo, and Anita Nudelman. 2003. "Rites of Passage of Immigrant Youths from Ethiopia Entering Residential Schools in Israel." In *On Cultural Boundaries and Between Them: Young Immigrants in Israel,* ed. Rivka A. Eisikovits, 33–63. Tel Aviv: Ramot (Hebrew).

Halper, Jeff, Moshe Shokeid, and Alex Weingrod. 1984. "Communities, Schools and Integration." In *School Desegregation,* ed. Yeuda Amir and Shlomo Sharan, 47–62. Mahwah, NJ: Lawrence Erlbaum.

Hargreaves, David H. 1967. *Social Relations in a Secondary School.* London: Routledge and Kegan Paul.

Harrison, Jo-Ann. 2002. "The Social Structuring of Civil Memorial Ceremonies in Israeli Schools." In *Values Education in Various Teaching Contexts,* ed. Nava Maslovaty and Yaacov Iram, 351–74. Tel Aviv: Ramot (Hebrew).

Hertzog, Esther, Orit Abuhav, Harvey E. Goldberg, and Emanuel Marx. 2010. "Introduction: The Israeli Social Anthropology—Origins, Characteristics, and Contributions." In *Perspectives on Israeli Anthropology,* ed. Esther Hertzog et al., 1–15. Detroit: Wayne State University Press.

Horowitz, Tamar. 1990. *Between Ethnic Community and Ideological Community.* Jerusalem: *Henrietta Sold Institute* (Hebrew).

———. 1997. "Parental Choice as a Factor in Educational Change." *Education and Society* 15, no. 1: 33–47.

Jackson, Philip W. 1968. *Life in Classrooms.* New York: Holt, Rinehart and Winston.

Kacen, Lea, and Michal Krumer-Nevo, eds. 2010. *Data Analysis in Qualitative Research.* Beer Sheva: Ben-Gurion University of the Negev Press (Hebrew).

Kainan, Anat. 1994. *The Staffroom, Observing the Professional Culture of Teachers.* Aldershot, UK: Ashgate Publishing.

———. 1997. "The Role of Teachers' Stories in the Staffroom of a Religious School." *Anthropology and Education Quarterly* 28, no. 2: 163–81.

Karnieli, Mira. 2004. *"Teacher, Don't Say That We Are Fucked Up": The Place of the Educational System and the Community in the Development of Oppositional Sub-Culture.* Tel Aviv: Mofet Institute (Hebrew).

Kashti, Yitzhak, Bracha Alpert, Margalith Yosifon, and Ehud Manor. 1997. *School Heterogeneity: Unity and Variety.* Tel Aviv: Ramot (Hebrew).

Kashti, Yitzhak, Mordecai Arieli, and Yeudit Harel. 1985. "The Classroom as a System of Meanings." *Megamot* 29, no. 1: 7–21 (Hebrew).

Kashti, Yitzhak, Ovadia Aviram, Hagai Ben-Zvi, and Yona Sagi. 1991. *Residential Schools: The Daily Realities Ethnographies.* Tel Aviv: Ramot (Hebrew).

Kashti, Yitzhak, and Margalith Yosifon. 1985. *Education as Bargaining.* Tel Aviv: Hakibbutz Hameuchad Publishing House (Hebrew).

Katriel, Tamar. 1987. "Rhetoric in Flames: Fire Inscriptions in Israeli Youth Movement Ceremonials." *Quarterly Journal of Speech* 73: 444–59.

Katriel, Tamar, and Perla Nesher. 1986. "'Gibush': The Rhetoric of Cohesion in Israeli School Culture." *Comparative Education Review* 30: 216–31.

Klein, Esther. 2000. "The Process of Gender Construction in Junior High Schools." In *Sexuality and Gender in Education*, ed. Simha Shlasky, 113–34. Tel Aviv: Ramot (Hebrew).

Kunda, Gideon. 1992a. "Critique Examined: Ethnography and Critique of Culture in Israel." *Theoria Ubikoret* 2: 7–24 (Hebrew).

———. 1992b. *Engineering Culture: Control and Commitment in a High-Tech Corporation.* Philadelphia: Temple University Press.

Lewis, Arnold. 1979. *Power, Poverty and Education: An Anthropology of Schooling in an Israeli Town.* Ramat Gan: Turtledove.

———. 1981. "Minority Education in Sharonia, Israel, and Stockton, California: A Comparative Analysis." *Anthropology and Education Quarterly* 12: 30–50.

Liebman, Charles S., and Eliezer Don-Yehiya. 1983. *Civil Religion in Israel.* Berkeley: University of California Press.

Lissak, Moshe, and Dan Horowitz. 1989. *Trouble in Utopia: The Overburdened Polity of Israel.* Albany: SUNY Press.

Lomsky-Feder, Edna. 2004. "The Memorial Ceremony in Israeli Schools: Between State and Civil Society." *British Journal of Sociology of Education* 25, no.

3: 291–305.

———. 2005. "The Bounded Female Voice in Memorial Ceremonies." *Qualitative Sociology* 28, no. 3: 293–314.

Mari, Sami. 1975. "School and Society in the Arab Village in Israel." *Iyunim Bechinuch* 4: 85–103 (Hebrew).

Marx, Emanuel. 1975. "Anthropological Studies in a Centralized State: The Bernstein Research Project in Israel." *Jewish Journal of Sociology* 17: 131–50.

Marx, Emanuel, and Avshlom Shmueli, eds. 1984. *The Changing Bedouin*. New Brunswick, NJ: Transaction Books.

Mazawi, Andre. 1994. "Palestinians in Israel: Educational Expansion, Social Mobility and Political Control." *Compare: A Journal of Comparative Education* 24, no. 3: 277–84.

Meirav, Nurit, Naama Sabar-Ben Yehoshua, and Elite Olshtein. 2007. "Hassidic Discourse in the Shaping of an Ideological-Cultural-Social Curriculum: Curriculum Planning in an Elementary School for Girls in the Chabad Community." In *Innovations and Renewal in Jewish Education*, ed. David Zisenwine, 135–60. Tel-Aviv: School of Education, Tel-Aviv University (Hebrew).

Pessate-Schubert, Anat. 2004. "'The Sky is the Limit': Higher Education, Gender and Empowerment in the Bedouin Community in the Negev in Israel." *Compare* 34, no. 3: 329–40.

———. 2005. "Retelling Herstory: To Be a Female Bedouin Teacher Differently." *Comparative Education* 41, no. 3: 247–66.

Ram, Uri. 1995. *The Changing Agenda of Israeli Sociology*. Albany: SUNY Press.

Rapoport, Tamar. 1999. "The Pedagogical Construction of Traditional Woman: An Ethnographic Study of 'Holiness Class.'" *Megamot* 39, no. 4): 492–517 (Hebrew).

Rapoport, Tamar, and Yoni Garb. 1998. "The Experience of Religious Fortification: Coming-of-Age of Religious-Zionist Young Women." *Gender and Education* 10, no. 1: 5–21.

Rapoport, Tamar, Anat Penso, and Yoni Garb. 1994. "Contribution to the Collective by Religious-Zionist Adolescent Girls." *British Journal of Sociology of Education* 15, no. 3: 375-388.

Sabar, Naama. 2000. *Kibbutzniks in the Diaspora*. Albany: SUNY Press.

Sabar Ben-Yehoshua, Naama. 1990. *The Qualitative Research in Teaching and Learning*. Givatyim: Massada Press (Hebrew).

———, ed. 2001. *Genres and Traditions in Qualitative Research*. Or Yehdua: Dvir (Hebrew).

Semyonov, Moshe, and Noah Lewin-Epstein. 2004. "Introduction—Past Insights and Future Directions: Studies of Stratification in Israel." In *Stratification in Israel: Class, Ethnicity, and Gender*, ed. Moshe Semyonov and Noah Lewin-Epstein, 1–13. New Brunswick, NJ: Transaction Publishers.

Shabtay, Malka. 2001a. "Living with a Threatened Identity: Life Experiences with a Different Skin Color among Young and Adolescent Ethiopian Immigrants in Israel." *Megamot* 41, no. 1–2: 97–112 (Hebrew).

———. 2001b. *Between Reggae and Rap: The Integration Challenge of Ethiopian Youth in Israel.* Tel Aviv: Tcherikover (Hebrew).

Shamai, Shalom. 2003. "'Of Course I would Like to be Integrated . . . and Maybe It Will Happen Some Day …': Styles of Cultural Adaptation of Immigrant Adolescents from the Former Soviet Union." In *On Cultural Boundaries and Between Them: Young Immigrants in Israel,* ed. Rivka A. Eisikovits, 65–100. Tel Aviv: Ramot (Hebrew).

Shamgar-Handelman, Lea, and Don Handelman. 1986. "Holiday Celebrations in Israeli Kindergartens: Relationships between Representations of Collectivity and Family in the Nation-State." In *The Frailty of Authority (Political Anthropology,* vol. 5), ed. Myron J. Arnoff, 71–103. New Brunswick, NJ: Transaction Books.

———. 1991. "Celebration of Bureaucracy: Birthday Parties in Israeli Kindergarten." *Ethnology* 30, no. 4: 293–312.

Shapira, Rina, Haim Adler, Miri Lerner, and Rachel Peleg. 1979. *Blue Shirt and White Collar.* Tel Aviv: Am Oved (Hebrew).

Shepher, Israel. 1983. *The Kibbutz: An Anthropological Study.* Norwood, PA: Norwood Editions.

Shkedi, Asher. 2003. *Words of Meanings: Qualitative Research—Theory and Practice.* Tel Aviv: Ramot (Hebrew).

Shlasky, Simha, and Bracha Alpert. 2007. *Ways of Writing Qualitative Research: From Deconstructing Reality to its Construction as a Text.* Tel Aviv: Mofet Institute (Hebrew).

Shlasky, Simha, and Sharona Shlasky. 2000. "How Residential Care Workers Relate to Sexual Behavior of Inmates." In *Sexuality and Gender in Education,* ed. Simha Shlasky, 135–74. Tel Aviv: Ramot (Hebrew).

Shokeid, Moshe. 1971. *The Dual Heritage: Immigrants from the Atlas Mountains in an Israeli Village.* Manchester, UK: Manchester University Press.

———. 1980. "An Ethnographic Perspective on the Problem of Integration—Events at a Regional School." *Megamot* 26, no. 1: 56–70 (Hebrew).

———. 2004. "Max Gluckman and the Making of Israeli Anthropology." *Ethnos* 69, no. 3: 387–410.

Soker, Zeev. 1992. "Playing and Learning: What Do Children Really Want to Learn through Play?" *Megamot* 34: 497–520 (Hebrew).

Spiegel, Ehud. 2011. *"And Learning Torah in Front of Everything Else": Ultra-Orthodox Education for Boys in Jerusalem.* Jerusalem: Jerusalem Institute for Israel Studies (Hebrew).

Spiro, Melford E. 1958. *Children of the Kibbutz.* Cambridge, MA: Harvard University Press.

Torney, Judith V., Abraham N. Oppenheim, and Russell F. Farnen. 1975. *Civic Education in Ten Countries: An Empirical Study.* New York: John Wiley and Sons.

Van Teeffelen, Toine. 1978. "The Manchester School in Africa and Israel: A Critique." *Dialectical Anthropology* 3: 67–83.

Vardi-Rat, Esther, and Shoshana Blum-Kulka. 2005. "The Lesson as an Asymmetrical Speech Event: A Look at the Participation Structure in the Israeli Classroom." In *Discourse in Education: Researching Educational Events*, ed. Irit Kupferberg and Elite Olshtain, 385–417. Tel Aviv: Mofet Institute (Hebrew).

Vinitzky-Seroussi, Vered. 2001. "Commemorating Narratives of Violence: The Yitzhak Rabin Memorial Day in Israeli Schools." *Qualitative Sociology* 24, no. 2: 245–68.

Weil, Shalva. 1985. *The Dynamics of Community Schools in Israel: An Ethnography*. Jerusalem: Hebrew University, The Research Institute for Innovation in Education (Hebrew).

Weiner-Levy, Naomi. 2006. "The Flagbearers: Israeli Druze Women Challenge Traditional Gender Roles." *Anthropology and Education Quarterly* 37, no. 3: 217–35.

Weiss, Meira. 1997. "Bereavement, Commemoration, and Collective Identity in Contemporary Israeli Society." *Anthropological Quarterly* 70, no. 2: 91–100.

Willis, Paul E. 1977. *Learning to Labour*. Farnborough, UK: Gower.

Yafeh, Orit. 2007. "The Time in the Body: Cultural Construction of Femininity in Ultraorthodox Kindergartens for Girls." *Ethos* 35, no. 4: 516–54.

———. 2009. "Female Pedagogical Authority and its Limits." In *Leadership and Authority among the Ultra-Orthodox Society in Israel*, ed. Kimmy Caplan and Nurit Stadler, 31–56. Tel Aviv: Hakibbutz Hameuchad Press and Van Leer Jerusalem Institute (Hebrew).

Yosifon, Margalit. 2004. "Empowerment as Inspiring Change and as Its Product: New Faces in Professional Development at the School." In *Teachers in a Changing World: Trends and Challenges*, ed. Sarah Guri-Rosenblit, 38–73. Ra'anana: Open University of Israel (Hebrew).

Yosifon, Margalit, and Yitzhak Kashti. 1998. "Restructuring Teaching Patterns through Curricular Planning." In *Curriculum as a Social Construction*, ed. Hanna Ayalon, 109–36. Tel Aviv: Ramot (Hebrew).

第十三章　撒哈拉以南非洲法语国家的社会学与民族志研究

布巴卡尔·巴耶罗·迪亚洛（Boubacar Bayero Diallo）

20 世纪六七十年代，撒哈拉以南的非洲地区（sub-Saharan）兴起了一场对学校教育进行普及与推广的运动，并取得了令人瞩目的成就（Pilon, Gérard, and Yaro 2001; UNESCO 1995）。到了 90 年代，经济危机的发生以及"结构调整方案"*的实施阻碍了这一运动的发展，并导致了很多非洲国家（尤其是那些说法语的国家）学生入学率的增加明显放缓，甚至出现了负增长（Lange 1998; Mbilinyi 2000; N'Doye 2001; Diallo 2004）。不过到了 90 年代，学校教育的发展出现了强劲的复苏之势，各种教育行动者的大力参与与动员是其中的原因之一。这些教育行动者主要有国家、各种资助者、公民社团（包括国内以及国际的非政府组织）与家庭（Lange 1998; Pilon, Gérard, and Yaro 2001; UNESCO 2005）。

作为对上述教育发展行动的响应，在 20 世纪 80 年代末、90 年代初，撒哈拉以南的非洲地区出现了很多研究组织（ERNWACA, FASAF, ADEA,

---

* "结构调整方案"即 Structural Adjustment Programmes（SAPs），是指撒哈拉以南的非洲国家为了应对 70 年代中期开始的经济危机而在国际货币基金组织与世界银行的指导下开展的经济改革计划。由于该方案主要基于西方国家的经济发展模式来制定，而没有充分考虑非洲国家的具体情况，最终导致了改革的失败。——译者注

FAWE，CREA 等）[①]。这些组织的主要目标是加强非洲国家或是地区的教育研究能力（尤其是通过对很多新的研究项目提供资金援助），促进现有研究项目质量的提升，推动国家或区域间的交流与合作以及发表并推广研究成果。它们的出现是对很多现有研究机构所做工作的有益补充，例如，于1973年成立的"非洲社会科学研究发展理事会"（Council for Social Science Research Development in African, CODESRIA）。

正是基于这样的一种背景，我们开始对撒哈拉以南的非洲，尤其是那些说法语的非洲国家的教育研究的本质进行探索并发出了以下提问：在这些教育研究之前就已经存在的人类学、社会学、民族志以及民族学研究是如何发展的？哪些研究者在从事教育方面的研究，主要有哪些方面的主题，这些主题背后又存在着一些什么样的问题？这些教育研究主要是受到国际前沿性研究还是当地历史与社会经验的启迪？它们从本质上来看究竟应该算是社会学研究、人类学研究还是民族志研究？研究成果公开发表了吗？如果发表了的话，又使用的是哪一种语言？

---

① ERNWACA 即"西非与中非教育研究组织"，其法语名称为 ROCARE（Réseau Ouest et Centre Africain de Recherche en Éducation），拥有来自16个成员国的超过400位活跃研究者。它的成员国包括西非的4个英语国家，分别是冈比亚（Gambia）、加纳（Ghana）、塞拉利昂（Sierra Leone）、尼日利亚（Nigeria），以及12个法语国家，分别是西非的贝宁（Benin）、布基纳法索（Burkina Faso）、几内亚（Guinea）、科特迪瓦（Ivory Coast）、马里（Mali）、毛里塔尼亚（Mauritania）、尼日尔（Niger）、塞内加尔（Senegal）、多哥（Togo）与中非的喀麦隆（Cameroon）、中非共和国（Central African Republic）、刚果（Congo）（ROCARE 2009）。FASAF 即"非洲家庭与学校教育研究组织"，其法语名称为 Famille et scolarisation en Afrique，英语名为 Families and Schooling in African，它是非洲人口研究联合会（the Union for the Study of the African Population）下属的主题研究机构。ADEA 即"非洲教育发展协会"，其法语名称为 Association pour le développement de l'éducation en Afrique，英语名称为 the Association for the Development of Education in Africa。FAWE 即"非洲女性教育学家论坛"（the Forum for African Women Educationalists）。CREA 即"非洲经济研究联盟"，其法语名称为 Consortium pour la recherche économique en Afrique，英语名称 Consortium for Economic Research in Africa。

第十三章　撒哈拉以南非洲法语国家的社会学与民族志研究

方法论

我并不打算对上述问题进行详细回答。我只是希望能够以此引发人们对这些问题的反思，并结合基于互联网开展的一些文献研究，以之作为我们对上述问题进行探索的一个良好开局。部分书籍与文章对非洲法语国家的社会学与人类学研究状况进行了述评，它们在一定程度上对本文的观点产生了影响。我还在力所能及的范围内参考了部分从非洲或是其他国家大学的人类学系或是社会学系获得的研究备忘录（mémoire）与学位论文（theses）[①]。本文的撰写主要建立在"西非与中非教育研究组织"（ERNWACA）的研究成果基础之上，尤其是那些来自西非与中非法语国家的作品。麦克卢尔（Maclure）曾经对 1960 年至 1991 年间"西非与中非教育研究组织" 7 个成员国（其中包括马里、多哥、喀麦隆、布基纳法索与贝宁等 5 个法语国家以及塞拉利昂与加纳 2 个英语国家）一共 1056 份有关教育研究的文献资料（包括研究备忘录、论文、学位论文、已出版的手稿与研究报告等）进行了总结与概括（Maclure 1997），本文对他的研究进行了大量的参考。此外，本文的参考文献还包括一些来自西非法语国家的其他作品，例如"非洲家庭与学校教育研究组织"（FASAF）的研究成果（Pilon and Yaro 2001）。

作为对上述已有文献的补充，本文还会对我自己以及我在索福尼亚大学（University of Sonfonia）社会学系［最近已经并入科纳克里大学（University of Conakry）］几位同事的研究进行概述，这些研究成果在我们的学术履历里都有所介绍。

这项工作同样还不可否认地受到其本身方法论问题的限制。那些由社

[①] 研究备忘录（mémoire）是一种在 DES 或者 DEA 学位的答辩过程中使用的研究报告，DES 与 DEA 大致等同于美国的博士候选人资格。此外，本文中 thesis 与 dissertation 这两个术语都可以指用于博士答辩的论文，其意思可以互换。

会学家、人口学家、统计学家与教育专家组成的多学科研究团队，他们的研究成果是否应该被纳入进来？我们的文献研究是否应该仅仅局限于非洲的研究者在非洲开展的研究？那些在田野工作中同时使用质性与量化研究方法，并且持续开展好几个月的研究能否被看作是民族志研究？这样的问题其实更有意义，因为我们最近开展的大多数研究（除了研究备忘录与学位论文之外）都是由多学科团队的成员共同协作完成的。这些团队成员中有很多外籍人士（例如法国人或是说法语的加拿大人），他们作为研究者直接参与了研究，并且在研究方法上进行指导。本工作的另外一个困难之处在于，某些作品的作者既没有具体地表明他们的学科背景，也没有对他们的研究方法进行足够详细的描述，这使得我们很难定义是否应该把他们也算作是民族志的研究者。

最后需要指出的是，本文对"民族志"的定义是：在一定的场域内对日常生活开展的研究，它强调研究的纵向性，允许研究者在相当长的一段时间内对某一情形或是具体的环境进行跟踪式研究（Beach et al.2004）。基于对民族志的这样一种认识以及前文中所提到的各种限制，我将社会学家、人类学家或是民族学家的研究作品统统列入本文的综述范围，而不论这些研究是独立完成还是在多学科研究的背景之下协作完成的，也不管研究者具有哪个国家的国籍，只要是在非洲法语国家进行的研究，我都将予以采纳。

人类学与社会学的历史背景

本小节将会对非洲法语国家的社会学与人类学研究的实践与定位以及学科认定上的争议与学科形成的环境从历史的角度做一次快速的扫描。

殖民时期以前与殖民时期的历史价值

最早在非洲从事民族志与人类学研究的是殖民征服时期（1860—1920）

与殖民统治时期（1920—1945）的殖民当局、民族志学者以及民族学学者。这些研究构成了所谓的应用人类学，其目的主要是为当局的殖民统治服务（Diop 1963; Copans 1971）。然而，于 20 世纪 50 年代发表于《人类学动态》上的一系列研究成果，尤其是乔治·巴兰迪尔（Georges Balandier）的《布拉柴维尔黑人社会学》一文（Balandier 1956）在某种程度上代表着"文化革命"的到来（Hirschhorn and Tamba 2010）。这些研究作品表明，所有的社会，其发展都是根植于历史与经验的变革之中的，因此没有一个社会会将其发展定位于面向传统与过去（Abé 2008）。这就为非洲社会学的诞生埋下了思想的种子（Diop 2007; Essè 2008; Kolle 2007）。因此，"如果说在欧洲，社会学是革命的产物，那么在非洲，社会学则是独立的产物"（Hirschhorn and Tamba 2010）。

后殖民时期国家政策的影响

在同一时期，由于被指责带有原始主义与殖民主义的双重罪恶，人类学被一些新成立的大学拒之门外，或是被埋没于社会学院系之中（Nkwi 1998 and 2006 cited by Bonhomme 2007）。然而迪奥普（Diop）却是个例外。20 世纪六七十年代，迪奥普一直在马克思主义人类学以及其他理论体系的框架之下从事人类学研究。即便如此，在非洲独立之后的那些年里，由于独裁政权的建立或是武装冲突的爆发，社会学在很多国家的发展都陷入了停滞，某些政权甚至宣布在大学教授社会学是一种违法行为。例如达喀尔大学（University of Dakar）的社会学系于 1968 年被关闭，直到 2004 年才又重新开课（Diédhiou 2010）。在其他的一些国家，社会学系虽未被关闭，但教学活动却受到了严格管控，例如在中非共和国与喀麦隆（Nga Ndongo 2010）。还有一些地方，导致社会学发展停滞不前的不是集权政府，而是内战，例如刚果（布）（Congo-Brazzaville）与乍得共和国（Chad）（Hirschhorn and Tamba 2010）。

始于 20 世纪 90 年代的行动研究的价值

从 20 世纪 90 年代开始，非洲的社会学与人类学获得了新的发展，在这其中某些政权的民主化以及社会对行动研究的强烈需求是主要的推动因素，后者则来源于经济开发机构、非政府组织与政府部门。在过去的几十年间，非洲的发展遭遇了失败的境遇，学者们认为这在很大程度上要归咎于政策的制定没有立足于地方现实（Hirschhorn and Tamba 2010）。基于这样的一种认识，行动研究开始受到重视。这一新的研究动态推动了很多新的社会学院系的建立。例如在布基纳法索，社会学、哲学、心理学等学科都单独设立了学位，社会学系也于 1992 年正式成立（Sawadogo 2010）。社会学家与人类学家开始组织一些新的学术论坛，例如 1989 年成立的"泛非洲人类学协会"（Pan African Anthropological Association, PAAA）与 2000 年成立的"非洲社会学协会"（African Sociological Association）。一些新的学术刊物也相继创立，例如《非洲社会学评论》（*African Sociological Review*）与《非洲人类学家》（*African Anthropologist*），它们分别由非洲社会科学研究发展理事会与泛非洲人类学协会每半年出版一次，并且同时用法语与英语双语发行[①]。这些新的学术论坛与出版物都被纳入了"非洲社会科学研究发展理事会"与"非洲及马达加斯加高等教育理事会"（CAMES, African and Malagasy Council for Higher Education）的框架体系，这两个组织为非洲法语国家的社会学与人类学发展做出了巨大的贡献。

社会学与人类学之间的不平等地位

因此，在非洲，社会学逐步变成了"独立的产物"、独裁政权的"敌人"与一种"新的发展工具"。而作为"殖民主义产物"的人类学则很难维持自己的地位。在大学里，与人类学相关的课程通常只有 4 门，例如在雅温得第一大学（University of Yaoundé I）或是科纳克里大学（Nga Ndongo

---

① 参见 http://www.codesria.org/spip.php?rubrique1&lang=en。

2010）。而独立的人类学院系则几乎不存在。直到 1993 年与 1997 年，喀麦隆的雅温得第一大学与加蓬（Gabon）的奥马尔·邦戈大学（University of Oumar-Bongo）才分别单独设立了人类学系（Bonhomme 2007）。

社会学在国家之间的不平等地位

在非洲，社会学的发展在不同的国家之间也存在着巨大的差距。例如在乍得共和国，社会学只有着不到十年的历史，并且只在大学的一二年级教授。而在喀麦隆，社会学的历史可追溯到 20 世纪 60 年代，其国内共有 5 所大学在教授社会学的课程，学生可以一直从本科读到博士。从 2003 年至 2006 年的 3 年间，雅温得第一大学共有 8 篇社会学的博士论文通过了答辩（Nga Ndongo 2010）。同样的，在刚果民主共和国［简称刚果（金）］有许多资深的社会学教授或是研究者，然而在刚果（布），位于其首都布拉柴维尔（Brazzaville）的马里安·恩古瓦比大学（Marien Ngouabi University）却只有 1 位资深的社会学教授。而几内亚的索福尼亚大学与康康大学（University of Kankan）甚至连 1 位资深的社会学教授都没有（Condé et al. 2005）。在社会学研究领域，喀麦隆的恩加·恩东戈（Nga Ndongo）对该领域重要人物的思想及其流派进行了研究（Nga Ndongo 2010）。布基纳法索的社会学研究成果也相对较多，1995 年到 2000 年一共出版或发表了 189 部（篇）作品，2000 年至 2006 年一共出版或发表了 171 部（篇）作品，分别占到同一时期同行评审刊物数量的 32.2% 与 43.6%（Sawadogo 2010）。不过，与科特迪瓦、塞内加尔与马达加斯加等国相比，布基纳法索只是一个特例而已。

当前在社会学或是人类学学科认定中存在的争议

与此同时，一些社会学家（Malela 1980; Nga Ndongo 2003; Munanga 2008; Nze-Guema 2010）与人类学家（Ndiaye 2010）呼吁将社会学或是人类学从西方的主题、模式、研究问题与思想流派中解放出来，建立一种真正具有非洲特质的社会学或是人类学学科。另一方面，亚伯（Abé 2008）更是提出了一种"某学科-社会学"（a sociology of bridges）的学科范式（Abé 2008），*将各种主题、方法论、理论与研究方案内在地联系起来。在亚伯看来，无论是在非洲还是在世界的其他地方，这种新的学科范式都将会是一种全球化的社会学研究范式，它强调上述各种研究要素之间的相互联系，并在这一过程中得以发展壮大。此外它还一直推动着非洲研究与科学产出的去殖民化过程。

亚伯的理论在非洲法语国家社会人类学（social anthropology）领域有关公共空间的研究中得到了验证，尤其是尼日尔的"社会动态与本土发展调查研究中心"（LASDEL Laboratoire d'Etudes et de Researches sur les Dynamiques Sociales et le Dévelopment Local），对其开展了一系列深入的研究。中心的研究员奥利维尔·德萨尔丹（Olivier de Sardan）曾提出了一个假设：社会人类学学科的建立是更好地理解社会空间，并对其进行解释的前提（Olivier de Sardan 2005: 4）。亚伯（Abé 2008）认为，他的这种新的研究思路是对该假设的有力支持。事实上，奥利维尔·德萨尔丹这一假设的提出是受到了芝加哥学派的启发，它通过开展民族志田野研究对知识的建构问题进行了特别的关注，就正如像帕克（Park）、布鲁默（Blumer）、雷德菲尔德（Redfield）、休斯（Hughes），以及后来的戈夫曼（Goffman）、弗雷德森（Freidson）或是莱默特（Lemert）这些研究者在实践过程中所做的那样。不过，这并不是说尼日尔"社会动态与本土发展调查研究中心"的研究人员挪用了芝加哥学派的理论以适应本土的研究，他们只不过是以芝加哥学派的理论为基础，建构了一种新的研究工具。②

---

* bridge 表示桥梁、连接之意，英语中可以用"-"来连接两个单词或词根来构成一个新的含义。"a sociology of bridges"即表示一种与他某一理论、学科或者研究主题有联系的新的社会学学科。此外，在下一自然段中，作者这一新的研究进路有力地支持了他的观点：社会学与人类学之间的"连接"建构是对社会性进行阐释的前提（Oliver de Sardan 2005: 4）。——译者注

② 参见 http://www.lasdel.net。

研究的开展与成果的传播过程中所遇到的困难

尽管非洲法语国家从 20 世纪 90 年代开始就已经在关注行动研究，但是其他方面的研究，尤其是基础研究的开展却仍然是困难重重。

首先是来自政治、硬件设施、经费与文献获取以及人力资源方面的困难（Pilon and Yaro 2001; Diarra 2002; Diallo 2004; ROCARE 2009）。麦克卢尔曾在其研究中指出（Maclure 1997），1960 年至 1991 年间，非洲法语国家的教育研究缺乏必要的科研经费与硬件设施，缺乏那种鼓励学者们积极投入研究、积极开展相关培训的大环境。2000 年以来的多项研究成果都证实了上述困难的真实存在。例如在马里，迪亚拉（Diarra）就注意到了"政府优先发展教育的政治意愿与教育部门有限的研究手段之间的矛盾"（Diarra 2002: 3）。凯尔法伊（Khelfaoui）也在其研究中指出了非洲法语国家研究人员大量流失的事实。他同时强调，对西非国家所开展的研究表明，在这样的环境之下，研究人员的大规模流失并不仅仅是由于生活困难这种物质条件方面的原因，还因为他们受到排挤、被边缘化以及对所从事的事业甚至是整个国家看不到未来。在 20 世纪八九十年代，像是科特迪瓦这样的国家在非洲可以称得上是非常富裕了，但是它同样也眼睁睁地看着本国知识分子的大量流失。然而在布基纳法索，尽管它是世界上最穷的 5 个国家之一，但是由于该国政府对科学研究持开放性的态度，该国知识分子的流失现象反而并不显著。

此外，研究者（尤其是在非洲的法语地区）接触互联网的机会非常有限；事实上，在该地区每 5000 个居民中只有 1 个互联网用户，相比而言世界的平均水平则是每 40 个居民中有 1 个互联网用户（Valérien et al. 2001）。于是，这就限制了他们获取更多撒哈拉以南非洲以及其他地区的研究的机会，那些研究多由国际开发机构资助或是由这些机构直接开展，其研究成果通常发表在一些学术刊物上或是以报告的形式呈现。

还有一点，决策的制定通常应该是建立在系统的研究与论证之上的，然而在图恩卡拉（Tounkara）看来，想要把这样的决策观念融入西非国家教育系统的价值观并不容易。研究者们指出，它在推广的过程中受到了许多因素的限制，例如政治人物对某些具有批判精神的研究者不信任、研究的结果难以符合决策者的预期、研究者害怕失去其研究的独立性以及研究者对决策者在物质与制度上的依赖等。此外，研究者们还认为决策者对他们非常的苛责，批评他们总是喜欢把自己关在"象牙塔"里、他们给出的研究过于笼统而不具有实用性与可操作性，以及他们对资助者的附加条件不予支持等。

其次，非洲国家，尤其是非洲的法语国家缺乏那种在国家或者地区层级上有活力的、功能性的优秀出版机构以及科学的成果分发途径，这严重地阻碍了该地区学术研究成果的发布与传播（Maclure 1997; Diarra 2002; Pilon and Yaro 2001）。与拉丁美洲相比较，撒哈拉以南的非洲并没以欧洲的语言或是非洲的几种主要语言[例如豪萨语（Hausa）、富拉语（Fula）、斯瓦希里语（Swahili）、林加拉语（Lingala）等，这些语言每一种都有好几百万人在使用]来作为学术语言进行出版或发行的大型出版机构。大部分撒哈拉以南的非洲国家仍然不得不使用欧洲的语言作为信息交流与传播的载体来获取现代技术与科学知识（Teimtoré 2006），其结果便是所谓的灰色文献（gray literature）在当地的学术研究成果中占据了极大的比例。例如根据麦克卢尔的研究（Maclure 1997），在他所确认过的1056份教育研究中，正式发表的只有8%，剩下的研究几乎都不为外界所知（Table 13.1）。

根据迪亚拉的研究（Diarra 2002），马里也是同样的情况。我曾对索福尼亚大学社会学研究人员的学术研究情况进行过分析，仅找到了21篇研究备忘录、2篇学位论文、110篇由各种开发机构、政府，或非政府组织完成的研究报告与11篇文章或其他类型的出版物。

的确，对于这些地区的作者来说，去国外发表文章并不是一件容易的事情，一方面是因为他们对发达国家刊物的发表规则不太熟悉，另一方面还因为这些发达国家的刊物对非洲国家的研究甚至可以说完全是另外一种环境中的研究并不重视。此外，研究者们常常会发现自己被孤立起来了，这种孤立包括语言方面的孤立，甚至会出现在同一国家或者地区的众多研究者身上。我在研究麦克卢尔相关作品（Maclure 1997）的参考文献时发现，英语版的参考文献几乎不会出现在讲法语的研究者的作品里，而讲英语的研究者也从不引用法语版的研究成果。此外，事实证明，使用外语发表或出版研究成果对非洲讲法语的研究者来说尤为困难，因为除了法语之外，他们几乎没有掌握其他发达国家的语言。鉴于英语是世界上最为流行的语言，讲英语的研究者在获取文献以及发表作品方面有着更大的优势。此外，非洲的英语国家拥有更多的人口数量，尤其是尼日利亚，因此，"在撒哈拉以南的非洲，从科学数据网（Web of Science database）收录的文献数据来看，75%的学术出版（发行）物来自南非、尼日利亚与肯尼亚的社会科学研究者，而他们又主要集中在少数的几所大学"（UNESCO and ISSC 2010）。与此同时，在《非洲社会学评论》（*Revue africaine de sociologie*）、《非洲高等教育评论》（*Revue de l'Enseignement Supérieur Africain*）、《非洲与发展》（*Afrique et Développement*）等"非洲社会科学研究发展理事会"旗下的刊物里，英语文章的数量也明显多于法语文章。

表 13.1

西非与中非国家社会学或人类学研究的性质分析（1960—1991）

教育研究	喀麦隆	马里	多哥	贝宁	布基纳法索	加纳	塞拉利昂	总计
研究备忘录	40.6	59.7	53.6	49	82.7	71.9	—	52.8
毕业论文	6	11.8	1.6	0.5	3.8	—	6.7	8.3
已发布的文档	15.2	5.6	0.8	4.3	5.4	—	44.4	8
政府报告	16.1	21.5	24.8	14.4	4.2	16.1	—	13.8
未发布的文档	12	—	4	11.1	—	12	42.2	7.6

续表

教育研究	喀麦隆	马里	多哥	贝宁	布基纳法索	加纳	塞拉利昂	总计
外国研究机构报告	6.9	—	10.4	10.6	1.2	—	4.4	5.2
政府与外国研究机构的联合报告	0.5	0.7	2.4	0.5	—		2.2	0.7
会议论文	2.8	0.7	2.4	9.6	2.7			3.5

信息来源：麦克卢尔关于研究者学术成果的研究与分析（Maclure 1997）

注：表中所列数字为所占百分比。

教育社会学、教育人类学、教育民族志与教育民族学的实践研究

本节将会重点论述有关教育方面的研究。我们首先将会向读者介绍非洲 20 世纪 90 年代之前的教育社会学、教育人类学、教育民族志与教育民族学方面的研究情况，然后是自 1990 年起，由"西非与中非教育研究组织"在非洲法语国家所开展的研究。本节还将会对研究项目的国际资助者在教育研究中所扮演的角色进行评价，并在最后为读者呈现一个以民族志作为主要方法的教育研究案例。

非洲的教育社会学与教育人类学：起了个大早，赶了个晚集

非洲最早的教育研究出现在 20 世纪 20 年代，但其真正的发展却是在非洲国家普遍迎来独立之后（大概在 1960 年左右）。这些教育研究主要来自社会学，在一定程度上也来自历史学、人类学（Bouche 1969; Lange 2003）与教育民族学（Marone 1969; Erny 1972）。然而与社会人类学相比较，非洲的教育社会学一直处于一种被边缘化的状态，并且除了一些私底下开展的研究，它几乎不能够从其他任何的研究中汲取养分。而那些私底下的研究的封闭性与私密性又决定了它通常得不到认可、其研究成果也难以发

表。因此，非洲的教育社会学研究，尽管有着一个前景不错的开局，但一直到了最近十几年（20世纪90年代初期）才迎来了其高速发展的阶段。

然而，在这一时期，社会学相对于人类学而言所处的优势地位影响着研究者们对理论、概念与主题的选择。非洲法语国家最早的社会学作品常常从批判性（Soulez 1968）与历时性（Lange 2003）的角度来对非洲的社会体系进行描述。通过这些研究，我们可以看到，在某些外援型力量的强制作用之下，非洲新的学校直接继承了殖民时期的学校体系（Martin 1971），并且在文化资本（Clignet 1997）、性别、区域与民族性等因素的作用下，非洲的学校教育体系在结构上表现出了高度的不平等性（Soulez 1968）。苏雷（Soulez）的研究即表明了在科特迪瓦，不同的族群有着不同的学校教育体系，这是因为他们对孩子的职业未来有着不同的期待；此外，不同的族群对妇女在社会中所扮演的角色有不同的理解，这也导致了不同族群的女孩在教育过程中受到了不同的对待。

20世纪50年代到80年代开展的早期研究，尽管数量不多，但却在研究主题、方法与概念等方面为非洲教育体系的研究打下了良好的基础。例如，有研究者从人类学与民族学的角度对教育的传统理论（Marone 1969; Erny 1972）以及学校中的《古兰经》教育（Santerre 1968）进行了研究。桑泰尔（Santerre）更是在对撒哈拉以南非洲国家学校《古兰经》教育进行研究的基础之上提出了一种关于知识传播形态的理论。尽管如此，直到20世纪90年代教育作为一个研究领域才迎来了其真正的发展（Lange 2003）。

根据麦克卢尔的研究（Maclure 1997），1960年至1991年，撒哈拉以南非洲国家的教育研究越来越全球化，其研究主题主要有以下几个方面：（1）教育财政及其管理方面的研究；（2）正规教育系统里学生的学习状况以及辍学情况研究，包括影响学习内容、质量与效率的因素；（3）教育与社会经济的融合研究，包括就业、社区教育以及社会不平等等问题；（4）非正规教育以及传统教育方面的研究（这是一个正在快速兴起的研究主题); (5) 教育改革研究以及; (6) 教师教育方面的研究 (在这方面有着大量的质性研究)。

20世纪90年代以来教育研究的发展状况

如上所述, 过去几十年间, 非洲国家对于社会学与人类学研究的投入并不算多, 并且经历了"结构调整方案"给社会经济带来的负面影响, 在教育方面的投入更是捉襟见肘。然而从20世纪90年代开始, 各种开发机构、政府以及非政府组织开始重视公民社会与教育领域中的人类学研究, 尤其是社会学研究。在这种新的环境下, 西非与中非教育研究组织在对课堂教育与传统教育进行观察与访谈的基础之上, 开展了一系列的质性研究(Maclure 1997)。

自20世纪90年代开始, 大量的研究者开始关注儿童在获取并接受正规教育的过程中所面临的障碍这一问题。学生在入学机会以及在学业成就的获得上所面临的不平等成为了最为普遍的研究主题, 特别是那些对女孩的入学机会与学习的持续性造成影响的各种限制性因素, 更是受到了研究者们的特别重视。这些因素主要包括: 经济方面的限制 (例如贫穷、直接与间接的教育开销)、社会文化方面的限制 (例如性别社会化、宗教信仰与早婚) 与家校之间的实际距离等。在几内亚, 它们都是社会学 (Diallo 1990; Sow 1994; Tambo et al.1997; Barry, Diallo, and Baldé 1999; Diallo 2004) 与人类学 (Belle-Isle and Condé 1996; Anderson-Levitt, Bloch, and Soumar 1998é) 的重要研究对象。

兰格 (Lange) 编撰了一本同样以西非国家女孩的受教育情况为主要研究对象的论文集 (Lange 1998), 其内容主要包括马里首都巴马科女孩的教育轨迹 (Zoungrana et al.1998)、布基纳法索的妇女、教育与社会发展 (Gérard 1998) 以及科特迪瓦针对女孩的学校教育策略 (Proteau 1998)。此外, 普罗托 (Proteau) 的一项研究引起了我的特别关注, 他在文章里指出"歧视首先与社会阶层有关, 而性别歧视则是继社会阶层歧视之后的歧视的第二个层次，很多针对拥有不同社会出身的儿童以及他们的学业路径所开展的对比性研究都对此予进行了阐述"（Proteau 1998: 68）。在马里，我们要特别提到的是杰拉德（Gérard）所进行的有关女孩学校教育的人类学研究（Gérard 1992）。

自 2000 年开始，高等教育阶段男生与女生学业生涯之间的不平等成为了"西非与中非教育研究组织"长期关注的重要议题，除此以外，下列主题也越来越受到重视：新的通讯与信息交流技术、艾滋病、远程教育、和平与公民教育、能力与就业及其发展、非洲语言、区域发展中的教育与文化、非传统学校（alternative school）以及武装冲突等（ROCARE 2004, 2005a, 2005b, 2006, 2008, 2009）。在表格 13.2 中，我们可以看到"西非与中非教育研究组织"专门用于资助青年研究者的小额拨款项目以及非洲信息技术的跨国研究等情况。后者以 5 个非洲国家的 36 所学校与部分网吧作为研究的场域，其研究成果已由 19 位研究成员组成的团队发布，其中包括部分来自非洲、欧洲与北美洲的社会学家（Karsenti, Toure, and Tchombe 2009）。

表 13.2

研究主题、项目、研究人员与资金来源	
2002 年	
受资助项目	由 11 个国家 40 位研究人员完成的 11 个项目
研究主题与受助项目的数量（见括号内）	如何提升科学课程的质量？（2） 信息技术能够在多大程度上提升教育质量？（3） 如何缩小教育成就获取上的性别差异？（3） 如何减小学校的辍学率？（1） 如何减轻 HIV 病毒或艾滋病对教育质量的影响？（1）
资金来源	加拿大与塞内加尔国际研究与开发中心（International Research & Development Center of Canada and Senegal）； 教育发展学会（Academy for Educational Development AED）； 美国国际开发署－华盛顿（USAID—Washington）

续表

2006 年	
受资助项目	由超过 100 个小额拨款项目资助的、来自 12 个国家 80 位研究人员的 24 个研究项目
研究主题与受资助项目的数量	HIV 病毒或是艾滋病对高中与大学教育的影响（4） 教育技术对于提升高等教育的贡献（6） 高等教育中的性别问题（2） 女孩的教育与堕落问题研究（1） 能力提升与就业之间的关系（1）
资金来源	西非经济与货币联盟（West African Economic and Monetary Union）与荷兰外交部联合开展的"区域卓越中心支持与发开计划"（Program for Support and Development of Centers of Regional Excellence, PADCER）
2007 年	
受资助项目	由来自 14 个国家 95 位研究人员完成的 21 个受资助项目
研究主题与受资助项目的数量	大学在非洲社会发展中所扮演的角色：重视高等教育（8） 对高等教育中教学创新（ICT、LMD、E-learning 等）的质量研究及其评价（7） 高等教育的搬迁安置与文化遗产议题（3） 学术圈的危机与暴力研究（2） 高等教育阶段女孩科学教育研究（1）
资金来源	"西非经济与货币联盟"与荷兰外交部联合开展的"区域卓越中心支持与发开计划"
2008 年	
受资助项目	由来自 15 个国家 111 位研究人员完成的 28 个受资助项目
研究主题与受资助项目的数量	区域性整合与发展中的非洲语言、教育与文化研究（5） 和谐与公民教育（11） 教育、能力提升与就业问题（11） 生态公民与教育（1）
资金来源	"西非经济与货币联盟"与荷兰外交部联合开展的"区域卓越中心支持与发开计划"
2009 年	
受资助项目	由来自 16 个国家 92 位研究人员完成的 25 个受资助项目

续表

2009 年	
研究主题与受资助项目的数量	新千年的到来与教育发展所面临的挑战（7） 教育与社会经济整合（妇女问题与社会发展）（5） 课程改革与学习的加强（10） 非正规教育：《古兰经》的传统教学法（3）
资金来源	荷兰外交部

国际资助者在研究中所扮演的角色

国际开发机构对"西非与中非教育研究组织"成员国的研究有着巨大的影响，具体表现为以下几种形式：对研究进行资助、对研究者进行方法论上的培训、直接开展国内的、跨国的与纵向的研究、为高阶学位的获取提供奖学金等。例如，"西非与中非教育研究组织"早期关于7个成员国教育状况的研究述评即是由一位来自渥太华大学的教授完成并发表（Maclure 1997）的，并得到了加拿大开发机构的资助。当前，这些发展合作机构正致力于为教育研究与培训提供小额援助，并为这些项目研究成果的传播与发布进行后续的支持（参见表13.2）。同样的，"西非与中非教育研究组织"的行动研究指南就是由非洲与加拿大的学者联合完成的（ROCARE and UQAM 2003），它的部分跨国研究也同样得到了许多国际开发机构的资助（Maclure 1997; Karsenti, Toure, and Tchombe 2008）。发达国家对非洲教育研究的影响还表现在学术刊物的编撰方面。于2009年首刊的《非洲教育研究评论》（*Revue Africaine de la Recherche en Éducation*），编委会9名成员中就有3名是来自加拿大或美国的大学教授。非洲社会科学研究发展理事会出版的《非洲社会学评论》，其编委会成员的组成，7名来自非洲，13名来自欧洲和美国。[①]

同样的，自20世纪90年代开始，对已有研究进行的分析表明，那些

---

① 参见 http://www.codesria.org/spip.php?rubrique42&lang=en.

重要的研究主题似乎正越来越多地受到研究出资机构的影响，甚至由它们来决定。萨莫夫（Samoff）与卡洛尔（Carrol）曾提到，"我们可以把当前的世界银行同时理解为一家银行、一个开发机构或是一个发展研究中心"（Samoff and Carrol 2004: 7; Anderson-Levitt and Alimasi 2001），"它对教育的研究已经成为影响非洲教育发展的重要形式之一"（Samoff and Carrol 2004: 49）。

兰格也有相同的看法。她在研究中认为："有关女孩学校教育研究的发布时间与机构渊源揭示了国际组织在整个研究过程中的重要性。在非洲，有关女孩学校教育的研究文献大部分是在联合国教科文组织、世界银行或是联合国儿童基金会的指导下于20世纪90年代完成的"（Lange 1998: 10-11）。类似的，卡博雷（Kaboré）等研究者在对布基纳法索有关教育政策与当前教育体系的研究中指出，绝大部分的社会学研究"从题目来看，都在关注女孩的学校教育"。这是一个非常现实的问题，同时也是"在追求经济高效率发展的过程中"形成的研究题目，"因为妇女的教育问题对一些其他方面的议题，例如生育计划等，有着乘数效应"（multiplier effect）（Kaboré 2001: 108）。

根据蒂姆托雷（Tiemtoré）的研究（Tiemtoré 2006），近年来，撒哈拉以南非洲国家关于信息技术研究的数量在不断增长。其原因在于国际学术界对技术研究的痴迷，并将其视为一种发展的工具与一种追赶发达国家的手段。

接下来，我将对西非与中非教育研究组织与索福尼亚大学社会学系为例，对发达国家在撒哈拉以南非洲国家学术研究中的影响力（这毫无疑问是存在的）进行分析。首先，西非与中非教育研究组织并不是在简单地寻求发达国家大学与外部机构的资助、或是屈服于它们的影响力，尽管它的大部分研究活动都不是由自己出资完成的。相反，它看起来发展出了一套更具自主性的策略，使得研究资金的来源变得更加多元化，同时也确保了其研究主题的本土性定位。位于加拿大的"国际开发研究中心"（IDRC）

第十三章 撒哈拉以南非洲法语国家的社会学与民族志研究

是其第一个，也是最重要的资助者，在此基础上，西非与中非教育机构组织还与以下诸多机构开展了广泛的合作，包括美国国际开发署、非洲开发银行、荷兰外交部、非洲教育发展协会、瑞士发展与合作署（SDC）、国际计划组织（Plan International）、非洲家庭与学校教育研究组织、西非经济与货币联盟、泛非洲银行基金会（Ecobank Foundation）、联合国教科文组织教育研究所（UIE）、西非开放社会倡议（OSIWA）、蒙特利尔大学、多伦多大学、渥太华大学以及非洲社会科学研究发展理事会（ROCARE 2005a, 2009）。

同时，西非与中非教育研究组织在撒哈拉以南非洲国家的教育研究中正扮演着越来越关键的角色。它是这样对自己进行介绍的：

> 通过一系列培训活动的开展以及对涉及教育的重大问题的研究（包括 HIV 病毒或艾滋病、非正规教育、信息技术、扫盲运动、就业、去中心化以及教学质量等），该组织成功地促进了本领域中相关专业技能在非洲的发展，并因此成功地创建了西非与中非教育研究实践的学术共同体。（Diarra 2009: 13）

此外，"西非与中非教育研究组织"还通过开展大量的培训以及为青年研究者的多学科研究团队提供小额拨款等方式来帮助其成员或是高校研究机构中的研究者提升教育研究能力（ROCARE 2006; see Table 13.2）。事实上，在西非与中非教育研究组织背后，有一种自主性的策略在推动着它的发展，一方面它开始逐步要求成员为其筹措资金，另一方面也同时将自己向发达国家或发展中国家的其他地区或是机构开放（ROCARE 2009）。

值得强调的是，在教育领域中，发达国家的介入往往发生在那些缺乏基础设施与资金来源，并难以得到本国政府的有力支持的情况之下。显然，每一位资助者都有自己的研究模式与利益追求，但尽管如此，我们不能否认这样的一个事实：非洲的教育研究确实需要资助者、并且想要综合评估他们对非洲教育实践带来的影响是非常困难的。

　　发达国家在推动索福尼亚大学社会学系的学科研究与培训方面所做出的贡献同样毋庸置疑，至少我是亲身经历了这一切。如前所述，我曾对该院系研究者的学术研究状况进行过分析。事实上，我们从中可以看出这些研究者常常需要对资助者［包括："世界银行"、"美国国际开发署"、"德国技术合作署"（Germany's GTZ）、欧盟、"联合国儿童基金会"、"法国合作署"（Coopération Française）等］提出的种种要求进行回应。不过同时我们也注意到了这些研究者与国外资助者所做的贡献对索福尼亚大学社会学的教学与研究产生了重大的影响，这样的影响力甚至还远远超出了学校的范围。回想我在索福尼亚大学社会学系学习的时候，没有任何一位老师经历过博士层次、甚至哪怕是博士候选人（DEA）层次的学术训练，社会学系没有成立专门的研究中心，在有关研究方法的课程里也很少会提及田野工作方面的研究。几内亚长期处于革命政权的统治之下，直到1984年才向西方国家开放，其国内的大学直到20世纪90年代的上半叶才第一次向学生授予了社会学的学位。从那个时候开始，部分研究者获得了博士候选人（DEA）资格或是硕士学位，还有一少部分获得了博士学位——即便如此，我们对进一步学习与深造的需求依旧很大。2005年，索福尼亚大学与康康大学的社会学系联合开展了一项社会学学士的培养计划，并聘请了蒙特利尔的魁北克大学以及其他的一些专业研究机构作为它们的咨询顾问。

　　研究方面，得益于法国合作署（一个来自法国的开发机构）的支持，科纳克里大学建立了一个专门研究学生群体与毕业生就业情况的研究中心。在社会学系部分研究人员的倡议下，加拿大大使馆为该中心提供了计算机设备，而中心的第一个科研项目则完全是由科纳克里大学自己筹资完成的。中心致力于对社会学系的学生进行培养，尤其是通过在具体情境里开展研究方法方面的课程来直接训练学生的专业素养（Barry, Diallo, Conté, and Diallo 1999; Barry et al. 2000）。

因此，自 2000 年开始，该学校的社会学系就已经储备了一定数量的青年学者，他们中的很多正在积极准备往海外的刊物上发表文章。从这些青年学者的研究履历上可以看出，他们中的一部分参与了由欧洲或是北美的研究机构、政府组织或是政府部门资助的科研项目，并且成功地在法语或是英语刊物上发表了文章。

非洲情境之下的民族志案例

和我作为一名学生以及一个研究者时的经历相比较，非洲当前在民族志的研究以及民族志研究者的培训方面已经有了巨大的进步。与我同时代的大多数学生一样，我没有过开展田野工作的经历，也缺乏研究资金，在我本科学习的最后阶段也没有相应的平台支撑我完成毕业论文。不过我自己参与了两项研究，一项是与一家比利时公司合作的对科纳克里运输行业的研究，另外一项是在丹麦顾问的指导下为世界银行做的有关几内亚国内能源方面的研究。参与这两项研究所获得的经验与收入为我第一项基础性研究的完成奠定了基础（Diallo 1990），并且在其中，我得到了来自我论文指导教师的有力支持，他本人曾经与众多国外研究者共事过。后来，我还参与了一些由国内高校（Sow 1994）或国外（Cochin, Diallo, and Camara 1994; Hamadache, Diallo, and Baldé 1997; Lacasse et al. 1998）研究人员所主导的行动研究。与这些不同研究者的合作一方面使我的收入有所增加，另一方面也增长并丰富了我的研究经历，尤其是质性研究方面的经历。例如，正是通过参与"几内亚课堂研究：女孩的经历"这项研究（Anderson-Levitt, Bloch, and Soumaré 1998），我认识到了民族志研究方法的重要性，并在具体的情境里对其进行了实践。

这一参与过程对我的博士论文也有着重要的影响。我在博士论文中对非洲，尤其是几内亚女孩的学业生涯进行了研究（其中我重点关注的是那些在学业上获得了成功的女孩）。在这项研究中，我同时使用了量化与质性相结合的混合型研究方法，后者则以民族志方法为主，包括：对学生的生活与学习环境进行观察；对学生及其家人开展访谈、并用录音带进行记录；与教师以及学科带头人开展对话以及对相关的档案资料进行整理。量化研究方面，我设计了一个问卷，其目的主要在于测量学生在家庭活动中（包括家务劳动、田间劳作与一些小型的家庭盈利活动等）所做出的贡献，并且对他们的社会经济地位进行评价。受民族志研究方法的启迪，我将一些新的想法在研究中付诸实践，例如对学生的课堂互动与家庭环境进行观察（包括在家的住宿条件、家校之间的距离与在家的取水距离）以及将访谈扩大到其他的家庭或是社区成员。基于先前的一些经验，我在研究过程中并没有使用摄像机来进行记录，因为这得花费太多的时间去回看那些影像资料！另一方面，我努力让自己对所有与学校教育、周边社区环境、学生以及老师相关的事物保持一种开放的态度；同时我还尽我所能地深入实地、亲自开展调查研究。有时候我实在没有时间去开展调研工作，在这样的情况之下，我招募了4名社会学研究者作为我的研究助理，并安排他们代我去实地跑两趟。第一趟主要是到实地里去做一些准备性的工作，差不多需要2天的时间，第二趟则是花8到10天的时间对主要的数据进行搜集。

最后，我的研究经历同样也表明，来自发达国家的研究者与非洲的研究者在项目上的合作并不总是局限于收集数据或是给资助者提供研究报告。这样的合作有时候也能够对其他一些独立研究起到推动的作用，同时也将有助于学术成果的发表与出版，我后来开展的一项合作研究即是如此。（Anderson-Levitt, and Diallo 2003）

对本节的概括

总之，非洲新一代的学者有关教育方面的研究（还包括民族志与民族学、学校人口学方面的研究）也是到了最近才开始大量出现，并表现出了许多新的特性，例如研究方法、场域与主题的多样性，以及在这一领域新出现的一些交叉型学科。教育社会学的优势地位及其影响力还将在教育研究中继续存在，一些经典的社会学概念例如场域（field）、策略（strategy）、表征（representation）、行动者（actor）、博弈（game）、利益（stake）与再制（reproduction）等也常常被历史学、人口学这样的学科所挪用（appropriated）（Lange 2003）。

尽管如此，根据"联合国教科文组织"与"国际社会科学理事会"（ISSC）的报告（UNESCO and ISSC 2010），撒哈拉以南非洲国家的人类学与社会学研究所占比例仍然很小。在与世界其他地方的学者联合出版或是发表作品方面，从2004至2008年，撒哈拉以南的非洲国家有关社会学研究的出版与发表数量在全球9个地区中排名第7位；人类学研究方面的排名尽管高于南亚国家、阿拉伯国家以及大洋洲国家，但也只是排名第5位。此外，非洲的教育研究者总是将他们研究的重心放在非洲大陆上，而不像其他洲的学者那样会开展比较性研究（Lange 2003）。

总结

鉴于本文内容的局限性，我们显然并不能够从非洲法语国家的教育研究中总结出一个全球性的结论，不过这些内容却有助于对本书的主题进行进一步的阐述。尽管在殖民时期以及殖民统治结束之后的一段时期内，总有着各种各样的困难阻碍着非洲国家的发展（例如独裁政权的建立、社会与经济问题等），但是几乎所有的非洲法语国家都在教育以及研究的发展方面取得了显著的成效（Hirschhorn and Tamba 2010）。然而，由于这些国家在基础研究方面仍然很薄弱，因此本文对非洲法语国家教育研究状况所作的概述还并不完善。

我们在上文中对非洲法语国家有关教育研究的相关文献进行了综合性的概述，从中我们可以得知研究者们对国家的很多重大问题进行了研究——这些研究通常都是在非常困难的条件下完成的，尤其是在20世纪90年代那段时期。它们提出了很多涉及教育的重大问题，并且这些问题常常与西非与中非教育研究组织下属法语国家的教育政策有关。然而由于非洲出版机构的缺乏以及语言方面的原因，这些研究很少出版或是发表，它们的成果同时也鲜有被运用于政府政策的制定与执行过程。

上述文献同时表明，国际开发机构在推动非洲法语国家的教育研究方面做出了巨大的贡献。此外，它们实质性地参与到了具体的教育研究之中，参与方式也变得更加多元化，并且在某种程度上越来越深入地影响着本土学者对研究主题的选择。事实上，这些机构通常只会参与并资助那些它们感兴趣的研究主题，例如20世纪90年代有关女孩学校教育的研究以及信息技术与远程教育方面的研究。

不过从我们对西非与中非教育研究组织的研究发展状况进行的分析来看，或者在一个更小的范围内，对索福尼亚大学社会学系的研究与培训状况进行的分析来看，我们的研究也确实需要寻求这些开发机构的介入，以填补我们在研究中长期存在的资金与政策缺口。事实上，根据兰格的研究（Lange 2003），尽管非洲最早的教育研究出现在20世纪20年代，但是其真正的发展还是在非洲国家普遍获得独立之后，并且主要来源于社会学的研究。然而，与其他的某些学科研究相比较，例如社会人类学、经济学与历史学，非洲的教育社会学研究长期处于一种被边缘化的状态，并且除了少数以个人名义开展的研究以外，教育社会学几乎没有从具体的研究实例中获得太大的发展，因为这些个人研究的私密性与封闭性决定了他们很少能够被外界所知。以上事实我们可以从20世纪60年代教育社会学少得可怜的作品数量上看得出来。因此，非洲学者有关教育方面的研究直到最近，即从20世纪90年代才开始有所发展（Lange 2003）。

从研究的性质上来看，在所有已开展的研究中，我并没有发现比奇（Beach）等人所定义的那种民族志的研究（Beach 2004）。一般来说，这些研究通常都融合了好几种方法，包括质性的方法与量化的方法，并且田野工作所持续的时间也没有研究者们最初所预计的那么长。我们的研究总体上来说是一种社会学研究或者多学科的研究，不过，其中还是有部分属于人类学研究，或是表现出了一些民族志的特征。

最后，我认为，考虑到我们的研究常常缺乏来自政府的实质性支持（例如国家政策、基础设施与持续性的资金来源等），因此对非洲的法语国家而言，当务之急是要解决本土或是国内研究的独立性问题。在我们这里最为普遍的行动研究，就非常依赖于发达国家从资金到技术层面的支持。与此同时，面对来自发达国家的资助，西非与中非教育研究组织试图寻求研究的相对独立性这一策略也值得我们去重视，尽管这还仅仅是一种假设，需要其他的研究对其进行论证。

致谢

在此，我向达乌达·科曼（Daouda Koman）先生表达我真诚的谢意，他是索福尼亚大学社会学系的前系主任，目前正在拉瓦尔大学（Univeristy of Laval）攻读博士学位。非常感谢他在我搜集索福尼亚大学社会学系研究人员的研究状况时所提供的帮助。同时，我还要感谢魁北克大学的伊夫·金格拉斯（Yves Gingras），他为我提供了最新的联合国教科文组织的数据。

参考文献

Abé, Claude. 2008. "La globalisation de la sociologie en situation africaine: entre résistances et dynamiques de structuration." *Canadian Journal of Sociology/Cahiers canadiens de sociologie* 33, no. 3: 575–606.

Anderson-Levitt, Kathryn M., and Ntal-I'Mbirwa Alimasi. 2001 "Are Pedagogical Ideals Embraced or Imposed? The Case of Reading Instruction in the Republic of Guinea." In *Policy as Practice,* ed. Margaret Sutton and Bradley A. Levinson. Norwood, NJ: Ablex.

Anderson-Levitt, Kathryn M., Marianne Bloch, and Aminata Maiga Soumaré. 1998. "Inside Classrooms in Guinea: Girls' Experiences." In *Women and Education in Sub-Sahara Africa,* ed. Marianne Bloch, Josephine A. Beoku-Betts, and B. Robert Tabachnick. Boulder, CO: Lynne Rienner.

Anderson-Levitt, Kathryn M., and Boubacar Bayero Diallo. 2003. "Teaching by the Book in Guinea." In *Local Meanings, Global Schooling*, ed. Kathryn Anderson-Levitt. New York: Palgrave Macmillan.

Balandier, Georges. 1955. *Sociologie des Brazzavilles noires*. Paris: Cahiers de la Fondation nationale des sciences politiques.

Barry, Alpha Amadou Bano, Mamadou Gando Barry, Alhassane Baldé, Thierno Souleymane Sow, Aïssata Bamaba, Mohamed Diaby, Michèle Sona Koundouno. 2000. *Profil des étudiants de première année de l'université de Conakry (année universitaire 1999-2000)*. Conakry: Observatoire de la population étudiante et sur l'insertion professionnelle de l'Université de Conakry.

Barry, Alpha Amadou Bano, Boubacar Bayero Diallo, and Mercedes Baldé. 1999. *La participation des femmes à l'enseignement supérieur et à la recherche en Guinée*. Conakry, Guinea: PADES.

Barry, Alpha Amadou Bano, Boubacar Bayero Diallo, Ibrahima Moriah Conté, and Mamadou Cellou Diallo. 1999. *Rapport d'évaluation des programmes offerts par les institutions d'enseignement supérieur de Guinée*. Conakry, Guinea: Observatoire de la population étudiante et sur l'insertion professionnelle de l'Université de Conakry.

Beach, Dennis, Francesca Gobbo, Bob Jeffrey, Geri Smyth, Geoff Troman, and the ECER Ethnography Network Coordinators. 2004. "Ethnography of Education in a European Educational Researcher Perspective. Introduction." *European Educational Research Journal* 3: 534–38.

Belle-Isle, Lucie, and Kéfing Condé. 1994. *Monographie de la femme en Guinée*. Conakry Banque africaine de développement, Fonds africain de développement, département central des projets, Unité femme et développement.

Bonhomme, Julien. 2007. "Anthropologue et/ou initié l'anthropologie gabonaise á l'épreuve du Bwiti." *Journal des anthropologues* 110–11 (2007): 207–26.

Bouche, Denise. 1966. "Les écoles françaises au Soudan à l'époque de la conquête, 1884–1900." *Cahiers d'Études africaines* 6, no. 22: 228–67.

Clignet, Rémi. 1997. *Sociologue entre Afrique et États-Unis. Trente ans de terrains comparés*. Paris: Éditions Karthala.

Cochin, Jacques, Bayero Diallo and Campel Camara. 1994. "Des Vues au pays de Kinkon." Research done under the Centre d'Étude à l'Environnement et au Développement de Guinée. MEPU/FP de Guinée, Coopération française.

Condé, Kéfing, Mohamed Campel Camara, Daouda Koman, Michèle Sonah Koundouno, and Sadio Diallo. 2005. *Dossier de rénovation du programme de licence en sociologie*. Departments of Sociology at the University of Conakry and the University of Kankan.

Copans, Jean. 1971. "Pour une histoire et une sociologie des études africaines." *Cahiers des Études africaines* 11, no. 43: 422–47.

Diallo, Boubacar Bayero. 1990. "Étude de la déperdition scolaire dans un collège de Conakry II. Application Le collège1 de Donka." Thesis for diplôme de fin d'études supérieures, University of Conakry, Guinea.

———. 2004. "Parcours scolaire des filles en Afrique le cas de la Guinée." PhD diss., University of Quebec at Montreal (UQAM).

Diarra, Mamadou Lamine. 2009. "Idées." *Bulletin d'information du ROCARE,* no. 14 (April). ROCARE.

Diarra, Sékou Oumar. 2002. "Bilan de la recherche en éducation au Mali." Paper presented at the colloquium La recherche face aux défis de l'éducation. Ouagadougou, Burkina Faso, 19–22 November.

Diédhiou, Paul. 2010. "La sociologie au Sénégal: journalisme sociologique et sociologie 'portative.'" In *La sociologie francophone en Afrique. État des lieux et enjeux,* ed. Monique Hirschhorn and Moustapha Tamba. Paris: Karthala.

Diop, Amadou Sarr. 2007. "Pluralité et logiques des paradigmes dans le champ des théories africanistes du développement. Etude des questions épistémologiques et idéologiques." PhD diss., University Gaston Berger, Saint Louis, Senegal, U.F.R. Lettres et sciences humaines, section sociologie, et les Facultés universitaires catholiques de Mons.

Diop, Cheikh Anta. 1963. "Sociologie africaine et méthodes de recherche." *Présence Africaine. Revue Culturelle du monde noir,* no. 48: 180–81.

Erny, Pierre. 1972. *L'enfant et son milieu en Afrique noire. Essai sur l'éducation traditionnelle.* Paris: Payot.

Essè, Amouzou. 2008. *La sociologie de ses origines à nos jours.* Paris: L'Harmattan.

Gérard, Étienne. 1992. "L'école déclassée. Une étude anthropologique de la scolarisation des filles au Mali. Cas des sociétés malinkés." PhD diss., Paul Valéry University, Montpellier III.

———. 1998. "Femmes, instruction et développement au Burkina Faso. Incertitudes africaines." In *L'école et les filles en Afrique, une scolarisation sousconditions,* ed. Marie-France Lange. Paris: Karthala.

Hamadach Ali, Boubacar Bayero Diallo, and Mouctar Balde. 1997. *L'analyse de la situation de l'analphabétisme en Guinée.* Conakry, Guinea: Unicef-Guinée.

Hirschhorn, Monique, and Moustapha Tamba, eds. 2010. *La sociologie francophone en Afrique. État des lieux et enjeux.* Paris, Karthala.

Kaboré, Idrissa, Jean-François Kobiane, Marc Pilon, Fernand Sanou, and Salimata Sanou. 2001. "Le Burkina Faso Politiques éducatives et système éducatif actuel." In *La demande d'éducation en Afrique. État des connaissances et perspectives de recherche,* ed. Marc Pilon and Yaro Yacouba. Dakar: UEPA/UAPS.

Karsenti, Thierry, Kathryn Toure, and Therese M. S. Tchombe. 2008. *Repenser l'éducation à l'aide des TIC.* University of Montreal: CRDI, ROCARE.

Khelfaoui, Hocine. 2009. "Le Processus de Bologne en Afrique. Globalisation ou retour à la 'situation coloniale'?" *Journal of Higher Education in Africa* 7, no. 1–2: 1–20.

Kolle, Samuel Same. 2007. *Naissance et paradoxes du discours anthropologique africain.* Paris: L'Harmattan.

Kourouma, Passy. 1991. *Étude portant sur les aspects socioculturels et socio-économiques de la scolarisation des filles au niveau du primaire Cas de la Guinée.* Conakry, Guinea: Secrétariat d'État à l'Enseignement Pré-Universitaire.

Lacasse, Denis, Boubacar Bayero Diallo, Gilbert Luc, Pierre Joseph Kamano, and James Toliver. 1998. *Analyse de la distribution des manuels scolaires en Guinée.* Conakry, Guinea: A.E.D.

Lange, Marie-France, ed. 1998. *L'école et les filles en Afrique. Scolarisation sous conditions.* Paris, Karthala.

———. 2003. "Vers de nouvelles recherches en éducation." *Cahiers d'études africaines* 1–2, no. 169–70: 7–17.

Maclure, Richard. 1997. *Négligée et sous-estimée, la recherche en éducation en Afrique centrale et Afrique occidentale une synthèse d'études nationales du ROCARE.* Bamako, Mali: ROCARE. (Also published in English as *Overlooked and Undervalued: A Synthesis of ERNWACA Reviews on the State of Education Research in West and Central Africa.* Washington, DC: USAID Bureau for Africa/Office of Sustainable Development.)

Malela, Mwabila. 1980. "Pour une relecture de la sociologie à la lumière de la théorie de la dépendance." In *La dépendance de l'Afrique et les moyens pour y remédier,* Acts of the fourth edition of the International Congress of African Studies, Kinshasa, 12–16 December 1978. Paris: ACCT-Berger.

Marcoux, Richard. 1998. "Entre l'école et la calabasse. La sous-scolarisation des filles et mise au travail à Bamako." In *L'école et les filles en Afrique,* ed. Marie-France Lange. Paris: Karthala.

Marone, Oumar. 1969. "Essai sur les fondements de l'éducation sénégalaise à la lumière des métaphores aqueuses de la langue Wolof." *Bulletin de l'IFAN,* no. 3: 787–852.

Martin J.-Y. 1971. " L'école et les sociétés traditionnelles au Cameroun septentrional," *Cahiers Orstom* (Sciences humaines) 8, no. 3: 295–335.

Mbilinyi, M. J. 2000. "Les défis de l'Éducation de Base, Recherche et Partenariat. Basic Education Renewal Research Initiative for Poverty Alleviation." Paper presented at the Conference BERRIPA, 3–5 November, Arusha, Tanzania.

Munanga, Albert Muluma. 2008. *Sociologie générale et africaine: les sciences sociales et les mutations des sociétés africaines.* Paris, L'Harmattan.

NDiaye, Lamine. 2010. "L'anthropologie africaine, entre mimétisme et routine." In *La sociologie francophone en Afrique. État des lieux et enjeux,* ed. Monique Hirschhorn and Moustapha Tamba. Paris: Karthala.

N'Doye, Mamadou. 2001. "L'histoire du développement scolaire vue d'Afrique in CEPEC de Lyon. Vingt ans de formation et d'éducation." *Actes du colloque international 15 et 16 septembre 1997.* Lyon: CEPEC.

Nga Ndongo, Valentine. 2003. *Plaidoyer pour la sociologie africaine.* Yaoundé, Cameroon: Presses Universitaires.

———. 2010. "La sociologie en Afrique central: États des lieux, problèmes et perspectives." In *La sociologie francophone en Afrique. État des lieux et enjeux,* ed. Monique Hirschhorn and Moustapha Tamba. Paris: Karthala.

Nze-Guema, Pierre-Fidèle. 2010. "La construction du champs scientifique so-

Kolle, Samuel Same. 2007. *Naissance et paradoxes du discours anthropologique africain.* Paris: L'Harmattan.

Kourouma, Passy. 1991. *Étude portant sur les aspects socioculturels et socio-économiques de la scolarisation des filles au niveau du primaire Cas de la Guinée.* Conakry, Guinea: Secrétariat d'État à l'Enseignement Pré-Universitaire.

Lacasse, Denis, Boubacar Bayero Diallo, Gilbert Luc, Pierre Joseph Kamano, and James Toliver. 1998. *Analyse de la distribution des manuels scolaires en Guinée.* Conakry, Guinea: A.E.D.

Lange, Marie-France, ed. 1998. *L'école et les filles en Afrique. Scolarisation sous conditions.* Paris, Karthala.

———. 2003. "Vers de nouvelles recherches en éducation." *Cahiers d'études africaines* 1–2, no. 169–70: 7–17.

Maclure, Richard. 1997. *Négligée et sous-estimée, la recherche en éducation en Afrique centrale et Afrique occidentale une synthèse d'études nationales du ROCARE.* Bamako, Mali: ROCARE. (Also published in English as *Overlooked and Undervalued: A Synthesis of* ERNWACA *Reviews on the State of Education Research in West and Central Africa.* Washington, DC: USAID Bureau for Africa/Office of Sustainable Development.)

Malela, Mwabila. 1980. "Pour une relecture de la sociologie à la lumière de la théorie de la dépendance." In *La dépendance de l'Afrique et les moyens pour y remédier,* Acts of the fourth edition of the International Congress of African Studies, Kinshasa, 12–16 December 1978. Paris: ACCT-Berger.

Marcoux, Richard. 1998. "Entre l'école et la calabasse. La sous-scolarisation des filles et mise au travail à Bamako." In *L'école et les filles en Afrique,* ed. Marie-France Lange. Paris: Karthala.

Marone, Oumar. 1969. "Essai sur les fondements de l'éducation sénégalaise à la lumière des métaphores aqueuses de la langue Wolof." *Bulletin de l'IFAN,* no. 3: 787–852.

Martin J.-Y. 1971. " L'école et les sociétés traditionnelles au Cameroun septentrional," *Cahiers Orstom* (Sciences humaines) 8, no. 3: 295–335.

Mbilinyi, M. J. 2000. "Les défis de l'Éducation de Base, Recherche et Partenariat. Basic Education Renewal Research Initiative for Poverty Alleviation." Paper presented at the Conference BERRIPA, 3–5 November, Arusha, Tanzania.

Munanga, Albert Muluma. 2008. *Sociologie générale et africaine: les sciences sociales et les mutations des sociétés africaines.* Paris, L'Harmattan.

NDiaye, Lamine. 2010. "L'anthropologie africaine, entre mimétisme et routine." In *La sociologie francophone en Afrique. État des lieux et enjeux,* ed. Monique Hirschhorn and Moustapha Tamba. Paris: Karthala.

N'Doye, Mamadou. 2001. "L'histoire du développement scolaire vue d'Afrique in CEPEC de Lyon. Vingt ans de formation et d'éducation." *Actes du colloque international 15 et 16 septembre 1997.* Lyon: CEPEC.

Nga Ndongo, Valentine. 2003. *Plaidoyer pour la sociologie africaine.* Yaoundé, Cameroon: Presses Universitaires.

———. 2010. "La sociologie en Afrique central: États des lieux, problèmes et perspectives." In *La sociologie francophone en Afrique. État des lieux et enjeux,* ed. Monique Hirschhorn and Moustapha Tamba. Paris: Karthala.

Nze-Guema, Pierre-Fidèle. 2010. "La construction du champs scientifique sociologique en Afrique." In *La sociologie francophone en Afrique. État des lieux et enjeux*, ed. Monique Hirschhorn and Moustapha Tamba. Paris: Karthala.

Olivier de Sardan, Jean-Pierre. 2005. "De la nouvelle anthropologie du développement à la socio-anthropologie des espaces publics africains." Paper presented at a colloquium of APAD on "Entrepreneurs et entreprises en quête de normes," Yaoundé, Cameroon, 11–13 October.

Pilon, Marc, Étienne Gérard, and Yacouba Yaro. 2001. "Introduction." In *La demande d'éducation en Afrique. État des connaissances et perspectives de recherche*, ed. Marc Pilon and Yaro Yacouba. Dakar, Senegal: UEPA/UAPS.

Pilon, Marc, and Yacouba Yaro, eds. 2001. *La demande d'éducation en Afrique. État des connaissances et perspectives de recherche.* Dakar, Senegal: UEPA/UAPS.

Proteau, Laurence. 1998. "Itinéraires précaires et expériences singulières. La scolarisation féminine en Côte d'Ivoire." In *L'école et les filles en Afrique, une scolarisation sous conditions*, ed. Marie-France Lange. Paris: Karthala.

ROCARE. 2004. *Session de stratégie du ROCARE 2004/ERNWACA2004 Strategy session, septembre 2004*, Segou, Mali.

———. 2005a. *Rapport annuel ROCARE 2003–2004.* Bamako, Mali: ROCARE.

———. 2005b. *Analyse de la contribution de l'éducation non formelle à la prévention du VIH/SIDA.* Rapport Final de Atelier Régional Africain, December 5–9, Kampala, Uganda.

———. 2006. Communiqué ROCARE du 25 octobre 2006. Bamako, Mali: ROCARE.

———. 2008. Rapport annuel. Bamako, Mali: ROCARE.

———. 2009. *Bulletin d'information du ROCARE*, no. 14 (April). Bamako, Mali: ROCARE.

ROCARE and UQAM. 2003. *Participer au changement en éducation. Manuel de recherche-action pour les chercheurs et praticiens en Afrique de l'Ouest et du Centre.* Bamako, Mali: ROCARE.

Samoff, Joel, and Bidemi Carrol. 2004. "Conditions, Coalitions and Influence: The World Bank and Higher Education in Africa." Paper presented at the Comparative and International Education Society, Salt Lake City, 8–12 March.

Santerre, Renaud. 1968. *L'école coranique de la savane camerounaise.* Paris: EPHE.

Sawadogo, Ram Christophe. 2010. "La sociologie au Bourkina Faso: accompagnement du développement, production de connaissances et formation des cadres." In *La sociologie francophone en Afrique. État des lieux et enjeux*, ed. Monique Hirschhorn and Moustapha Tamba. Paris: Karthala.

Soulez, Philippe. 1968. "Sociologie de la population scolaire en Côte d'Ivoire." *Cahiers d'études africaines* 9, no. 36: 527–45.

Sow, Alhassane. 1994. *Enquête sur la scolarisation des filles en milieu rural Rapport de synthèse.* Conakry, Guinea: MEPU-FP.

Tambo, Mercy, Ibrahima Sory Diallo, Djenabou Barry, and Alpha Aliou Barry. 1997. *Genre et fréquentation scolaire au primaire en Guinée.* Brighton, UK: Institute of Development Studies, University of Sussex.

Tiemtoré, Windpouiré Zacharia. 2006. "Les technologies de l'information et de la communication dans l'éducation en Afrique subsaharienne du mythe à la réalité. Le cas des écoles de formation des enseignants au Burkina Faso." PhD diss., University of Rennes II and University of Ouagadougou.

Tounkara, Brehima. 2005. *L'expérience de la collaboration entre les chercheurs du ROCARE et le Ministère de l'Éducation de base pour la reforme éducative au Mali.* Paper given at L'atelier de réflexion et d'échanges sur la synergie entre chercheurs et décideurs dans le monde de l'éducation au Burkina Faso. Ouagadougou, January 27 and 28.

UNESCO. 1995. *Rapport mondial sur l'éducation.* Paris: UNESCO.

UNESCO and ISSC (International Social Science Council). 2010. *World Social Science Report.* Paris: UNESCO Publishing and ISSC.

Valérien, Jean, Jacques Guidon, Jacques Wallet, and Etienne Brunswic. 2001. *Enseignement à distance et apprentissage libre en Afrique subsaharienne. État des lieux dans les pays francophones.* Tunis: ADEA.

Zoungrana, Cécile-Marie, Joël Tokindang, Richard Marcoux, and Mamadou Konaté. 1998. "La trajectoire scolaire des filles à Bamako. Un parcours semé d'embûches." In *L'école et les filles en Afrique,* ed. Marie-France Lange. Paris: Karthala.

结论　全世界的教育民族志
——一千种变化，共同的范式

阿涅斯·范赞丹（Agnès van Zanten）

本书对作为一门艺术的教育民族志在全球很多国家的发展与现状进行了详细的描述，其中有许多值得我们学习的地方，不过在这里我只选择两点加以关注。首先是关于民族志这一严谨的科学客体的认识论问题。它从最初的诞生之地传播到世界各国的过程中，以及它的文化内涵在被其他学科所挪用（appropriate）的过程中，其基本原理是如何在不同的学术环境之下得以保留并发展，以及其受到何种质疑又是如何发生变化的。其次是民族志在不同社会与政治环境中的社会嵌入性问题（embeddedness）。社会嵌入是如何影响其研究主题的，以及研究者们在面对各种社会问题、政策制定与政治活动时，他们应该秉持一种什么样的道德立场。

研究者们当下所普遍关注的一个问题是，随着民族志全球化趋势与发展策略的日趋明显，民族志研究在不同国家的具体环境中落地生根时将经历何种形式的"克里奥尔化"过程以适应本土研究的需要？在本文中，我将尝试着与民族志研究者们站在同样的立场，一方面强调民族志作为一门学科所应该具有的全球性特征，另一方面也强调它在不同国家的研究实践中要保留的本土性特征。同时，我还将引用本书其他章节作者的叙述来作为实证研究材料，并以此为基础尝试着以一种更接地气的方式来解释民族志研究的科学理论与方法是如何与我们这个社会实现互动的（Glaser and Strauss 1967）。然而，真实世界里的民族志研究却要复杂得多。首先，尽管本书各章节的作者都对自己国家或者其他相关国家民族志的研究状况进行了描述，但是他们提供的信息非常有限，而我也没有其他的信息来源对它们进行补充。其次，当我们从一个国家的民族志研究转移到另外一个国家时，会发现无论是关注重点还是研究范围，它们变化的程度都非常之大。

作为一门学科的教育民族志

正如我们所看到的，本书算得上是一次对教育民族志学科开展的"真正"意义上的田野工作。然而如果我们因此而直接使用本书中的材料来建构（作为一门学术研究科目的）民族志的理论框架，甚至以此对整个学科以及学术研究共同体下结论，未免会显得过于自以为是。但是，对来自不同国家的民族志作品进行详细的比较与概述，例如对它们的发展历程与融合（hybridization）过程开展跨越国界、跨越知识体系的研究与分析，为我们对这门学科开展多维度的研究提供了更为有趣的视角。

双重起源与跨界研究

事实上，本书各章节所作的论述并没有明确民族志作为一门学科在社会科学体系中的地位。建构主义者认为所有的学科都是建立在学科共同体所开展研究的基础之上的、具有有限生命周期的一种约定俗成。不过从他们的定义来看，这门学科的定位依然不清晰。我们所讨论的究竟是人类学之下的一门子学科（教育人类学），还是一种研究方法（民族志）？如果是前者，它就是学科与技术工具相结合的一门特殊的交叉学科。如果是后者，它就是被各种不同学科共同体运用的一种质性研究方法。对于这门建立在学术共同体所开展的研究基础之上的学科，本书中有的作者将其称为

"教育人类学",有的作者称为"教育民族志",还有的作者则是两种名称同时使用。不同的选择体现出了不同国家与文化背景之下,研究者们对这门学科在认识论上的差异。

德拉蒙特(Delamont)在本书第二章中指出教育中的民族志研究具有双重的历史起源,这是学术界对这门学科的定位缺乏统一认识的原因之一。把这门学科视为人类学的分支学科(即教育人类学)是一项美国传统(Henriot-van Zanten and Anderson-Levitt 1992)。它最先出现在文化人类学家20世纪30年代至50年代的研究作品中,这一时期的美国人类学家对发生在异国他乡社会中的社会化过程与濡化过程有着强烈的研究兴趣。到了20世纪50年代末至60年代,受发展中国家去殖民化过程与国外项目研究经费减少的"推动",以及规模日益膨胀的美国大学系统里更多工作岗位向有色人种开放的"拉动",人类学家回到美国开展研究,他们开始关注美国社会,关注城市里的不同族群以及正规的学校教育,教育人类学也因此开启了一种更为现代化的模式。这是一个典型的学术制度化的过程,首先是一部分重要案例研究成果的发表,随之而来的是大量学术著作的出版,例如由乔治·斯宾德勒(George Spindler)编撰的论文集,以及美国人类学与教育委员会(CAE)的成立与《人类学与教育季刊》的创刊。到了20世纪80年代早期,当我作为一名硕士研究生在斯坦福大学学习并参加斯宾得勒组织的研讨会时,教育人类学已经成为了人类学之下的子学科,并得到了学者的广泛认可。

但是对美国的人类学家与社会学家而言,与民族志相关的研究方法或研究技术只是众多学术研究工具中的其中一种而已。在同一时期,以芝加哥社会学派为代表的学术团体(他们的一些重要作品同时也被视为文化人类学的研究成果)确立了它在学术界的地位,就如同人类学在自然式探究(naturalistic inquiry)、深度田野工作、观察以及访谈领域中的地位一样(Chapoulie 2001)。这种类型的社会学研究最早出现在芝加哥大学,虽然在那里人类学与社会学并没有严格的分界线,但是质性研究的两种传统却在美国分别发展起来。随后，教育人类学与教育社会学分别作为人类学与社会学的独立子学科开始出现，并且从那个时候开始一直维持这样一种状态。尽管部分学者或者部分研究作品同时跨越了教育人类学与教育社会学两门学科，但是质性研究的两种研究传统也因此被保留了下来。在教育领域，质性研究并非人类学的专利，却是其最重要的研究方法。而社会学的学术界更鼓励运用量化研究的方法开展研究，因为它们有着更好的社会能见度。

英国的情况则不一样。在20世纪70年代的英国，尽管一小部分社会人类学的研究者发表了一些重要的学校民族志研究成果，但其实大部分涉及社区、学校以课堂的民族志研究都是由社会学的研究者们完成的。20世纪50年代，伦敦经济学院的学者基于"政治算术"（political arithmetic）学派量化研究的传统开展了一系列的研究，这些研究被哈尔西（A. H. Halsey）等学者引入教育研究的领域。在这样的背景之下，教育社会学作为一门独立的学科于20世纪50年代在英国出现。然而上述研究中的一些颇具建设性的观点、宏观层面的研究方式以及计量经济学的研究工具受到了来自"新教育社会学"（the New Sociology of Education）学派学者的强烈批判。这些学者重拾芝加哥社会学派的质性研究的传统，积极地从象征互动理论、民族学方法论、现象学理论（phenomenology）以及各种社会学知识中汲取研究灵感。从本质上来讲"新社会学"（New Sociology）的各种研究与作品质量参差不齐，并且在其他学派尤其是新马克思主义（neo-Marxism）学派的强烈批判之下只存续了大约10年（1970—1980）的时间（Forquin 1983）。尽管如此，该学派仍然促成了许多重要的、原创性的质性研究，并且对质性研究在教育社会学中的运用产生了持久的影响。

20世纪70年代至80年代，民族志研究的这种曲折的历史发展轨迹在美国教育人类学学者与英国教育社会学学者从他们原本所在的研究领域向教育研究跨界的过程中表现得更为复杂。当时，两国政府正在执行教师培训计划以解决大规模的中学教师师资短缺问题。同时，教育决策者对教育研究的需求也随着社会的发展与日俱增，于是大量的人类学学者与社会学学者被吸引到教育领域去开展研究。这种跨界对教育人类学与教育社会学的学科发展以及社会认可度起到了积极的推动作用。但是，正如德拉蒙特所指出的，跨界同时也导致了美国的教育人类学（在某种程度上也同样适用于英国的社会人类学）在发展上与其母学科的脱节，具体体现在以下两个方面：第一，跨界研究对人类学或社会学一些最新的研究趋势与关注焦点反应不够灵敏；第二，它们两者分别发展出了自己独立的学术会议、出版以及读者体系。

与此同时，如同很多其他类型的科学跨界一样（Ben-David and Collins 1966），上述跨界研究并没有促成一个全新的、独立的学科领域的诞生。这表明了一个事实，即教育其实并不能被算作是一门学科［这里我指的是组织结构意义上的学科，它反映了学术知识专业化的一个漫长过程（Fabiani 2006）］，而是学术与社会共同的关注点相互交叉形成的一个研究领域。一门规范的（教育）学科知识体系的形成通常会受到两个因素的限制。第一，学科本身所具有的多样性与异质性有助于我们对教育的过程进行理解。第二，考虑到教育过程总是会涉及各种社会关注的热点问题，因此教育研究通常是在教师、政策制定者以及各种希望通过教育研究解决问题的利益第三方的驱动之下进行的，而不是教育的研究对象本身，教育研究更强调教育问题的解决而不是对教育现象的研究（van Zanten 2004a），这样的事实也是影响教育被看作是一门学科的因素之一。

全球性融合

鉴于美国与英国在教育研究中所取得的卓越成就，它们的教育人类学与教育社会学研究成为了其他国家开展教育民族志研究的重要学习对象（正如部分章节的作者所指出的那样）。尽管这些国家中有的曾认为教育人类学是一种来自发达国家的殖民行为而对其敬而远之，例如20世纪60年代的阿根廷，或者认为教育人类学是资本主义的产物而将其禁止。虽然这两门学科的学术共同体都秉承一种内向型的发展模式，相互之间并不怎么交流与沟通，也没有明确的学科扩张策略，但它们的确成为了全世界教育民族志研究者心目中的学术圣地。本书多位作者都曾在他们的章节中提到，美国的教育人类学与英国的教育社会学都以不同的方式影响了全世界的教育民族志研究。

在过去，影响主要表现为美国的教育人类学家与英国的教育社会学家常常会到世界其他国家去开展研究。尽管这样的现象在今天依然存在，但是另外还有一种更为深刻的影响形式，那就是越来越多的其他国家的学生，尤其是研究生，开始去美国与英国深造（考虑到当前高等教育领域中日趋明显的国际化趋势，后一种形式的影响显得更为突出）。正如戈博（Gobbo）在第七章所描述的，当这些学生获得硕士或者博士学位之后，他们通常会回到自己的国家继续从事研究与教育工作。这一群人以及他们后来的学生深受英美研究传统的影响，并且极具学术进取心，他们在不同程度上成为了英美学术传统与本国研究的"思想中介"（Smith 1991）。他们发起了很多学术国际交流活动，其中包括邀请国外学者参加各种研讨会并翻译了很多国外的重要文献。影响的第三种形式是国内外学者联合起来开展民族志研究并且共同发表研究成果，这种形式看起来不太普遍但是影响力却更为巨大，例如欧阳护华在本书第十一章中提到的中美之间的联合研究项目。通过上述各种形式的交流与互动，国外的很多研究成果被介绍到国内来并且对国内的研究造成了深远的影响，本国的研究者在这一过程中扮演着至关重要的角色。

当然，在那些母语为英语的国家或把英语作为学术语言的国家，上述影响并不是那么明显，但另外有着一种看起来似乎缺乏系统性而其实影响力更甚的形式，那就是研究者直接把美国或英国的研究范式运用于本国的研究实例，例如本书中提到的以色列。在以色列，教育民族志的研究者大多来自大学的教育系或者教师培训学院（就正如美国与英国一样），他们都受到过美国教育人类学研究传统或者至少是欧洲社会学研究传统的影响。这些来自英语语系国家的研究在多大程度上能够被接受取决于很多因素，但其中最为关键的一点是自身研究传统的缺乏。对一些国家而言，教育民族志还是一个新的研究领域，其研究者大多来自国外或者是在国外接受的学科研究训练。一个比较类似但实际情况更为复杂的例子是斯堪的纳维亚国家，英语在该地区被广泛地用于社会生活与学术交流的语言。在人类学家踏入斯堪的纳维亚地区，并带去美国式的人类学与民族志研究范式之前，（根据安德森等人在本书相关章节中的分析）至少有三分之一的学校民族志研究看起来从一开始就深受英国社会学质性研究传统的影响。

与上述情形完全不一样的是德国与法国，它们在社会科学尤其是历史研究的某些方面处于领先地位，并且形成了一套不同于实用主义哲学取向（pragmatic philosophical orientation）的老传统（而实用主义哲学正是大多数美国、英国人类学与社会学质性研究的基本价值取向）。这使得德国与法国的研究者相对而言对英语语系国家的民族志研究缺乏兴趣，并且以一种消极的态度来抵制它们对本国研究的"殖民化"影响。民族志研究在这两个国家并不流行的原因还在于它们的研究传统影响了大学的学科组织体系。例如，在法国的大学里，人类学在传统意义上处于附属学科的地位，结构主义（structuralism）所带来的影响并没有引起研究者对社会化过程太大的研究兴趣。直到20世纪50年代与60年代，美国人类学家劳伦斯·威利（Laurence Wylie）基于美国文化人类学的传统到法国农村地区开展了两项著名的民族志研究，法国才有了最早关于家庭与学校教育的民族志实践，不过除了极少数的情形之外，这两项研究并没有得到教育研究者们的关注。另一方面，质性研究的方法在法国的出现要追溯到二战之后加布里（Chapoulie 1991）所谓法国社会学的"第二次建立"，其直接的推动力则来源于曾经在美国深造的那批法国学者，他们在学成回国的同时也把一些新的质性研究与量化研究的方法带到了法国学术界。到了20世纪60年代，他们当中的很多人已经成为了法国顶尖的社会学家，包括雷蒙·布东（Raymond Boudon）、皮埃尔·布迪厄（Pierre Bourdieu）、米歇尔·克罗齐耶（Michel Crozier）和阿兰·图海纳（Alain Touraine）等。然而正如哈沃（Raveaud）与德雷朗（Draelants）在本书第六章所分析的，民族志研究并没有因为质性研究方法的出现而立刻在教育社会学领域掀起一股研究热潮。此外，尽管有文献声称它们在20世纪80年代与90年代法国的教育研究里"发现"了美国与英国范式的民族志，但是由此便认为英美研究传统与法国研究传统已经在开始走向真正的融合是不正确的，因为绝大多数的质性研究仍然是建立在法国的理论与方法论传统之上的。

有的国家的情形则介于上述两类国家之间，它们看起来既受到了来自英美的影响，同时也保留了自己民族的研究传统。在本书提及的所有类似情形的国家中，要数日本最为有趣，它的民族志研究历史可以追溯到20世纪50年代。也许从西方的观点来看，日本的文化模式以及与之相关的教育体系同时具备了同质性与"异域性"的特征，因此相较于其他国家而言，日本的情形更能吸引美国教育人类学家的注意。这些来自美国的教育人类学家，同时还有来自英国的"新"教育社会学家，他们对日本学术研究的影响是日本教育民族志研究得以发展的主要推动力，而后者曾将著名的《教育中的权力与意识形态》（Karabel and Halsey 1997）一书翻译成日语。在很多因素的共同作用之下，日本产生了一种特有的民族志研究环境，这些因素包括：日本民族志研究学术共同体的规模、它们的学术作品"生产能力"与学术研究网络（包括学术团体、各种学术会议与学术作品的出版，它们主要是来自教育社会学与教育心理学领域，然而本书第十一章的作者箕浦并没有在其文章中提到教育人类学）。遗憾的是这种环境并不怎么为外界所知，因为大部分的研究作品都是用日语写成，并且没有被翻译成英语或者其他语言。

一个国家的教育民族志研究，不论其是否属于英美研究范式与本国研究传统相互融合的产物，其发展最终还是落脚于特定的学术环境与组织架构体系。这使得区别原本就不明显的教育人类学、教育社会学以及由教育工作者开展的教育民族志研究三者之间的关系变得更加复杂。在很多国家，人类学作为一门学科常常涉及民俗研究（尤其是在那些受德国研究传统影响的国家）与历史研究，并且其最初的产生与发展来自博物馆而不是大学系统，因此在这些国家的高等教育学科体系中，人类学常常处于一种特殊的、被边缘化的位置。这就导致了不同国家或地区的人类学研究有着不同的研究范式与研究特色。在墨西哥、巴西与阿根廷，研究者们看起来更倾向于从历史的维度来研究教育民族志，他们重视概念与方法，例如他们通常会在研究中运用档案整理与口述历史的方法。在中国，人类学的研究者常常处于学术研究中的边缘位置（直到现在依然如此），与他们从事其他社会科学研究的同事相比，他们通常被认为是专门研究边远地区少数民族问题的学者，而相比之下，社会学在中国的地位则要明确得多。不过在社会学的领域，质性研究还不能和量化研究相提并论。在中国，质性研究常常被公开指责或被嘲笑，认为它们在研究问题时诠释过度，并且缺乏坚实的科学证据。类似的情况也发生在法国，很多外行人士、刊物编辑或学术界的研究者都把质性研究等同于哲学或政治性的文章，认为它们没有开展任何实证性的研究，仅仅是建立在推测的基础之上。

　　如同美国与英国的情形一样，在很多国家，大部分民族志研究都来自教育系统以及由跨学科团队主导的研究案例。这些研究团队通常会把不同学科（尤其是社会学、人类学、社会与教育心理学、历史学与语言学）的理论、概念以及研究方法引入他们的研究之中。例如，本书第五章的作者戈麦斯（Gomes）指出，在巴西，学者们运用社会学的理论来研究青少年的生活以及他们的身份认同问题，而从事儿童生活研究的学者则需要同儿童与教育心理学研究者以及有着黑人身份的社会心理学研究者展开合作。虽然在没有足够多案例来源的情况之下，我们很难评估这种不同学科的交流与互动到底能够在多大程度上让我们的学术研究受益，但是对以下两种情形进行区分还是显得很有必要，即在什么样的情形之下来自不同学科的研究者会基于共同的研究兴趣抑或由于某种组织形式方面的限制而成立跨学科研究团队。在现实的研究实践中，后者的情形更为普遍。艾洛斯（Eröss）在第八章中论述的中欧国家以及迪亚洛（Diallo）在第十三章中论述的法语语系的西非国家即是如此。在这些国家，由于政治方面的因素或者资金短缺等原因，本地的大学并不热衷于在教育领域开展社会科学研究，所以此类研究通常是由国际基金会或者相关国际机构来资助完成，这些机构通常对跨学科研究以及质性研究与量化研究等多种研究方法结合的混合研究比较感兴趣。

世界各地的教育民族志与社会现实

通过对世界不同国家与地区教育民族志研究的主题以及它们的内在价值进行分析，我们不仅能够看到不同学科之间的不同研究视角，也能看到不同国家之间以及不同研究共同体之间各自不同的研究范式。事实上，以上观点适用于所有的社会科学研究，因此以研究的本土化为核心、建立强烈的本土研究意识并在此基础上对不同的学科知识体系进行比较研究能够让我们从中受益。

民族与福利国家，阶层与多元文化社会

从比较研究的角度对一个国家的民族志研究进行分析能够清楚地显示这些研究选题与该国当前主要社会与政治热点之间的关系。例如在有的国家，教育民族志继承了文化人类学的研究传统，对发生在学校以及其他教育场景中的仪式与典礼开展了大量的研究工作。不过德国看起来比法国对这些有关社会生活方面的问题更为热衷。在德国，研究者们非常重视对社会共同文化的研究，以此来促进国家在政治与社会维度上的融合；而在法国，自大革命以来，研究者们就一直在关注社会个体的公民身份问题。关于公民仪式，有两个类型的国家对这类研究最为热衷。第一类是对民族身份认同的构成要素存在争议的国家。例如在墨西哥，人们一直在争论是否

应该把本地原住民族群的文化提升到整个国家民族认同的高度。第二类是像以色列这样的新建国家。这些国家的教师与政治工作者通常都认为有必要通过某种形式的公民仪式来建构新的国家认同，以防止国家成为一种文化上的飞地（cultural enclaves）。

学校与教师同样也是教育民族志研究者们的关注重点，但是他们的研究视角各有不同。有的国家比较重视共同文化或者同质文化的传承，这样的国家似乎更为倾向于对学校教育与教师工作开展综合维度的研究。以日本为例，从箕浦的文章来看，很多重大教育民族志研究都涉及学校如何通过多元化的学术或社交活动全面介入儿童的学习与成长过程，以及教师如何通过各种教学指导活动来确立他们在教育过程中相对学生而言的主导性地位（教师在教育过程中处于主导性地位，这在世界上很多国家都是如此）。与之相反的是在另外一些国家，他们把学校与教师视为促进社会改变的动因、站在这样的角度来开展研究。例如在当前的中国，政府正在积极致力于包括学校在内的社会机构改革，并且在努力消除政府过去因为过度干预经济与社会发展而产生的遗留问题。

在对本书某些章节的内容进行分析与研究之后，我们还可以得出一个结论，那就是越是接近后工业时代社会的国家，其研究者的兴趣就越有可能从学校与教师的层面向学生与青少年的层面转移。随着世界各国青少年文化与运动在学校内外的蓬勃发展，这样的转移在很多国家都发生过，不过在本书所涉及的所有国家之中最为显著的是斯堪的纳维亚国家，因为相较于其他国家而言它们的福利社会制度更加重视青少年在成长过程中的自我管理与自我约束。对研究者们所关注的这个维度进行强调有助于推动教育人类学研究从过去那种对学校在社会化过程中所扮演角色展开的单向性研究朝着青少年与成人之间的双向互动性研究的转变，后者既有可能发生在一系列的机构性教育场景之中，也有可能发生在非机构性教育场景与家庭之中。

从传统意义上来看，教育民族志的研究者已经对学校在社会阶层化过程中所扮演角色的研究逐渐失去了兴趣。第一个原因在于人类学家与社会学家的研究传统与分工惯例，前者的研究主要聚焦于文化，后者则是社会结构。第二个原因在于从事量化研究的社会学家主要关注"社会阶层化"（social stratification）的问题，而从事质性研究的社会学家则关注"阶层文化"（class cultures）的问题。本书引用了大量来自世界各地民族志研究者的相关作品。相对于英国或者欧洲的教育社会学而言，美国的教育人类学对这些研究者的影响更大，尤其是美国近期关于阶层与教育研究的作品。因此我们在本书中可以看到，这些研究者明显对文化以及文化群体的研究与分析表现得更为关注。不过这种情形在比利时与瑞士的法语区并不多见，因为这两个地方更多是受到法国研究范式的影响。有学者尝试着把文化与社会结构结合起来开展融合研究，例如美国教育人类学家奥格布（Ogbu），他的理论对很多国家的研究产生了影响，其中包括一部分本书没有提及的国家（Gibson 1997）。尽管这样的尝试受到了方方面面的限制，但是看起来仍然有着极大的研究前景。例如诺伊费尔德（Neufeld）在本书第四章中引用了一个发生在阿根廷的案例。这个案例对来自拉丁美洲或亚洲的非欧洲裔贫困移民在阿根廷社会底层的生活状态以及他们的地位进行了研究。

　　长期以来对文化的关注使得一些国家的学者（例如美国）将他们的大部分研究都集中在"内部殖民"（internal colonies）层面，即对那些在传统意义上被边缘化的本土族群展开研究。同样的情形也发生在墨西哥与巴西。在墨西哥与巴西，它们的很多本土原住民族都曾经有过被殖民的经历。欧洲的情况也是如此，例如戈博在本书中谈到在20世纪60年代的意大利，民族志研究主要有两个重点。首先是关于意大利国内多元化的语言与文化分布的问题，它们在当时赋予了意大利独特的文化氛围，然而意大利当局为了追求国家与民族的统一而故意对它们视而不见。其次是关于意大利南部地区的贫困与受教育程度低下的问题。

　　随着多元文化主义在越来越多的国家盛行，很多民族志研究开始关注奥格布理论框架之下的"非志愿少数民族"（involuntary minorities）与新移民群体。事实上正是由于这些群体存在的种种问题以及它们的社会需求推动了世界各地自 20 世纪 70 年代以来对民族志研究的重视以及随之而来的项目资助，并促进了民族志研究本身的迅速发展。相较于社会其他领域的问题，政府、资助机构、教育决策者与教师通常对教育的研究更为深入、对教育问题的本质也看得更为透彻，因此研究者们对这些群体所开展的教育民族志研究通常聚焦于他们的学业失败问题而非学业成功的问题。在这一方面，欧洲各国中最为有趣的例子是针对罗姆人家庭与儿童所进行的研究。艾洛斯在本书第八章中指出，在大多数情况下，中欧国家的各种政府机构、政策制定者与本地的社会行动者都普遍把罗姆人视为"问题"人群，不过研究者与很多的社会行动者也在致力于对他们的社会处境进行改善。在这样的背景之下，中欧国家针对罗姆人开展的民族志研究通常关注其学校隔离与低学业成就方面的问题。然而根据德拉蒙特单方面的观点看来，美国的教育人类学更是这一研究趋势的"加强版"，她在本书第二章对美国的教育人类学研究进行了强烈的批判。

不过在有的国家，针对种族关系开展的人类学与社会学研究有着更大的影响力。对学校与课堂的文化冲突或者社会与文化的排异过程的研究也不再拘泥于过去那种传统的甚至在很多案例中被认为是过于简单的研究范式。例如在墨西哥，研究者不仅仅关注学校内部的教育，更是把目光放眼于研究对象所处的整个生活环境。因此，他们关于本地原住民的研究不仅展示了这些民族在面对学业失败与主流社会规范时所表现出的屈服与无奈，同时也展示了他们为了获得更为优质的教育资源而进行的种种努力与抗争。

作为一种颠覆性活动的民族志[①]

本书对民族志研究者在不同社会中所扮演的社会与政治角色也有着深

---

① 当然，这只是一种比较夸张的说法，来自尼尔·波兹曼（Neil Postman）与查尔斯·韦恩加特纳（Charles Weingartner）的《作为一种颠覆性活动的教育》一书（*Teaching as a Subversive Activity, New York: Delacorte Press, 1969*）。

刻的见解。当然，这一角色在不同的国家、不同的政治体制与历史条件之下也各不相同，尤其是在当我们把那些曾经经历过独裁统治与非民主政府的国家与其他民主国家进行比较时。在那些非民主的国家，社会科学的研究不仅受到来自学术方面的影响，也会受到来自社会方面的影响，大学被禁止开展相关研究或是被某些政治或军事集团严厉管控。由于教育民族志研究者们的工作常常能够更为深入地洞见社会过程、为社会草根阶层发声并且也常常会打破一些社会的陈规旧俗，因此很容易被认为是对现有社会等级制度与政治控制模式的一种挑战，又或是被认为在陌生人面前"背叛"了研究者自己所在的群体。然而，尽管我们无从知晓当权者能在多大程度上忍受这些对社会现状所做出的常常不同于官方宣传的研究结论，但是随着经济发展的不断完善与新媒体技术的普及，政府更加重视私权的保护，来自社会个体的声音也越来越受到重视。

在另外一些国家，例如阿根廷，对社会科学研究的政治压迫似乎反而成为了某些有着精明政治头脑的学者的研究对象，有助于他们去开展学术研究。例如本书第四章的作者诺伊费尔德，她所领导的研究小组一直坚持对很多具有社会本位特征的问题进行研究，而这些问题大部分都是之前阿根廷独裁体制之下的产物。教育民族志研究者，或者可以说更为普遍的是社会科学研究者的这种政治立场尽管遭到了一些精英集团的反对，却似乎更多地得到了来自普通社会大众的认同。这是一种极有可能出现的情况，因为相较于其他国家而言，拉丁美洲国家的社会科学研究者常常被看作是对社会不公进行公开批判的急先锋。他们不断地面临着来自政治与社会精英的抨击，而后者已经攫取了包括经济、文化、政治在内的各种社会资源并且向其他社会阶层关闭了机会的大门。教育民族志的研究者也因此卷入了这场纷争，他们指责并批评官方话语与社会以及教育现实之间存在着巨大的差距（主要表现为社会不平等与文化排斥）。

由于在这些国家，政治与社会的精英阶层曾试图把原住民或黑人这些少数族群对国家建设与发展所做出的贡献从历史之中抹去，因此民族志研究者们以自己的研究作为一种政治工具,"制造出"一种更为客观与公正的观点来看待国家过去的历史遗留问题与当前的社会发展动态。在巴西,甚至更大程度上来说在墨西哥,教育民族志研究已经成为了当地原住民族群与主流社会民族融合过程的一部分。在早期的时候,部分人类学家在社会精英阶层的支持下,通过原住民与少数民族群体的"文化赤字理论"(cultural deficits theory)介入了主流社会对社会少数群体的同化过程之中;而与之相对应的则是更多的研究者站在人类学家"文化相对论"的立场积极帮助那些落后的少数民族群体。他们参与了双语与跨文化课程的项目、教学大纲与教学法的开发过程之中(其中有部分被设计为可以替代官方的版本),并且对教师进行专门的培训,使之能够深入少数民族社区以及多种文化并存的学校里去开展教学与研究工作。

在这些国家以及面临着"非志愿少数民族"被边缘化这一问题的其他国家,研究者们的另外一个重要的政治立场是鼓励并支持本土创作——这将有利于培养来自原住民与黑人群体的本土学者。从逻辑上来讲,这些印第安人或者黑人研究者通常会更加用心、更加努力地去开展研究工作,以促进他们本族群或其他少数民族群体社会地位的提升。当然,美国的人类学家与英国的社会学家们早就已经开始了类似的做法,我们在那些多元文化不是那么显著或民族分裂问题不是那么严重的国家也能看到这种情况的"简化版"。此外,当研究者们去国外开展民族志研究时,尤其是美国或者欧洲的研究者去非洲开展研究时也是如此。迪亚洛曾在第十三章对这种情形进行过详细的解释。在非洲国家,由于当地政府经济能力有限,不能够为本地学者的研究与田野工作分配足够多的经济资源;同时也由于一些组织结构方面的原因,本地的研究者常常会遇到巨大的资金困难,例如他们很少有机会能够正式发表或者出版研究作品,而研究成果大多只能以灰色文献的形式存在。这就需要得到来自美国与欧洲的帮助与支持。

我们还可以在本书所涉及的大部分国家看到一个现象,那就是教育民族志的研究者们正在致力于推动一种更为民主的研究实践,这意味着应该平等地对待每一位研究对象,把他们当作研究的主体而不是客体,并且尊重他们每一个人的观点与看法。同时,研究者们也在努力让研究方法变得更加人性化、让合作研究与行动研究的形式更加多元化。研究者们常常会与教师一起来完成上述工作,因为教师有时候会被看作是对他们自己所处环境开展研究的民族志研究者。还有一种更为普遍的情况是,本书中的那些教育民族志研究者通过他们的研究来表达对各种社会与政治运动的同情与支持,这些运动涉及少数民族群体、被剥削的工人以及青少年儿童与妇女的利益。因此,他们的研究也常常直接地或者间接地被视为(或者被理解为)对他们的理想与诉求的有力支持。

近段时期以来,教育民族志的研究者加强了与政策制定者的合作,这样的合作是学术界两种研究趋势相互作用的结果,它在英国与美国甚至有些过于超前。首先,民族志的研究者越来越热衷于研究政策对某地区以及该地区教育造成的影响,他们以实际行动对"实践过程中的政策"表现出了浓厚的研究兴趣(Sutton and Levinson 2001),尤其是关于全球政策与地方性政策如何在本地环境中互动与融合的问题(Anderson-Levitt 2003)。正如艾洛斯所指出的,这对于民族志研究而言也许是一片有趣的沃土,并为它开辟了少数民族儿童研究之外的新领域。不过,这种针对教育政策开展的民族志研究需要来自人类学研究者、社会学研究者以及政治科学研究者在研究概念与方法上的通力合作。

其次,那些由学者或是学术机构发起的独立研究项目,所能获得的国家预算越来越少,而那些以社会改革为主要研究内容或政府指定主题的研究项目[随着社会科学知识作为一种政策分析工具被政策制定者们越来越多地运用于研究之中,这类项目的数量也在日渐增多(Hood 1986)],它们获得的研究经费,无论是来自政府还是非政府、国内机构还是国外机构,都在一直增加。这样的情形通常来得非常直接。以中国为例,根据欧阳护华的描述,政府会要求研究者为国家层面的改革措施在地方的落实情况提供建议。在另外一些国家,这样的情形甚至更为直接,政府会要求研究者去搜集质性研究数据并对其进行分析，以便为政府的各种地方政策进行综合评估（包括地方对这些政策的反映与这些政策对地方造成的影响），因为权力高层关注的是如何推动这些工作以及如何对他们所制定的政策进行解释。然而无论是在哪种情形，我们都能清楚地看到民族志研究者在协助政府落实改革政策（以街头实际参与者的身份）的过程中以及在研究并促进教育体制的去中心化与多层级、多部门联动的过程中所表现出的高超的技能与协调能力。

结论

本书各章节的内容都是建立在对来自全球不同国家的民族志进行深度研究的基础之上的。通过对本书的阅读，我们可以发现不同国家在民族志的定义与开展方式、民族志研究的选题、研究者的政治立场以及用来对田野数据进行分析的理论依据等方面都有着很大的不同。从某种程度上来说，这些差异都是真实存在的。凯瑟琳·安德森-莱维特（Kathryn Anderson-Levitt）发起了一场针对教育民族志的全球性探索，而本书则是对这场"全球之旅"的一个总结。她在前言部分提出要探索并重点研究各个国家教育民族志研究的不同之处，这无疑是一个非常正确的决定。然而在结束语部分，我却想要强调一下这些研究的相似之处，并确认民族志研究在全球范围内有着一种共同的研究范式（van Zanten 2011）。

安德森-莱维特教授是一位人类学家，而我是一位社会学家，这么看来难道我们又将要回归到本书一开始就提出的关于民族志研究双重起源的争论中去吗？也许会吧。然而无论如何，全球视野下的教育民族志有着共同的概念体系：都强调本土语境与本土理解的重要性；都对某些主题有着共同的研究兴趣，例如文化融合、少数民族研究与族群排斥；都对价值体系有着共同的判断标准，例如文化相对论、社会平等以及研究过程中与研究对象的民主互动（van Zanten 1999）；都有着共同的职业习惯，如艾洛斯所说的谦虚与专注。而本书则为上述共同特征的存在提供了丰富的证据。因此在我看来，与其说本书将带领我们进入一个新的未知领域，还不如说它将指引着我们去重新发现并认识民族志研究在理想与现实中的核心架构。

参考文献

Anderson-Levitt, Kathryn M., ed. 2003. *Local Meanings, Global Schooling: Anthropology and World Culture Theory.* New York: Palgrave Macmillan.
Ben-David, Joseph, and Randall Collins. 1966. "Social Factors in the Origins of a New Science: The Case of Psychology." *American Sociological Review,* 31, no. 4: 451–65.
Chapoulie, Jean-Michel. 1991. "La seconde fondation de la sociologie française, les Etats-Unis et la classe ouvrière." *Revue française de sociologie* 32, no. 3: 321–64.
———. 2001. *La tradition sociologique de Chicago.* Paris: Seuil.
Fabiani, Jean-Louis. 2006. "A quoi sert la notion de discipline?" In *Qu'est-ce qu'une discipline?* ed. Jean Boutier, Jean-Claude Passeron, and Jacques Revel. Paris: Éditions de l'EHESS.
Forquin, Jean-Claude. 1983. "La "nouvelle sociologie de l'éducation" en Grande Bretagne: orientations, apports théoriques, évolution." *Revue française de pédagogie* 63: 61–79.
Gibson, Margaret A., ed. 1997. Complicating the Immigrant/Involuntary Minority Typology (theme issue). *Anthropology and Education Quarterly* 28, no. 3.
Glaser, Barney G., and Anselm L. Strauss. 1967. *The Discovery of Grounded Theory: Strategies for Qualitative Research.* Chicago: Aldine Publishing Company.
Heilbron, Johan. 2001. "A Regime of Disciplines: Towards a Historical Sociology of Disciplinary Knowledge." In *The Dialogical Turn: Roles for Sociology in the Post Disciplinary Age,* ed. Charles Camic and Hans Joas. Lanham, MD: Rowman and Littlefield, 23–42.
Henriot-van Zanten, Agnès, and Kathryn M. Anderson-Levitt. 1992. "L'anthropologie de l'éducation aux Etats-Unis: méthodes, théories et applications d'une discipline en évolution." *Revue française de pédagogie* 101: 79–104.
Hood, Christopher C. 1986. *The Tools of Government.* Chatham, UK: Chatham House.
Karabel, Jerome, and A. H. Halsey, eds. 1977. *Power and Ideology in Education.* Oxford: Oxford University Press.
Smith, James Allen. 1991. *The Idea Brokers: Think Tanks and the Rise of the New*

Policy Elite. New York: Free Press & Maxwell Macmillan International.
Sutton, Margaret, and Bradley A. Levinson, eds. 2001. *Policy as Practice: Towards a Comparative Sociocultural Analysis of Educational Policy*. Westport, CT: Ablex Publishing.
van Zanten, Agnès. 1999. "Le savant et le politique dans les années quatre-vingt dix. Quelques problèmes éthiques de la recherche ethnographique en éducation." In *Recherches ethnographiques en Europe et en Amérique du Nord*, ed. I. Martinez and A. Vasquez, 171–91. Paris: Anthropos.
———. 2004a. "Les sociologues de l'éducation et leurs publics." In *Unité et pluralité des sciences de l'éducation. Sondages au cœur de la recherche*, ed. G. Chatelanat, C. Moro, and M. Saada-Robert, 187–203. Berne: Peter Lang.
———. 2011. *Les politiques d'éducation*, 2nd edition. Paris: Presses Universitaires de France, coll. "Que sais-je."

各章节作者简介

凯瑟琳·M. 安德森-莱维特（Kathryn M. Anderson-Levitt）是密歇根大学迪尔伯恩分校（University of Michigan-Dearbom）的退休人类学教授，同时也是《人类学与教育季刊》的前主编。她是《文化传授：法国与美国一年级教师的文化知识》（*Teaching Cultures: Knowledge for Teaching First Grade in France and the United States*）（Hampton 2002）一书的作者，同时也是《本土意义与全球教育：人类学与世界文化理论》（*Local Meanings, Global Schooling: Anthropology and World Culture Theory*）（Palgrave Macmillan 2003）一书的编者。莱维特现在任教于加利福利亚大学洛杉矶分校（UCLA）。

克里斯托夫·沃尔夫（Christoph Wulf）是柏林自由大学（Freie Universität Berlin）历史人类学跨学科研究中心、协同研究中心"表演文化"项目、德国精英集群计划（Cluster of Excellence）"情感语言"项目以及艺术跨界研究院的教育人类学与教育哲学教授，并主要从事历史文化人类学、教育人类学、摹仿理论、审美教育与跨文化教育、仪式与情感等问题的研究。他的作品包括论文集：《来自人类——历史人类学研究手册》（*Vom Menschen. Handbuch Historische Anthropologie*）（Weinheim 1997）、《人类学——历史、文化与哲学》（*Anthropologie. Geschichte, Kultur, Philosophie*）（Reinbek 2004）、《论社会的起源：模仿、表演与仪式》（*Zur Genese des Sozialen: Mimesis, Performativität, Ritual*）（Bielefeld 2005）、《文化多样性的人类学研究》（*Anthropologie kultureller Vielfalt*）（Bielefeld 2006）；以及合著作品：《作为一种仪式的社会》（*Das Soziale* als Ritual）（2001）、《教育中的仪式》（Bildung im Ritual）（2004）、《转型中的学习文化》（Lernkulturen im Umbruch）（2007）、《摹仿——文化、艺术与社会》（Mimesis. Culture, Art, Society）（University of California Press 1995）、《逻辑与激情：历史人类学的国际跨学科研究》（Logik und Leidenschaft: Internationale, transdisziplinäre Studien zur Historischen Anthropologie）（Berlin 2002）与《想象力的动态性与展演性》（Dynamics and Performativity of Imagination）（Routledge 2009）。

萨拉·德拉蒙特（Sara Delamont）是英国威尔士卡迪夫大学（Cardiff University）的社会学高级讲师。她是英国教育研究协会（British Educational Research Association）的第一位女性主席，与阿特金森（Atkinson）和豪斯利（Housley）一起合著了《文化等高线》（Contours of Culture）（AltaMira Press 2008）一书。她当前正在从事巴西战舞（capoeira）与法兰西武术（savate）方面的民族志研究。

艾尔西·洛克威尔（Elsie Rockwell）是墨西哥国立理工学院（National Polytechnic Institute）高等研究中心教育研究领域的教授与研究员，并且有墨西哥原住民血统。她发表的部分作品有《建设学校就是建设国家：特拉斯卡拉州后革命时期的教育》（Hacer escuela, hacer estado: la educación posrevolucionaria vista desde Tlaxcala）（El Colegio de Michoacán 2007）、《民族志研究的经验》（la experiencia etnográfica）（Paidós 2009），以及与安娜·戈麦斯共同编审的《人类学与教育季刊》（40, no.2 [2009]）。

埃里卡·冈萨雷斯·阿波达卡（Erika González Apodaca）在墨西哥社会人类学高等研究中心（Centro de Investigaciones y Estudios Superiores en Antropología Social）从事少数民族与教育人类学研究。她的主要作品有：《米塞地区的民族、冲突和解与学校教育》（Los profesionistas indios en la educación intercultural: Etnicidad, intermediación y escuela en el territorio Mixe）（UAMI, Juan Pablos 2008）、《民族与学校》（Etnicidad y escuela）（COMIE 2003）与《学校教育之于米塞人的意义》（Significados escolares en un *bachillerato Mixe*）（SEP 2004）。

玛丽亚·罗莎·诺伊费尔德（María Rosa Neufeld）是阿根廷布宜诺斯艾利斯大学哲学与文学学院的社会人类学研究员以及人类学系主任，她的研究兴趣是人类学与教育以及政治人类学。与齐斯泰兹（Thisted）合著《社会文化多样性在学校中的应用》（*"De eso no se hbla": los usos de la diversidad sociocultural en la escuela*）（Editorial Eudeba 2000）。

安娜·玛丽亚·拉贝洛·戈麦斯（Ana Maria Rabelo Gomes）是巴西米纳斯吉拉斯联邦大学（Federal University of Minas Gerais）的副教授，她的研究兴趣包括学校教育过程、本土原住民教育、学习与文化实践以及民族志研究。她的主要作品有《辛提人社区的学校教育民族志研究》（*Vegna che ta fagu scriver: Etnografia della scolarizzazione in una comunità di Sinti*）、《舍克里厄巴人的学校教育过程》（*El processo de escolarización de los Xakriabá: historia local y rumbos de la propuesta de educación escolar diferenciada*）以及发表于《人类学与教育季刊》的特别专题《拉丁美洲的本土教育》（*Indigenous Education in Latin American*）。

尼尔玛·利诺·戈麦斯（Nilma Lino Gomes）是巴西米纳斯吉拉斯联邦大学（University of Minas Gerais, UFMG）的教授与该校平权行动项目的总协调人。她的研究兴趣包括黑人民权运动与教育，种族、性别与教育以及政治的多样性与教育研究。主要作品有《黑人教师身份认同的建构过程》（*mulher negra que vi de perto: o processo de constructionção da identidade racial de professoras negras*）（Mazza Edições 1995）与《根之保留：作为黑人身份象征的身体与头发》（*Sem perder a raiz: corpo e cabelo como simbolos da identidade negra*）（Autêntica 2006）。

玛露西娅·哈沃（Maroussia Raveaud）是法国曼恩大学（University of Maine）的研究员与讲师，英国布里斯托大学（University of Bristol）访问学者。她的主要研究领域是国际比较视野下的教室实践研究，并且对发生在小学教室里的学生社会化问题尤为关注。她是《从儿童到公民：学生公民身份的养成》(*De l'enfant au citoyen: la construction de la citoyenneté à l'école*)（Presses Universitaires de France 2006）一书的作者，同时也是一份国际学术刊物的编审委员成员。

雨果·德雷朗（Hugues Draelants）是比利时鲁汶大学（University of Leaven）的"比利时法语区基础研究基金会"（FRS-FNRS）博士后项目研究员。他的研究兴趣包括精英教育社会学、教育政策以及学校与互联网中的社会化与认同过程研究。他的作品有《网络聊天室里的对话》(*Bavardages dans les salons du net*)（Labor 2004）与《教学改革的合理性》(*Réforme pédagogique et légitimation*)（De Boeck 2009），以及他为《精英教育》(*La formation de élites, edited by Agnès van Zanten*)（Presses Universitaires de France 2010）一书撰写的三个章节。

弗朗西斯卡·戈博（Francesca Gobbo）是意大利都灵大学（University of Turin）从事跨文化教育研究的教授，同时也教授教育人类学的课程，并负责协调都灵大学人文科学博士研究院的教育科学博士项目。她通常用一种比较性的、跨学科的视野来研究当代教育问题，例如移民与少数族群学生的学校教育。她是国际跨文化教育协会（International Association for Intercultural Education）、欧洲教育研究协会（European Education Research Association）与意大利教育学学会（Società Italiana di Pedagogia）的会员，并且是多个国际学术刊物的编审委员会成员。她的作品包括：与巴蒂（G. Bhatti）、盖纳（C. Gaine）、利曼（Y. Leeman）共同编著的《社会正义与跨文化教育》(*Social Justice and Intercultural Education*)（Trentham Books 2007）；奥格布（U. Ogbu）任主编的《约翰的遗产》(*The Legacy of John*)一书中的特约专题《跨文化教育》[*Intercultural Education* 18（5）]；以及《教育民族志研究：以一个欧洲教育研究者的视角》(*Ethnography of Education in a European Educational Researcher Perspective, in EERJ 3, no. 3 2004*)。

加博尔·艾洛斯（Gábor Eröss）是匈牙利科学院社会学研究所的研究

人员。他致力于教育社会学与教育人类学、少数民族问题以及公共政策与文化社会学的研究。他同时也是"知识与政策"（Knowledge and Policy）工程的项目主管（http://www.knowandpol.eu）。

萨莉·安德森（Sally Anderson）是丹麦奥尔胡斯大学（University of Aarhus）教育系的副教授。她在其关于丹麦公立学校的一篇民族志研究里，《他们自己的课堂》（*I en klasse for sig*）（Gyldendal 2000），讲述了儿童与教师如何通过课堂的内部社交活动来建立各种亲疏社会关系。在其另外一篇民族志研究里，《公民社交：丹麦的儿童、体育运动与文化政策研究》（*Civil Sociality: Children, Sport and Cultural Policy in Denmark*）（Information Age 2008），对丹麦的文化组织、社会道德与儿童的体育社交活动进行了研究。她当前正在从事关于私立宗教学校里的儿童与宗教信仰关系的比较研究。

伊娃·格罗夫（Eva Gulløv）是丹麦奥胡斯大学教育系的副教授，她撰写并编审过很多关于儿童、儿童保育机构与儿童民族志研究方法论方面的著作，其中包括她参与编撰的《儿童的地位：以跨文化研究的视角》（*Children's Places: Cross Cultural Perspectives*）（Routledge 2003）一书。

凯伦·瓦伦丁（Karen Valentin）是人类学博士、丹麦奥胡斯大学（University of Aarhus）教育系副教授。她的研究兴趣包括儿童与青少年、学校教育、统筹发展以及都市化与移民问题，自1994年开始她就到南亚与东南亚国家对上述问题开展田野工作。她是《为未来而上学？尼泊尔城市寄居者的教育政策与日常生活》（*Schooled for the Future? Educational Policy and Everyday Life among Urban Squatters in Nepal*）（Information Age 2005）一书的作者，并且为《发展中国家的青年人与城市》（*Youth and the City in the Global South,* edited by Karen Tranberg Hansen）（Indiana University Press 2008）撰写了两个章节的内容。

箕浦康子（Yasuko Minoura）是东京御茶水女子大学（Ochanomizu University）的荣誉退休教授，她的主要研究兴趣是把心理学与人类学的方法同人类发展与教育领域结合起来开展研究。她曾经在美国、孟加拉、泰国与越南等国家从事过田野工作，并主要关注儿童社会化、学校教育与孕产妇健康方面的问题。她的作品有《童年时期的跨文化经历》（*Intercultural Experience during Childhood*）（Shisakusha 1984）、《儿童发展的文化视角》（*Cultural Perspectives on Child Development*）（University of Tokyo Press 1990）以及被《文化结构环境中的儿童发展》（*Child Development within Culturally Structured Environment, vol.3, Ablex, 1995*）收录的《双文化家庭背景下青少年的文化与自我概念》（*Culture and Self-concept among Adolescents with Bi-cultural Parentage*）。

欧阳护华（Huhua Ouyang）是中国广东外语外贸大学教授，英语教育研究中心主任。他的主要作品有《单程车票：一个教改者的故事》（*One Way Ticket: A Story of an Innovative Teacher in Mainland China*）[《人类学与教育季刊》31（4）] 等。

西姆哈·史拉斯基（Simha Shlasky）在特拉维夫大学（Tel Aviv University）与以色列教师学院从事教学工作。他感兴趣的领域包括质性研究方法、教育中的性别问题与寄宿制教育。他近期的希伯来语作品有《教育中的性与性别问题（合编）》（*Sexuality and Gender in Education*）、《青年人的社区：以色列寄宿学校研究（合编）》（*Communities of Youth: Israeli Boarding Schools*）与《写作的质性研究方法：从现实解构到文本建构（合著）》（*Ways of Writing Qualitative Research: From Deconstructing Reality to Its Construction as a Text*）。

布拉查·阿尔珀特（Bracha Alpert）是以色列贝特伯尔学院（Beit Berl College）的高级讲师，并担任该学院研究与评估中心的负责人。她的研究领域包括课程与教学以及质性研究方法，曾多次在《人类学与教育季刊》（*Anthropology and Education Quarterly*）、《教学与教师教育》（*Teaching and Teacher Education*）与《课程研究》（*Curriculum Inquiry*）等刊物上发表文章。她还用希伯来语同他人合著了一本书《写作的质性研究方法：从现实解构到文本建构》（*Ways of Writing Qualitative Research: From Deconstructing Reality to its Construction as a Text*）。

纳马·萨巴尔·本-约书亚（Naama Sabar Ben-Yehoshua）是以色列特拉维夫大学（Tel Aviv University）的荣誉退休教师，当前正在阿赫瓦教师学院（Achva Teacher College）主持一项关于"以色列民族文化与教育"的教育硕士项目，同时也是该校教师教育质性研究团队的发起者与负责人。她的研究领域主要为质性研究伦理与质性研究方法论。她的作品包括《流离的基布兹人》（*Kibbutzniks in Diaspora*）（SUNY 2000），《质性研究的流派与传统》（2001，希伯来语）与《"我该怎么做决定？"——教师的道德困境》（*"Who Am I to Decide?"—Ethical Dilemmas of Teachers*）（2007，希伯来语）。

布巴卡尔·巴耶罗·迪亚洛（Boubacar Bayero Diallo）曾经是魁北克大学蒙特利尔分校（University of Qaebec at Montreal）"科学与技术跨学科研究中心"（CIRST）质性研究项目的研究员与协调人，现在正在从事国际研究项目的咨询工作。他的研究主要关注非洲与加拿大中学教育的基础教育与教师职业生涯。在加入科学与技术跨学科研究中心之前，迪亚洛曾是几内亚科纳克里大学（University of Conakry）社会学系的讲师与研究员，并兼任几个开发援助机构的顾问。他的作品有同米雷耶·莱维斯克（Mireille Levesque）与皮埃尔·多雷（Pierre Doray）合著的《1997年至2002年的成人教育研究》（*La formation des adultes entre 1997 et 2002*），被收录于《工作技能的培养》（*Développer les compétences au travail*, Bouteiller and Morin, eds.）（HEC 2009）一书，以及与凯瑟琳·安德森-莱维特合著的《几内亚的书本教学》（*Teaching by the book in Guinea*），被收录于《本土意义与全球教育：人类学与世界文化理论》（*Local Meanings, Global Schooling*）一书。

阿涅斯·范赞丹（Agnès van Zanten）是法国国家科学研究中心（CNRS）社会变革研究所（Observatoire sociologique du changement）的

资深教授。她的研究领域包括教育的社会再制与社会转化、精英教育、学校的组织与专业动态研究以及教育过程中的地方性公共行为等，同时对质性研究方法与国际比较研究有着浓厚的兴趣。她的最新作品有《教育词典》(*Dictionnaire de l'éducation*)(Presses Universitaires de France 2008)与《选择你的学校——家庭策略与中介服务》(*Choisir son école. Stratégies familiales et médiations locales*)(Presses Universitaires de France 2009)。

姓名索引

（索引条目后的页码为原书页码，即本书边码）

Abé, Claude, 克劳德·亚伯, 281, 283
Ablewicz, Krystyna, 克雷斯蒂娜·阿布莱维奇, 168
Abramo, Helena Wendel, 海伦娜·温德尔·阿布拉莫, 120
Abuhav, Orit, 奥里特·阿布哈夫, 257, 258
Abu-Rabia-Queder, Sarab, 萨拉卜·阿布－拉比亚－奎德尔, 260, 267, 269
Achilli, Elena L., 埃琳娜·L.阿基利, 96, 100, 101, 103
Adler, Chaim, 哈伊姆·阿德勒, 261
Adler-Lomnitz, Larisa 拉丽莎·阿德勒－罗姆立兹, 75
Afifi-Agbaria, Dima, 迪玛·阿菲菲－阿格巴瑞亚, 267
Ai, Qiong, 艾琼, 246
Akinsanya, Sherrie K., 谢莉·K.埃金桑亚, 51
Alaniz, Marcela, 马塞拉·阿兰尼斯, 96
Alexander, R.J., R.J.亚历山大, 4, 9
Al-Haj, Majid, 马吉德·阿勒－哈吉, 267
Alimasi, Ntal-I'Mbirwa, 娜塔尔－安比尔瓦·阿里玛斯, 21, 291
Allwright, Dick, 迪克·奥尔赖特, 248

Alvarez Roldán, Arturo, 阿图罗·阿尔瓦雷斯·诺尔丹, 2
Álvarez, Amelia, 阿米莉娅·阿尔瓦雷斯, 10
Åm, Eli, 埃利·奥姆, 200
Amâncio, Iris, 艾丽丝·阿曼西奥, 119
Amaro, Liliana, 莉莉安娜·阿马罗, 81
Anderson, Gary L., 盖瑞·L.安德森, 11
Anteby-Yemini, Lisa, 丽莎·安泰比－耶米尼, 264, 268
Antequera, Nelson, 尼尔森·安特克拉, 80
Araújo, Carla, 卡拉·阿罗约 120
Arieli, Mordecai, 莫迪凯·阿里利, 262, 263, 267, 268
Ariès, Philippe, 菲利普·阿利埃斯, 33
Asai, Akiko, 浅井亚纪子, 217
Asakura, Kageki, 朝仓景树, 228
Ashkenazi, Michael, 迈克尔·阿什肯纳兹, 259
Atkinson, Paul A., 保罗·A.阿特金森, 9, 52, 53, 57, 61
Au, Kathryn H., 凯瑟琳·H.奥, 56
Ávalos, Romero, Job, 罗梅罗·约布·阿瓦洛斯, 79

Ávila Melénz, Luis Arturo, 路易斯·阿图罗·阿维拉 梅伦德斯, 75, 83

Aviram, Ovadia, 奥瓦迪亚·阿维拉姆, 268

Ayalon, Hanna, 汉娜·阿亚隆, 261

Ba, Zhanlong, 巴战龙, 241

Baarts, Charlotte, 夏洛特·巴茨, 198

Bailey, Paul, 保罗·贝利 245

Bajomi, Iván, 伊凡·巴乔密, 181

Balandier, Georges, 乔治·巴兰迪尔, 281

Baldé, Mercedes, 梅塞德斯·巴尔德, 288

Balde, Mouctar, 穆克塔尔·巴尔德, 294

Ball, Stephen, 斯蒂芬·波尔, 9, 259

Banks, James, 詹姆斯·班克斯, 242

Barcelos, Luiz Cláudio, 路易斯·克拉迪奥·巴塞洛斯, 119

Baronnet, Bruno, 布鲁诺·巴罗内特, 81

Barrère, Anne, 安妮·巴瑞尔, 137

Barrio Maestre, José María, 若泽·玛丽亚·巴里奥 马埃斯特雷, 10

Barry, Alpha Amadou Bano, 阿尔法·阿马杜·巴诺·巴里, 288, 293

Bar-Shalom, Yehuda, 耶胡达·巴沙洛姆, 263

Barth, Fredrik, 弗雷德里克·巴斯, 2, 194

Bastid, Marianne, 玛丽安·巴斯蒂, 245

Bastide, Roger, 罗杰·巴斯蒂德, 124n3

Batallán, Graciela, 格拉谢拉·巴塔兰, 19, 94, 95, 96, 97, 101

Bauer, Mette, 梅特·鲍尔, 196

Bautier, Elisabeth, 伊丽莎白·布提, 136

Beach, Dennis, 丹尼斯·比奇, 23n13, 280, 296

Beaud, Stéphane, 斯特凡·波德, 139

Bechar, Shlomit, 希洛米特·贝沙尔, 262

Beck, Robert H., 罗伯特·H. 贝克, 264

Behar, Ruth, 露丝·比哈尔, 62

Bekerman, Zvi, 兹维·贝克曼, 263, 265

Bell, Catherine, 凯瑟琳·贝尔, 40

Belle-Isle, Lucie, 露西·贝尔-艾尔, 288

Ben-Amos, Avner, 阿夫纳·本-阿莫斯, 264

Ben-Ari, Eyal, 埃亚勒·本-阿里, 258

Benavides, Gloria, 格洛里亚·贝纳维德斯, 80

Benavot, Aaron, 亚伦·贝纳沃特, 4

Ben-David, Joseph, 约瑟夫·本-戴维, 306

Ben-Peretz, Miriam, 米莉安·本-佩雷茨, 263

Bento, Maria Aparecida Silva, 玛丽亚·阿帕雷西达·席尔瓦·本托, 118, 119

Berentzen, Sigurd, 西格德·伯仁臣, 200

Bergamaschi, Maria Aparecida 玛丽亚·阿帕雷西达·贝加玛西, 122

Bermúdez Flor, 弗洛·贝穆德斯, 75

Berner, B.Boel, B. 博埃尔·伯纳, 196

Bernstein, Basil, 巴塞尔·伯恩斯坦, 197

Bernstein, Frida, 弗里达·伯恩斯坦, 267

Berry, John, 约翰·贝瑞, 242

Bertely, María, 玛丽亚·伯特利, 73, 80, 81, 82, 84, 85n1

Berthier, Patrick, 帕特里克·贝尔蒂埃, 133

Bet-El, Ilana, 伊拉纳·贝特-埃尔, 264
Bettelheim, Bruno, 布鲁诺·贝特尔海姆, 265
Bilu, Yoram, 约拉姆·比鲁, 266, 269
Bird-David, Nurit, 努瑞特·博德-戴维, 258
Bjerrum Nilsen, Harriet, 哈里特·比耶鲁姆·尼尔森, 197
Bloch, Marianne, 玛丽安·布洛赫, 288, 294
Blum-Kulka, Shoshana, 肖莎娜·布卢姆-库尔卡, 262
Bodó, Julianna, 朱莉安娜·博多, 174
Boehm, Christopher, 克里斯托弗·伯姆, 52
Boesen, Inger, 英厄·博森, 203
Boëtsch, Gilles, 吉勒斯·伯奇, 44
Bohnsack, Ralf, 拉尔夫·博恩萨克, 39
Bollnow, Otto Friedrich, 奥托·弗里德里希·博尔诺夫, 7, 168
Bonhomme, Julien, 朱利安·博诺姆, 281, 282
Bordegaray, Graciela, 格拉谢拉·博德加利, 103
Boreczky, Agnes, 艾格尼丝·博瑞茨基, 172
Borevskaya, Nina, 尼娜·波勒维斯卡娅, 245
Borg, Karin, 卡琳·博格, 196
Borgnakke, Karen, 凯伦·博格内克, 197
Bosco, Joseph, 约瑟夫·博斯克, 2
Boškovic, Aleksandar, 亚历山大·博斯科维茨, 2
Bouche, Denise, 丹尼斯·布什, 287

Boudon, Raymond, 雷蒙·布东, 308
Boudreau, Françoise 弗朗索瓦丝·布德罗, 145
Boumard, Patrick, 帕特里克·布马尔, 12, 141
Bourdieu, Pierre, 皮埃尔·布迪厄, 21, 60, 97, 120, 132, 142, 147n2, 198, 308
Bouvet, Rose-Marie, 罗丝-玛丽·布韦, 12, 141
Boyadjieva, Pepka, 佩普卡·博亚德耶娃, 176
Brameld, Theodore, 西奥多·布拉梅尔德, 52
Brandão, Carlos Rodrigues, 卡洛斯·罗德里格斯·布兰道, 115
Braudel, Fernand, 费尔南·布罗代尔, 33
Breidenstein, Georg, 乔治·布赖登施泰因, 7
Brembeck, Helene, 海伦·布伦贝克, 200
Broch, Harald Beyer, 哈拉尔德·拜尔·布罗克, 200
Brown, Karen M., 凯伦·M.布朗, 62
Bullivant, Brian M., 布莱恩·M.布里万特, 59
Bundgaard, Hellen, 海伦·邦德戈德, 200
Burke, Peter, 彼得·伯克, 33
Burnett, Jacquetta Hill, 雅克塔·希尔·伯内特 52, 54, 55
Butler, Judith, 朱迪斯·巴特勒, 42

Cai, Yuan-Pei, 蔡元培, 235
Caille, Jean-Paul, 让-保罗·卡耶, 139
Calderón, Marco Antonio, 马尔科·安东

尼奥·卡尔德隆，83
Callari Galli, Matilde，玛蒂尔德·卡拉里·加利，151—53，1155，162n6
Callewaert, Staf，斯塔夫·卡勒瓦特，196
Calvo, Beatriz，贝亚特里斯·卡尔沃，71，74
Camacho, Luiza Mitiko Yshiguro，路易莎·美智子·石黑·卡马乔，121
Camara, Mohamed Campel，穆罕默德·坎佩尔·卡马拉，294
Candela, Antonia，安东尼娅·坎德拉，3，10，76
Cândido, Antônio，安东尼奥·坎迪多，124n3
Cao, J. Q.，曹锦清，247
Card, Brigham Y.，杨百翰·卡德，142，143
Cardoso, Rafael，拉斐尔·卡多索，73
Caria, Telmo H.，泰尔莫·H.卡里亚，11
Caronia, Letizia，莱蒂齐亚·卡罗尼亚，157
Carrano, Paul Cesar Rodrigues，保罗·塞萨尔·罗德里格斯·卡拉诺，120
Carrasco Pons, Sílvia，西尔维娅·卡拉斯科·庞斯，11
Carrol, Bidemi，彼得密·卡洛尔，289
Carvalho, Marília Pinto de，玛丽莉娅·平托·德卡瓦利奥，119
Cavalleiro, Eliane，埃莲·卡瓦莱罗，119
Cave, Peter，彼得·凯夫，218
Cerletti, Laura，劳拉·塞里蒂 103，104
Chapoulie, Jean-Michel，让-米歇尔·加布里 305，308
Charlot, Bernard，贝尔纳·夏洛，136
Chen, Peizhao，陈沛照，237
Chen, Xiangming，陈向明，237，251
Chen, Z. Y.，陈中亚，247
Chen, Zhenzhong，陈振中，239
Cheng, Kai Ming，程介明，245
Chilcott, John H.，约翰·H.奇尔科特，51
Christina, Rachel，瑞秋·克里斯蒂娜，14
Clifford, Alison，艾莉森·克利福德，61，62
Clignet, Rémi，雷米·克利涅，287
Cochin, Jacques，雅克·柯钦，294
Coffey, Amanda，阿曼达·科菲，61
Cohn, Clarice，克拉丽丝·科恩，122
Coll, César，塞萨尔·科尔，3，10
Collier, John, Jr.，小约翰·科利尔，56
Collins, Harry M.，哈利·M.柯林斯，51
Collins, Randall，兰德尔·柯林斯，306
Condé, Kéfing，克费恩·孔代，283，288
Connell, R. W.，R.W.康奈尔，10
Connerton, Paul，保罗·康纳顿，57
Conrad, Joan，琼·康拉德，202
Consorte, Josildeth G.，约瑟夫德斯·G.康索特，113
Conté, Ibrahima Moriah，易卜拉希马·莫里亚·孔泰，293
Copans, Jean，让·科庞，281
Corbin, Juliet，朱丽叶·科宾，39
Corenstein, Marta，玛尔塔·科雷斯坦，85n1

Costa, Cecilia, 塞西莉亚·科斯塔, 157
Coulon, Alain, 阿兰·库隆, 133
Crossley, Michael, 迈克尔·克罗斯利, 16
Crozier, Michel, 米歇尔·克罗齐耶 308
Cruz, Alfonso, 阿方索·克鲁兹, 82
Csanádi, Gábor, 加博尔·萨拉蒂, 177
Csongor, Anna, 安娜·琼戈尔, 171
Cummings, William K., 威廉·K. 卡明斯, 213
Czachesz, Erzsébet, 伊丽莎白·恰克斯, 172
Czarny, Gabriela, 加夫列拉·恰尔尼, 85n1

D'Angelis, Wilmar da Rocha, 维尔马尔·达·罗查·德安吉利斯, 122
Dahlberg, Gunilla, 古尼拉·达尔伯格, 199
Dallavalle, Chiara, 基娅拉·达拉瓦莱, 157
Damasceno, Maria Nobre, 玛丽亚·诺布雷·达马塞诺, 120
Darmanin, Mary, 玛丽·达尔马宁, 50
Daun, Holger, 霍尔格·道恩, 202
Dauster, Tânia, 塔尼娅·道斯特, 116, 117
Davidson, Dana H., 达纳·H. 戴维森, 213
Dayrell, Juarez T., 华雷斯·T. 戴雷尔, 115, 120, 121
de Azevedo, Fernando, 费尔南多·德阿泽维多, 124n3
de Garay, Adrian, 艾德里安·德加拉伊, 79
de la Peña, Guillermo, 吉列尔莫·德拉·佩纳, 80, 82
de la Riva, María, 玛丽亚·德拉·里瓦, 76
de León Pasquel, Lourdes, 罗德丝·德莱昂·帕凯尔, 77, 78
Debert, Guita Grin, 吉塔·格林·德贝尔, 120
del Río, Pablo, 帕布罗·德尔·里奥, 10
Delalande, Julie, 朱莉·德拉兰德, 136, 146
Delbos, Geneviève, 热纳维耶芙·德尔博斯, 12
Delgado, Gabriela, 加夫列拉·德尔加多, 71
Delvaux, Bernard, 贝尔纳·德尔沃, 168, 169
deMarrais, Kathleen Bennett, 凯瑟琳·班尼特·德马芮斯, 54, 61
Deng, Xiaoping, 邓小平, 236
Denzin, Norman K., 诺曼·K. 邓津, 53
Derouet, Jean-Louis, 让-路易·德鲁埃, 3, 8, 133, 135, 137
Deshen, Shlomo, 什洛莫·迪辛, 258
Deyhle, Donna, 唐娜·戴勒, 56
Diamond, Stanley, 斯坦利·戴蒙德, 51
Diarra, Mamadou Lamine, 马马杜·拉明·迪亚拉, 292
Diarra, Sékou Oumar, 塞库·奥马尔·迪亚拉, 284, 285, 292
Díaz de Rada, Ángel, 安赫尔·迪亚斯·德拉达, 10
Díaz Pontones, Mónica, 莫妮卡·迪亚

斯·庞托内斯，74

Díaz Tepepa, María Guadalupe, 玛丽亚·瓜达卢佩·迪亚斯·特珀帕，74

Dieckmann, Bernhard, 伯恩哈德·迪克曼，43

Diédhiou, Paul, 保罗·迪德希欧，281

Dietz, Gunther 甘瑟·迪茨，80，81，84

Diez, Cecilia, 塞西莉亚·迪兹，104，105n4

Diez, María Laura, 玛丽亚·劳拉·迪兹，104

Dimitriadis, Greg, 格雷格·迪米特里亚迪斯，58

Dimitrov, Georgi, 格奥尔基·季米特洛夫，176

Ding, Gang, 丁钢，238，239，245，251，251n5

Dinzelbacher, Peter, 彼得·丁策巴赫，33

Diop, Amadou Sarr, 阿马杜·萨尔·迪奥普，281

Diop, Cheikh Anta, 谢克·安塔·迪奥普，281

Dolby, Nadine, 纳丁·杜比，10，58

Domingues, Petrônio, 佩特罗尼奥·多明戈斯，118

Domokos, Veronika, 韦罗妮卡·多莫科斯，177

Don-Yehiya, Eliezer, 埃利泽·唐－耶赫雅，64

Doray, Pierre, 皮埃尔·多雷，144

Douglas, Mary, 玛丽·道格拉斯，60

Dracklé, Dorle, 多莱·德瑞克雷，2

Dubet, Francois, 弗朗索瓦·度贝，137

Duby, Georges, 乔治·杜比，33

Dumont, R.V., R.V. 杜蒙，56

Durkheim, Emile, 埃米尔·涂尔干，132，137

Duru-Bellat, Marie, 玛丽亚·迪吕－贝拉，12，132，133，135，138

Dzau, Y.F., 曹 Y.F, 250

Eades, J.S., J.S. 伊兹，2

Ebuchi, Kazuhiro, 江渊一公，20，213，225

Edgar, Iain R., 伊恩·R. 埃德加，2

Egbo, Benedicta, 本尼迪克塔·埃格博，15

Ehn, Billy, 比利·恩，200

Eigen, Manfred, 曼弗雷德·艾根，31

Einarsdóttir, Johanna, 乔安娜·伊恩纳斯多蒂尔，199，200

Eisenhart, Margaret A., 玛格丽特·A. 艾森哈特，56

Eisenstadt, Shmuel N., 什穆埃尔·N. 艾森施塔特，268

Eisikovits, Rivka A., 里夫卡·A. 埃斯科维兹，264，268，268

Eisner, Elliot, 埃利奥特·艾斯纳，54

Eldering, Lotty, 洛蒂·埃德瑞林，13

El-Or, Tamar, 塔玛·埃尔－奥尔，260，268，269

Elvir, Ana Patricia, 安娜·帕特丽夏·埃尔维尔

Erickson, Donald, 唐纳德·埃里克森，56

Erickson, Frederick, 弗雷德里克·埃里克森，56

Eriksen, Thomas Hylland, 托马斯·许兰

德·埃里克森，193

Erny, Pierre, 皮埃尔·埃尔尼，287

Escalante, M.Angel, M. 安吉·埃斯卡兰特，82

Escalante, Paloma, 帕洛玛·埃斯卡兰特，78

Escobar, Arturo, 阿图罗·埃斯科瓦尔，2

Espinosa, Epifanio, 埃皮法尼奥·埃斯皮诺萨，75

Essè, Amouzou, 阿穆祖·埃斯，281

Estrada, Pedro, 佩德罗·埃斯特拉达，75

Evans-Pritchard, Edward Evan, 爱华德·埃文·埃文思-普里查德，34

Ezpeleta, Justa, 胡斯塔·埃兹佩莱塔，74，102，117

Fabiani, Jean-Louis, 让-路易·法比亚尼，3

Fabietti, Ugo, 乌戈·法比亚蒂，151，156

Fairclough, Norman, 诺曼·费尔克拉夫，248，250

Falconi, Octavio, 奥克塔维奥·法尔科尼，74

Falteri, Paola, 保拉·法尔泰瑞，154，155，159

Farnen, Russell F., 拉塞尔·F.法尔伦，264

Fazzi, Rita de Cássia, 丽塔·德卡西亚·法齐，119

Fei, Xiaotong, 费孝通，236，240

Feischmidt, Margit, 玛格丽特·费施密特，178

Feldman, Jackie, 杰基·费尔德曼，264

Feng, Zengjun, 冯增俊，237，238，239，240

Fernandes, Florestan, 弗洛雷斯坦·费尔南德斯，112，113，124n3，124n4

Ferreira, Mariana Kawall Leal, 玛丽安娜·卡沃尔·莱亚尔·费雷拉，116，117，121，124n6 328

Fierro Evans, Cecilia, 塞西莉亚·菲耶罗·埃文斯，74

Filiod, Jean-Paul, 让-保罗·菲利奥，16，121，146

Finders, Margaret, 玛格丽特·芳德诗，55

Fine, Gary Alan, 盖瑞·艾伦·费恩，61，56

Fine, Michelle, 米歇尔·费恩，5，59

Fischer, Joseph, 约瑟夫·费希尔，51

Fischer, Rosa Maria Bueno, 罗莎·玛丽亚·布埃诺·费希尔，121

Fisher, A.D., A.D.费舍，8

Fisherkeller, Joellen, 乔伦·费舍凯勒，55

Fleck, Gabor, 加博尔·弗莱克，175

Flick, Uwe, 乌韦·弗利克，39

Flores Farfán, José Antonio, 约瑟·安东尼奥·弗洛雷斯·法尔凡，77

Flores, Ivette, 伊维特·弗洛雷斯，82

Foley, Douglas E., 道格拉斯·E.弗利，51，52，57

Fonseca, Claudia, 克劳迪娅·丰塞卡，117

Fonseca, Marcus Vinícius, 马库斯·维尼

修斯·丰塞卡 119

Fordham, Signithia, 西戈尼西亚·福德汉, 54

Forquin, Jean-Claude, 让－克劳德·福尔坎, 133, 306

Forsey, Martin G., 马丁·G. 富斯, 10, 51

Fosztó, László, 拉斯洛·弗斯托, 175

Foucault, Michel, 米歇尔·福柯, 198

Franchetto, Bruna, 布鲁纳·弗兰凯托, 122

Franzé Mudanó, Adela, 阿德拉·弗朗泽·慕达罗, 10

Freire, Gilberto, 吉尔伯托·弗莱雷, 124n3

Freitas, Marcos Cezar, 马科斯·塞萨尔·弗雷塔斯, 112

Fujita, Hidenori, 藤田英典, 215

Furman, Mirta, 米尔塔·弗尔曼, 262, 264, 269

Galeana Cisneros, Rosaura, 罗绍拉·加利纳·西斯内罗斯, 77

Gallois, Dominique Tilkin, 多米尼克·蒂尔金·加卢瓦, 122

Galloni, Francesca, 弗朗西斯卡·加洛尼, 157, 158

Galván, Luz Elena, 鲁兹·埃琳娜·加尔文, 82

Gao, Ge, 高戈（音译）, 249

Gao, Jinling, 高金岭, 239

Garb, Yoni, 尤尼·加布, 266, 269

García Castaño, F.Javier, F. 哈维尔·加西亚·卡斯塔诺, 10

García Rivera, Fernando, 费尔南多·加西亚·里维拉, 77

García, Fernando, 费尔南多·加西亚, 73

García, Javier, 哈维尔·加西亚, 104, 105n4

García, Stella Maris, 斯黛拉·马丽斯·加西亚, 96

Garcion-Vautour, Laurence, 劳伦斯·加尔松－沃图尔, 12

Garfinkel, Harold, 哈罗德·加芬克尔, 137

Gearing, Frederick O., 弗雷德里克·O. 吉尔林, 51

Gebauer, Gunter, 冈特·格鲍尔, 44

Geertz, Clifford, 克利福德·格尔茨, 34, 60, 100, 118, 161n1

Gehlen, Aronld, 阿尔诺德·盖伦, 32

Geissler, P.Wenzel, P. 文策尔·盖斯勒, 55, 203

Generett, Gretchen Givens, 格蕾琴·吉文斯·简内特, 61

Geng, Juanjuan, 耿涓涓, 246

Gennep, Arnold van, 阿诺德·范盖纳普, 40

Gérard, Étienne, 艾蒂安娜·杰拉德, 279, 288c

Gérin-Lajoie, Diane, 戴安·杰林－拉乔, 145

Gerö, Zsuzsa, 苏莎·格勒, 177

Gibbons, Michael, 迈克尔·吉本斯, 169

Gibson, Margaret A., 玛格丽特·A. 吉布森, 3, 59, 312

Gillborn, David, 戴维·吉尔伯恩, 10

姓名索引

Gilliam, Laura, 劳拉·吉列姆, 198, 200, 201, 206n7
Ginzburg, Carlo, 卡洛·金兹伯格, 33
Gitz-Johansen, Thomas, 托马斯·吉茨-约翰森, 200
Glaser, Barney G., 巴尼·G.格拉塞 39, 303
Goffman, Erving, 欧文·戈夫曼, 40, 268, 284
Golden, Debora, 黛博拉·戈尔登, 262, 268
Goldstein, Bernice Z., 伯尼斯·Z.戈尔茨坦, 52
Gomes, Josildeth, 约瑟尔德斯·戈麦斯, 124n3
Gómez, Claudia, 克劳迪娅·戈麦斯, 81
Gonçalves e Silva, Petronilha Beatriz, 佩特罗尼拉·贝亚特里斯·贡萨尔维斯·埃·席尔瓦, 12, 119
Gonçalves, Luiz Alberto Oliveira, 路易斯·阿尔贝托·奥利维拉·贡萨尔维斯, 12, 119
González, Jaime, 海梅·冈萨雷斯, 80
González, Jerny, 赫尔尼·冈萨雷斯, 80
González, Lélia, 莱利娅·冈萨雷斯, 119
González, Norman, 诺曼·冈萨雷斯, 16
Goodman, Roger, 罗杰·古德曼, 8, 9, 213, 226
Goodman, Yehuda C., 耶胡达·C.古德曼, 261
Gordon, David, 戴维·戈登, 266

Gordon, Deborah A., 黛博拉·A.戈登, 62
Gordon, Tuula, 图拉·戈登, 8, 9, 52
Grandino, Patrícia Junqueira, 帕特里西娅·胡恩奎拉·格兰迪诺, 121
Grassi, Estela, 埃斯特拉·格拉西, 95
Greenberg, Joseph, 约瑟夫·格林伯格, 4
Greenberg, Norman C., 诺曼·C.格林伯格, 51
Grekova, Maya, 玛雅·格蕾科娃, 176
Grimes, Ronald, 罗纳德·格林姆斯, 40
Grobsmith, Elizabeth S., 伊丽莎白·S.格罗伯史密, 56
Grossi, Miriam Pillar, 米里亚姆·皮勒·格罗西, 117
Gruber, Frederick C., 弗雷德里克·C.格鲁伯, 51
Grupioni, Luiz Donizete B., 路易斯·多尼泽特·B.格鲁皮奥尼, 117, 124n8
Grupper, Emanuel, 伊曼纽尔·格鲁珀, 268
Gu, Mingyuan, 顾明远, 245
Guberman, Steven R., 斯蒂文·R.古伯曼, 55
Gudykunst, William B., 威廉·B.古迪孔斯特, 249
Guerra Ramírez, Irene, 艾琳·格拉·拉米雷兹, 79
Guerrero Salinas, Elsa, 埃尔莎·格雷罗·萨利纳斯, 79
Guerrero, Alicia, 艾丽西亚·格雷罗, 76, 81
Guerrero, Irán, 伊兰·格雷罗, 77

329

401

Guilhot, Nicolas, 尼古拉斯·吉约, 2, 4, 22

Guimarães, Antonio Sérgio A., 安东尼奥·塞尔吉奥·A.吉马良斯, 118

Gusmão, Neusa M. M., 内乌莎·M.M.古斯芒, 116, 117, 121

Gutiérrez Narváez, Raúl, 劳尔·古铁雷斯·纳瓦埃斯, 81

Gutiérrez, Edgar, 埃德加·古铁雷斯, 74

Guzmán, Carlota, 卡洛塔·古斯曼, 79

Haan, Mariette de, 马丽埃特·德哈恩, 77

Halldén, Gunilla, 格妮拉·哈尔登, 200

Halper, Jeff, 杰夫·哈尔珀, 258, 261

Hamadach, Ali, 阿里·哈马达西, 294

Hamel, Enrique, 恩里克·哈梅尔, 76

Hammersley, Martyn, 马丁·哈默斯利, 9, 53

Handelman, Don, 唐·汉德尔曼, 262, 264

Hannerz, Ulf, 乌尔夫·汉纳兹, 2, 21, 131

Hannum, Emily, 韩怡梅, 242

Hargreaves, David H., 戴维·H.哈格里夫斯, 9, 139, 259

Harrell, Stevan, 郝瑞, 236, 237, 240

Harris, Marvin, 马文·哈里斯, 34, 134n3, 161n1

Harrison, Jo-Ann, 乔-安·哈里森, 265

Hasenbalg, Carlos A., 卡洛斯·A.哈森巴尔格, 118, 119

Hasse, Cathrine, 凯瑟琳·哈塞, 198

Hastrup, Kirsten, 克斯汀·海斯翠普, 193

Hatano, Keiko, 羽田野庆子, 219

Havas, Gábor, 加博尔·哈瓦斯, 177

Hayhoe, Ruth, 许美德, 239, 245

He, Bo, 何波, 242

He, Xiaoxing, 贺晓星, 253

He, Xuan, 何轩（音译）, 242

Heath, Shirley Brice, 雪莉·布莱斯·希思, 53, 56, 131

Hechter, Michael, 迈克尔·赫克托, 54

Heilbron, Johan L., 约翰·L.海尔布伦, 2, 4, 22, 304

Hendry, Joy, 乔伊·亨得利, 219

Henriot-van Zanten, Agnès, 阿涅斯·埃里奥-范赞丹, 3, 8, 9, 133, 134, 135, 304

Henze, Juergen, 韩友耿, 245

Hernández González, Joaquín, 华金·埃尔南德斯·冈萨雷斯, 79

Herrera, Linda, 琳达·埃雷拉, 14

Hertzog, Esther, 埃丝特·赫佐格, 258

Herzfeld, Michael, 迈克尔·赫兹菲尔德, 57, 60

Hess, G. Alfred, Jr., G.阿尔弗雷德·赫斯, 55

Hirschhorn, Monique, 莫尼克·赫希霍恩, 281, 282,

Hirt, Tomáš, 托马斯·赫特, 173

Højlund, Susanne, 苏珊娜·霍伦德, 198

Holland, Dorothy C., 多萝西·C.霍兰德, 51, 52, 53, 56, 58, 202, 204

Holland, Janet, 珍妮特·霍兰德, 8, 9, 52

Holmes, Brian, 布莱恩·霍姆斯, 51
Holst, Jesper, 耶斯佩尔·霍尔斯特, 202
Hood, Christopher C., 克里斯托夫·C.胡德, 316
Horowitz, Dan, 丹·霍罗威茨, 257
Horowitz, Tamar, 塔玛·霍罗威茨, 263, 266
Hostetler, John A., 约翰·A.霍斯泰特勒, 59
Howell, Signe, 西格妮·霍威尔, 200, 206n7
Hrdlička, Aleš, 阿莱什·赫尔德利卡, 168
Huang Aifeng, 黄爱凤, 248
Huang, Xiangyang, 黄向阳, 246
Hünersdorf, Bettina, 贝蒂娜·胡纳斯多夫, 7
Hultqvist, Kenneth, 肯尼思·胡尔特奎斯特, 199
Hunt, Christine, 克莉丝汀·亨特, 10
Huntingdon, Gertrude Enders, 格特鲁德·恩德斯·亨廷顿, 59
Húšová, Mária, 玛丽亚·胡索瓦, 174
Hvistendahl, Mara, 玛拉·维斯坦达尔, 236, 238

Ianni, Francis A.J., 弗朗西斯·A.J.伊安尼, 51
Ichikawa, Shogo, 市川昭午, 215
Ikeda, Hiroshi, 池田央, 213, 218
Jackson, Philip W., 菲利普·W.杰克逊, 196, 259
Jacob, Evelyn, 伊芙琳·雅各布, 51, 53
Jacobs-Huey, Lanita, 拉尼塔·雅各布斯－休伊, 55
Jacquin, Marianne, 玛丽安·雅坎, 9
Jakoubek, Marek, 马雷克·亚库贝克, 173
James, Allison, 艾莉森·詹姆斯, 200
Janky, Béla, 贝拉·扬基, 171
Jarvis, Hugh W., 休·W.贾维斯, 14
Jeanpierre, Laurent, 洛朗·让皮埃尔, 2, 4, 22
Jenks, Chris, 克里斯·詹克斯, 200
Jiménez Lozano, Luz, 鲁兹·希梅尼斯·洛萨诺, 75
Jiménez Naranjo, Yolanda, 尤莲妲·希梅尼斯·纳兰霍, 80
Jociles, María Isabel, 玛丽亚·伊莎贝尔·朱塞雷斯, 10
Johansson, Barbro, 巴布罗·约翰逊, 200
Jordan, Cathie, 凯西·乔丹, 51, 56
Jorge, Miriam, 米里亚姆·若热, 119
Jorion, Paul, 保罗·若兰, 12
Jovino, Ione S., 伊欧尼·S.约维诺, 119
Julian, Juan, 胡安·朱利安, 73

Kaboré, Idrissa, 伊德里萨·卡博雷, 291
Kacen, Lea, 利·凯恩, 259
Kainan, Anat, 阿娜特·凯南, 263
Kaji, Itaru, 锻治致, 221
Kalman, Judith, 朱迪斯·卡尔曼, 77
Kamens, David, 戴维·卡门斯, 4
Kampmann, Jan, 扬·坎普曼, 200
Kapitány, Ágnes, 阿格尼斯·卡普塔尼, 180
Kapitány, Gábor, 加博尔·卡普塔尼, 330, 180

Karabel, Jerome, 杰罗姆·卡拉贝尔, 213, 309
Kardorff, Ernst von, 恩斯特·冯·卡多夫, 39
Karnieli, Mira, 米拉·卡尔涅利, 264, 268
Karsenti, Thierry, 蒂埃里·卡尔桑迪, 289, 267
Kashti, Yitzhak, 伊扎克·卡什提, 261, 262
Katahoire, Anne, 安妮·卡塔瓦雷, 203
Kataoka, Yuko, 片冈裕子, 226
Katriel, Tamar, 塔玛·卡特瑞尔, 262, 268
Kaufman, Carolina, 卡罗莱娜·考夫曼, 102
Kawakami, Ikuo, 川上郁雄, 223
Keenan, Barry, 秦博理, 245
Kemény, István, 伊斯特凡·凯梅尼, 171, 176, 177
Kende, Anna, 安娜·肯德, 177
Kézdi Nagy, Géza, 格扎·纳吉·凯兹迪, 187
Khaldi, M., M. 卡尔迪, 15
Khelfaoui, Hocine, 奥西纳·凯尔法伊, 284
Kidokoro, Akiko, 城所章子, 227
King, A.Richard, A. 理查德·金, 56
Kinoshita, Yasuhito, 木下康仁, 214
Kipnis, Andrew, 任柯安, 10
Kishida, Yumi, 岸田由美, 224, 225
Kjørholt, Anne-Trine, 安妮－特莱因·乔霍尔特, 200, 201
Kjuchukov, Hristo, 赫里斯托·久丘科夫, 176

Klein, Esther, 埃丝特·克莱恩, 262, 269
Kleinfeld, J.S., J.S. 克莱恩菲尔德, 56
Klette, Kirsti, 基尔斯蒂·克莱特, 197
Kneller, George F., 乔治·F. 奈勒, 31
Kobayashi, Tetsuya, 小林哲也, 225
Kocourek, Jiří, 伊日·科寇雷克, 178
Kojima, Akira, 儿岛明, 222
Kolle, Samuel Same, 281 塞缪尔·萨姆·科勒
Kovács, Éva, 艾娃·科瓦齐, 180
Kovai, Cecília, 塞西莉亚·科瓦伊, 176, 177
Krumer-Nevo, Michal, 米卡尔·克雷默-内沃, 259
Kryger, Niels, 尼尔斯·克莱格, 197
Kučera, Miloš, 米洛什·库切拉, 172
Kunda, Gideon, 吉迪恩·孔达, 258
Kuraishi, Ichiro, 仓石一郎, 218
Kuwayama, Takami, 桑山敬已, 215

LaBelle, Thomas J., 托马斯·J. 拉贝尔, 52
Labov, William, 威廉·拉波夫, 56
Lacasse, Denis, 丹尼斯·拉卡斯, 294
Lacey, Colin, 柯林·莱西, 139
Ladányi, János, 雅诺什·拉丹伊, 177, 182
Lahelma, Elina, 埃琳娜·拉赫玛, 8, 9, 52
Lahire, Bernard, 贝尔纳·拉希尔, 122
Lan, Ye, 叶澜, 245
Lange, Marie-France, 玛丽-法郎士·兰

格，279

Langeveld, Martinus J., 马丁尼斯·J.朗格菲尔德, 168

Lanternari, Vittorio, 维托里奥·兰泰尔纳里, 156

Lapassade, Georges, 乔治·拉帕萨德, 133, 141

Lareau, Annette, 安妮特·拉鲁, 53, 61

Larsen, Birgitte Romme, 比吉特·罗默·拉森, 200

Larsson, Staffan, 斯塔凡·拉尔森, 2, 13, 22

Lave, Jean, 吉恩·莱芙, 55, 206n6, 247

Lazzarin, M. Giovanna, M.乔凡娜·拉扎林, 154

Leão, Geraldo Magela Pereira, 热拉尔多·马热拉·佩雷拉·里奥, 121

Leibing, Annette, 安妮特·莱宾, 61

Lengyel, Gabriella, 加布里埃拉·伦杰尔, 171

Lerma, Enriqueta, 恩里克塔·莱尔马, 80

LeRoy Ladurie, Emmanuel, 伊曼纽尔·勒鲁瓦·拉杜里, 33

Levinson, Bradley A.U., 布拉德利·A.U.莱文森, 11, 19, 51, 52, 53, 58, 202, 204, 206n6, 316

Lévi-Strauss, Claude, 克劳德·列维-斯特劳斯, 34, 60, 115, 161n1

Lewin, Kurt, 库尔特·勒温, 141

Lewin, Pedro, 佩德罗·勒温, 76

Lewin-Epstein, Noah, 诺亚·勒温-爱泼斯坦, 257

Lewis, Arnold, 刘易斯·阿诺德, 258, 261

Lewis, Catherine, 凯瑟琳·刘易斯, 219

Lewis, J.Lowell, J.洛厄尔·刘易斯, 56

Li, David, 李楚成, 246

Li, Shanze, 李姗泽, 243

Li, Xiaobo, 李晓博, 248

Li, Xiaomin, 李晓敏, 242

Li, Xu, 徐莉, 239

Lidén, Hilde, 希尔德·利登, 200

Liebman, Charles S., 查尔斯·S.利伯曼, 264

Liep, John, 约翰·利普, 194

Lijphart, Arend, 阿伦·利普哈特, 147n6

Lin, Yaohua, 林耀华, 236

Lincoln, Yvonna S., 伊凡娜·S.林肯, 53

Lindblad, Sverker, 斯韦克·林德布拉德, 196, 197

Lindquist, Harry M., 哈利·M.林德奎斯特, 51

Liskó, Ilona, 伊洛娜·利斯科, 177

Lissak, Moshe, 摩西·利萨克, 257

Littlewood, Roland, 罗兰·利特尔伍德, 57

Liu, Lianghua, 刘良华, 244, 246, 251n6

Liu, Xuan, 刘宣, 246

Liu, Yongcan, 刘永灿, 247

Liu, Yunshan, 刘云杉, 246

Lo, NaiKwai, 卢乃桂, 245

Lomawaima, K.Tsianina, K.西娅尼娜·洛玛威玛, 56

Lomsky-Feder, Edna, 埃德娜·罗姆斯基-菲德尔, 265, 269

Lopes da Silva Macedo, Ana Vera, 安娜·

维拉·洛佩斯·达·席尔瓦·马塞多，117，122

López Espinoza, Susana, 苏珊娜·洛佩兹·埃斯皮诺萨，74

López, Norma Angélica, 诺尔玛·安杰丽卡·洛佩兹，81

López, Oresta, 欧内斯塔·洛佩兹，76，83

Loss, Sándor, 桑多·洛斯，177

Lundberg, Pia, 伦德贝里·皮亚，198

Lunneblad, Johannes, 约翰内斯·伦尼布拉德，23n1

Luo, Huiyan, 罗慧燕，238

Lutz, Catherine A., 凯瑟琳·A. 卢茨，58

Ma, Rong, 马戎，242

Ma, Tianyu, 马天宇，246

Maclure, Richard, 理查德·麦克卢尔，15，280，284，285，287，288，289

Madsen, Ulla Ambrosius 乌拉·安布罗修斯·马德森，198，202

Maeder, Christoph, 克里斯托弗·梅德，7

Magyari-Vincze, Enikő, 恩尼库·马贾里-文茨，175

Maldonado, Benjamín, 本杰明·马尔多纳多，80

Malela, Mwabila, 姆瓦比拉·马莱拉，283

Malinowski, Bronislaw, 布罗尼斯拉夫·马林诺夫斯基 34，102，105n2，169

Malkmo, Yaakov, 雅各布·马尔克摩，268

Mangez, Eric, 埃里克·芒热，144，147n6，168，169

Manzano, Virginia, 维吉尼亚·曼萨诺，103

Marcus, George E., 乔治·E. 马库斯，61，62

Mari, Sami, 萨米·玛丽，267

Markström, Ann-Marie, 安-玛丽·马克斯特罗姆，200

Marone, Oumar, 奥马尔·马罗内，287

Maroy, Christian, 克里斯蒂安·马洛伊，144

Martin J.-Y, 马丁·J.-Y，287

Martínez Buenabad, Elizabeth, 伊丽莎白·马丁内斯·布埃纳巴德，80，83

Martínez Casas, Regina, 雷吉纳·马丁内斯·卡萨斯，82

Martínez, Janeth, 珍妮丝·马丁内斯，78

Marx, Emanuel, 伊曼纽尔·马克斯，275，258

Masemann, Vandra, 范德拉·梅斯曼，52

Mauss, Marcel, 马塞尔·莫斯，132

Mayer, Philip, 菲利普·梅耶，9

Mazawi, Andre, 安德烈·马扎维，267

Mbilinyi, M.J., M.J. 姆比利尼，279

McAndrew, Marie, 玛丽·麦克安德鲁，145

McCarty, Teresa L., 特蕾莎·L. 麦卡蒂，56

McConnell, David L., 戴维·L. 麦康奈尔，217

McDonald, Maryon, 马里恩·麦克唐纳，60

McLean, Athena, 雅典娜·麦卡莱恩, 61

Mead, Margaret, 玛格丽特·米德, 8, 34, 112

Medick, Hans, 汉斯·梅迪克, 33

Medina Melgarejo, Patricia, 帕特丽夏·梅迪纳·梅尔加雷霍, 75, 80

Meinert, Lotte, 洛特·迈纳特, 200, 203, 206n7

Meirav, Nurit, 努里特·梅拉夫, 266

Meleg, Csilla, 西拉·梅雷格, 180

Mena, Patricia, 帕特丽夏·梅纳, 76

Menéndez, Eduardo, 爱德华多·梅内德斯, 101, 105n5

Menezes, Ana Luísa Teixeira, 安娜·路易莎·特谢拉·梅内塞斯, 122

Meng, Fanli, 孟凡丽, 242

Menk, Debra W., 黛布拉·W.门克, 55

Mercado, Ruth, 露丝·梅尔卡多, 75

Mészáros, György, 吉尔吉·梅萨罗什, 180

Meyer, John W., 约翰·W.迈耶, 4, 18

Middleton, John, 约翰·米德尔顿, 9, 51

Milenkova, Valentinas, 瓦伦蒂娜·米伦科娃, 176

Mills, David, 戴维·米尔斯, 50

Mizrachi, Nissim, 尼西姆·米兹拉奇, 261

Moffatt, Michael, 迈克尔·莫法特, 56

Mohatt, Gerald, 杰拉尔德·莫哈特, 56

Monserrat, Ruth Maria Fonini, 露丝·玛丽亚·福尼尼·蒙塞拉特, 122

Monte, Nietta Lindenberg, 尼塔·林登博格·蒙特, 122

Montero, Paula, 保拉·蒙特罗, 115

Montero-Sieburth, Martha, 玛莎·蒙特罗-塞巴斯, 11

Montesinos, María Paula, 玛丽亚·保拉·蒙特西诺斯, 97, 98, 103, 104, 105n4

Morey, Eugenia, 尤金妮娅·莫雷, 95

Morin, Edgar, 埃德加·莫林, 30

Moss, Peter, 彼得·莫斯, 201

Motani, Yoko, 藻谷容子, 224

Mott, Luiz, 路易斯·莫特, 121

Moura, Clóvis, 科洛维斯·莫拉, 119

Müller, Burkhard, 布克哈德·穆勒, 7

Muller, Maria Lúcia Rodrigues, 玛丽亚·露西娅·罗德里格斯·穆勒, 119

Munanga, Albert Muluma, 阿尔伯特·穆鲁玛·穆南加

Munanga, Kabengele, 卡本格勒·穆南加, 118

Muñoz, Héctor, 埃克托·穆诺斯, 76

N'Doye, Mamadou, 马马杜·恩多耶, 279

Nahalka, István, 伊斯特凡·纳哈尔卡, 172

Nakajima, Tomoko, 中岛智子, 225

Nakamura, Hiroko, 中村纮子, 227

Nakamura, Mutsuo, 中村睦男, 80

Nakhlen, Khalil, 卡里尔·纳赫伦, 14, 16

Naranjo, Gabriela, 加夫列拉·纳兰霍, 76

Nascimento, Abdiasdo, 奥巴代亚·多·纳西门托, 119

Nava, Refugio, 雷富希奥·纳瓦, 73, 77
NDiaye, Lamine, 拉明·恩迪亚耶, 283
Neely, Sharlotte, 夏洛特·尼利, 52
Neményi, Mária, 玛丽亚·内梅尼, 177
Németh, Szilvia, 西尔维亚·内梅特, 177
Nesher, Perla, 佩拉·内谢尔, 262
Neumann, Eszter, 埃斯特·诺伊曼, 177, 180, 181
Nga Ndongo, Valentine, 瓦伦丁·恩加·恩东戈, 282, 283
Nielsen, Greg M., 格雷格·M.尼尔森, 145
Nilsson, Bengt A., 本特·A.尼尔松, 196
Nogueira, Oracy, 欧拉西·诺盖拉, 119
Nørgaard, Katrine, 卡特琳·诺加德, 119
Norman, Karin, 卡琳·诺曼, 200
Novaes, Regina, 雷吉纳·诺瓦依斯, 120
Novaro, Gabriela, 加夫列拉·诺瓦罗, 97, 103, 104, 105n4
Nowotny, Helga, 赫尔加·诺沃特尼, 169
Noyama, Horoshi, 野山弘, 229
Nudelman, Anita, 安妮塔·努德尔曼, 268
Nunes, Ângela, 安吉拉·努内斯, 117, 122, 124n6
Nunev, J., 努内夫·J, 176
Núñez Patiño, Kathia, 卡西亚·努内斯·帕蒂诺, 81
Nyíri, Pál, 帕尔·尼里, 178
Nze-Guema, Pierre-Fidèle, 皮埃尔-菲德勒·恩泽-盖玛, 283

Oblath, Márton, 马尔顿·奥布拉特, 177
Ochiai, Mikiko, 落合美贵子, 216
Okano, Kaori, 冈野香, 10
Olesen, Jesper, 耶斯佩尔·奥勒森, 200
Oliveira, Gilvan Muller, 吉尔凡·穆勒·奥利韦拉, 122
Oliveira, Iolanda, 约兰达·奥利韦拉, 118
Olivier de Sardan, Jean-Pierre, 让-皮埃尔·奥利维尔·德萨尔丹, 283
Oliviera Gonçalve, Luis Alberto, 路易斯·阿尔贝托·奥利维拉·贡萨尔维, 12
Olshtein, Elite, 伊利特·奥尔什泰, 266
Olwig, Karen Fog, 凯伦·福格·奥尔维格, 194, 201
Onyango-Ouma, Washington, 华盛顿·奥扬戈-欧玛, 203
Oppenheim, Abraham N., 亚伯拉罕·N.奥本海姆, 264
Örkény, Antal, 安塔尔·厄尔凯尼, 170
Ornelas Tavares, Gloria, 格洛里亚·奥内拉斯·塔瓦雷斯, 74
Ortega, Florencia, 弗洛伦西亚·奥尔特加, 74
Ortiz, Gladys, 格拉迪斯·奥尔蒂斯, 78
Ortner, Sherry B., 谢莉·奥特娜·B, 59
Osanai, Toru, 小山内彻, 222
Osborne, A.Barry, A.巴里·奥斯本, 8
Otsuka, Yutaka, 大冢丰, 245
Ovesen, Jan, 扬·奥弗森, 193

Padawer, Ana, 安娜·帕德维尔, 97,

姓名索引

104，105n4

Pagano, Ana，安娜·帕加诺，103

Paine, Lynn Webster，彭恩霖，245

Paladino, Mariana，玛丽安娜·帕拉迪诺，117，122

Palečková, Jana，亚娜·帕莱科娃，171

Pallma, Sara，萨拉·帕莱马，97，98

Palludan, Charlotte，夏洛特·帕卢丹，198，200

Panayotova, Donka，东卡·帕拉尤托娃，176

Paoletta, Horacio，奥拉西奥·保莱塔，104

Paoli, Maria Célia，玛丽亚·西莉亚·保利，114

Papp Z., Attila，阿提拉·帕普·Z，179

Paradise, Ruth，露丝·帕拉戴丝，77，78

Passeron, Jean-Claude，让－克劳德·帕斯隆，142

Pastrana, Leonor，利奥诺·帕斯特拉纳，81

Payet, Jean-Paul，让－保罗·帕耶，138，139

Pechincha, Monica，莫妮卡·佩钦查，121

Pechová, Eva，伊娃·佩科娃，178

Penso, Anat，阿娜特·彭索，266

Peralva, Angelina，安吉丽娜·佩拉尔瓦，120

Perazzi, Pablo，帕布罗·佩拉齐，95

Pérez, Leonel，莱昂内尔·佩雷斯，74

Pérez, Teresita，特里西塔·佩雷斯，75

Pérez Campos, Gilberto，吉尔伯托·佩雷斯·坎波斯，74

Pérez Pérez, Elías，埃利亚斯·佩雷斯·佩雷斯，80

Pérez Ruiz, Maya Lorena，玛雅·洛雷娜·佩雷斯·鲁伊斯，79

Pérez S., Sergio，塞尔吉奥·佩雷斯·S，80

Pérez V., Rosalba，罗萨尔巴·佩雷斯·V.，80

Perrenoud, Philippe，菲利普·佩勒努，142，143

Peshkin, Alan，艾伦·佩什金，54，57，60，61

Pessate Schubert, Anat，阿娜特·佩萨特·舒伯特，267，269

Petruccelli, José Luiz，何塞·路易斯·佩特鲁切利，124n5

Philips, Susan U.，苏珊·U. 菲利普斯，56

Phitiaka, Helen，海伦·菲蒂阿卡，50

Pilon, Marc，马克·皮隆，279，280，284，285

Piña, Juan Manuel，胡安·曼努埃尔·皮纳，79

Pinto, Regina Pahim，雷吉纳·帕希姆·平托，119

Plessner, Helmuth，赫尔穆特·普莱斯纳，32

Podestá, Rossana，罗萨纳·波德斯塔，76，78，81，85n1

Poledňová, Ivana，伊凡娜·波列诺娃，173

Pollack, Mica，迈卡·波拉克，51

Pontón, Beatriz，贝亚特里斯·庞顿，79

Pontrandolfo, Stefania，斯特凡尼亚·庞

特兰多尔福，158

Ponzetta, Mila Tommaseo，米拉·托马塞奥·庞泽塔，156

Popkewitz, Thomas S，托马斯·S. 博普科维茨，53

Portal, MaríaAna，玛丽亚·安娜·波特尔，81

Postiglione, Gerard，白瑞杰，242

Poveda, David，戴维·帕韦达，11

Prince, Ruth，露丝·普林斯，55, 203

Proteau, Laurence，劳伦斯·普罗托，288

Prout, Alan，艾伦·普劳特，200

Pugach, Marlene C.，玛琳·C. 普加奇，54

Pugsley, Lesley，莱斯利·帕格斯利，52, 57

Qi, Xuehong，齐学红，245

Quiróz, Rafael，拉斐尔·基罗斯，74

Qvarsell, Birgitta，比吉塔·克瓦塞尔，7, 16

Qvortrup, Jens，延斯·克沃特拉普，200

Rabo, Annika，安妮卡·拉布，206n7

Rahm, Irene，艾琳·拉姆，55

Ram, Uri，乌里·拉姆，269

Ramírez, Lucas，卢卡斯·拉米雷斯，73

Ramos Ramírez, José Luis，何塞·路易斯·拉莫斯·拉米雷斯，78, 80

Ramos, Alberto Guerreiro，阿尔贝托·格雷罗·拉莫斯，119

Rapoport, Tamar，塔玛·拉波波特，266, 269

Rawls, John，约翰·罗尔斯，137

Rayou, Patrick，帕特里克·里奥，136

Rebolledo, Nicanor，尼卡诺尔·雷沃列多，82

Rebolledo, Valeria，瓦莱西亚·雷沃列多，75

Reed-Danahay, Deborah，德博拉·里德·达纳海，60

Reguillo, Rossana，罗萨纳·雷吉略，78

Remedi, Eduardo，爱德华多·雷梅迪，75

Remotti, Francesco，弗朗西斯科·雷莫蒂，151, 156

Ren, Yunchang，任运昌，246

Rial, Carmen Sílvia Moraes，卡门·西尔维娅·莫赖斯·里亚尔，117

Ribeiro, Darcy，达西·里贝罗，124n3

Ribeiro, Gustavo Lins，古斯塔沃·林斯·里贝罗，2

Roberts, Joan I.，琼·I. 罗伯茨，51

Robles, Adriana，阿德里亚娜·罗伯斯，78, 82, 85n1

Rocha, Gilmar，吉尔马·罗恰，118

Rochex, Jean-Yves，让-伊夫·罗奇，136, 172

Rogoff, Barbara，巴布拉·罗格夫，13, 77, 206n6

Rohlen, Thomas P，托马斯·P. 罗兰，213

Rojas, Angélica，安杰丽卡·罗哈斯，81, 82

Rojas Drummond, Sylvia，西尔维亚·罗哈斯·德拉蒙德，76

Rose, Mike，麦克·罗斯，55

Rosemberg, Fulvia，富尔维娅·罗斯伯格，

119

Rosen, Stanley, 骆思典, 245

Rosentiel, Annette, 安妮特·罗森蒂尔, 52

Ross, Heidi, 饶海蒂, 245

Roth Senef, Andrew, 安德鲁·罗斯·塞内夫, 83

Rueda, Mario, 马里奥·鲁埃达, 71, 75, 85n1

Rughinis, Cosima, 科西马·鲁吉尼斯, 175

Ruiz, Arturo, 阿图罗·鲁伊斯, 76

Rydstrøm, Helle, 赫勒·莱德斯特拉姆, 206n7

Rysst, Mari, 玛丽·莱斯特, 200

Sader, Eder, 埃德尔·萨德尔, 114

Sadownik, Alicja, 爱丽丝娅·萨多妮克, 168

Sagástegui, Diana, 戴安娜·萨格斯特吉, 78

Sahlins, Marshall, 马歇尔·萨林斯, 34, 115

Sahlström, Fritjof, 弗里乔夫·萨尔斯特拉姆, 197

Sakai, Akira, 酒井朗, 217, 227

Sakamoto, Ikko, 坂元一光, 213

Salanova, Andrés, 安德烈斯·萨拉诺瓦, 122

Saletti Salza, Carlotta, 卡洛塔·萨莱蒂·萨尔扎, 159

Samoff, Joel, 乔尔·萨莫夫, 289

Sanchis, Pierre, 皮埃尔·桑切斯, 115

Sandoval, Etelvina, 埃特维娜·桑多瓦尔, 74

Sangrea, Lucinda, 露辛达·桑格利亚, 51

Sanjek, Roger, 罗杰·桑耶克, 61

Santerre, Renaud, 雷诺·桑泰尔, 287

Santillán, Laura, 劳拉·桑迪兰, 103, 105n4

Sarangapani, Padma, 帕德玛·萨兰加帕尼, 14

Sárkány, Mihály, 米哈利·萨坎尼, 167, 169, 184n2, 334

Sartorello, Stefano, 斯特凡诺·萨托雷罗, 80

Šatava, Leoš, 莱奥斯·萨塔瓦, 179

Sato, Chise, 佐藤千濑, 220

Sato, Gunei, 佐藤郡卫, 226

Sato, Ikuya, 佐藤郁哉, 214

Sato, Manabu, 佐藤学, 217

Saucedo, Claudia Lucy, 克劳迪娅·露西·绍塞多, 74, 79

Saviani, Dermeval, 德梅瓦尔·萨维安尼, 113

Sawadogo, Ram Christophe, 拉姆·克里斯托弗·萨瓦多戈, 282, 283

Schaden, Egon, 埃贡·沙登, 114, 124n3

Schechner, Richard, 理查德·谢克纳, 40

Scheler, Max, 马克斯·舍勒, 20, 29, 32

Schippers, Thomas K., 托马斯·K.席佩斯, 2

Schnack, Karsten, 卡斯滕·施纳克, 202

Schonmann, Shifra, 希夫拉·肖恩曼, 263

Schoo, Susana, 苏珊娜·斯霍, 104

411

Schutz, Alfred, 阿尔弗雷德·舒茨, 141
Schwartz, Henrietta, 亨利埃塔·施瓦茨, 56
Scollon, Ron, 施康隆, 246
Scollon, Suzanne, 苏珊娜·斯科隆, 249
Scott, Peter, 彼得·斯科特, 269
Semyonov, Moshe, 摩西·谢苗诺夫, 257
Seto, Ruka, 濑户瑠夏, 216
Shabtay, Malka, 马尔卡·沙布特, 264, 268
Shamai, Shalom, 沙洛姆·沙迈, 268
Shamgar-Handelman, Lea, 珊迦-汉德尔曼·利亚, 262, 264
Shapira, Rina, 里娜·夏皮拉, 268
Sharpe, Keith, 基思·夏普, 9
Shavit, Yossi, 约西·沙维特, 261
Shepel, Elina N, Lempert, 埃琳娜·N.伦珀特·谢佩尔, 13
Shepher, Israel, 伊斯雷尔·舍普, 265
Shibayama, Makoto, 柴山真琴, 219, 220
Shibuya, Maki, 涉谷真树, 226
Shimahara, Nobuo, 岛原宣男, 217
Shimizu, Kokichi, 志水宏吉, 213, 214, 215, 216, 218, 229
Shimizu, Mutsumi, 清水睦美, 224
Shkedi, Asher, 阿谢尔·什凯迪, 259
Shlasky, Sharona, 莎罗娜·史拉斯基, 268, 269
Shmueli, Avshlom, 阿夫什洛姆·什穆埃利, 258
Shokeid, Moshe, 摩西·休凯德, 258, 260, 261
Shultz, Jeffrey, 杰弗里·舒尔茨, 53, 61

Shumar, Wes, 韦斯·舒马尔, 56
Shunk, William R, 威廉·R.舒克, 52
Sidoti, Simona, 西蒙娜·西多蒂, 159
Silberbrandt, Henning, 亨宁·希尔伯布兰特, 196
Silva, Ana Célia da, 安娜·西莉亚·达·席尔瓦, 2004, 2005
Silva, Aracy Lopes da, 阿拉西·洛佩兹·达·席尔瓦, 116, 117, 121, 122, 124n6
Silva, Natalino Neves da, 纳塔利诺·内维斯·达·席尔瓦, 121
Silva, Nelson do Valle Silva, 尼尔森·多·瓦莱·席尔瓦·席尔瓦, 118
Silva, Paulo Vinícius Baptista da, 保罗·文尼西斯·巴普蒂斯塔·达·席尔瓦, 118
Silva Macha do, Ana Vera Lopes da, 安娜·维拉·洛佩兹·达·席尔瓦·玛卡多, 124n6
Silvério, Valter Roberto, 瓦尔特·罗伯托·西尔维里奥, 118, 119
Simonicca, Alessandro, 亚历山德罗·西蒙尼卡, 152, 159
Sinclair, Simon, 西蒙·辛克莱, 50, 56
Sindell, Peter S., 彼得·S.辛德尔, 52
Singleton, John C, 约翰·C.辛格尔顿, 55, 59, 213, 228
Sinisi, Liliana, 莉莉安娜·西尼西, 97, 98, 104, 105n4
Sirota, Régine, 雷吉娜·西洛塔, 3, 8, 133, 135
Smékal, Vladimír, 弗拉基米尔·斯梅克尔, 173
Smith, James Allen, 詹姆斯·艾伦·史

密斯，307
Smith, Linda T., 琳达·T. 史密斯，53
Soares, Luiz Eduardo, 路易斯·爱德华多·索亚雷斯，120
Soker, Zeev, 泽埃夫·索克，262
Solberg, Anne, 安妮·索尔伯格，200
Sørensen, Birgitte Refslund, 比吉特·雷夫斯朗德·索伦森，203
Sosa Lázaro, Manuel, 曼纽尔·索萨·拉扎罗，83
Soulez, Philippe, 菲利普·苏雷，287
Soumaré, Aminata Maiga, 阿米纳塔·马伊加·索马雷，288，294
Souza Lima, Elvira, 埃尔维拉·索萨·利马，3，12，13
Sow, Alhassane, 阿拉萨内·索乌，288，294
Spencer, Jonathan, 乔纳森·斯宾塞，6
Spiegel, Ehud, 埃胡德·斯皮格尔，266
Spindler, George D., 乔治·D. 斯宾德勒，8，50，51，53，54，60，305
Spindler, Louise, 路易斯·斯宾德勒，8，51，54，305
Spiro, Melford E., 梅尔福德·E. 斯皮罗，265
Sposito, Marília Pontes, 玛丽莉娅·庞特斯·斯波西托，120
Stambach, Amy, 艾米·斯塔姆巴赫，204
Štech, Stanislav, 斯坦尼斯拉夫·斯捷赫，172
Steiner-Khamsi, Gita, 吉塔·斯坦纳－卡姆西，21
Stenhouse, Lawrence, 劳伦斯·斯滕豪斯，141

Storey, Edward, 爱德华·斯托里，51
Strauss, Anselm L., 安塞姆·L. 施特劳斯，39，303
Street, Brian, 布莱恩·斯特里特，50，53
Street, Susan, 苏珊·斯特里特，75，76
Strong, Pauline Turner, 波琳·特纳·斯特朗，52，54
Sullivan, Edward B., 爱德华·B. 沙利文，52
Sultana, Ronald, 罗纳德·苏丹纳，50
Sun, Jieyuan, 孙杰远，239
Sutton, Margaret, 玛格丽特·萨顿，316
Svec, Stefan, 斯特凡·斯威克，172
Szalai, Júlia, 朱莉娅·绍洛伊 173，335
Szasz Margaret C., 玛格丽特·C. 萨斯，56
Székelyi, Mária, 玛丽亚·谢凯伊，170
Szelényi, Iván, 伊凡·塞勒尼，182

Tabachnick, B.Robert, B. 罗伯特·塔巴赫尼克，53
Taboada, Eva, 伊娃·塔沃阿达，74
Tabuchi, Isoo, 田渊五十生，225
Tamba, Moustapha, 穆斯塔法·坦巴，281，282，296
Tambiah, Stanley, 斯坦利·坦比亚，40
Tambo, Mercy, 默西·坦博，288
Taniguchi, Akiko, 谷口明子，228
Tassinari, Antonella Maria Imperatriz, 因佩拉特里斯·玛丽亚·安东内拉·塔西纳里，117，122
Taukane, Darlene Yaminalo, 达琳·亚米纳洛·陶卡尼，122

413

Tchombe, Therese M. S., 泰雷兹·M.S.特霍姆贝, 289

Teinke, Ines, 伊尼斯·泰因克, 39

Telles, Edward, 爱德华·特列斯, 118

Teng, Xing, 滕星, 241, 242

Thapan, Meenakshi, 米纳克希·塔潘, 114

Thin, Daniel, 丹尼尔·西恩 122

Thisted, Jens Ariel, 延斯·阿列尔·齐斯泰兹, 96, 97, 98, 99

Thogersen, Stig, 曹诗弟, 245

Thompson, E. P., E.P.汤普森 102

Tiemtoré, Windpouiré Zacharia, 温德波雷·扎卡里亚·蒂姆托雷, 291

Timmerman, Christiane, 克里斯蒂安·蒂默曼, 13

Ting-Toomey, Stella, 丁允珠, 249

Tobin, Joseph J., 约瑟夫·J.托宾, 213, 219

Tokuda, Kozou, 德田小僧, 213, 214, 216

Toma, Stefania, 斯特凡尼娅·托玛, 175, 176

Tomatová, Jana, 亚娜·托玛托瓦, 174

Torday, Emil, 埃米尔·托尔道伊, 168

Torgyik, Judit, 朱迪特·托尔吉克, 172

Torney, Judith V., 朱迪斯·托尼, 264

Torres, Carlos Alberto, 阿尔贝托·卡洛斯·托雷斯, 14

Tosta, Sandra F. Pereira, 桑德拉·F.佩雷拉·托斯塔, 118

Tounkara, Brehima, 布雷希马·图恩卡拉, 284

Touraine, Alain, 阿兰·图海纳, 137, 308

Toure, Kathryn, 凯瑟琳·图雷, 289

Townsend, James R., 詹姆斯·R.汤森, 249

Trevisan, Paola, 保拉·特雷维桑, 159

Trix, Frances, 弗朗西斯·特丽克丝, 56

Troman, Geoff, 杰夫·特罗曼, 5, 10

Trueba, Enrique T., 恩里克·特鲁巴·T, 51, 54

Turai, Tünde, 唐德·图拉伊, 179, 180

Turner, Victor, 维克多·特纳, 40, 161n1

Ulrich, Catalina, 卡塔利娜·乌利希, 169

Urteaga, Maritza, 玛丽娅·乌特亚, 78

Valérien, Jean, 让·瓦莱里安, 284

Valle, Imuris, 伊穆里斯·瓦莱, 79

Vallet, Louis André, 路易·安德烈·瓦莱, 139

Van Haecht, Anne, 安妮·范海希特, 143

Van Teeffelen, Toine, 图瓦纳·范泰夫伦, 258

Váradi, Mónika, 莫妮卡·瓦劳迪, 177

Varda, Adam, 亚当·瓦尔达, 264

Vardi-Rat, Esther, 埃丝特·瓦尔迪-拉特, 262

Varela, Cecilia, 塞西莉亚·瓦雷拉, 95

Varenne, Hervé, 埃尔韦·瓦雷讷, 55

Vargas, María Eugenia, 玛丽亚·尤金尼亚·瓦尔加斯, 80

Veiga, Juracilda, 朱拉西尔达·维加, 122

Velasco Maillo, Honorio M., 贝拉斯科·梅洛·奥诺里奥·M, 10

Verhoeven, Marie, 玛丽·费尔赫芬, 145, 146

Vermuelen, Hans F., 汉斯·F.韦尔穆伦,

Vienne, Philippe, 菲利普·维耶纳, 15
Vierra, Andrea, 安德莉亚·薇拉, 52
Vilhena, Luis Rodolfo, 路易斯·鲁道夫·维列纳, 124n4
Villanueva, Nancy, 南茜·维拉努埃瓦, 78
Vincent, Guy, 盖·文森特, 122
Vinitzky-Seroussi, Vered, 韦雷德·维尼茨基-塞鲁西, 265
Virág, Tünde, 塔恩德·维拉格, 177
Vistrain, Alicia, 艾丽西亚·维斯特雷, 74
Viveiros de Castro, Eduardo, 爱德华多·维韦罗斯·德卡斯特罗, 124n7
Vulliamy, Graham, 格雷厄姆·武利亚米, 16

Wagner, Judith T., 朱迪斯·T. 瓦格纳, 199, 200
Wahbeh, Nader, 内德·瓦贝, 14, 15
Walford, Geoffrey, 杰弗里·沃尔福德, 58
Walker, James C., 詹姆斯·C. 沃克, 10
Wallace, Santiago, 圣地亚哥·华莱士, 95
Wang, Jian, 王鉴, 242
Wang, Mingming, 王铭铭, 236, 242
Watanabe, Masako Ema, 渡边雅子, 217, 218
Wax, Murray, 默里·瓦克斯, 8, 51, 54, 55, 56
Wax, Rosalie, 罗莎莉·瓦克斯, 8, 54, 55, 56

Weaver, Thomas, 托马斯·韦弗, 51
Weigel, Valéria Augusta Cerqueirade Medeiros, 瓦莱里亚·奥古斯塔·塞凯拉德·梅代罗斯·韦格尔, 122
Weil, Shalva, 沙尔瓦·韦伊, 263
Weiner-Levy, Naomi, 内奥米·维纳-列维, 260, 267, 269
Weingrod, Alex, 亚历克斯·温格罗德, 258, 261
Weis, Lois, 洛伊斯·韦斯, 59
Weiss, Eduardo, 德华多·魏斯, 74, 79
Weiss, Meira, 梅拉·魏斯, 264
Wenger, Etienne, 艾蒂安·温格, 55, 247
Whyte, W.F., W.F. 怀特, 141
Wilcox, Kathleen, 凯瑟琳·威尔科克斯, 52
Willis, David B., 戴维·B. 威利斯, 227
Willis, Paul, 保罗·威利斯, 5, 54, 58, 97, 139, 197, 259
Wilson, Herbert B., 赫伯特·B. 威尔逊, 51
Wimmer, Michael, 迈克尔·维默尔, 43
Winkin, Yves, 伊夫·温金, 147
Winkler-Oswatitsch, Ruthild, 乌·文克勒-奥斯瓦底希, 31
Winther, Ida Wenzel, 艾达·文策尔·温特, 200
Wolcott, Harry F., 哈利·F. 沃尔科特, 5, 54, 55, 56, 61
Womack, Brantley, 布兰特利·沃马克, 249
Woods, Marcela, 玛赛拉·伍兹, 103

336

415

Wright, Susan, 苏珊·莱特, 50, 199
Wu, Kangning, 吴康宁, 244
Wu, Wenzao, 吴文藻, 235, 240
Wu, Xiaorong, 吴晓蓉, 243
Wu, Zongjie, 吴宗杰, 247

Xie, Dengbin, 谢登斌, 239
Xu, Yueting, 许悦婷, 247

Yamanouchi, Yuko, 山之内裕子, 222
Yamashita, Shinji, 山下晋司, 2
Yang, Canjun, 杨灿君, 245
Yang, Shengmin, 杨圣敏, 242
Yaro, Yacouba, 雅库巴·亚罗, 279, 280, 284, 285
Yates, Paul, 保罗·耶茨, 53
Ying, Danjun, 应单君, 248
Yon, Daniel A., 丹尼尔·A.约恩, 52, 53
Yoshida, Miho, 吉田美穗, 216

Yosifon, Margalith, 马加利斯·约西丰, 261, 262
Yuan, Tongkai, 袁同凯, 238
Yue, Tianming, 岳天明, 239
Yuuki, Megumi, 有希惠, 219

Zhang, Shiya, 张诗亚, 244
Zhang, Xueqiang, 张学强, 242
Zhang, Yuan, 张媛, 245
Zhong, Qiquan, 钟启泉, 245
Zhu, Dongliang, 朱冬亮, 236, 237
Zhuang, Kongshao, 庄孔韶, 237
Zirfas, Jörg, 约尔格·齐尔法斯, 40, 41, 182
Zobacová, Jarmila, 娅尔米拉·佐巴科娃, 173
Zolnay, János, 约诺斯·佐尔瑙伊, 177
Zou, Yali, 邹雅莉, 51, 54
Zoungrana, Cécile-Marie, 塞西莉-玛丽·佐格拉娜, 288

主题索引

（索引条目后的页码为原书页码，即本书边码）

1920s academic, intellectual, and research developments；20世纪20年代的学术、知识与研究发展；in Brazil, ～在巴西, 112; in Japan, ～在日本, 235; ～在西非, in West Africa, 287

1930s developments, 20世纪30年代的发展, 23n4, 305; in Brazil, ～在巴西, 112—13; in China, ～在中国, 235—36; in Mexico, ～在墨西哥, 71

1950s developments, 20世纪50年代的发展, 1, 11, 16, 305, 308—9; in Brazil, ～在巴西, 112—13; in China, ～在中国, 236; in Israel, ～在以色列, 268; in Italy, ～在意大利, 161n3; in Japan, ～在日本, 213; in West Africa, ～在西非, 281, 287

1960s developments, 20世纪60年代的发展, 1, 13, 305, 308, 313; in Argentina, ～在阿根廷, 94; in Brazil, ～在巴西, 114; in France, ～在法国, 132, 134, 137, 140—45; in Israel, ～在以色列, 257, 269; in Italy, ～在意大利, 155, 161n1; in Scandinavia, ～在斯堪的纳维亚, 194; in West Africa, ～在西非, 281, 283, 287, 296

1970s developments, 20世纪70年代的发展, 1, 9, 17, 22, 305, 306, 313; in Argentina, ～在阿根廷, 100; in Brazil, ～在巴西, 114, 118; in Central Europe, ～在中欧 168, 176; in France, ～在法国, 132, 135—36, 142, 144; in Israel, ～在以色列, 258—59, 263; in Italy, ～在意大利, 155, 161n1, 162n6; in Japan, ～在日本, 224—25; in Mexico, ～在墨西哥, 71; in Scandinavia, ～在斯堪的纳维亚, 196—97; in West Africa, ～在西非, 279, 281

1980s developments, 20世纪80年代的发展, 9, 12, 305—06, 309; in Argentina, ～在阿根廷, 101; in Brazil, ～在巴西, 114—18; in China, ～在中国, 237, 258; in France, ～在法国, 131—36, 140, 142, 144—45; in Israel, ～在以色列, 259, 267; in Italy, ～在意大利, 158, 161n1; in Japan, ～在日本, 213, 221, 224—25; in Mexico, ～在墨西哥, 71, 72; in Scandinavia, ～在斯堪的纳维亚, 197, 200, 202; in West Africa, ～在西非, 279, 284, 287

1990s developments, 20世纪90年代的发展, 309; in Argentina, ～在阿根廷, 97, 98—101; in Brazil, ～在巴西,

115—18，125n；in Central Europe，~在中欧，173，179；in China，~在中国，236—37；in France，~在法国，133，135，136—37，140，144；in Israel，~在以色列，266，268；in Italy，~在意大利，154，158，160，161n1，；in Japan，~在日本，213，215，225；in Mexico，~在墨西哥，71；in Scandinavia，~在斯堪的纳维亚，196，198，200，202；in west Africa，~在西非279，282，284，287—89，291，293，296

2000s developments，21世纪的发展；in Brazil，~在巴西，121；in Israel，~在以色列，268；in Japan，~在日本，214；in West Africa，~在西非，283

ABA（Brazilian Anthropology Association），巴西人类学协会，111，117，124n1

academic discipline，学术科目19—20，94，111，304

Academic Institute for Arab Teachers of Beit Berl College in Israel，以色列贝特伯尔学院阿拉伯教师学术研究中心，15

acquisition of culture，文化习得，12，36，220，239

action research，行动研究，13，14，15，16，140—41，170，217，246，282，289，297，315

activity theory，活动理论。See sociocultural theory，参考社会文化理论

actor network theory，行动者网络理论，76

actor, turn to the，行动者，成为~，4，76，83—84，99，120，133，135—36，142，157，197，200，222，295

ADEA（Association pour le développement de l'éducation en Afrique/Association for the Development of Education in Africa），非洲教育发展协会，279，280，292，297n1

administrators and non-teaching staff as a research theme，以学校管理者与非教学岗位员工作为研究主题，56，73

AERA（American Education Research Association），美国教育研究协会，53

Africa, sub-Saharan，非洲，撒哈拉以南非洲地区，3，7，15，202—03，315。See also Benin, Burkina Faso, Cameroon, Central African Republic, Chad, Democratic Republic of the Congo (Congo-Kinshasa), Ethiopia, Gambia, Ghana, Guinea, Madagascar, Mauritania, Mali, Niger, Nigeria, Republic of the Congo (Congo-Brazzaville), Senegal, Sierra Leone, South Africa, Togo, Uganda, West and Central Africa, Zambia，即贝宁、布基纳法索、喀麦隆、中非共和国、乍得、刚果民主共和国［刚果（金）］、埃塞俄比亚、冈比亚、加纳、几内亚、马达加斯加、毛里塔尼亚、马里、尼日尔、尼日利亚、刚果共和国［刚果（布）］、塞内加尔、塞拉利昂、南非、多哥、乌干达、中非和西非、赞比亚。

African Americans and African Canadians，非裔美国人与非裔加拿大人，54，56。See also black populations，同时参考黑

人人口

African Anthropologist（杂志），《非洲人类学家》282

African Brazilians，非裔巴西人，113，118，119。See also black populations，同时参考黑人人口

African Caribbeans，非裔加勒比人，55。See also black populations，同时参考黑人人口

African researchers in diaspora，海外的非洲学者，15

African Sociological Association，非洲社会学协会，282

African Sociological Review（杂志），《非洲社会学评论》282

Afrique et Développement（杂志），《非洲与发展》，286 agency，286 出版机构。See also actor, turn to the，同时参考行动者，成为～

AIDS（Acquired Immune Deficiency Syndrome），艾滋病，95，289，290，292

AISLF（international association of French-speaking sociologists），国际法语社会学家协会，12，142

American Anthropological Association，美国人类学家协会，51

Amerindian thought，美洲印第安人思维。See indigenous populations，参考原住民人口

Amish，阿米什，59

Amnesty International，大赦国际，168，172，185

analytical psychology，分析心理学。See psychology and psychologists，参考心理学与心理学家

Anglophone world，英语世界，see English-language zone，参考英语语言区

Anglo-Saxon world，盎格鲁-撒克逊世界，See English-language zone，参考英语语言区

Annales school，年鉴学派，30，31—33

Annual Review of Anthropology（杂志），《人类学年度评论》，53

ANPED（National Association for Educational Research），国家教育研究协会，111，124n1

ANPOCS（National Association for Social Sciences Research），国家社会科学研究协会，111，124n1

anthropology and anthropologists，人类学与人类学家，2，5—6，10，11，12，13，14，15，29，30，49，50，51，57—58，60—61，99; in Argentina，～在阿根廷，94—96, in Central Europe，～在中欧，168，169，170; in China，～在中国，235—37; in France，～在法国，136，308; in Israel，～在以色列，257—58; in Italy，～在意大利，160，161n1; in Japan，～在日本，213; in Mexico，～在墨西哥，71; in Scandinavia，～在斯堪的纳维亚，194—95，202; in the United Kingdom，～在英国，9，50—51，132, in the United States，～在美国，5，50ff134，161n1; in West and Central Africa，～在西非与中非，281—84; relationship to sociology，～与社会学的关系，284; status as a discipline，作为一门学科所具有

419

的地位，95，235，309—10。See also cultural anthropology, historical anthropology, historical cultural anthropology, philosophical anthropology, social anthropology, 同时参考文化人类学、历史人类学、历史文化人类学、哲学人类学、社会人类学

anthropology and education (as opposed to anthropology of education), 人类学与教育（不同于教育人类学），124n2。See also anthropology of education in Argentina and in Brazil, 同时参考阿根廷与巴西的教育人类学

Anthropology and Education Quarterly（杂志），《人类学与教育季刊》，1，9，51，169，306

anthropology of children, 儿童人类学，17，193，201，205。See also children and childhood as a research theme, childhood studies, 同时参考作为一类研究主题的儿童与童年，童年研究

anthropology of education, 教育人类学，1ff，9，11—12，49ff，304；in Argentina, ～在阿根廷，93ff；in Brazil, ～在巴西，112；in Canada, ～在加拿大，50ff；in Central Europe, ～在中欧，167，168—69，179；in China, ～在中国，235ff；in France, ～在法国，141，146；in Germany, ～在德国，7，30；in Italy, 151ff；in Japan, ～在日本，213，309；in Poland, ～在波兰，168；in Scandinavia, ～在斯堪的纳维亚，193ff；in Slovakia, ～在斯洛伐克，172；in the Czech Republic, ～在捷克共和国，172；in the United States, ～在美国，1，8—9，50ff，156，304，306，315；in West Africa, ～在西非，287ff，304；～的影响，influence of，18，21，308，312；relationship to anthropology, ～与人类学的关系，50—51，57—58，96，71，152，169，184，195，306；relationship to field of education, ～与教育领域的关系，195，161n1。See also cultural historical anthropology of education, ethnosociology of education, pedagogical anthropology, philosophical anthropology of education, political anthropology of education, 同时参考文化历史教育人类学、教育民族社会学、教育人类学、哲学教育人类学、政治教育人类学

anthropology of learning, 学习人类学，6，8，13，17，181

anthropology of schooling, 学校教育人类学，6，8，9，10，12，17，73—75，136。See also ethnography of schooling, 同时参考学校教育民族志

antiracism, 反种族主义，52

applied research, 应用型研究，14，15，18，160，168，281，310

apprenticeship, 学徒制，56—57

appropriation, 挪用，74，77，84，100，104

Arab students and schools in Israel, 以色列的阿拉伯学生与阿拉伯学校，14，258，260，263，266—67

Arabic-speaking zone, 阿拉伯语语言区，14

archival research，档案研究，73，294

Argentina，阿根廷，4，11，16，17，19，85n2，93ff；307，309，312，314。See also anthropology and anthropologist, anthropology of education, social anthropology，同时参考人类学与人类学家、教育人类学、社会人类学

Asia，亚洲，6，13—14。See also China, India, Japan, Malaysia, Mongolia, Nepal, Pakistan, Philippines, Sri Lanka, Vietnam，同时参考中国、印度、日本、马来西亚、蒙古、尼泊尔、巴基斯坦、菲律宾、斯里兰卡、越南

assimilation，同化，132，152，159，222，225，258，264，315。See also cultural differences，同时参考文化差异

Association of Research Students in Anthropology at the University of Yaoundé I，雅温得第一大学人类学研究生协会，15

Augustine, Saint，圣·奥古斯丁，29

Australia，澳大利亚，8，10，16，50—51，59，223—24

Austria，奥地利，7

autonomy of schools, regions, or localities，学校、地区或地方自治。See decentralization，参考去中心化

autonomy, personal, as a research theme，自治，个人的～，作为一类研究主题的～，77，198，216，312；of those being studied，在上述所有被研究主题中的～，137

Baltic states，波罗的海国家，13，168

Beas speakers，讲比阿斯语的人，171

Beijing Normal University，北京师范大学，245

Belgium，比利时，4，19，147n6，312；French-speaking，讲法语的～，12，132，141—46；Flemish-speaking，讲佛兰芒语的～，13

Benin，贝宁，280，286，297n1

Berlin Study on Rituals，柏林仪式研究，35—45

bilingualism as a research theme，作为一类研究主题的双语制，76—77，121，162n6，242

Birmingham School（Centre for Contemporary Cultural Studies），伯明翰学派（当代文化研究中心），198

black identity as a research theme，作为一类研究主题的黑人身份认同，111，118—19，123，310

black Israelis，以色列籍黑人，264

black populations，黑人人口，113，314。See also African Americans and African Canadians, African Caribbeans, African Brazilians, black Israelis, ethnicity, race and racism，同时参考非裔美国人与非裔加拿大人、非裔加勒比人、非裔巴西人、以色列籍黑人，民族性、种族与种族主义

black researchers，黑人学者，119，315。See also African researchers in diaspora，同时参考海外的非洲学者

bodies，身体，36，41，262；as a research theme，作为一类研究主题的～，41，245，262

421

Bolivia, immigrants from, 来自玻利维亚的移民, 98, 99, 101, 105n3

borrowing, selective, 借用, 精挑细选的~, 21

brain, development of, 大脑的发展, 31

Brazil, 巴西, 2, 4, 10, 11—12, 13, 17, 20, 21, 85n2, 111ff, 309, 310, 312, 315; immigrants from, 来自~的移民, 221—223; influence of, ~的影响, 21。See also anthropology of education, ethnography of education, ethnology, sociology, sociology of education, 同时参考教育人类学、教育民族志、民族学、社会学、教育社会学

Brazilian Centre for Educational Research, 巴西教育研究中心, 124n3

Brazilian Japanese, 巴西籍日本人, 220, 221—23

Bulgaria, 保加利亚, 167, 168, 170, 171, 176, 184n4

Burkina Faso, 布基纳法索, 280, 282, 283, 284, 286, 288, 291, 297n1

CAE (Council on Anthropology and Education of the American Anthropological Association), 美国人类学协会人类学与教育委员会, 14, 50, 51, 305

Cambridge University, 剑桥大学, 247

Cameroon, 喀麦隆, 15, 280, 282, 283, 286, 297n1

CAMES (African and Malagasy Council for Higher Education), 非洲及马达加斯加高等教育理事会, 282

Camminanti, 坎米南提人, 158

Canada, 加拿大, 19, 20; as inward-looking, 作为内向型的~, 52—54; English-speaking, 讲英语的~, 8—9, 50, 54; French-speaking, 讲法语的~, 4, 12, 141—46; influence of, ~的影响, 11, 15, 281, 289, 292。See also anthropology of education, North America, 同时参考教育人类学、北美

case studies, 案例研究, 118, 119, 134, 144, 169, 175, 247, 305

Central African Republic, 中非共和国, 282, 297n1

Central Europe, 中欧, 13, 17, 20, 167ff, 308, 313。See also anthropology and anthropologists, anthropology of education, Bulgaria, Czech Republic, Hungary, Poland, Romania, Slovakia, 同时参考人类学与人类学家、教育人类学、保加利亚、捷克共和国、匈牙利、波兰、罗马尼亚、斯洛伐克

Central University of Nationalities (CUN), China, 中央民族大学, 中国, 237, 240—42

cerebralization, 大脑化。See brain, 参考大脑

Chad, 乍得共和国, 282, 283

Chicago, school of sociology, 芝加哥社会学派, 18, 133, 284, 305, 306

childhood studies, 童年研究, 199—201

childhood, prolonged, 幼年期的延长, 31

children and childhood as a research theme, 作为一类研究主题的儿童与童年, 13, 16, 17, 111, 121, 136, 193, 199—202,

205，310

Chile，智利，11，19

China，中国，1，6，14，16，17，235ff，307，310，311，312，314，316；immigrants from，来自～的移民，98，177—78，219，220—2；influence of，～的影响，21。See also anthropology and anthropologists, anthropology of education, narrative inquiry, qualitative sociology, sociology, sociology of education，同时参考人类学与人类学家、教育人类学、叙事研究、质性社会学、社会学、教育社会学

China's Educational Anthropology Review（journal），《中国教育人类学评论》，239

Chinese as an academic language，作为一门学术语言的中文，17

Chinese University of Hong Kong，香港中文大学，238

Chinese-Japanese，中国籍日本人，220—21

Choles，乔雷斯人，80

CISINAH/CIESAS（Centro de Investigaciones Superiores del Instituto Nacional de Antropología e Historia/Centro de Investigaciones y Estudios Superiores en Antropología Social），国家人类学与历史研究所/社会人类学高级研究中心，72

citizenship, education for, as a research theme，公民身份，～的教育，作为一类研究主题的～，176，202，203，205，264，291

City University of Hong Kong，香港城市大学，246

civic ceremonies，民间仪式。See rituals，参考仪式

classroom ethnography，课堂民族志。See classroom interaction，参考课堂互动

classroom interaction，课堂互动，56；as a research theme，作为一类研究主题的～，9，11，76，134，157，197，262

classroom talk，课堂对话。See classroom interaction，参考课堂互动

CODESRIA（the Council for Social Science Research Development in African），非洲社会科学研究发展理事会，279，282，286

collaborative research，合作研究，73，78，315。See also teachers as researchers，同时参考作为研究者的教师。

Columbia，哥伦比亚，85n2

colonialism，殖民主义，16，58，62，95281，282，287，307

commonalities across countries，各国的共性，15—16，317

community studies，社群研究，113，170，175，180

comparative education，比较教育，9，144

comparative research，比较研究，2，3—4，122，156，201，202，204—05，213，217，295，304

Congo，刚果。See Democratic Republic of the Congo（Congo-Kinshasa），Republic of Congo（Congo-Brazzaville），参考刚果民主共和国[刚果（金）]，

423

刚果共和国［刚果（布）］

Contemporary Education and Culture（杂志），China,《当代教育与文化》，中国，243

CREA（Consortium pour la recherche économique en Afrique, or the Consortium for Economic Research in Africa），非洲经济研究联盟，280，297n1

creolization, 克里奥尔化，21，131，303。See also hybridization, 同时参考融合，221，304，307—10，316

critical anthropology or critical sociology, 批判人类学或批判社会学，94，116，131，140，153，155，196，201，204，222，229，258，259，269，287

Cultura y Educación（杂志），《文化与教育》，10

cultural anthropology, 文化人类学，5—6，8，18，30，33—34，57，77—78，94—95，133，146，147n1，151—56，158，160，161n1，167，184n2，237，241，304—05，308，311；and cultural diversity, ～与文化多样性，158—59。See also anthropology, ethnology, historical cultural anthropology, social anthropology, 同时参考人类学、民族学、历史文化人类学、社会人类学

cultural deficit theory, 文化赤字理论，72，172，315

cultural differences, 文化差异，16，43，58—59，97，99，146；as a research theme, 作为一类研究主题的～，10，17，56—57，158，176，223，263，269；as deficit, 作为赤字的～，100—01。See also diversity, 同时参考多样性

cultural distance, 文化差距。See cultural differences, 参考文化差异

cultural diversity, 文化多样性。See diversity, cultural or linguistic, 参考多样性、文化的～或语言的～

cultural historical activity theory（CHAT），文化历史活动理论。See sociocultural theory, 参考社会文化理论

cultural production, 文化生产，74，120

cultural relativism, 文化相对论，161n1，315，317

Cultural Revolution, "文化大革命"，137，146，236

cultural studies, 文化研究，10，116，170，197，198

cultural transmission, 文化传递，8，9，100，144，147n2，153，242，262，287，311

culture clash, 文化冲突。See cultural differences, 参考文化差异

culture, 文化，5，9—10，16，31，34，71，73，75，77，83—84，100—01，115—17，118，146，155，158，171，213，220，239，312，317

Current Anthropology（杂志），《当代人类学》，60

curriculum studies, 课程研究，6，

Cyprus, 塞浦路斯，50

Czech Republic, 捷克共和国，167，170，171，172—73，178。See also anthropology of education, 同时参考教育人类学

daycare as a research theme，作为一类研究主题的托儿所，195，199

deaf education as a research theme，作为一类研究主题的聋人教育，245

deficit hypothesis，赤字假说。See cultural deficit，参考文化赤字

Democratic Republic of the Congo（Congo-Kinshasa），刚果民主共和国［刚果（金）］，283，297n1

demography，人口学，280，295

Denmark，丹麦，55，193ff，206n4。See also Scandinavia，同时参考斯堪的纳维亚

department of anthropology，人类学系，194，195—96，206n4，280，282，306

department of education，教育系。See faculties of education，参考教育系

development（of countries）as a research theme，作为一类研究主题的（国家的）发展，193，195，202—04，205，288，289；role for sociology，社会学的角色，282

developmental psychology，发展心理学。See psychology and psychologists，参考心理学与心理学家

DIE/Cinvestav（Departamento de Investigaciones Educativas/Centrode Investigación y de Estudios Avanzados del Instituto Politécnico Nacional），教育研究所/国立理工学院高等研究中心，11，71，96

digital literacy as a research theme，作为一类研究主题的数字化读写能力，77，78

disciplinary context，学科背景，5—6，17，18，20，71，81n5，94，111，116—17，131，133—34，136，140，143，151，156，160，167，169174—75，194，196，206，235，236—37，239，283—84，295，304—10。See also anthropology, childhood studies, curriculum studies, demography, discourse analysis, economics, educational studies, ethnology, folklore studies, history, humanities, linguistics, pedagogy, policy studies, psychology, Roma studies, sociocultural theory, sociolinguistics, sociology, symbolic interactionism，同时参考人类学、童年研究、课程研究、人口学、话语分析、经济学、教育研究、民族学、民俗研究、历史学、人文学科、语言学、人类学、政策研究、心理学、罗姆人研究、社会文化理论、社会语言学、社会学、符号互动理论

discourse analysis，话语分析，11，73，76，118，248，263。See also classroom interaction, sociolinguistics，同时参考课堂互动，社会语言学

discrimination，歧视，98，100，101，119，138—39，173，221，224—25。See also inequity, race and racism，同时参考不公平，种族与种族主义

diversity, cultural or linguistic，多样性，文化的～或语言的～12，32，33，72，98—101，112—119，123，138，144，152，154—61，158—59，161n1，162n5，162n6，175，178，179，225，239，313；as a research theme，作为一类研究主题的～，11，12，84，111，

425

114，117，145，154，156，158—59，220—25，269。See also cultural differences, ethnicity，同时参考文化差异、民族性

domination as a research theme，作为一类研究主题的控制。See power，参考权力

donors，资助者。See funding，参考资金

DSUS，索福尼亚大学社会学系。See University of Sonfonia, Department of Sociology

Dutch-language zone，荷兰语语言区 3，13。See also Netherlands, Belgium，同时参考荷兰、比利时

East China Normal University，华东师范大学 238，245

economic context of research，研究的经济背景，19，20，72，236，260，284—86，289，292，296，305，315。See also funding, internet access, publishing，同时参考资金、互联网接入、发表／出版

economics（as a discipline），经济学（作为一门学科），296。*Educação, Sociedade e Culturas*（杂志），《教育、社会与文化研究》，11

education as a concept，作为一个概念的教育，73，201

Education Institute of Hong Kong，香港教育学院，238

education sciences，教育科学。See educational studies，参考教育研究

Educational Anthropology Research Newsletter（EARN），China，中国《教育人类学研究通讯》241

educational anthropology，教育人类学。See anthropology and education, anthropology of education，参考人类学与教育

educational ethnography，教育民族志。See ethnography of education

educational psychology，教育心理学。See psychology and psychologists，参考心理学与心理学家

Educational Researcher（杂志），《教育研究》8，53

educational sciences，教育科学。See educational studies，参考教育研究

educational sociology，教育社会学。See sociology of education

educational studies（as a field of research）教育研究（作为一个研究领域），2，6，71，94，97，147n4，169，176，194，195，205

Egypt，埃及，14

Enculturation，濡化，55，151，155，159，200，202。See also learning, socialization，同时参考学习、社会化

English as an academic language，作为一门学术语言的英语，1—2，4，10，13，14，17，21，132，172，174，236，246，259，282，286，293，306

English-language zone，英语语言区，7—10，19，33，49ff，94，105n1，13335，145，146，160，172，175，285，304，307—09；relationship to French-language zone，～与法语语言

区的关系，285

ERNWACA (Educational Research Network for West and Central Africa) /ROCARE (Réseau Ouestet Centre Africain de Recherche enÉducation)，西非与中非教育研究组织，279，280，287—89，292，296—97，297n1

Ethiopia, immigrants from，埃塞俄比亚，来自～的移民，264

Ethnic Education Study（杂志），China，《民族教育研究》，中国，241

ethnicity，民族性，43，54—55，59—60，71，83，84，98-，99，118，147n3，155，169，170，173，182，224，224—25，235ff，310，317；as a concept, 作为一个概念的～，182；as a research theme, 作为一类研究主题的～，8，9，11，12，13，14，38，58，78，79，82，113—14，135，138—139，145，162n6，168，200，238—39，240—44，259—61，264，269，287，317；data collection on prohibited，139，禁止进行信息收集，147n3，177。See also cultural differences, diversity, national minorities, Roma studies，同时参考文化差异、多样性、少数民族、罗姆人研究

ethnoecology of school，学校民族生态学。See anthropology of education in Slovakia, in the Czech Republic，参考斯洛伐克的教育人类学、捷克共和国的教育人类学

Ethnography and Education（杂志），《民族志与教育》，5，8，10

ethnography and ethnographers，民族志与民族志研究者，15，17，30，36，97，116，117，134，239，244，303，317；and qualitative research，～与质性研究，75，260，296；as a discipline akin to folklore studies，作为一门类似于民俗研究的学科，6，13，167；defined，～被定义，5，73，101—02，134，11，259，206n1，280；ethnographic turn，民族志转向，197；seen as threatening，～被视为威胁，19，95，249，313—14

ethnography of education，教育民族志，1，5，17，49—51，131，304；as opposed to ethnography in education，～与教育中的民族志不同，131，147n1；in Brazil，～在巴西，20，117；in France，～在法国，20，134—35，309；in Italy，～在意大利，20；in the Netherlands，～在荷兰，20；in the United Kingdom，～在英国，1，17，50，139；

ethnography of shooing，学校教育民族志，9，17，196—99，204，214ff

Ethnologie française（journal），《法国民族学》，12

Ethnology，民族学，6，17，33；in Brazil，～在巴西，114，116，124n4；in China，～在中国，235—36；in France，～在法国，132—133，140，146，in Scandinavia，～在斯堪的纳维亚，206n4；in the United States，～在美国，5；in West Africa，～在西非，287，295。See also cultural anthropology, folklore studies，同时参考文化人类学、民俗

研究

Ethnomethodology，民族学方法论，133，140，147n2，245，247，306

ethnosociology of education，教育民族社会学，181

Eurocentrism，欧洲中心主题，7，35

Europe 欧洲，1，3，4，6，12，12—13，19，34，156，206n4，281，313；colonization by，受到～的殖民，95；European researchers outside Europe，在欧洲以外其他地方从事研究的欧洲学者，85n2，289，315；immigrants from，来自～的移民100，102，258；indigenous populations of，～的原住民人口，53；influence of，～的影响，15，94，238，289，293，308，312。See also Austria, Baltic States, Belgium, Bulgaria, Central Europe, Cyprus, Czech Republic, Denmark, European Union, Finland, France, Germany, Greece, Hungary, Italy, Lithuania, Luxembourg, Malta, Netherlands, Norway, Poland, Portugal, Romania, Russia, Scandinavia, Slovakia, Spain, Sweden, Switzerland, Turkey, Ukraine, United Kingdom, Yugoslavia（former）同时参考奥地利、波罗的海国家、比利时、保加利亚、中欧、塞浦路斯、捷克共和国、丹麦、欧盟、芬兰、法国、德国、希腊、匈牙利、意大利、立陶宛、卢森堡、马耳他、荷兰、挪威、波兰、葡萄牙、罗马尼亚、俄罗斯、斯堪的纳维亚、斯洛伐克、西班牙、瑞典、瑞士、土耳其、乌克兰、英国、（前）南斯拉夫

European Roma Rights Centre，欧洲罗姆人权利中心，173

European Society of Ethnographers of Education，欧洲教育民族志研究者学会，12，141

European Union，欧盟，168，175，293，167

evaluation，进化，104，169

exclusion，排斥，See inequity，参考不公平

faculties of education，教育系，18，114，140，143，161n1，195—96，202，236，240，259，306，308，310

faculties of social sciences，社会科学系，143

familiarity and unfamiliarity, or "making the familiar strange"，熟悉与陌生，或"变熟悉为陌生"6，19，57，59，62，113，141，157，244，246，260

families and communities，家庭与社群，103，239；as a research theme，作为一类研究主题的～，35，36—37，56，75，77，78，81，83，84，97，118，157，173，200，227，312

FASAF（Famille et scolarisation en Afrique, or Families and Schoolingin Africa），非洲家庭与学校教育研究组织，279，280，292，297n1

FAWE（Forum for African Women Educationalists）非洲女性教育学家论坛，280，297n1 feminist theory，女权主义理论，6，9，60，259

fieldwork，田野工作，16，99，134，136，239，243，244

Finland，芬兰，53，55

First Nations，原住民。See indigenous populations，参考原住民人口

Flemish-language zone，佛兰芒语语言区。See Dutch-language zone，参考荷兰语语言区

focus groups，焦点小组，180，294。See also group discussions，同时参考小组讨论，

folklore studies，民俗研究，6，12，13，124n4，167，169，309

foreign-language education scholars，外语教育学者，235，246—49，250

France，法国，4，9，12，16，17，18，19，55，60，85n2，131ff；influence of，～的影响，11，13，2130，94，132，161n1，194，281，293，308，310，311，312。See also anthropology and anthropologists, anthropology of education, ethnography of education, ethnology, sociology, sociology of education，同时参考人类学与人类学家、教育人类学、教育民族志、民族学、社会学、教育社会学

French as an academic language，作为一门学术语言的法语，17，259，282，293

French-language zone，法语语言区，4，12，131ff，279ff；relationship to English-language one，与英语语言区的关系，19，285。See also sociology of education，同时参考教育社会学

functionalism，功能主义，105n2，132，236，258，263，267，268

funding，资金，11，20，143，168，175，184n6，194—95，204，289—97，313，316。See also economic context of research, international aid，同时参考研究的经济背景，国际援助

Gambia，冈比亚，297n1

Gender，性别，261；as a research theme，作为一类研究主题的～，9，10，20，38，42，58—59，76，78，79，95，114，119，135，197，200，218，262，266，269，287，288，290

George Washington University，乔治华盛顿大学，242，243

German as an academic language，作为一门学术语言的德语，17，19，259

German Educational Research Association (Deutsche Gesellschaft für Erziehungswissenschaft, DGfE)，德国教育研究协会，7，35

German-language zone，德语语言区，7

Germans, ethnic，德国人，民族的，179，183

Germany，德国，1，7，16，17，18，29ff，54，55，60，179，308，311；immigrants from，来自～的移民，113；influence of，～的影响，4，13，94，168，194，236，293，309。See also anthropology of education，同时参考教育人类学

Ghana，加纳，203，280，286，297n1

global flow of ideas，思想的全球流动，18 21。See also, under names of countries, "influence of"，同时参考，以国家的名义，"～的影响"

global flow of scholars，学者的全球流动，4，18，213。See also African researchers in diaspora，海外的非洲学者，15

global flow of students，学生的全球流动，4，18，161n5，305

globalization，全球化，1，36，72，225，242，283。See also creolization, hybridization，同时参考克里奥尔化、融合

gray literature，灰色文献，285，315

Greece，希腊，13

grounded theory，扎根理论，39，303

group discussions（as research method），小组讨论（作为一种研究方法的～）36，39。See also focus groups，同时参考焦点小组

group interviews，小组访谈，137。See also group discussions, focus groups，同时参考小组讨论、焦点小组

Guangdong University of Foreign Studies，广东外语外贸大学，246，247

Guangxi Normal University，广西师范大学，238

Guatemala，危地马拉，85n2；refugees from，来自～的难民，78

Guinea，几内亚，15，17，283，288，293，294，297n1

Han majority（China），占多数的汉民族（中国），235，239，244

Harvard University，哈佛大学，237

Hebrew as an academic language，作为一门学术语言的希伯来语，14，259

hermeneutic sociology，诠释社会学，13，79

hidden curriculum，隐性课程，180，196

higher education as a research theme，作为一类研究主题的高等教育，9，56，75，80，122，198，199，229，247，267，269，289，290

historical anthropology，历史人类学，30，32—33，35，101—02，237

historical context of research，研究的历史背景，20，95，98，100，123，142，145，154，168，193—94，250，281，313

historical cultural anthropology，历史文化人类学，30，3435

historical cultural anthropology of education，历史文化教育人类学，7，29ff，35

history（as a discipline），历史学（作为一门学科），6，11，17，34，58，59，75，76，82—83，85，102，111，116—117，119，122，147n4，154，159，162n5，181，237，241，287，295，296，309，310。See also archival research, oral history，同时参考档案研究、口述历史

history of mentalities，心态史学，32—33

HIV/AIDS，人类免疫缺陷病毒/艾滋病。See AIDS，参考艾滋病

hominization，人化，See human evolution，参考人类进化

Hong Kong University，香港大学，242，

Hong Kong, influence of, 香港，～的影响, 236, 236

hospitals as a research site, 作为一类研究场所的医院, 193, 198, 228

human evolution, 人类进化, 30—31

Human Organization (journal), 《人类组织》, 51

Humanities, 人文学科, 34

Hungarian as an academic language, 作为一门学术语言的匈牙利语, 174

Hungarians, ethnic, 匈牙利人，民族的, 174, 179

Hungary, 匈牙利, 17, 167, 168, 170, 176—77, 180, 181; immigrants in, 在～的移民, 178; Roma in, 在～的罗姆人, 171—72。See also cultural anthropology, 同时参考文化人类学

Hybridization, 融合, 221, 304, 307—10, 316

IUAES (International Union of Anthropological and Ethnological Sciences), 国际人类学与民族学联合会, 23n4

identity, 身份认同, 39, 73, 83—84, 118, 139, 154—55, 158, 226; as a research theme, 作为一类研究主题的～, 9, 78, 79, 81, 84, 111, 136, 145, 159, 162n5, 162n6, 183, 200—01, 203, 221, 222, 246—47, 248, 260—61, 264, 266, 268, 269, 270, 310; teachers' identity, 教师身份认同, 75, 140, 246。See also black identity, ethnicity, national identity, 同时参考黑人身份认同、民族性、国家认同

illiteracy, 文盲, 13, 15, 151—153, 313。See also literacy and literacy practices, 同时参考读写能力与读写实践

immigrants, 移民, 20, 98, 100, 145, 155—56, 194, 257; as a research theme, 作为一类研究主题的～, 8, 11, 12, 14, 20, 54—55, 85n2, 113, 132, 158, 162n5, 177—179, 200, 258, 260, 263—64, 268, 270, 312, 313; in Scandinavia, ～在斯堪的纳维亚, 194; in West Africa, ～在西非, 283, 287, 296

India, 印度, 1, 3, 8, 14, 53。See also sociology of education, 同时参考教育社会学

indigenous education as a research theme, 作为一类研究主题的原住民教育, 8, 20, 77—78, 79—81, 82, 83, 85n1, 112, 117, 121—22

indigenous (native) peoples and cultures, 原住民（本土居民）与文化, 71, 72, 145, 312, 314—15; as a research theme, 作为一类研究主题的～, 11, 54—55, 60—61, 75, 76, 77, 78, 80, 82, 83, 95, 97, 100, 103, 111, 103, 114, 116—117, 124n311, 313; Mixe, 米塞人, 77, 80, 81; Mixtec, 米斯特克人, 77, 80; Mayo, 五月五节日, 80; Mazahuas, 马萨瓦人; Nahuas, 纳瓦人, 80, 81; Navajo, 纳瓦霍人, 56; Otomí; 奥托米人, 80, 82; Pasifika 太平洋岛屿族

裔,53;P'urhépechas,普列佩贾人,80;Quechua,盖丘亚人,77;Tarasco/P'urhépecha,塔拉斯科人/普列佩贾人,80;Triqui,特利奇人,77;Tzotzil,索西人,78,80;Yaqui,亚基人,80;Zapotec,萨巴特克人,80;Zinacantec,新纳堪特市,78

indigenous researchers,本土学者,53,73,285,297,315。See also black researchers,同时参考黑人学者

indigenous rights,原住民权利,73,84,81,121

Indochinese,印度支那人,223。See also Vietnam,同时参考越南人

inequity,不公平,72,95,100,101,123,313,314;as a research theme,作为一类研究主题的～,95,151,153,175,196,203,284,288

infancy,婴儿期,31,41;as a research theme,作为一类研究主题的～,77—78

informal education,非正式教育,239。See also nonformal education,同时参考非正规教育

institutional analysis,制度分析,75,140

institutional context of research,研究的制度背景,18,305

Inter-American Symposium on Ethnographic Research in Education(Simposio Interamericano de Investigación Etnográfica en Educación),美洲国家教育民族志研讨会,11,71,98

Intercultural Education Society of Japan,日本跨文化教育学会,213,229

intercultural education,跨文化教育,6,17,36,72,77,80,81,98,121—22,151,155—58,159,172,176,225,226,245,315

interdisciplinary or multidisciplinary work,跨学科或多学科研究,34,78,147n4,155,170,194,195,280,292,296。See also multidisciplinary research teams,同时参考多学科研究团队

internal colonies,内部殖民族群,54,312

international aid,国际援助,16,195,202,204,288,292,296;influence of,～的影响,282,284,288,289294,296。See also funding,同时参考资金

International Step by Step Association(ISSA),国际渐进协会,168

internet access,互联网接入,78,250,280,284,298

interviews,访谈,15,36,39,59,73,134—35,136,138,171,182,217,218,223,226,227,243,245,248,259,260,267,288,294,305

involuntary minorities,非志愿少数民族,162,313,315

Israel,以色列,1,14—15,16,17,257ff,308,311。See also anthropology and anthropologists,同时参考人类学与人类学家

Italy,意大利,13,17,20,151ff,178,307,313;immigrants from,来自～的移民,97,101,113;influence of,～的影响,94。See also anthropology and anthropologists,anthropology of

education，同时参考人类学与人类学家、教育人类学
Ivory Coast，科特迪瓦，283，284，287，288，297n1

Japan，日本，1，2，6，10，13—14，16，17，18，55，59，213ff，238，248—49，258，309，311；immigrants from，来自～的移民，113；influence of，～的影响，248；See also anthropology and anthropologists, anthropology of education, psychology, sociology, sociology of education，同时参考人类学与人类学家、教育人类学、心理学、社会学、教育社会学
Japan Exchange and Teaching program，日本交流与教学计划，217
Japan Society of Educational Sociology，日本教育社会学学会，214
Japanese as an academic language，作为一门学术语言的日语，14，17，19
Japanese overseas，海外的日本人，226
Japanese Society of Educational Psychology，日本教育心理学学会，214
Japanese, ethnic，日本人，民族的；returnees from Brazil，来自巴西的归国者，221—23, returnees from China，来自中国的归国者，220—21
joint research programs，联合研究项目，18，184n6，236，307
Journal of Contemporary Ethnography，《当代民族志》，8
Journal of the Royal Anthropological Institute，《皇家人类学学院学报》，60

Kenya，肯尼亚，203，286
Kindergarten，幼儿园。See preschools，参考学前学校
Koreans: ethnic minority in Japan，朝鲜人：日本的少数民族，10，220—26；immigrants from Korea，来自朝鲜的移民，98
Kyushu University，九州大学，213

Lancaster University，兰卡斯特大学，248
language as a research theme，作为一类研究主题的语言，9，7677，81，136，241
language barriers，语言障碍，4，19
language loss and language revitalization，语言流失与语言复兴，77，121—22，145
language of instruction，教学语言，227
language of publication，出版语言，3，17，167，285，309。See also Chinese as an academic language, English as an academic language, French as an academic language, German as an academic language, Hebrew as an academic language, Hungarian as an academic language, Japanese as an academic language, Portuguese as an academic language, Romanian as an academic language, Slovakian as an academic language, Spanish as an academic language，同时参考作为一门学术语言的汉语、为一门学术语言的英语、为一门学术语言的法语、为一门学术语言的德语、为一门学术语言的希伯

来语、为一门学术语言的匈牙利语、为一门学术语言的日语、为一门学术语言的葡萄牙语、为一门学术语言的罗马尼亚语、为一门学术语言的斯洛伐克语、作为一门学术语言的西班牙语

language zones, 语言区, 4,

language, 语言, 71, 75。See also diversity, cultural or linguistic, 同时参考多样性、文化的或语言的,

languages, African, 语言, 非洲的～, 285, 289, 291

LASDEL（Laboratoire d'Études et de Recherches sur les Dynamiques Sociales et le Développement Local/Laboratory of Research and Investigations on Social Dynamicsand Local Development）, 社会动态与本土发展调查研究中心, Niger, 尼日尔, 283—84

Latin America, 拉丁美洲, 1, 11—12, 19, 53, 72, 98, 285, 314。See also Argentina, Bolivia, Brazil, Chile, Columbia, Guatemala, Mexico, Paraguay, Peru, 同时参考阿根廷、玻利维亚、巴西、智利、哥伦比亚、危地马拉、墨西哥、巴拉圭、秘鲁

learning, 学习, 5, 7, 75, 160, 205; as a research theme, 作为一类研究主题的～, 16, 35—45, 55, 77—78, 81, 122, 158, 168, 198, 203, 220, 228, 247。See also anthropology of learning, enculturation, socialization, 同时参考学习人类学、濡化、社会化

linguistic diversity, 语言多样性。See diversity, cultural or linguistic, 参考多样性、文化的或语言的

Linguistics and Education（杂志）,《语言学与教育》, 8

Linguistics, 语言学, 8, 77, 117, 197, 310。See also sociolinguistics, 同时参考社会语言学

literacy and literacy practices as a research theme, 作为一类研究主题的读写能力与读写实践, 15, 74—77, 151—53。See also illiteracy, 同时参考文盲

Lithuania, 立陶宛, 13

London School of Economics, 伦敦经济学院, 305—06

Lovari speakers, 讲罗瓦拉语的人, 171

Lubavitcher（Chassidic Jews）, 犹太教仪式派信徒（哈西德派犹太人）, 59

Luxemburg, 卢森堡, 7

Madagascar, 马达加斯加, 283

Malaysia, 马来西亚, 14

Mali, 马里, 280, 284—85, 286, 288

Malta, 马耳他, 50

Maori, 毛利人, 53

Marien Ngouabi University, Brazzaville, 马里安·恩古瓦比大学, 布拉柴维尔, 283

Marsaryk University, Brno, 马萨里克大学, 布尔诺市, 173

Marxist theory, 马克思主义理论, 60, 94, 115, 132, 161, 180, 196, 197, 281, 306

Masculinities, 阳刚之气, 57。See also gender, 同时参考性别

mass schooling, 规模化学校教育, See

schooling, expansion of, 参考学校教育, ~的扩张

mathematical knowledge as a research theme, 作为一类研究主题的数学知识, 82, 117

Mauritania, 毛里塔尼亚, 297n1

media as a research theme, 作为一类研究主题的媒体, 35, 38, 121

memory, 记忆力, 43, 57

Mexico, 墨西哥, 4, 11, 17, 20, 21, 71ff, 309, 311, 312, 313, 315; immigrants from, 来自~的移民, 54; influence of, ~的影响, 11, 96。See also anthropology and anthropologists, 同时参考人类学与人类学家

Miao（China）, 苗族（中国）, 238, 243

microethnography, 微观民族志, 37, 60, 196, 214

microsociology, 微观社会学, 132, 133--35, 138, 147n2

Middle East and North Africa, 中东与北非, 7, 14—15; immigrants from, 来自~的移民, 258。See also Egypt, Israel, Palestinian scholars, Yemen, 同时参考埃及、以色列、巴勒斯坦学者、也门

mimesis, 模仿, 17, as a research theme, 作为一类研究主题的~, 36—45

Mizrahim, 东方犹太人, 14, 258, 261, 266

Mongolia, 蒙古, 202

Moso（China）摩梭人（中国）, 243

Multiculturalism, 多元文化主义, 43, 98, 144—45, 151, 154—58, 172, 175, 179, 224—25, 242—43, 257, 312—13。See also diversity, intercultural, 同时参考多样性, 跨文化的,

multidisciplinary research teams, 多学科研究团队, 280—81, 310

multidisciplinary work, 多学科研究。See interdisciplinary or multidisciplinary work, 参考跨学科研究

multilingualism, 多语言制。See diversity, cultural and linguistic, 参考多样性, 文化的与语言的

museums and museum studies, 博物馆与博物馆研究, 6, 94, 194, 309

mutual intelligibility, 相互可理解性, 10, 13, 206n3

Nahuatl, 纳瓦特尔语, 77

Nanjing Normal University, 南京师范大学, 238, 244

Nankai University, 南开大学, 238

narrative inquiry, 叙事研究, 16, 77, 79, 227; in China, ~在中国, 235, 238, 245—48; in Israel, ~在以色列, 260, 267, 269

national culture, 民族文化, 124n4, 152。influence on anthropologies or ethnographies of education, ~教育人类学或教育民族志的影响, 4, 22。See also national identity, 同时参考民族身份认同

national identity, 民族身份认同, 17, 112, 176, 179, 242, 260, 264, 309,

311。See also ethnicity, identity, 同时参考民族性、身份认同

National Institute of Anthropology and History, Mexico, 国家人类学与历史研究院，墨西哥，85n5

national minorities, 少数民族，179

National School of Anthropology and History, 国家人类学与历史研究所，Mexico, 墨西哥，85n5

Native Americans, 美洲原住民。See indigenous education, indigenous populations, 参考原住民教育、原住民人口

neo-Marxism, 新马克思主义。See Marxist theory, 参考马克思主义理论

Nepal, 尼泊尔，202，203

Netherlands, 荷兰，3，13，17，20，21，55，147n6；influence of, ～的影响，290，292。See also ethnography of education, 同时参考教育民族志

New Sociology of Education, 新教育社会学，133，213，306

New Zealand, 新西兰，8，50，55

Niger, 尼日尔，283，297n1

Nigeria, 尼日利亚，15，60，286，297n1

nonformal education as a research theme, 作为一类研究主题的非正规教育，74，288，291，292

Nordic language zone (Danish, Norwegian, Swedish), 北欧语言区（丹麦语、挪威语、瑞典语），13

North America, 北美，8，21，50ff，94，131，134，139，213，289，293；influence of, ～的影响，238。See also anthropology and anthropologists, Canada, United States, 同时参考人类学与人类学家、加拿大、美国

Northwest Normal University (NNU), China, 西北师范大学，238，240，242—43

Norway, 挪威，206n4。See also Scandinavia, 同时参考斯堪的纳维亚

nursery schools, 护士学校。See preschools, 参考学前学校

Open Society Institute, 开放社会研究所，173

oral history, 口述历史，73，83，241，246，310

Pakistan, 巴基斯坦，14

Palestinian scholars, 巴勒斯坦学者，14，15，16

Palestinian school, 巴勒斯坦人学校。See Arab students and schools in Israel, 参考以色列的阿拉伯学生与学校

Pan African Anthropological Association (PAAA), 泛非洲人类学协会，282

Paraguay, immigrants from, 巴拉圭，来自～的移民，99，101，105n3

participant observation, 参与式观察，15，16，36，118，120，134，145，157，170，182，244—247，260。See also ethnography, fieldwork, 同时参考民族志、田野工作

pedagogical agendas and practices as a research theme, 作为一类研究主题的教育学议题与实践。See teachers and teaching, 参考教师与教学

pedagogical anthropology, 教育人类学, 1, 29, 195, 205—06

pedagogy, 教育学, 29, 143, 172, 195

Peking University, 北京大学, 235, 236, 242

performativity, 展演性, 35—36, 39—45, 182—83

Peru, 秘鲁, 85; immigrants from, 来自～的移民, 98, 220

Pestalozzi, 裴斯泰洛齐, 29

Phenomenology, 现象学, 13, 140, 245, 306

Philippines, 菲律宾, 14, 55

philosophical anthropology, 哲学人类学, 5, 7, 13, 18, 30, 31—32

philosophical anthropology of education, 哲学教育人类学, 5, 7, 10, 13, 17, 168

philosophical methods, 哲学方法, 30

pluralism, 多元主义, 52, 144。See also diversity, multiculturalism, 同时参考多样性、多元文化主义

Poland, 波兰, 13, 17, 168, 170; immigrants from, 来自～的移民, 97。See also anthropology of education, 同时参考教育人类学

policy and politics, 政策与政治, 16, 21, 72, 104, 105n6, 132, 169—70, 204, 236—37, 240, 137, 143, 146, 150; as a research theme, 作为一类研究主题的～, 80, 144, 181, 183, 215, 261, 316。See also policy as practice, policy studies, political anthropology of education, political context of research, 同时参考政策实践、政策研究、政治教育人类学、研究的政治背景

policy as practice, 政策实践, 74, 316

policy studies, 政策研究, 73, 147n4

political anthropology of education, 政治教育人类学, 13, 181—83

political context of research, 研究的政治背景, 11, 19, 72, 95, 115, 131, 133, 137, 139, 168, 175, 176, 178, 184, 199, 251, 261, 263, 281, 284, 291, 296, 307, 313, 316, 318。See also economic context, policy and politics, social context, 同时参考经济背景、政策与政治、社会背景

political science, 政治科学, 316

Portugal, 葡萄牙, 11

Portuguese as an academic language, 作为一门学术语言的葡萄牙语, 17

Portuguese-speaking countries, 讲葡萄牙语的国家, 10—12

Postmodernism, 后现代主义, 60, 259, 269

poststructuralism, 后结构主义, 60, 259

power, 权力, 34, 37, 40, 41—43, 45, 71, 73, 83, 84, 115, 132, 144, 169, 197, 198, 249; as a research theme, 作为一类研究主题的～, 95, 242, 262。See also policy and politics, 同时参考政策与政治

practitioner research, 实践者研究。See teacher as researcher, 参考作为研究者的教师

Prague Group of School Ethnography (Prazska skupina skolni etnografie) 布

拉格学校民族志研究小组，172

preschools，学前学校，37; as a research theme, 作为一类研究主题的～，172—73, 181, 193, 198, 200, 219—20, 258, 262, 264。See also day care, 同时参考托儿所

private schools and colleges as a research theme, 作为一类研究主题的私立学校与学院，14, 75, 83, 219

private schools and colleges, 138, 私立学校与学院

psychology and psychologists, 心理学与心理学家, 6, 11, 14, 50, 94, 97, 111, 115, 117, 136, 143, 147n4, 157, 173, 177, 214, 229, 282, 310; analytical psychology, 分析心理学, 75; developmental psychology, 发展心理学, 78; in China, ～在中国, 21; in Czech Republic, ～在捷克共和国, 173; in Japan, ～在日本, 214, 229; psychology of education, 教育心理学, 17, 309; social-psychology, 社会心理学, 75, 118, 119, 169, 310

psychology of education, 教育心理学。See psychology and psychologists, 参考心理学与心理学家

publishing, 发表/出版, 1, 21, 167, 238, 241, 244, 250, 251, 279, 283, 285, 296, 315。See also gray literature, language of publication, textbooks in anthropology of education, translation, 同时参考灰色文献、发表/出版语言、教育人类学教科书、翻译

Punjabi in California, 加利福尼亚州的旁

遮普人, 59

Qualitative Inquiry（杂志），《质性研究》, 62

qualitative research, 质性研究, 13, 51, 53, 73, 147n1, 237, 248, 259, 269, 304, 305, 310。See also action research, archival research, case studies, community studies, comparative research, discourse analysis, ethnography, ethnomethodology, evaluation, fieldwork, focus groups, grounded theory, group discussions, group interviews, institutional analysis, interviews, microethnography, microsociology, narrative inquiry, oral history, phenomenology, philosophical methods, policy studies, qualitative sociology, research methods, teachers as researchers, video-based observation, visual anthropology, 同时参考行动研究、档案研究、案例研究、社群研究、比较研究、话语分析、民族志、民族学方法论、评价、田野工作、焦点小组、扎根理论、小组讨论、小组访谈、制度分析、访谈、微观民族志、微观社会学、叙事研究、口述历史、现象学、哲学方法、政策研究、质性社会学、研究方法、作为研究者的教师、基于视频的观察、视觉人类学

qualitative sociology, 质性社会学, 10, 176, 259, 310, 312

Qualitative Studies in Education, International Journal of, 教育质性研究，～的国际刊物, 62

quantitative research，量化研究，12，120，177，251，259，261，263，265，305，309，310，312；combined with qualitative research，与质性研究相结合，15，16，137，280，294，296

Quebec，魁北克。See Canada, French-speaking，参考加拿大，讲法语的～

Queen's University，女王大学，242

Quranic schooling as a research theme，作为一类研究主题的古兰经教育，287，291

race and racism，种族与种族主义，20，23n13，139，157，313；as a research theme，作为一类研究主题的～，8，10，12，114，116，118—19，123。See also antiracism, ethnicity，同时参考反种族主义、民族性

racial democracy, myth of，种族民主，～的神话，12，114，118

reflexivity，反身性，34

reform，改革，45；as a research theme，作为一类研究主题的～，15，57，75，82—83，103，112，144，245，246，287。See also policy and politics，同时参考政策与政治

refugees as a research theme，作为一类研究主题的难民，78，178，194，200，223—24。See also immigrants，同时参考移民

religion and religious education as a research theme，作为一类研究主题的宗教与宗教教育，266—67，288

religious diversity，宗教多样性，114，144，147n3，155—57，162n5，162n6，260

religious schools，宗教学校，14，261

remedial education，补救教育。See special education，参考特殊教育

reproduction, social，再制，社会的，72，74，131，132，135，138，169，196，295

Republic of the Congo (Congo-Brazzaville)，刚果共和国［刚果（布）］282，283

research abroad，海外的研究，9，10，16，85n2，132，161n1，202，213，258，307，315

research at home，在家的研究，9，16，18，195，198，305

Research Institute for Comparative Education and Culture, Kyushu University，比较教育与文化研究所，九州大学，213

research methods，研究方法，19，38—39，61，62，73。See also qualitative research，同时参考质性研究

research reports，研究报道，unpublished，未发表的。See gray literature，参考灰色文献

research themes，研究主题。See administrators, autonomy (personal), bilingualism, black identity, bodies, children and childhood, citizenship education, classroom interaction, cultural differences, day care, deaf education, development (of countries), digital literacy, diversity, ethnicity, families and communities, gender, higher education,

439

identity, immigrants, indigenous education, indigenous peoples, inequity, infancy, language, learning, literacy and literacy practices, mathematical knowledge, media, mimesis, non-formal education, policy and politics, power, preschools, private schools and colleges, Quranic schooling, race and racism, reform, refugees, religion and religious diversity, resistance, rituals, Roma, rural and urban compared, rural contexts, school failure, science education, social class, socialization, space, (the) state, street children, students or pupils, symbols, teacher education, teacher unions, teachers and teaching, time, urban contexts, vocational education, youth, 同时参考管理者、自治（个人的）、双语制、黑人身份认同、身体、儿童与童年、公民身份教育、课堂互动、文化差异、托儿所、聋人教育、发展（国家的）、数字化读写能力、多样性、民族性、家庭与社群、性别、高等教育、身份认同、移民、原住民教育、原住民人口、不公平、婴儿期、语言、学习、读写能力与读写实践、数学知识、媒体、模仿、非正规教育、政策与政治、权力、学前学校、私立学校与学院、古兰经教育、种族与种族主义、改革、难民、宗教与宗教多样性、反抗、仪式、罗姆人、农村与城市比较、农村情境、学业失败、科学教育、社会阶层、社会化、空间、国家、街头儿童、学生、符号、教师教育、教师工会、教师与教学、时间、城市情境、职业教育、青少年

resistance as a research theme，作为一类研究主题的反抗，58，72，80，95，139，153，158，197，222，313

reviews，综述，289，307

Revue Africaine de la Recherche en ducation（杂志），Africa,《非洲教育研究评论》，非洲，289

Revue Africaine de Sociologie（杂志），《非洲社会学评论》，286

Revue de l'Enseignement Supérieur Africain（杂志），《非洲高等教育评论》，286

rhetorical turn，修辞学转向，60，61—62

rituals，仪式，17，181，183；作为一类研究主题的，as a research theme, 35ff, 74, 119244, 262, 264—65, 266, 311

ROCARE，西非与中非教育研究组织 See ERNWACA

Roma Education Fund，罗姆人教育基金，168

Roma studies，罗姆人研究，13，17，161n1，169—70，182

Roma，罗姆人，162n5，170—72，177；as a research theme，作为一类研究主题的～，13，158—59，168，172—77，313

Romani language instruction，罗姆语言教学，175

Romania，罗马尼亚，167，168，169，170，171，174—76，179

Romanian as an academic language，作为一门学术语言的罗马尼亚语，174

Romanians, ethnic, 罗马尼亚人, 民族的, 179

Royal Anthropological Institute, 皇家人类学学院, 50

rural and urban compared or rural-urban migration as a research theme, 作为一类研究主题的农村与城市比较研究或农村-城市迁移研究, 59, 60, 72, 114, 237, 245, 312

rural contexts as a research theme, 作为一类研究主题的农村情境, 11, 54, 74, 76, 78, 103, 242

Russia, 俄罗斯, 3, 13; immigrants from, 来自~的移民, 264, 268; influence of, ~的影响, 13, 18, 21, 236

saberes docentes (teaching knowledges), 教学知识。See teachers and teaching, 参考教师与教学

Scandinavia, 斯堪的纳维亚, 13, 16, 17, 23n13, 60, 147n6, 193ff, 308, 312。See also anthropology and anthropologists, anthropology of education, ethnography of education, ethnology, 同时参考人类学与人类学家、教育人类学、教育民族志、民族学

school and classroom culture, 学校与课堂文化。See classroom interaction, schools and school culture, 参考课堂互动、学校与学校文化,

school ethnography, 学校民族志。See ethnography of schooling, 参考学校教育民族志

school failure as a research theme, 作为一类研究主题的学业失败, 8—9, 14, 17, 57—60, 62, 97, 152—53, 180, 313

School Review (杂志), 《学校评论》, 56

schooling, expansion of, 学校教育, ~的扩张, 18, 133, 203, 279, 306

schooling, focus on, 学校教育, 聚焦于~, 8, 9, 12, 18。See also anthropology of schooling, ethnography of schooling, sociology of schooling, 同时参考学校教育人类学、学校教育民族志、学校教育社会学

schools and school culture as a research theme, 作为一类研究主题的学校与学校文化, 73—513, 14, 73—75, 262, 263, 270

schools of education, 教育学院。See faculties of education, 参考教育系

science education as a research theme, 作为一类研究主题的科学教育, 76, 290

semiotics, 符号学, 60, 82

Senegal, 塞内加尔, 202, 290, 297n1

Sephardic Jews, 西班牙裔犹太人, see Mizrahim, 参考东方犹太人

sexual diversity, 性的多元化, 121, 147n3

Shenzhen University, 深圳大学, 248

Sierra Leone, 塞拉利昂, 280, 286, 297n1

Simposio Interamericano de Investigación Ethnográfica en Educación, 美洲国家教育民族志研究专题研讨会。See Inter-American Symposium on Ethnographic Research in Education

Sinti, 辛提人, 158

Slovak Governance Institute, 斯洛伐克社会治理研究所, 173

Slovakia, 斯洛伐克, 167, 170, 172, 173—74, 176, 179; minority from, 来自～的少数民族, 178。See also anthropology of education, 同时参考教育人类学

Slovakian as an academic language, 作为一门学术语言的斯洛伐克语, 172

social anthropology, 社会人类学, 6, 9, 17, 33, 57, 94—96, 132, 167, 197, 305

social class, 社会阶级/社会阶层, 9, 58, 114, 138, 152—53, 171, 173, 288; as a research theme, 作为一类研究主题的～, 9, 10, 12, 58, 120, 145, 269, 312

social context of research, 研究的社会背景, 17, 20, 84, 98, 201, 314。See also economic context, political context of research, 同时参考经济背景、研究的政治背景

social justice, 社会正义, 154, 155, 160, 314

social movements, 社会运动, 72, 75, 83, 95, 114, 115, 118, 120, 315

social psychology, 社会心理学。See psychology and psychologists, 参考心理学与心理学家

socialization, 社会化, 132, 136, 137, 194, 312; as a research theme, 作为一类研究主题的, 7, 35—36, 42—43, 77—78, 81, 112, 120—21, 122, 136, 197, 202, 204—05, 215, 243, 268, 304—05, 308。See also enculturation, learning, 同时参考濡化、

学习

sociocultural anthropology, 社会文化人类学。See cultural anthropology, social anthropology, 参考文化人类学、社会人类学

sociocultural psychology, 社会文化心理学。See sociocultural theory, 参考社会文化理论

sociocultural theory (neo-Vygotskian cultural historical activitity theory), 社会文化理论（新维果茨基文化历史活动理论）, 6, 10, 12, 13, 17, 18, 21, 75, 76, 77, 79, 81, 198, 248

sociolinguistics, 社会语言学, 11, 21, 76, 78, 82, 133, 136, 171, 197

sociology and sociologists, 社会学与社会学家, 6, 8, 9, 11, 17, 50, 61, 75, 79, 94, 97, 135, 169, 177, 196, 213, 214, 258, 269, 305, 310, 312, 313, 316; in Brazil, ～在巴西, 111, 112, 114, 118, 119, 120, 124n3, 124n4; in China, ～在中国, 235, 236, 240, 244; in France, ～在法国, 12, 13, 132—142, 146, 147n4, 308; in Japan, ～在日本, 214; in the United States, ～在美国, 305; in West Africa, ～在西非, 281—284, 293, 295; status as a discipline, 作为一门学科所具有的地位, 310。See also hermeneutic sociology, microsociology, qualitative sociology, sociology of education, 同时参考诠释社会学、微观社会学、质性社会学、教育社会学

Sociology of Education（杂志）,《教育社

会学》，8

sociology of education，教育社会学，61，183，259—60，263，267，281—82，306，309；in Brazil，～在巴西，115，117；in China，～在中国，238，244—45；in France，～在法国，131；in French speaking world，～在法语世界，12，142，146，147n1，309；in India，～在印度，14；in Israel，～在以色列，259；in Japan，～在日本，214，223，229，309；in the United Kingdom，～在英国，305—06；in West and Central Africa，在西非与中非，279—80，287—89，296；relationship to sociology，～与社会学的关系，306。See also sociology，同时参考社会学

sociology of knowledge，知识社会学，306

sociology of schooling，学校教育社会学，55，59，131

sociology of science，科学社会学，51

sociology of social science，社会科学之下的社会学，2，29

Soros Foundation，索罗斯基金会，168、

South Africa，南非，10，286

South China Normal University，华南师范大学，246

Southwest University（SU），China，西南大学，中国，240，243—44

Soviet Bloc，苏维埃阵营，former，前，167

Soviet Union，苏联，See Russia，参考俄罗斯

space as a research theme，作为一类研究主题的空间，42，180

Spain，西班牙，3，10—11，13，17，85n2，178；immigrants from，来自～的移民，97

Spanish- and Portuguese-language zone，西班牙语与葡萄牙语语言区，10—12

Spanish as an academic language，作为一门学术语言的西班牙语，17，105

special（remedial）education，特殊（补救）教育，103，172—174，177

Sri Lanka，斯里兰卡，203

state, the, as a research theme，国家，作为一类研究主题的～，72，80

street children as a research theme，作为一类研究主题的街头儿童，77

structuralism，结构主义，60，196，308

students or pupils as a research theme，作为一类研究主题的学生，56，73，116，136，157，227，263，269，312

Sweden，瑞典，206n4。See also Scandinavia，同时参考斯堪的纳维亚

Switzerland，瑞士，9，19，142；French-speaking，讲法语的～，4，12，132，141—46，147n6，312；German-speaking，讲德语的～，7；influence of，～的影响，292

symbolic interactionism，符号互动理论，9，133，141，245，306

symbols，符号，42，84，115—16，169，181；as a research theme，作为一类研究主题的～，79，80，122，180，262

teacher education，教师教育，6，57，114，17，140，143，202，225，245，246，

443

259, 306; as a research theme, 作为一类研究主题的～, 75, 121, 247。See also faculties of education, 同时参考教育系

teacher unions as a research theme, 作为一类研究主题的教师工会, 75, 83, 147n3

teachers and teaching, 教师与教学, 8, 16, 95, 151, 311; as a research theme, 作为一类研究主题的～, 9, 56, 73, 75—76, 106, 100, 105n5, 116, 198, 213—215, 215—23, 229, 245, 246, 247, 263, 269, 288, 311

teachers as researchers and collaborators, 作为研究者与合作者的教师, 15, 141, 157, 214, 246, 315

Teachers College Record（杂志），师范学院学报, 51

Teaching and Teacher Education（杂志），《教学与教师教育》, 51

Tel-Aviv University, 特拉维夫大学, 259

textbooks in anthropology of education or ethnography of education, 教育人类学或教育民族志的教科书, 51, 53, 213—14, 237, 243, 259

time as a research theme, 作为一类研究主题的时间, 43, 180

Togo, 多哥, 280, 286, 297n1

trabajo docente, the work of teaching, 教学工作。See teachers and teaching, 参考教师与教学

translation, 翻译, 2, 19, 195—96, 235, 307; into Chinese, ～译汉, 237, 241; into English, ～译英; from Chinese, 汉译～, 236; into French, ～译法, 133; into Italian, ～译意, 156, 161n1; into Japanese, ～译日, 213, 309; into Spanish, ～译西, 10, 94, 96

Turkey, 土耳其, 13

Tuyao（China）, 土瑶族群（中国）, 238

Uganda, 乌干达, 203

Ukraine, 乌克兰, immigrants from, ～来自～的移民, 178

UNESCO and UNESCO Institute for Education, 联合国教科文组织与联合国教科文组织教育研究所, 292

UNICEF, 联合国儿童基金会, 168, 291, 293

United Kingdom, 英国, 1, 8, 9—10, 16, 21, 53, 55, 305—06, 307, 310, 315, 316; as inward-looking, 作为内向型的～, 307; influence of, ～的影响, 10, 18, 19, 21, 131, 133, 155, 194, 213, 236, 248, 257, 259, 307—08, 309; resistance to influence of, 对～的影响的反抗, 236, 307, 308。See also anthropology and anthropologists, ethnography of education, sociology of education, 同时参考人类学与人类学家、教育民族志、教育社会学

United Nations Development Program, 联合国开发计划署, 168

United States, 美国, 1, 13, 16, 20, 50ff, 85n2, 113, 218, 226, 310, 312, 316; as inward-looking, 作为内向型的～, 52—54, 307; immigrants from, 来自～的移民, 220; influence of, ～的影

响，10，11，15，18，19，21，30，112，131，133，155，194，198，202，213，236，238，259，289，307，309，312；resistance to influence of, 对~影响的反抗，146，236，307。See also anthropology and anthropologists, anthropology of education, ethnology, North America, sociology, 同时参考人类学与人类学家、教育人类学、民族学、北美、社会学

University of Buenos Aires, 布宜诺斯艾利斯大学，11，93，94，95—98

University of Chicago, 芝加哥大学，305。See also Chicago school of sociology, 同时参考芝加哥大学社会学派

University of Conakry, 科纳克里大学，280，282，293

University of Córdoba (Universidad Nacional de Córdoba, Argentina), 科尔多瓦国立大学，98

University of Dakar, 达喀尔大学，281

University of Kankan, 康康大学，293

University of La Plata (Universidad Nacional de La Plata), 国立拉普拉塔大学，95，96

University of London, 伦敦大学，236，243

University of Manchester, 曼彻斯特大学，9，243，257

University of Mar del Plata, 马德普拉塔大学，95

University of Montreal, 蒙特利尔大学，292

University of Ottawa, 渥太华大学，289，292

University of Oumar-Bongo, Gabon, 奥马尔·邦戈大学，加蓬，282

University of Padua, 帕多瓦大学，156

University of Paris-8, 巴黎第八大学，141

University of Pennsylvania, 宾夕法尼亚大学，242

University of Quebec at Montreal, 蒙特利尔的魁北克大学，293

University of Rosario (Universidad Nacional de Rosario), 国立罗萨里奥大学，95，96，98

University of Salta, 萨尔塔大学，95

University of São Paulo, 圣保罗大学，124n6

University of Sonfonia (Conakry), Department of Sociology (DSUS), 索福尼亚大学（科纳克里）社会学系，380，285，293，296

University of Tokyo, 东京大学，214

University of Toronto, 多伦多大学，243，292

University of Yaoundé I, 雅温得第一大学，15，282

unpublished research, 未发表的研究。See gray literature, 参考灰色文献

urban contexts as a research theme, 作为一类研究主题的城市情境，74，77，81，82，84，104，116，151，159，258，305

USAID, 美国国际开发署，292，293

variations across countries, 不同国家之间的差别，16—17，317

video-based observation, 基于视频的观察，

36, 39, 141

Vietnam, 越南, 14, 203; immigrants from, 来自～的移民, 54, 178—79, 223—24

violence as a research theme, 作为一类研究主题的暴力, 78, 120, 123, 145, 262, 290

visual anthropology, 视觉人类学, 180

vocational education as a research theme, 作为一类研究主题的职业教育, 168, 180。See also apprenticeship, 同时参考学徒制

welfare states, 福利国家, 17, 193ff, 312

West and Central Africa, 西非与中非, 4, 6, 16, 20, 279ff, 310。See also Africa, anthropology and anthropologists, anthropology of education, Benin, Burkina Faso, Cameroon, Chad, Democratic Republic of the Congo（Congo-Kinshasa）, ethnology, Gambia, Ghana, Guinea, Mauritania, Mali, Niger, Nigeria, Republic of the Congo（Congo-Brazzaville）, Senegal, Sierra Leone, sociology, sociology of education, Togo, 同时参考非洲、人类学与人类学家、教育人类学、贝宁、布基纳法索、喀麦隆、乍得、刚果民主共和国（刚果金）、民族学、冈比亚、加纳、几内亚、毛里塔尼亚、马里、尼日尔、尼日利亚、刚果共和国（刚果布）、塞内加尔、塞拉利昂、社会学、教育社会学、多哥

World Bank, 世界银行, 95, 291, 293

World Council of Anthropological Associations, 世界人类学协会理事会, 2

World Educational Research Association, 世界教育研究协会, 2

Worldwide Email Directory of Anthropologists, 全球人类学家电子邮件通讯录, 14

writing conventions, 写作手法, 19

Xiamen University, 厦门大学, 236

Xinjiang Normal University, 新疆师范大学, 244

Yemen, 也门, 258

Yi（China）, 彝族（中国）, 241

youth as a research theme, 作为一类研究主题的青少年, 13, 16, 17, 35, 38, 78—79, 103, 111, 116, 119—121, 193, 199—202, 204, 268, 310, 312

Yugoslavia, former, 南斯拉夫, 前, 168

Yunan Normal University, 云南师范大学, 239

Zambia, 赞比亚, 203

Zapatista communities, 萨帕塔社群, 72, 81

Zhejiang Normal University, 浙江师范大学, 248

Zhejiang University, 浙江大学, 248

Zhongshan University（Guangzhou）, 中山大学, 236, 244

Zhuang（China）, 壮族（中国）, 238